普通高等教育"新工科"建设系列教材

应用技术型高校汽车类专业系列教材

汽 车 设 计

李舜酩　韩术亭◎主　编

郑　艳　任俊楠◎副主编

人民交通出版社

北　京

内 容 提 要

本教材基于传统的汽车设计教材进行完善补充,编排内容,共分十一章。第 1 章介绍汽车总体设计,第 2 章到第 8 章介绍汽车底盘的关键零部件设计,第 9 章介绍动力蓄电池系统结构设计,第 10 章介绍新能源汽车底盘设计,第 11 章介绍汽车结构与轻量化的计算机辅助设计。

本教材是为高等学校车辆工程专业、汽车服务工程专业、新能源汽车技术专业、智能车辆工程专业等汽车类专业编写的专业教材,适合作为上述专业教材或主要教学参考书使用,也可供相关企业的工程技术人员自学参考。

图书在版编目(CIP)数据

汽车设计/李舜酩,韩术亭主编. —北京:人民

交通出版社股份有限公司,2025.7. —ISBN 978-7-114-

20403-6

Ⅰ. U462

中国国家版本馆 CIP 数据核字第 2025YJ5282 号

Qiche Sheji

书　　　名:	**汽车设计**
著　作　者:	李舜酩　韩术亭
责任编辑:	李　良
责任校对:	龙　雪
责任印制:	张　凯
出版发行:	人民交通出版社
地　　　址:	(100011)北京市朝阳区安定门外外馆斜街 3 号
网　　　址:	http://www.ccpcl.com.cn
销售电话:	(010)85285911
总 经 销:	人民交通出版社发行部
经　　　销:	各地新华书店
印　　　刷:	北京市密东印刷有限公司
开　　　本:	787×1092　1/16
印　　　张:	19.5
字　　　数:	420 千
版　　　次:	2025 年 7 月　第 1 版
印　　　次:	2025 年 7 月　第 1 次印刷
书　　　号:	ISBN 978-7-114-20403-6
定　　　价:	59.00 元

(有印刷、装订质量问题的图书,由本社负责调换)

前言

近十年来，随着科学技术的进步，我国汽车工业飞速发展，在设计方法上充分运用了现代新技术，取得了很大成绩；在设计内容上也有了较大的扩展，像新能源车辆、智能车辆。我国众多高校开设有车辆工程专业，其核心课程"汽车设计"十分有必要跟随汽车行业现代的设计水平，在设计内容、设计技术、设计方法上进行新的调整。另一方面，我国高等教育不断扩大规模，众多应用型本科院校应运而生。应用型本科高校的特征在于以需求为导向，注重学科的基础性及社会发展所需的专门知识和能力，侧重培养应用研究与实践创新人才，通过强化实践教学与应用能力的培养，重视开展应用研究以及产教融合，以培养地方经济社会发展所需的高级应用型人才为目的。本教材为满足应用型本科人才培养的目标要求，增加新技术、新知识的应用，旨在培养具有设计分析能力和优化意识的创新型车辆工程类人才。

本教材主要介绍汽车底盘的常规设计方法和现代设计方法。要求学生在了解汽车构造和汽车理论的基础上，明确汽车底盘设计的任务，学会汽车底盘总体形式、参数选择和汽车底盘布局设计，学会汽车传动系统的传统设计方法及其转向、悬架、制动的运行工作稳定性设计方法，同时了解并学会动力蓄电池系统的结构设计以及纯电动汽车底盘设计，学习汽车结构的计算机辅助设计方法，熟悉汽车结构轻量化设计技术和汽车结构动力学设计技术。通过典型例题的分析，能够用传统方法对汽车底盘机构进行分析、计算与设计，并能够对一般的汽车结构零部件的现代设计技术与方法具有初步分析能力和设计能力，为学生从事汽车底盘的分析与设计打下良好的基础。

本教材跟随汽车行业现代的设计水平，在设计技术、设计方法上进行调整，在传统燃油汽车设计教材编写体系基础上进行补充完善，增加动力蓄电池系统及纯电动汽车底盘设计、现代设计方法的内容，是根据汽车设计水平的发展而作出的新的尝试。

本教材由南通理工学院李舜酩、吉利集团商用车研究院韩术亭担任主编，南通理工学院郑艳、南通理工学院任俊楠担任副主编，参与本书编写的还有吉利集团商用车研究院安木金、江苏理工学院汪伟、南京工业职业技术大学李冉冉、江苏联合职业技术学院无锡交通分院杨香莲。全书编写分工为：李舜酩负责规划协调，并编写了第 1 章至第 4 章的内容；韩术亭编写了第 5 章、第 6 章的部分内容；郑艳编写了第 7 章至第 10 章的部分内容；任俊楠编写了第 11 章的内容；安木金参与了第 7 章、第 8 章部分内容的编写工作；汪伟参与了第 5 章、第 6 章部分内容的编写工作；李冉冉、杨香莲参与了第 7 章至第 10 章部分内容的编写工作。李舜酩对全书进行了统稿，并制作了大部分书中用图。

本教材是在参考王望予先生编著的《汽车设计》以及其他近 50 部著作成果的基础上编写而成的，是集体成果的结晶，对以往各位专家学者作出的贡献在此表示衷心感谢。

本教材的编写先后得到江苏大学、南京林业大学、山东理工大学、江苏理工学院等高校，以及中国一汽集团、吉利汽车集团、中国重汽集团等汽车生产企业的多位专家的支持和指导，在此表示衷心感谢。

在本教材编写过程中，得到南通理工学院各级领导和学校教务处、汽车工程学院领导及有关老师的大力支持和帮助，在此表示感谢。

限于编者理论水平及实践经验，书中难免存在若干缺点或错误，敬请读者批评指正。

编　者

2025 年 1 月

目录

第1章

汽车总体设计

第1节 概　述

汽车总体设计是整个汽车设计工作中的十分重要的环节,对汽车各个分系统、零部件的选型、设计和汽车的整体性能都具有决定性的影响。在进行汽车总体设计前需要确定以下内容:

(1)按乘用车(轿车、客车)、货车、特种车分类。调研、分析不同类型、不同层次用户(群体、个体等)的市场需求。

(2)明确其使用区域,了解主要使用地区的气候、水土、道路状况、法规、使用人的习惯等。

(3)估算汽车的开发、制造成本和售价。例如对高级轿车、中级轿车及普及型轿车加以区别。

(4)预定生产的总台数及预计月产、日产的数量。

(5)生产方式和设备,采用的生产方式和设备主要取决于预定的产量。产量越大,生产设备的专用化、自动化程度一般就越高,投资就越大,通过大量生产使得分摊在每件产品上的成本较低,获得较大的效益。而如果产量达不到预期值,就会造成相当大的损失。此外,还要考虑能利用的现有生产设施的种类、数量、精度、能力等。

(6)明确或了解现有供货渠道的可靠性、可选择的其他供货渠道,及其配套供货企业的技术水平、生产能力等。这样便于降低开发风险和开发成本、缩短开发周期、提高可靠性。

(7)明确有关的各项政府和行业的法律法规要求。

一　汽车总体设计的一般原则

汽车总体设计的一般原则主要有以下几点:

(1)要符合使用的需要。货车就要满足运货的要求,乘用车(轿车和各种客车)就要满足乘客的需要。

（2）工作要可靠。各总成工作要可靠,发生故障的可能性要小。

（3）要有足够的耐久性,寿命要长。

（4）行驶性能,包括加速性能、爬坡能力、制动性能、转向性能要好,最大车速要高,燃料消耗要低等。

（5）操纵方便,稳定性好。

（6）乘坐舒适,内饰美观。

（7）便于检查、维护,使用费用要低。

（8）不同类型的车辆的外观和装饰要符合不同群体、个体的审美观点。

（9）对环境产生的污染(排放、噪声、电磁干扰等)要小。

以上各项随着用户和汽车类别不同,其要求高、低各不相同,且对各个项目的评价也因人而异,但它们都是评价汽车价值不可缺少的指标。它们的不同组合确定了不同价位的汽车。

二　汽车总体设计的基本要求

汽车总体设计的基本要求主要是指产品系列化、零部件通用化、零件标准化和统一工艺规范。

1.产品系列化

汽车零部件生产企业提供的底盘部件(离合器、变速器、传动轴、驱动桥、转向桥、转向器等)既能供应各种型号汽车所需的部件,又能便于进行大量生产、降低成本,把产品合理分档,组成系列,并考虑各种变型,使这些系列化产品具有比较多的共用零部件。

2.零部件通用化

在汽车总质量相近或同一系列的一些车型上,尽可能采用同样结构和尺寸的零部件,以减少零部件的种类,达到便于采购、储存、管理、生产,降低成本的目的。

3.零件的标准化

零件的标准化是指在设计中尽可能依据国家或行业标准,广泛采用标准件。这样可以减少零件种类,降低生产费用,扩大零件通用互换的范围,利于生产和维修;同时也可以减少专用机床和工夹具的数量,沿用成熟工艺,降低不良品率。

许多企业都以国家标准为基础制定出本企业的标准。这样可减少外购材料的种类,增大单品种的数量,降低外购费用。

4.统一工艺规范

通过制定工艺标准使加工的方式尽可能少,从而可以减少工具、机床和夹具的种类。例如,通过尽可能统一孔的加工规格,使加工孔用的钻头和铰刀的种类减少,降低生产成本。

大多数汽车以大批量生产为主,在设计中尽可能采用专业化生产装备,并实行产品系列化、零部件通用化、零件标准化和统一加工标准,以达到简化生产、提高工效和改进产品质量、降低成本的目的。国内外实践都表明,这样做使汽车工业取得了很大的经济效益。

笔记区

三 汽车开发流程

车型不同、生产纲领不同,新产品的开发阶段与工作内容也不同。一般新产品开发要经历五个阶段,各阶段的主要工作内容见表1-1。

汽车新产品开发的一般程序　　　　　　表1-1

阶段	新车设计	主要工作内容
设计任务书编制阶段	国家汽车发展规划或市场发展预测	市场预测,使用调查,产品水平分析,形体设计,工艺分析,产品的目标成本估算,产品的通用化、标准化、系列化,方案图绘制,初步性能计算
	企业工厂产品发展规划	
	概念设计	
	设计任务书的制定	绘制总布置草图,初选主要技术参数
技术设计阶段	技术设计	确定主要参数和结构,总成设计,绘制底盘校对图,运动干涉校核,底盘性能计算,出试制图和技术文件
试制、试验、改进、定型阶段	改进设计	试制总成和样车,总成试验,底盘试验,使用试验,评价试验,改进设计
	鉴定定型	工艺审查,成本核算,价值分析,出生产准备用图,编制鉴定文件
生产准备阶段	小批量生产、用户试验	工艺调试,继续试验,改进设计,完成生产用图,小批试生产
生产销售阶段	批量生产与销售	正式销售,售后服务

1.设计任务书编制阶段

在产品(汽车)设计的前期,从构思产品开始到确定设计技术指标和下达产品设计任务书为止,这一阶段工作称为概念设计。概念设计是对新开发汽车的总体概念进行概括性的描述,是确定汽车性能、外形与内饰等主要方面的初步设计。

(1)市场预测。

要调查分析市场容量的大小,最经济的生产纲领、生产方式,用户对产品的要求以及有关法规的规定。

笔记区

(2)使用调查。

要调查同类汽车的使用情况、使用条件,包括使用中反映出来的优缺点,以及用户对车型的要求;还应当搜集总成、零件的损坏统计资料并进行寿命分析。产品应尽最大可能满足用户的要求,以求新开发的车型在同类型产品中处于领先地位,在市场上能畅销,进而初定整车及主要总成的形式和主要参数。

(3)产品水平分析。

主要是通过搜集资料和进行样车试验与测绘,深入了解国内外企业同类型汽车的发展水平和动向。对搜集到的各种资料进行整理、分类、分析,在消化的基础上加以利用,以确定新车型的先进性,初定整车主要性能所要达到的指标,同时满足国内外有关标准与法规的规定,保证销售满足市场需求。

(4)形体设计。

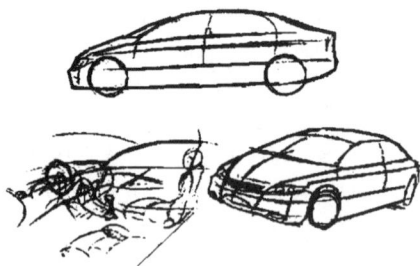

图1-1　外形构思草图

在概念设计阶段,通过整车和车身内部尺寸布置绘制外形构思草图(图1-1)、美术效果图和制作油泥模型等,进而提供准备开发的车型形体概念。

车身外形应在保证汽车拥有较小空气阻力系数的同时,具有符合审美规律的形体。车身内部设计要符合人体工程学的要求,保证驾驶员操纵方便,乘员乘坐舒适。实车制造出来之前,在图样上表现新开发汽车造型效果的图称为美术效果图,该图应具有真实感。图上应表示出车型前面、侧面、后面的关系。画出汽车的前侧面与后侧面的美术效果图,能概括出车型的整个形状(图1-2)。

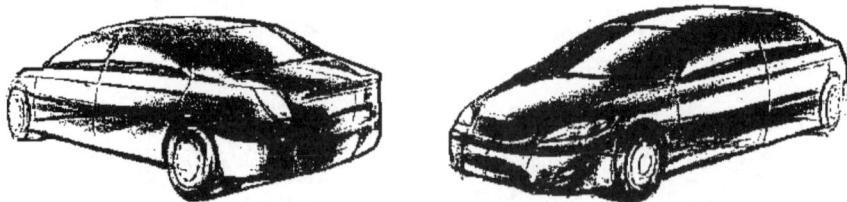

图1-2　汽车外形美术效果图

美术效果图表达造型的构思,真实反映车身外形,用来提供作为初步选型的参考。因为在图面上表达车身外形不能代替空间形体,因此还要制作油泥模型。概念设计阶段可以制作比例为1∶10或1∶5的便于制作和修改的油泥模型。

（5）成本控制。

为了使新开发的汽车投放市场后在价格上占有优势,使企业获得效益和发展,在概念设计阶段就要控制成本,对产品进行价值工程分析,并把产品的目标成本列入设计指标考核内容。目标成本＝售价－利润,即根据产品在市场上的定位确定售价(与同类产品进行比较),减去希望得到的利润,即可确定目标成本。如果实际成本(决定于材料、工艺、结构复杂程度等)大于目标成本,则利润将减少,因为在市场竞争中某一档次产品的售价是不会因为其实际成本高或低而改变的。

市场需求的变化,会影响产品的变化。为了在更新产品时能减少投资、降低成本,应该尽可能地少更换生产设备和工艺装备等。因此,在开发新车型的时候就要注意总成及零部件的通用化、标准化和系列化。

（6）方案草图绘制。

总体设计师根据整车设想,画出多幅总体方案图进行分析比较。方案图对主要总成只画出粗线条的轮廓,重点放在突出各方案之间的差别上,做到对比时一目了然。

总体方案确定后要画总布置草图,此图要对各部件进行较为仔细地布置,应较为准确地画出各部件的形状和尺寸,确定各总成质心位置,然后计算轴荷分配和质心位置高度,必要时还要进行调整。此时应较准确地确定与汽车总体布置有关的各尺寸参数,同时对整车主要性能进行计算,并据此确定各总成的技术参数,确保各总成之间参数匹配合理,保证整车各性能指标达到预定要求。

上述工作完成后,着手编写设计任务书。

（7）设计任务书应包含的内容。

①可行性分析。其内容包括市场预测,企业技术开发和生产能力分析,产品开发的目的,新产品的设计指导思想,预计的生产纲领和产品的目标成本,以及技术经济分析等。

②产品型号及其主要使用功能,技术规格和性能参数。

③整车布置方案的描述及各主要总成的结构、特性参数,标准化、通用化、系列化水平。

④国内外同类汽车技术性能分析和对比。

⑤本车拟用的新技术、新材料和新工艺。

开发新车的各项性能指标要符合国家有关标准、法规要求,特别要注意符合《机动车运行安全技术条件》(GB 7258—2017)国家标准规定。

2. 技术设计阶段

设计任务书对汽车形式和各项技术指标,对各总成的形式、尺寸、质量、性能等均有明确要求。此外,总体设计师对各总成提出的要求和边缘条件等也应以书面形式提出,作为双方共同工作的依据。在上述条件具备后,各总成设计师可以进行工作,而总体设计师在此期间要协调总成与整车和总成与总成之间出现的各种矛盾。各总成完成设计后,总体设计师负责将各总成设计结果反映到整车校对图上进行校对,目的是发现问题、解决问题,以减少试制、装车时出现的技术问题。有关运动校核也是技术设计阶段应该完成的工作。最后要编制包括整车明细表和技术条件在内的整车技术文件。

3. 试制、试验、改进、定型阶段

试制、试验阶段的主要工作是进行样车试制,然后对样车进行试验。其目的是:判断根据设计图样制造出来的零部件组装起来之后是否达到预期目标,找出不足,并获得要进行修改的依据;评价汽车的可靠性及强度。仅通过理论计算作为根据是不够的,最终需经过样车试验来判别。试验应根据国家制定的有关标准逐项进行,不同车型有不同的试验标准。试制、试验完成后应对结果进行分析,并针对暴露出来的技术问题进行改进设计,再进行第二轮试制和试验,直至产品定型。

4. 生产准备阶段

生产准备阶段的主要工作是进行生产准备和小批量试生产,并让试生产车进一步经受用户的考验。

5. 生产销售阶段

生产销售阶段是对产品进行正式批量生产,并开展产品销售和售后服务工作。在售后服务工作中还要征求用户意见,并将这些意见反映给有关部门,以利于改进和不断提高产品质量、扩大市场。上述各阶段工作有些须先行一步,如市场调查和进行概念设计等;有些工作可以同时或交叉进行,如在完成产品设计的同时又进行样车试验,以及完成工厂的扩建、新建工程工作。

第2节 汽车整体方案设计

一 汽车形式的选择

1. 轴数

汽车可以有两轴、三轴、四轴甚至更多的轴数。影响轴数选取的因素主要有汽车的总质量、道路法规对轴载质量的限制和轮胎的负荷能力。

国家标准《汽车、挂车及汽车列车外廓尺寸、轴荷及质量限值》(GB 1589—2016)规定了车辆的最大轴载质量(满足高速及 1 ~ 4 级公路等级):单轴最大允许轴载质量每侧单轮胎为 7000kg、每侧双轮胎为 11500kg,二轴组最大允许轴载质量为 18000kg,三轴组最大允许轴载质量为 24000kg。根据公路对汽车轴载质量的限制、所设计汽车的总质量、轮胎的负荷能力以及使用条件等,可以确定汽车的轴数。因为双轴汽车结构简单、制造成本低,故总质量小于19000kg的公路运输车辆广泛采用这种方案。总质量在19000~26000kg的公路运输车辆采用三轴形式,总质量更大的汽车用四轴和四轴以上的形式。

因为轿车总质量较小,均采用两轴形式。不在公路上行驶的汽车,轴荷不受道路桥梁限制,如矿用自卸车等多数采用两轴形式。

2. 驱动形式

汽车驱动形式有 4×2、4×4、6×2、6×4、6×6、8×4、8×8 等,其中前一位数字表示汽车车轮总数,后一位数字表示驱动轮数。采用 4×2 驱动形式的汽车结构简单、制造成本低,多用于轿车和总质量小的公路用车辆。总质量在19000~26000kg的公路用汽车,采用 6×2 或 6×4 的驱动形式。为了提高越野汽车的通过性,应采用全轮驱动形式。图 1-3 所示为一个 4×4 全轮驱动的乘用车示意图。

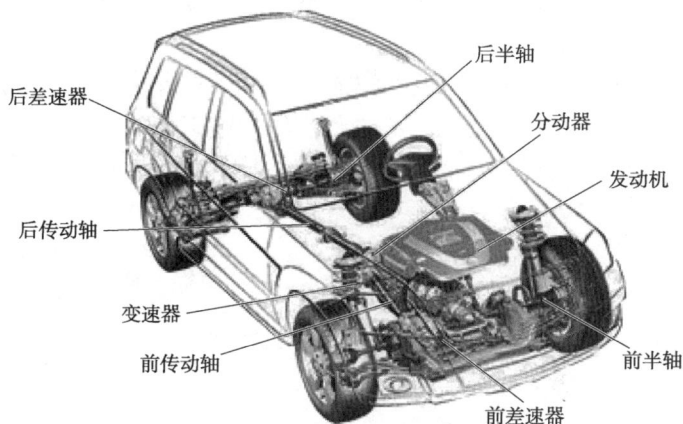

图 1-3　一辆 4×4 全轮驱动的乘用车示意图

3. 布置形式

汽车的布置形式是指发动机、驱动桥和车身(或驾驶室)的相互关系和布置特点。汽车的使用性能除取决于整车和各总成的有关参数以外,汽车的布置形式对其也有重要影响。

(1)轿车的布置形式。

轿车的布置形式主要有发动机前置前轮驱动、发动机前置后轮驱动、发动机后置后轮驱动三种,如图 1-4 所示,少数轿车采用发动机前置全轮驱动。

①发动机前置前轮驱动。

主要优点如下。

a. 与后轮驱动汽车比较,前轮驱动汽车的前桥轴荷大,有明显的不足转向性能。

传动系统的
布置形式

b. 因为前轮是驱动轮,所以越过障碍的能力高。

c. 主减速器与变速器装在一个壳体内,因而动力总成结构紧凑。

d. 因为没有传动轴,车内地板凸包高度可以降低(此时地板凸包仅用来容纳排气管),有利于提高乘坐舒适性。

e. 当发动机布置在轴距外时,汽车的轴距可以缩短,因而有利于提高汽车的机动性。

f. 汽车散热器布置在汽车前部,散热条件好,发动机得到足够的冷却。

g. 行李舱布置在汽车后部,故有足够大的行李舱空间。

h. 容易改装为客货两用车或救护车。

i. 供暖机构简单,且因管路短所以供暖效率高。

j. 因为发动机、离合器、变速器与驾驶员位置近,所以操纵机构简单。

k. 发动机可以采用纵置或横置方案,特别是采用横置发动机时,能缩短汽车的总长,加上取消了传动轴等因素的影响,汽车消耗的材料明显减少,使整备质量减轻。

l. 发动机横置时,原主减速器的锥齿轮用圆柱齿轮取代,降低了制造难度,同时在装配和使用时也不必进行齿轮调整工作,此时变速器和主减速器可以使用同一种润滑油。

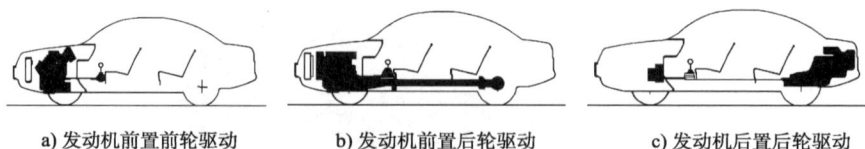

a) 发动机前置前轮驱动　　　b) 发动机前置后轮驱动　　　c) 发动机后置后轮驱动

图1-4　轿车的布置形式

发动机前置前轮驱动时,发动机可以纵置或者前置,也可以布置在轴距外、轴距内或前桥上方。这种布置形式目前在中级及以下级别轿车上得到广泛应用。

主要缺点如下。

a. 前轮驱动并转向需要采用等速万向节,其结构和制造工艺均复杂。

b. 前桥负荷较后轴重,并且前轮又是转向轮,故前轮工作条件恶劣,轮胎寿命短。

c. 上坡行驶时因驱动轮上附着力减少,汽车爬坡能力降低。

d. 一旦发生正面碰撞事故,发动机及其附件损失较大,维修费用高。

目前国内生产的轿车基本上都采用发动机前置前轮驱动的布置形式,如奇瑞、比亚迪、吉利、上汽、北汽、广汽、天汽、昌河、中华等汽车公司生产的三厢或两厢轿车。

②发动机前置后轮驱动。

主要优点如下。

a. 轴荷分配合理,因而有利于提高轮胎的使用寿命。

b. 前轮不驱动,因而不需要采用等速万向节,有利于减少制造成本。

c. 操纵机构简单;采暖机构简单,且管路短供暖效率高。

d. 发动机冷却条件好。

e. 上坡行驶时,因驱动轮上的附着力增大,故爬坡能力强。

f. 改装为客货两用车或救护车比较容易。

g. 有足够大的行李舱空间。

h. 因变速器与主减速器分开,故拆装、维修容易。

发动机前置后轮驱动轿车因客厢较长,乘坐空间宽敞,行驶平稳,故在中高级和高级轿车上得到应用。

主要缺点如下。

a. 因车身地板下有传动轴,地板上有凸起的通道,并使后排座椅中部坐垫的厚度减薄,影响乘坐舒适性。

b. 汽车正面发生碰撞时易导致发动机进入客厢,使前排乘员受到严重伤害。

c. 汽车的总长较长,整车整备质量增大,同时影响到汽车的燃油经济性和动力性。

③发动机后置后轮驱动。

主要优点如下。

a. 发动机后置后轮驱动轿车的动力总成(包括发动机、离合器、变速器和主减速器)布置成一体,结构紧凑。

b. 因为发动机后置,汽车前部高度有条件降低,改善了驾驶员视野。

c. 整车整备质量小。

d. 没有传动轴,而且排气管不必从前部向后延伸,故客厢内地板比较平整,只需用较低的凸包高度来容纳操纵机构的杆件和加强地板刚度,这就改善了后排座椅中间座位乘员的出入条件。

e. 乘客座椅能够布置在舒适区内。

f. 在坡道上行驶时,由于驱动轮上附着力增加,爬坡能力提高。

g. 发动机布置在轴距外时,汽车轴距短,机动性能好。

主要缺点如下。

a. 后桥负荷重,使汽车具有过多转向的倾向。

b. 前轮附着力小,高速行驶时转向不稳定,影响操纵稳定性。

c. 行李舱在前部,受转向轮转向占据一定空间和改善驾驶员视野影响,行李舱空间不够大。

d. 因动力总成在后部,距驾驶位置较远,所以操纵机构复杂。

e. 受发动机高度影响,改装为客货两用车或救护车困难。因上述缺点,发动机后置后轮驱动轿车几乎已不采用。

（2）货车布置形式。

按驾驶室与发动机相对位置的不同，货车布置形式有长头式、短头式、平头式和偏置式。长头式货车的特点是发动机位于驾驶室前部，当发动机有少部分位于驾驶室内时称为短头式货车，发动机位于驾驶室内时称为平头式货车，驾驶室偏置在发动机旁的货车称为偏置式货车。

①平头式货车。

主要优点如下。

a. 汽车总长和轴距尺寸短，最小转弯直径小，机动性能良好。

b. 不需要发动机舱盖和翼子板，加上总长缩短等因素的影响，汽车整备质量减小。

c. 驾驶员的视野得到明显改善。

d. 采用翻转式驾驶室时能改善发动机及其附件的接近性。

e. 驾驶室内面积利用率高。

平头式货车的发动机可以布置在座椅下后部，此时中间座椅处没有很高的凸起，可以布置三人座椅，故平头式货车在各种级别的货车上得到广泛应用。发动机在主驾驶员和副驾驶员座椅中间形成凸起隔断的布置方案仅在早期的平头车上得到应用。

主要缺点如下。

a. 前轴负荷大导致汽车通过性能变差。

b. 驾驶室的翻转机构和锁止机构，使机构复杂。

c. 进、出驾驶室不如长头式货车方便。

d. 离合器、变速器等操纵机构复杂。

e. 驾驶室内受热及振动均比较大。

f. 对于微型、轻型平头货车，正面碰撞时，容易使驾驶员和前排乘员受到严重伤害。

②长头式货车。

长头式货车的主要优缺点与平头式货车的优缺点相反，而短头式货车介于两者之间，与长头式货车优缺点相近。长头式货车的前轮相对车头靠前时轴荷分配不合理，已不采用；前轮靠后时，轮罩凸包会影响驾驶员的操作空间；前轮居中时外形美观、布置匀称，故得到广泛应用。

③偏置式驾驶室货车。

偏置式驾驶室的货车主要用于重型矿用自卸车上。它具有平头式货车的一些优点，如轴距短、视野良好等，此外还具有驾驶室通风条件好、维修发动机方便等优点。

④货车发动机位置形式。

可分为发动机前置、中置和后置三种布置形式。

发动机前置后桥驱动货车的主要优点是：维修发动机方便；离合器、

变速器等操纵机构简单;货箱地板高度低;可以采用直列发动机、V 形发动机或卧式发动机;发现发动机故障容易。发动机前置后桥驱动货车得到广泛应用。

发动机前置后桥驱动货车的主要缺点:如果采用平头式驾驶室,而且发动机布置在前轴之上,处于两侧座位之间时,驾驶室内部拥挤,隔热、隔振、密封和降低噪声问题难以解决;如果采用长头式驾驶室,为保证具有良好的视野,驾驶员座椅须布置高些,这又影响整车和质心高度,同时增加了整车长度。

发动机后置后轮驱动货车是由发动机后置后轮驱动的轿车变型而来,所以极少采用。这种形式的货车后桥超载,操纵机构复杂,发现发动机故障和维修发动机都困难,以及发动机容易被泥土弄脏等是它的主要缺点。

(3)大型客车的布置形式。

根据发动机的位置不同,大型客车有下列布置形式:发动机前置后桥驱动,如图 1-5a)所示;发动机中置后桥驱动,如图 1-5b)所示;发动机后置后桥驱动,如图 1-5c)所示。

发动机前置时,可布置在轴距外或布置在前轴上方。发动机后置时,可以纵置或横置在汽车后部,如图 1-5d)所示。

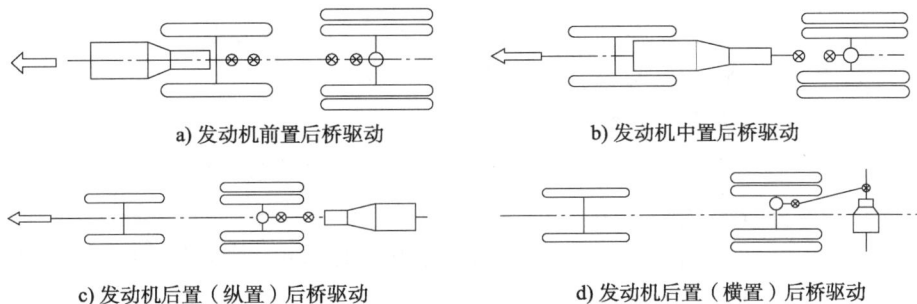

a) 发动机前置后桥驱动　　b) 发动机中置后桥驱动
c) 发动机后置（纵置）后桥驱动　　d) 发动机后置（横置）后桥驱动

图 1-5　大型客车的布置形式

①发动机前置后桥驱动。

主要优点如下。

a. 动力总成操纵机构结构简单。

b. 散热器位于汽车前部,冷却效果好。

c. 冬季在散热器罩前部蒙以保护棉被,能改善发动机的保温条件。

d. 发动机出现故障时驾驶员容易发现。

主要缺点如下。

a. 发动机凸起在地板表面上部,因而车厢面积利用不好,并且布置座椅时会受到发动机的限制。

b. 由于传动轴从地板下面通过,致使地板平面离地面较高,乘客上、下车不方便。

c. 传动轴长度长。

d. 发动机的噪声、气味和热量易于传入车厢内。

e. 隔绝发动机振动困难,影响乘坐舒适性。

f. 检查发动机故障必须在驾驶室内进行,降低了检修工作的舒适性。

g. 如果乘客门布置在轴距内,将使车身刚度削弱。

h. 若采用前开门布置,虽然可以改善车身刚度,但会使前悬加长,同时可能使前轴超载。

②发动机中置后桥驱动。

主要优点如下:轴荷分配合理;传动轴的长度短;车厢内面积利用最好,并且座椅布置不会受发动机的限制;乘客车门能布置在前轴之前等。

主要缺点如下:发动机必须用水平对置式的,且布置在地板下部,给检修发动机带来困难;驾驶员不容易发现发动机故障;发动机在热带的冷却条件和在寒带的保温条件均不好;发动机的噪声、气味、热量和振动均能传入车厢;动力总成操纵机构复杂;受发动机影响,地板平面距地面较高;在土路上行驶发动机极易被泥土弄脏。

③发动机后置后桥驱动。

主要优点如下。

a. 能较好地隔绝发动机的噪声、气味、热量。

b. 检修发动机方便。

c. 轴荷分配合理。

d. 同时由于后桥簧上质量与簧下质量之比增大,能改善车厢后部的乘坐舒适性。

e. 当发动机横置时,车厢面积利用较好,并且布置座椅受发动机影响较少。

f. 作为城市间客车使用时,能够在地板下部和客车全宽范围内设立体积很大的行李舱,作为市内用客车不需要行李舱,则可以降低地板高度。

g. 传动轴长度短。

主要缺点如下。

a. 发动机的冷却条件不好,必须采用冷却效果强的散热器。

b. 动力总成操纵机构复杂。

c. 驾驶员不容易发现发动机故障。

发动机前置后桥驱动的大型客车,常在货车底盘基础上改装而成;发动机后置后桥驱动大型客车优点明显。目前,这两种布置形式的大型客车得到广泛应用。

二　汽车主要参数的选择

1. 尺寸参数

汽车的主要尺寸有外廓尺寸、轴距、轮距、前悬、后悬、货车车头长度和车厢尺寸等。图 1-6 所示为汽车的主要尺寸示意图。

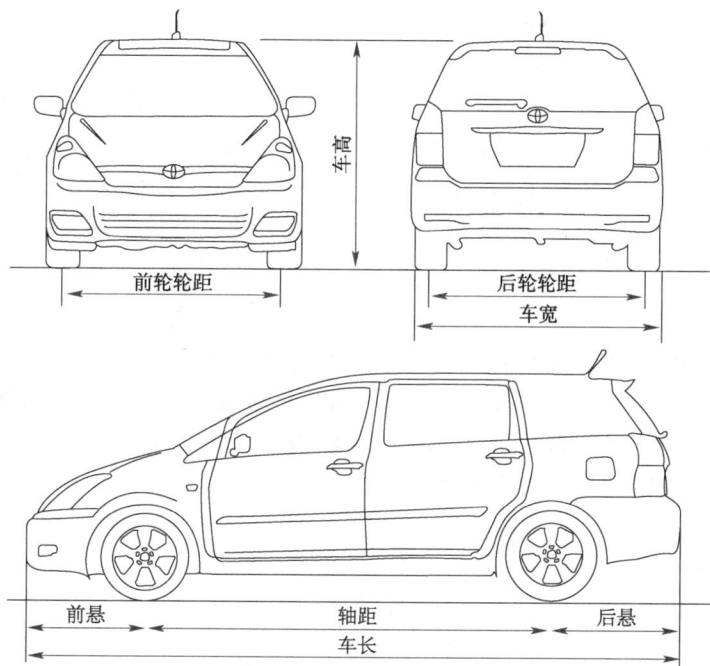

图 1-6　汽车的主要尺寸示意图

（1）外廓尺寸。

国家标准《汽车、挂车及汽车列车外廓尺寸、轴荷及质量限值》（GB 1589—2016）规定汽车外廓尺寸长：货车、越野汽车、整体式客车不应超过 12m，单铰接式客车不超过 18m，铰接汽车列车不超过 17.1m，全挂汽车列车不超过 20m；汽车宽不超过 2.55m；空载、顶窗关闭状态下，汽车高不超过 4m；后视镜等单侧外伸量不得超出最大宽度处 250mm；顶窗、换气装置开启时不得超出车高 300mm。

不在公路上行驶的汽车，其外廓尺寸不受上述规定限制。

轿车车长 L_a 是轴距 L、前悬 L_F 和后悬 L_R 的和。它与轴距 L 有下述关系：$L_a = L/C$。式中，C 为比例系数，其值在 0.52 ~ 0.66 之间。发动机前置前轮驱动汽车的 C 值为 0.62 ~ 0.66，发动机后置后轮驱动汽车的 C 值为 0.52 ~ 0.56。

轿车宽度尺寸一方面由乘员必需的室内宽度和车门厚度来决定，另一方面应保证能布置下发动机、车架、悬架、转向系统和车轮等。轿车总

宽 B_a 与车辆总长 L_a 之间有下述近似关系：$B_a = (L_a/3) + (195 \pm 60)\,mm$。后座乘三人的轿车，$B_a$ 不应小于 1410mm。

影响轿车总高 H_a 的因素有轴间底部离地高 h_m，地板及下部零件高 h_p，室内高 h_B 和车顶造型高度 h_t 等。

轴间底部离地高 h_m 应大于最小离地间隙 h_{min}。由座位高、乘员上身长和头部及头上部空间构成的室内高 h_B 一般为 1120~1380mm。车顶造型高度在 20~40mm 范围内变化。

（2）轴距 L。

轴距 L 对整备质量、汽车总长、最小转弯直径、传动轴长度、纵向通过半径有影响。当轴距短时，上述各指标减小。此外，轴距还对轴荷分配有影响。轴距过短会使车厢（箱）长度不足或后悬过长；上坡或制动时轴荷转移过大，汽车制动性和操纵稳定性变差；车身纵向角振动增大，对平顺性不利；万向节传动轴的夹角增大。

原则上轿车的级别越高，装载量或载客量多的货车或客车轴距宜取长些。对机动性要求高的汽车轴距宜取短些。为满足市场需要，工厂在标准轴距货车基础上，生产出短轴距和长轴距的变型车。不同轴距变型车的轴距变化推荐在 0.4~0.6m 的范围内来确定。

汽车的轴距可参考表 1-2 提供的数据选定。

各类汽车的轴距和轮距 表 1-2

车型	类别		轴距 L(mm)	轮距 B(mm)
轿车	微型级		2000~2200	1100~1380
	普通级		2100~2540	1150~1500
	中级		2500~2860	1300~1500
	中、高级		2850~3400	1400~1580
	高级		2900~3900	1560~1620
4×2 货车	微型		1700~2900	1150~1350
	轻型		2300~3600	1300~1650
	中型		3600~5500	1700~2000
	重型		4500~5600	1840~2000
矿用自卸车	总质量 m_a(t)	<60	3200~4200	2000~4000
		≥60	3900~4800	
大客车	城市大客车（单车）		4500~5000	1740~2050
	长途大客车（单车）		5000~6500	

（3）前轮距 B_1 和后轮距 B_2。

增大轮距，随之而来的是室内宽并有利于增加侧倾刚度。但是此时汽车总宽和总质量增加，并影响最小转弯直径变化。

受汽车总宽不得超过2.5m限制,轮距不宜过大。但在取定的前轮距 B_1 范围内,应能布置下发动机、车架、前悬架和前轮,并保证前轮有足够的转向空间,同时转向杆系与车架、车轮之间有足够的运动间隙。在确定后轮距 B_2 时应考虑两纵梁之间的宽度、悬架宽度和轮胎宽度及它们之间应留有必要的间隙。

各类汽车的轮距可参考表 1-2 提供的数据确定。

(4)前悬 L_F 和后悬 L_R。

前、后悬长时,汽车接近角和离去角都小,影响汽车通过性能。对长头汽车,前悬不能缩短的原因是在这段尺寸内要布置保险杠、散热器、风扇、发动机等部件。从撞车后的安全性考虑希望前悬长些,从视野角度考虑又要求前悬短些。前悬对平头汽车上下车的方便性有影响,前钢板弹簧长度也影响前悬尺寸。长头式货车前悬一般为1100~1300mm。

货车后悬长度取决于货箱、轴距和轴荷分配的要求。轻型、中型货车的后悬一般为1200~2200mm,特长货箱汽车的后悬可达2600mm,但不得超过轴距的55%。轿车后悬长度影响行李舱尺寸。客车后悬长度不得超过轴距的65%,绝对值不大于3500mm。对于三轴汽车,若二、三轴为双后轴,其轴距应按第一轴至双后轴中心线的距离计算;若一、二轴为双转向轴,其轴距按一、三轴的轴距计算。

(5)货车车头长度。

货车车头长度指从汽车的前保险杠到驾驶室后围的距离。车身形式(即长头式还是平头式)对车头长度有绝对影响。此外,车头长度尺寸对汽车外观效果、驾驶室居住性和发动机的接近性等有影响。

长头式货车车头长度尺寸一般为2500~3000mm,平头式货车一般为1400~1500mm。

(6)货车车厢尺寸。

要求车厢尺寸在运送散装煤和袋装粮食时能装足额定吨数。车厢边板高度对汽车质心高度和装卸货物的方便性有影响,一般应在 450~650mm 范围内选取。车厢内宽应在汽车外宽符合国家标准的前提下适当取宽些,以利于缩短边板高度和车厢长度。行驶速度能达到较高车速的货车,使用过宽的车厢会增加汽车迎风面积,导致空气阻力增加。车厢内长应在能满足运送上述货物额定吨位的条件下尽可能取短些,以利于减小整备质量。

2. 质量参数

(1)整车整备质量 m_0。

整车整备质量是指车上带有全部装备(包括随车工具、备胎等),加满燃料、冷却液等液体,但没有装货和载人时的整车质量。

整车整备质量对汽车的成本和使用经济性均有影响。目前,尽可能减少整车整备质量的目的是通过减轻整备质量增加装载量或载客量;抵消因满足安全标准、尾气排放标准和噪声标准所带来的整备质量增加;节约燃料。减少整车整备质量的措施主要有:采用强度足够的轻质材料,新设计的车型应使其结构更合理。减少整车整备质量,是从事汽车设计工作中必须遵守的一项重要原则。

整车整备质量在设计阶段需估算确定。在日常工作中,收集大量同类型汽车各总成、部件和整车的有关质量数据,结合新车设计的结构特点、工艺水平等初步估算出各总成、部件的质量,再累计构成整车整备质量。

轿车和客车的整备质量也可按每人所占整车整备质量的统计平均值估计(表1-3)。

轿车和客车人均整备质量　　　　　　　　表1-3

车型	人均整备质量(t/人)	车型	人均整备质量(t/人)
微型轿车	0.15 ~ 0.16	中高级以上轿车	0.29 ~ 0.34
普通级轿车	0.17 ~ 0.24	中型以下客车	0.096 ~ 0.16
中级轿车	0.21 ~ 0.29	大型客车	0.065 ~ 0.13

(2)汽车的载客量和装载质量(简称装载量)m_e。

轿车的载客量用座位数表示。微型和普通级轿车为2~4座,中级以上轿车为4~7座。城市大型客车的载客量,由等于座位数的乘客和站立乘客两部分构成。站立乘客按每平方米8~10人计算。长途大型客车和专供游览观光用的大型客车,其载客量等于座位数。

汽车的装载质量 m_e 是指在硬质良好路面上行驶时所允许的额定装载量。汽车在碎石路面上行驶时,装载质量约为良好路面的75% ~ 85%。越野汽车的装载量是指越野行驶时或在土路上行驶时的额定装载量。

货车装载质量 m_e 的确定,首先应与行业产品规划的系列符合,其次要考虑到汽车的用途和使用条件。原则上货流大、运距长或矿用自卸车应采用大吨位货车,货源变化频繁、运距短的市内运输车采用中、小吨位的货车比较经济。

(3)质量系数 η_{m_0}。

质量系数 η_{m_0} 是指汽车装载质量与整车整备质量的比值,即 $\eta_{m_0} = m_e/m_0$。该系数反映了汽车的设计水平和工艺水平,η_{m_0} 值越大,说明该汽车的结构和制造工艺越先进。

在参考同类型汽车选定 η_{m_0} 以后(表1-4),可根据任务书中给定的 m_e 值计算出整车整备质量。

不同类型汽车的质量系数 η_{m_0} 　　　表 1-4

汽车类型		η_{m_0}
货车	轻型	0.80 ~ 1.10
	中型	1.20 ~ 1.35
	重型	1.30 ~ 1.70
矿用自卸车	最大装载质量 $m_e(t)$ <45	1.10 ~ 1.50
	>45	1.30 ~ 1.70

（4）轴荷分配。

汽车的轴荷分配是指汽车在空载或满载静止状态下，各车轴对支承平面的垂直载荷，也可以用占空载或满载总质量的百分比来表示。

轴荷分配对轮胎寿命和汽车的使用性能有影响。从轮胎磨损均匀和寿命相近考虑，各个车轮的载荷应相差不大；为了保证汽车有良好的动力性和通过性，驱动桥应有足够大的载荷，而从动轴载荷可以适当减少；为了保证汽车有良好的操纵稳定性，转向轴的载荷不应过小。

汽车的发动机位置与驱动形式不同，对轴荷分配有显著影响。各类汽车的轴荷分配见表 1-5。

各类汽车的轴荷分配 　　　表 1-5

车型		满载		空载	
		前轴	后轴	前轴	后轴
轿车	发动机前置前轮驱动	47% ~60%	40% ~53%	56% ~66%	34% ~44%
	发动机前置后轮驱动	45% ~50%	50% ~55%	51% ~56%	44% ~49%
	发动机后置后轮驱动	40% ~46%	54% ~60%	38% ~50%	50% ~62%
货车	4×2 后轮单胎	32% ~40%	60% ~68%	50% ~59%	41% ~50%
	4×2 后轮双胎，长、短头式	25% ~27%	73% ~75%	44% ~49%	51% ~56%
	4×2 后轮双胎，平头式	30% ~35%	65% ~70%	48% ~54%	46% ~52%
	6×4 后轮双胎	19% ~25%	75% ~81%	31% ~37%	63% ~69%

3. 性能参数

（1）动力性参数。

①最高车速 v_{max}。

随着道路条件的改善，汽车特别是中、高级轿车的最高车速有逐渐提高的趋势。轿车的最高车速 v_{max} 大于货车、客车的最高车速。级别高的轿车的最高车速 v_{max} 要大于级别低的轿车的最高车速。微型、轻型货车最高车速大于中型、重型货车的最高车速，重型货车最高车速较低。有关客车的车速要求见交通运输行业标准《营运客车类型划分及等级评定》（JT/T 325—2018）。其他车型的最高车速范围见表 1-6。

汽车的最高车速

汽车动力性参数范围　　　　　　　　　表 1-6

汽车类别	最高车速 v_{max}（km/h）	比功率 P_b（kW/t）	比转矩 T_b（N·m/t）
微型级	110 ~ 150	30 ~ 60	50 ~ 110
普通级	120 ~ 170	35 ~ 65	80 ~ 110
中级	130 ~ 90	40 ~ 70	90 ~ 130
中、高级	140 ~ 230	50 ~ 80	120 ~ 140
高级	160 ~ 280	60 ~ 110	100 ~ 180
微型	80 ~ 135	16 ~ 28	30 ~ 44
轻型		15 ~ 25	38 ~ 44
中型	75 ~ 120	10 ~ 20	33 ~ 47
重型		6 ~ 20	29 ~ 50

汽车的加速能力

汽车的爬坡能力

单位行驶里程的
燃料消耗量

②加速时间 t。

汽车在平直的良好路面上，从原地起步开始以最大的加速度加速到一定车速所用的时间称为加速时间。对于最高车速 $v_{max} > 100km/h$ 的汽车，常用从 0km/h 加速到 100km/h 所需的时间来评价，如中、高级轿车的此加速时间一般为 8 ~ 17s，普通级轿车的此加速时间为 12 ~ 25s。对于 v_{max} 低于 100km/h 的汽车，可用 0 ~ 60km/h 的加速时间来评价。

③上坡能力。

用汽车满载时在良好路面上的最大坡度阻力系数 i_{max} 来表示汽车上坡能力。因轿车、货车、越野汽车的使用条件不同，对它们的上坡能力要求也不一样。通常要求货车能克服 30% 坡度，越野汽车能克服 60% 坡度。

④比功率和比转矩。

比功率是汽车所装发动机的标定最大功率与汽车最大总质量之比。它可以综合反映汽车的动力性。轿车的比功率大于货车和客车，货车的比功率随总质量的增加而减小。为保证路上行驶车辆的动力性不低于一定的水平，防止某些性能差的车辆阻碍交通，应对车辆的最小比功率做出规定。我国国家标准《机动车运行安全技术条件》（GB 7258—2017）规定：低速汽车比功率不小于 4.0kW/t，其他机动车不小于 5.0kW/t。

比转矩是汽车所装发动机的最大转矩与汽车总质量之比，它能反映汽车的牵引能力。不同车型的比功率和比转矩范围见表 1-6。有关客车的比功率要求见交通运输行业标准 JT/T 325—2018。

（2）燃油经济性参数。

汽车的燃油经济性用汽车在水平的水泥或沥青路面上，以经济车速或多工况满载行驶百公里的燃油消耗量（L/100km）来评价。该值越小，燃油经济性越好。级别低的轿车，百公里燃油消耗量要低于级别高的轿车（表 1-7）。未来的发展趋势是百公里燃油消耗量继续减少，如正在研制的超经济型轿车的百公里燃油消耗量为 3L/100km。货车有时用单位

质量的百公里油耗量来评价(表1-8)。

轿车的百公里燃油消耗量　　　　表1-7

车型	微型轿车	普通级轿车	中级轿车	高级轿车
百公里燃油消耗量(L/100km)	4.4~7.5	7~12	10~16	18~23.5

货车单位质量百公里燃油消耗量[单位:L/(100t·km)]　　表1-8

总质量 m_a(t)	汽油机	柴油机	总质量 m_a(t)	汽油机	柴油机
<4	3.0~4.0	2.0~2.8	6~12	2.68~2.82	1.55~1.86
4~6	2.8~3.2	1.9~2.1	>12[①]	2.50~2.60	1.43~1.53

注:①包括矿用自卸车。

(3)最小转弯直径 D_{min}。

转向盘转至极限位置时,汽车前外转向轮轮辙中心在支承平面上轨迹圆的直径称为最小转弯直径 D_{min}。D_{min} 用来描述汽车转向机动性,是汽车转向能力和转向安全性能的一项重要指标。

转向轮最大转角、汽车轴距、轮距等对汽车最小转弯直径均有影响。对机动性要求高的汽车,D_{min} 应取小些。国家标准《汽车、挂车及汽车列车外廓尺寸、轴荷及质量限值》(GB 1589—2016)中规定:汽车和汽车列车转弯时应在一个通道圆内通过,通道圆的外圆直径为25m、内圆直径为10.6m。车辆内、外侧的任何部位不应超出通道圆的内、外侧垂直空间。

各类汽车的最小转弯直径 D_{min} 见表1-9。

最小转弯直径
和内轮差

各类汽车的最小转弯直径 D_{min}　　　　表1-9

车型	级别	D_{min}(m)	车型	级别	D_{min}(m)	
轿车	微型	7~9.5	货车	微型	8~12	
	普通级	8.5~11		轻型	10~19	
	中级	9~12		中型	12~20	
	高级	11~14		重型	13~21	
货车	微型	10~13	矿用自卸车	装载质量 m_a(t)	<45	15~19
	中型	14~20				
	大型	17~22			>45	18~24

(4)通过性的几何参数。

总体设计要确定的通过性几何参数有:最小离地间隙 h_{min}、接近角 γ_1、离去角 γ_2、纵向通过半径 ρ_1 等。各类汽车的通过性参数视车型和用途而异,其范围见表1-10。

最小离地间隙

接近角与离去角

纵向通过角

汽车通过性的几何参数　　　　　表 1-10

车型	h_{min}（mm）	γ_1（°）	γ_2（°）	ρ_1（m）
4×2 轿车	150～220	20～30	15～22	3.0～8.3
4×4 轿车	210	45～50	35～40	1.7～3.6
4×2 货车	250～300	40～60	25～45	2.3～6.0
4×4 货车、6×6 货车	260～350	45～60	35～45	1.9～3.6
4×2 客车、6×4 客车	220～370	10～40	6～20	4.0～9.0

（5）操纵稳定性参数。

汽车操纵稳定性的评价参数较多，与总体设计有关并能作为设计的有如下指标：

①转向特性参数。

为了保证有良好的操纵稳定性，汽车应具有一定程度的不足转向。通常用汽车以 0.4g 的向心加速度沿定圆转向时，前、后轮侧偏角之差（$\delta_1 - \delta_2$）作为评价参数。此参数在 1°～3°为宜。

②车身侧倾角。

汽车以 0.4g 的向心加速度沿定圆等速行驶时，车身侧倾角控制在 3°以内较好，最大不允许超过 7°。

③制动前俯角。

为了不影响乘坐舒适性，要求汽车以 0.4g 减速度制动时，车身的前俯角不大于 1.5°。

（6）制动性参数。

汽车制动性是指汽车在制动时，能在尽可能短的距离内停车且保持方向稳定，下长坡时能维持较低的安全车速并有在一定坡道上长期驻车的能力。目前常用制动距离 s_t 和平均制动减速度 j 来评价制动效能。

国家标准《机动车运行安全技术条件》（GB 7258—2017）中规定的路试检验行车制动和应急制动性能要求，见表 1-11。

（7）舒适性。

汽车应为乘员提供舒适的乘坐环境和方便的操作条件，称之为舒适性。舒适性应包括平顺性、空气调节性能（温度、湿度等）、车内噪声、乘坐环境（活动空间、车门及通道宽度、内部设施等）及驾驶员的操作性能。

其中，汽车行驶平顺性常用垂直振动参数评价，包括频率和振动加速度等，此外悬架动挠度也用来作为评价参数之一。

路试检验行车制动和应急制动性能要求　　　　　　　　表 1-11

车辆类型		行车制动					应急制动			
		制动初车速（km/h）	制动距离（m）	FMDD[①]（m/s²）	试车道宽度（m）	踏板力（N）	制动初车速（km/h）	制动距离（m）	FMDD（m/s²）	操纵力（N）
座位数≤9 的客车	满载	50	≤20	≥5.9	2.5	≤500	50	≤38	≥2.9	手≤400；脚≤500
	空载		≤19	≥6.2		≤400				
其他总质量4.5t 的汽车	满载	50	≤22	≥5.4	2.5[②]	≤700	30	≤18	≥2.6	手≤600；脚≤700
	空载		≤21	≥5.8		≤450				
其他汽车、列车	满载	30	≤10	≥5.0	3.0	≤700	30	≤20	≥2.2	手≤600；脚≤700
	空载		≤9	≥5.4		≤450				

注：①FMDD 是指制动减速度。

②对总质量 >3.5t 且≤4.5t 的汽车为 3.0m。

笔记区

三　发动机的选择

1. 发动机形式的选择

（1）按燃油分类。

当前汽车上使用的发动机仍然是以往复式内燃机为主，分为汽油机、柴油机两类。

与汽油机比较，柴油机具有较好的燃油经济性，使用成本低，在相同的续驶里程内，可以设置容积小些的油箱。柴油机压缩比可以达到 15～23，而汽油机一般控制在 8～10；柴油机热效率高达 38%，而汽油机为30%；柴油机工作可靠，寿命长，排污量少。

柴油机的主要缺点是：由于提高了压缩比，要求活塞和缸盖的间隙尽可能小，加工精度比汽油机要求更高；因自燃产生的爆发压力很大，因此要求柴油机各部分的结构强度比汽油机大。柴油机主要用于货车、大型客车上。随着发动机技术的进步，轻型车和轿车用柴油机有日益增多的趋势。

两类发动机选择用在不同的车辆上，必须满足国家对不同车辆的排放法规。

（2）按汽缸排列形式分类。

根据发动机汽缸排列形式不同，发动机有直列、水平对置和 V 形三种。

汽缸直列式排列具有结构简单、宽度窄、布置方便等优点。但当发动机缸数多时，长度过长，在汽车上布置困难，因此直列式适用于 6 缸以下的发动机。直列式还有高度尺寸大的缺点。

与直列发动机比较,V形发动机长度短,因而曲轴刚度得到提高,并具有高度低、发动机系列多等优点。其主要缺点是用于平头车时,因发动机宽而在布置上较为困难,造价高。水平对置式发动机的主要优点是平衡好,高度低。V形发动机主要用于中、高级和高级轿车以及重型货车上,水平对置式发动机在少量大型客车上得到应用。

(3)按冷却方式分类。

根据发动机冷却方式不同,发动机分为水冷与风冷两种。大部分汽车用水冷发动机,因为它具有冷却均匀可靠、散热良好、噪声小和能解决车内供暖问题,以及加大散热器面积后,能较好适应发动机增压后散热需要等优点。水冷发动机的主要缺点是冷却系统结构复杂;使用与维修不方便;冷却性能受环境温度影响较大,夏季冷却液容易过热,冬季又容易过冷,并且在室外存放,冷却液结冰后能冻坏汽缸缸体和散热器。

(4)其他类型发动机。

当选用尺寸和质量小的发动机时,不仅有利于汽车的小型化、轻量化,且在保证客厢内部有足够空间的条件下,还能节约燃料。

由于天然气资源充足,天然气发动机汽车得到应用。无排气公害、无噪声的电动汽车,是理想的低污染车,在实现高能蓄电池和降低成本后在汽车上得到推广使用。太阳能汽车也是理想的低污染汽车,目前还未达到商品化阶段。氢燃料发动机也已研发成功,正在往应用方向推进。而成功比较应用的是电动与燃油发动机共用的混合动力电动汽车,已经成为解决燃油污染排放和续驶里程矛盾的最佳选择。

2. 发动机主要性能指标的选择

根据所需要的最高车速 v_{amax} (km/h),用下式估算发动机最大功率:

$$P_{emax} = \frac{1}{\eta_T}\left(\frac{m_a g f_r}{3600}v_{amax} + \frac{C_D A}{76140}v_{amax}^3\right) \tag{1-1}$$

式中:P_{emax}——发动机最大功率,kW;

$\quad\eta_T$——传动系效率,对驱动桥用单级主减速器的 4×2 汽车可取 90%;

$\quad m_a$——汽车总质量,kg;

$\quad g$——重力加速度,m/s²;

$\quad f_r$——滚动阻力系数,对轿车 $f_r = 0.0165 \times [1 + 0.01(2v_a - 50)]$,对货车取 0.02,矿用自卸车取 0.03,$v_a$ 用最高车速代入;

$\quad C_D$——空气阻力系数,轿车取 0.30~0.35,货车取 0.80~1.00,大型客车取 0.60~0.70;

$\quad A$——汽车正面投影面积,m²;

$\quad v_{amax}$——最高车速,km/h。

参考同级汽车的比功率统计值,然后选定新设计汽车的比功率值,并乘以汽车总质量,也可以求得所需的最大功率值。

最大功率转速 n_P 的范围如下:汽油机的 n_P 在 3000~7000r/min,轿车最高 n_P 值多在 4000r/min 以上,轻型货车的 n_P 值在 4000~5000r/min 之间,中型货车更低些;柴油机的 n_P 值在 1800~4000r/min 之间,轿车和轻型货车用高速柴油机,n_P 取在 3200~4000r/min 之间,重型货车用柴油机的 n_P 值取得低。

用下式计算确定 T_{emax}:

$$T_{emax} = 9549 \frac{\alpha P_{emax}}{n_P} \tag{1-2}$$

式中:T_{emax}——最大转矩,N·m;

α——转矩适应性系数,一般在 1.1~1.3 之间选取;

P_{emax}——发动机最大功率,kW;

n_P——最大功率转速,r/min。

要求 n_P/n_T 在 1.4~2.0 之间选取。

3. 发动机悬置元件的选择

汽车是多自由度的振动体,并受到各种振源的作用而发生振动,发动机就是振源之一。发动机是通过悬置元件安装在车架上,悬置元件既是弹性元件又是减振装置,其特性直接关系到发动机振动向车体的传递,并影响整车的振动与噪声。合理的悬置不但可以减小振动、降低噪声以改善乘坐舒适性,还能提高零部件和整车寿命。因此,发动机的悬置设计越来越受到设计者的重视。

悬置元件承受动力总成的质量,为使其不产生过大的静位移而影响工作,要求悬置元件刚度大些为好;发动机本身的激励以及来自路面的激励都经过悬置元件来传递,因此又要求悬置元件有良好的隔振性能;因发动机工作频带宽,在 10~500Hz 范围内,要求悬置元件有减振降噪功能,并要求悬置元件工作在低频大振幅时(如发动机怠速状态)提供大的阻尼特性,而在高频低幅振动激励下提供低的动刚度特性,以衰减高频噪声;悬置元件还应当满足耐机械疲劳、橡胶材料的热稳定性及抗腐蚀能力等方面的要求。

传统的橡胶悬置由金属板件和橡胶组成,如图 1-7 所示。

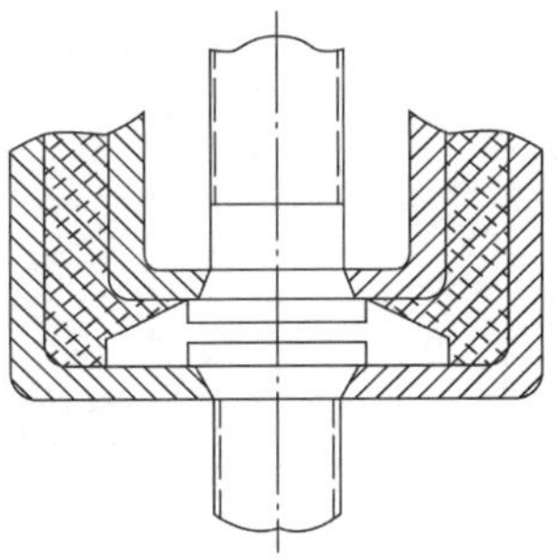

图 1-7 橡胶悬置结构图

悬置元件的特点是结构简单,制造成本低,但动刚度和阻尼损失角 θ(阻尼损失角越大表明悬置元件提供的阻尼越大)的特性曲线基本上不随激励频率变化,如图 1-8 所示。

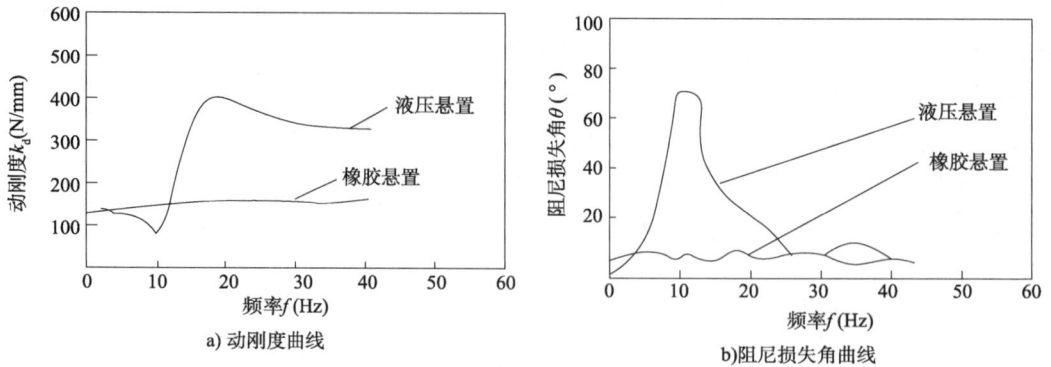

图 1-8　橡胶悬置与液压悬置动特性

a) 动刚度曲线

b)阻尼损失角曲线

　　液压阻尼式橡胶悬置(以下简称液压悬置)的动刚度及阻尼损失角有很强的变频特性,如图 1-8 所示。从图 1-8a)看到,液压悬置的动刚度在 10Hz 左右达到最小,在 20Hz 左右达到最大,而后开始下降,在频率超过 30Hz 以后趋于平稳。图 1-8b)表明液压悬置阻尼损失角在 5~25Hz 范围内比较大,这一特性对于衰减发动机怠速频段内(一般为 20~25Hz)的大幅振动十分有利。

　　图 1-9 所示为液压悬置结构简图,图中螺纹连接杆1与发动机支承臂连接,底座 8 的螺孔与车身连接,液压悬置主要由橡胶主簧 11、惯性通道体 10、橡胶底膜 7 和底座 8 构成。惯性通道体把液压悬置分为上、下两个液室,内部充满液体。由具有节流孔的惯性通道体连通上下两个液室。通常下室体积刚度比上室低。当经发动机支承臂传至螺纹连接杆的载荷发生变化时,上室内的压力跟随变化。如果上室液体受到压缩,则液体经节流孔流入下室;当上室受到的压力解除后,液体又流回上室。液体经节流孔上、下流动过程中产生的阻尼吸收了振动能量,减轻了发动机振动向车身(架)的传递,起到隔振作用。

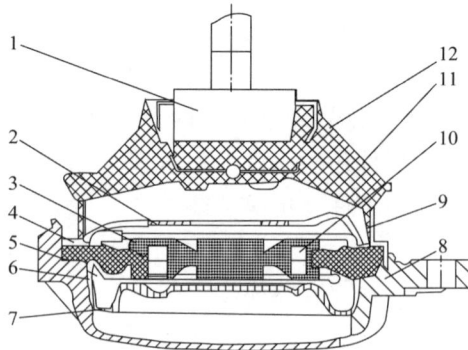

图 1-9　液压悬置结构简图

1-螺纹连接杆;2-限位挡板;3-上惯性通道体;4-橡胶膜;5-盘状加强圈;6-下惯性通道体;7-橡胶底膜;8-底座;9-橡胶主簧座;10-惯性通道体;11-橡胶主簧;12-金属骨架

液压悬置目前在轿车上得到比较广泛的应用。

发动机前悬置点应布置在动力总成质心附近,支座应尽可能宽些并布置在排气管之前。

四 车身形式的选择

汽车车身是驾驶员与乘员的乘坐场所,也是装载乘客和货物的场所。

车身应具有合理的外部形状,以便汽车行驶时能有效地引导周围的气流,提高汽车的动力性、燃料经济性和行驶稳定性,并改善发动机的冷却条件和室内通风。

1. 轿车的车身形式

轿车车身由发动机舱、客厢和行李舱三部分组成。轿车车身的基本形式有折背式、直背式和舱背式三种。三种基本车身形式的主要区别表现在车身顶盖与车身后部形状之间的关系上有差别。折背式车身有明显的发动机舱、乘客厢和行李舱,且车身顶盖与车身后部呈折线连接,如图1-10a)所示。直背式车身的特点是后风窗与行李舱连接,接近平直,如图1-10b)所示。直背式车身流线形好,有利于降低空气阻力系数和使行李舱容积增大。舱背式轿车车身的顶盖比折背式长,同时后窗与后行李舱盖形成一个整体的后部车门,如图1-10c)所示,一般情况下行李舱容积小。将折背式车身顶盖向后延伸到车尾,形成两厢式的变型轿车车身,如图1-10d)所示,目前也受到用户欢迎。除此之外,还有许多其他变型轿车在市场上不断出现,如去除顶盖或带有活动顶篷的敞篷车等。

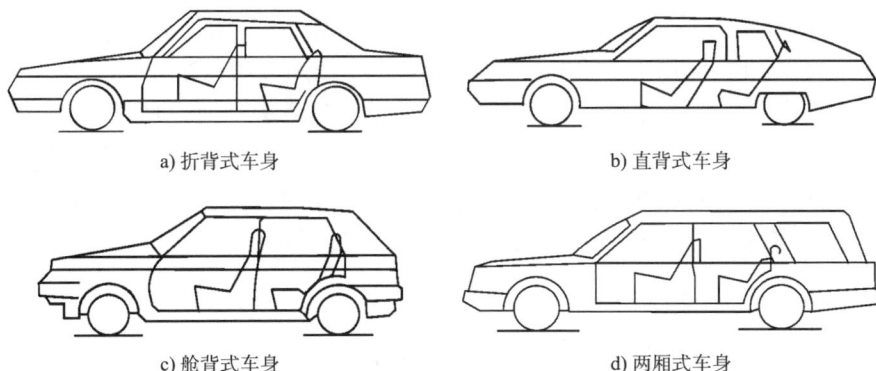

轿车车身基本组成

a) 折背式车身

b) 直背式车身

c) 舱背式车身

d) 两厢式车身

图1-10 轿车车身形式

发动机排量越大的轿车,采用折背式车身的比例越大。发动机排量在1.0L以下的轿车,以采用舱背式车身为主;发动机排量在1.0~4.0L之间时,三种车身形式都有;发动机排量大于4.0L时,基本上都用折背式车身。

2. 客车的车身形式

客车车身有单层客车和双层客之分。无论单层客车或双层客车,其

发动机多数布置在车厢内,故为平头车,而长头车已少见。

五　轮胎的选择

1.轮胎及车轮部件应满足的基本要求

轮胎及车轮在车桥(轴)与地面之间传力,并使汽车运动。因此,要求其有足够的负荷能力和速度能力,具有较小的滚动阻力和行驶噪声,良好的附着特性和质量平衡,耐磨损、耐刺扎、耐老化和良好的气密性,质量小、价格低、拆装方便、互换性好。

2.轮胎的分类

轮胎有多种分类方法。按胎体结构不同分为子午线轮胎、斜交轮胎等;按帘线材料不同分为钢丝轮胎、半钢丝轮胎、人造纤维轮胎和棉帘线轮胎;按用途不同分为乘用车(指轿车、轻型客车)轮胎、商用车(指货车、大型客车)轮胎、非公路用车轮胎、特种车轮胎;按胎面花纹不同分为公路花纹轮胎、越野花纹轮胎、混合花纹轮胎和特种花纹轮胎;按断面形状不同分为普通断面轮胎和低断面轮胎两种;按气密方式不同分为有内胎轮胎和无内胎轮胎两种。

子午线轮胎的特点是滚动阻力小、温升低,胎体缓冲性能和胎面附着性能都比斜交轮胎好,装车后油耗低、寿命长、高速行驶性能好,因此适应现代汽车对安全、高速、低能耗的发展要求。其缺点是造价高、不易翻修。

目前用钢丝和各种高强度人造材料制作帘线的轮胎得到广泛应用,用天然纤维制作帘线的轮胎已遭淘汰。

乘用车轮胎尺寸小,高速行驶稳定性和舒适性好;商用车轮胎尺寸大,承载能力强;非公路用车轮胎附着性好,胎面耐刺扎,适合在恶劣条件下工作。

公路花纹轮胎滚动阻力小、噪声小,适合在铺装路面上使用,其中纵向花纹轮胎适用于良好路面,横向花纹轮胎适用于土石路面;越野花纹轮胎适用于不良路面或无路地带使用;混合花纹轮胎适用于使用路面条件变化不定的场合。图1-11为几种典型胎面花纹示例。

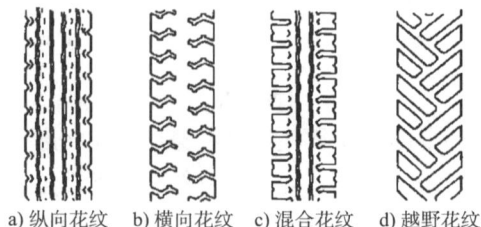

子午线轮胎结构

a) 纵向花纹　　b) 横向花纹　　c) 混合花纹　　d) 越野花纹

图1-11　轮胎胎面花纹示例

低断面轮胎高速行驶稳定性好。无内胎轮胎高速行驶安全性好。这

两种结构能适应现代汽车运行条件逐步改善、行驶速度日益提高的要求。多数汽车特别是轿车、轻型客车的轮胎,选用既是子午线轮胎结构,又是低断面轮胎和无内胎轮胎。

3.轮胎负荷系数

经总体布置计算,汽车轮胎所承受的最大静负荷值,应与轮胎额定负荷值接近。两者之比称为轮胎负荷系数。此系数应控制在 0.9~1.0 之间,以防止超载。超载不仅会降低轮胎寿命、降低操纵稳定性和行驶安全性。轿车和轻型货车、轻型客车的车速高、动负荷大,上述系数应取下限。充气压力和使用速度对轮胎负荷能力有影响。随着道路条件的改善和高速公路的发展,汽车车速逐步提高,使轮胎发热量增加、温度升高,并使胎面与轮胎帘线层脱落,轮胎寿命降低。因此,汽车行驶速度也是影响轮胎选择的一个重要因素。

轮胎是在专业化生产厂制造的,并具有高度的标准化、系列化特点。轮胎的外直径、断面宽、断面高宽比、配用轮辋名义直径、轮辋轮廓形式及规格、胎面花纹形式及深度、额定负荷下半径等尺寸特性和负荷系数,可查与汽车轮胎相关的国家标准。

第3节 传统燃油车整车布置

在初步确定汽车的载客量(装载量)、驱动形式、车身形式、发动机形式等以后,要深入开展更具体的工作,包括绘制总布置草图,并校核初步选定的各部件结构和尺寸是否符合整车尺寸和参数的要求,以寻求合理的总布置方案。绘图前要确定画图的基准线(面)。

一 整车基准零线(面)的确定

确定整车的零线(三维坐标面的交线)、正负方向及标注方式,均应在汽车满载状态下进行,并且绘图时应将汽车前部绘在左侧,如图 1-12 所示。

1)车架上平面线

纵梁上翼面较长的一段平面,或承载式车身中部地板或边梁的上缘面在侧(前)视图上的投影线称为车架上平面,它作为垂直方向尺寸的基准线(面),即 z 坐标线,向上为"$+$"、向下为"$-$",该线标记为 $z/0$。

货车的车架上平面在满载静止位置时,通常与地面倾斜 $0.5°~1.5°$,使车架呈前低后高状,这样在汽车加速时,货箱可接近水平。为了画图方便,可将车架上平面线画成水平的,将地面线画成斜的。

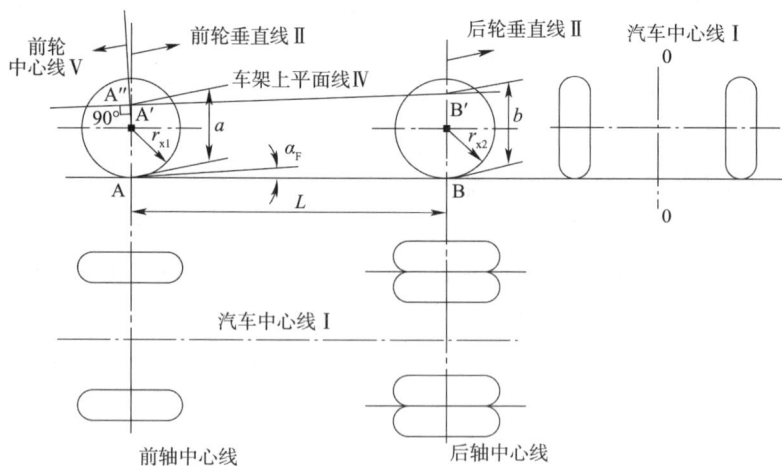

图 1-12　整车布置的基准线

2）前轮中心线

通过左右前轮中心并垂直于车架平面线的平面，在侧视图和俯视图上的投影线称为前轮中心线，它作为纵向方向尺寸的基准线（面），即 x 坐标线，向前为"－"，向后为"＋"，该线标记为 $x/0$。

3）汽车中心线

汽车纵向垂直对称平面在俯视图和前视图上的投影线称为汽车中心线，用它作为横向尺寸的基准线（面），即 y 坐标线，向左为"＋"、向右为"－"，该线标记为 $y/0$。

4）地面线

地平面在侧视图和前视图上的投影线称为地面线，此线是标注汽车高度、接近角、离去角、离地间隙和货台高度等尺寸的基准线。

5）前轮垂直线

通过左、右前轮中心，并垂直于地面的平面，在侧视图和俯视图上的投影线称为前轮垂直线。此线用来作为标注汽车轴距和前悬的基准线。当车架与地面平行时，前轮垂直线与前轮中心线重合（如轿车）。

二　发动机的布置

1）发动机的上下位置

发动机的上下位置对离地间隙和驾驶员视野有影响。轿车前部因没有前轴，发动机油底壳至路面的距离，应保证满载状态下最小离地间隙的要求。货车通常将发动机布置在前轴上方，考虑悬架缓冲块脱落以后，前轴的最大向上跳动量在 70 ~ 100mm，这就要求发动机有足够高的位置，以防止前轴碰坏发动机油底壳。油底壳通常设计成深浅不一的形状，使位于前轴上方的地方最浅，同时再将前梁中部锻成下凹形状（注意前梁下部尺寸必须保证所要求的最小离地间隙）。所有这些措施将有利于降低发动机的位置高度，并使发动机舱盖随之降低，这能改善长头车的驾驶员视野，同时有利于降低汽车质心高度。除此之外，还要检查油底壳与横拉杆之间的间隙。发动机高度位置初定之后，用汽缸体前端面与曲轴中心线交点 K 到地面高度尺寸 b 来标明其高度位置，如图 1-13 所示。

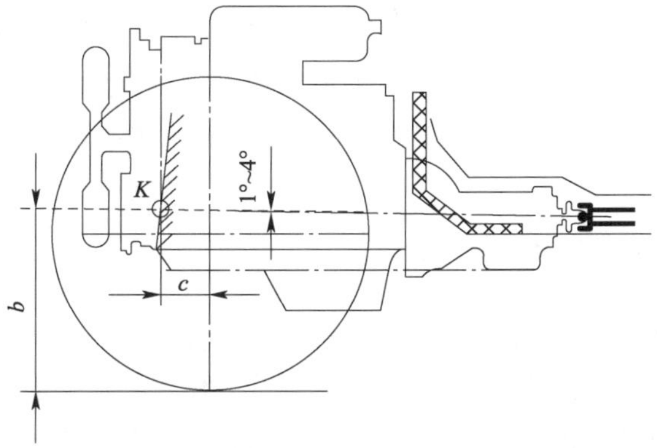

图 1-13　确定动力总成位置的主要尺寸

在发动机高度位置初步确定之后，风扇和散热器的高度随之而定，要求风扇中心与散热器几何中心相重合，以使散热器在整个面积上接受风扇的吹风。护风罩用来增大送风量和减小散热器尺寸。为了保证空气的畅通，散热器中心与风扇之间应有不小于 50mm 的间隙，无护风罩时可减小到 30mm。

由于空气滤清器位于发动机进气歧管上，其高度影响发动机舱盖高度，为此将空气滤清器做成扁平状。发动机舱盖与发动机零件之间的间隙不得小于 25mm，以防止关闭发动机舱盖时受到损伤。

2）发动机的前后位置

发动机的前后位置会影响汽车的轴荷分配、轿车前排座位的乘坐舒适性、发动机前置后轮驱动汽车的传动轴长度和夹角，以及货车的面积利用率。

为减小传动轴夹角，发动机前置后轮驱动汽车的发动机常布置成向后倾斜状，使曲轴中心线与水平线之间形成 1°~4° 的夹角，轿车夹角多在 3°~4° 之间。

发动机前置后轮驱动的轿车，前纵梁之间的距离，必须考虑吊装在发动机上的所有总成（如发电机、空调装置的压缩机等）以及从下面将发动机安装到汽车上的可能性。还应保证在修理和技术维护情况下，从上面安装发动机的可能性。

发动机的前后位置应与上下位置一起进行布置。前后位置确定以后，在侧视图上画下它的外形轮廓，然后用汽缸体前端面与曲轴中心线交点 K 到前轮中心线之间的距离来标明其前后位置，如图 1-13 中的尺寸 c

所示。此后可以确定汽车前围的位置:发动机与前围之间必须留有足够的间隙,以防止热量传入客厢和保证零部件的安装;离合器壳与变速器应能同时拆下,而无须拆卸发动机的固定点,此时应特别注意离合器壳上面螺钉的接近性。

3)发动机的左右位置

发动机曲轴中心线在一般情况下与汽车中心线一致。这对底盘承载系统的受力和对发动机悬置支架的统一有利。少数汽车如4×4汽车,考虑到前桥是驱动桥,为了使前驱动桥的主减速器总成上跳时不与发动机发生运动干涉,将发动机和前桥主减速器向相反方向偏移。

三　传动系统的布置

由于发动机、离合器、变速器装成一体,所以在发动机位置确定以后,包括发动机、离合器、变速器在内的动力总成位置也随之而定。驱动桥的位置取决于驱动轮的位置,同时为了使左右半轴通用,差速器壳体中心线应与汽车中心线重合。为满足万向节传动轴两端夹角相等,且在满载静止时不大于4°、最大不得大于7°的要求,常将后桥主减速器的轴线向上翘起。而在轿车布置中,在侧视图上常将传动轴布置成U形方案,如图1-14所示。这样做可降低传动轴轴线的离地高度,有利于减小客厢地板凸包高度和保证后排中间座椅坐垫处有足够的厚度。在绘出传动轴最高轮廓线之后,根据凸包与中间传动轴之间的最小间隙一般应在10～15mm来确定地板凸包线位置。

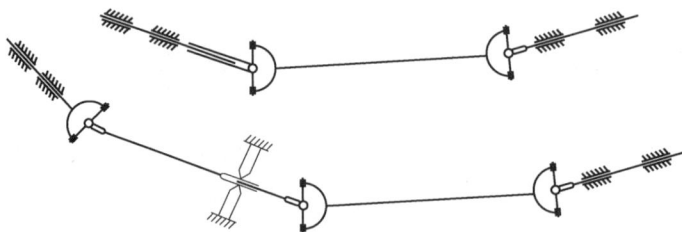

图1-14　U形布置万向节传动轴

四　转向系统的布置

转向盘位于驾驶员座椅前方,为保证驾驶员能舒适地进行转向操作,应注意转向盘平面与水平面之间的夹角,并以取得转向盘前部盲区距离最小为佳,同时转向盘又不应当影响驾驶员观察仪表,还要照顾到转向盘周围(如风窗玻璃等)有足够的空间。

前悬架采用钢板弹簧时,为了避免悬架运动与转向机构运动出现不协调现象,应该将转向器布置在前钢板弹簧跳动中心附近,即前钢板弹簧前支架偏后不多的位置处。

因转向器固定在车架上,其轴线常与转向盘中心线不在一条直线上,为此用万向节和转向传动轴将它们连接起来。此时因万向节连接的轴不在一个平面内,在正面撞车时这样又对防止转向盘后移伤及驾驶员有利。长头车一般用两个万向节,平头车不用或用一个万向节的居多。

当转向盘与转向器之间通过一根刚性轴直接连接时,转向盘相对驾驶员在纵向平面内偏斜一个角度,这样不但操作不便,又会因转向传动轴在俯视图上向前斜插而影响踏板的布置和驾驶员腿部的操纵动作。为此,要求转向轴在水平面内与汽车中心线之间的夹角不得大于5°。

转向摇臂与纵拉杆和转向节臂与纵拉杆之间的夹角,在中间位置时应尽可能布置成接近直角,以保证有较高的传动效率。

五　悬架系统的布置

货车的前、后悬架和一些轿车的后悬架,多采用纵置半椭圆形钢板弹簧。为了满足转向轮偏转所需要的空间,常将前钢板弹簧布置在纵梁下面。钢板弹簧前端通过弹簧销和支架与车架连接,而后端用吊耳和支架与车架相连。这样布置有利于缓和来自路面的冲击。同时,为了满足主销后倾角的要求,货车的前钢板弹簧应布置成前高后低状。后钢板弹簧布置在车架与车轮之间,应注意钢板弹簧上的 U 形螺栓和固定弹簧的螺栓与车架之间应当有足够的间隙。

减振器应尽可能布置成直立状,以充分利用其有效行程,空间不允许时才布置成斜置状。

六　制动系统的布置

踩下制动踏板所需要的力,比踩下加速踏板要大得多,因此制动踏板应布置在更靠近驾驶员处,并且还要做到行车制动踏板和驻车制动器操纵杆操纵轻便。应检查杆件运动时有无干涉和死角,更不应当在车轮跳动时自行制动。

布置制动管路要注意安全可靠、整齐美观。在一条管路上,当两个固定点之间有相对运动时,要采用软管过渡。平行管之间的距离不小于5mm,或者完全束在一起,交叉管之间的距离应不小于 20mm,同时注意不要将管子布置在车架纵梁内侧下翼上,以避免由于积水而使管腐蚀。

离合器踏板、制动踏板和加速踏板,布置在地板凸包与车身内侧壁之间。在离合器踏板左侧,应当留出离合器不工作时可以放下左脚的空间,因此,轮罩最好不要凸出到驾驶室内。加速踏板一般比制动踏板稍低,要求加速踏板与制动踏板之间留有大于一只完整鞋底宽度(60mm)的距离。

因为汽车行驶时驾驶员要不停顿地踩加速踏板,所以要求踩下时轻便。驾驶员应当用脚后跟支靠在地板上,变化操纵时仅仅是通过改变踩关节角度来达到。为了操纵方便,从驾驶员方向看,加速踏板应布置成朝外转的样式。

图 1-15 所示为德国推荐的确定踏板布置的尺寸关系。

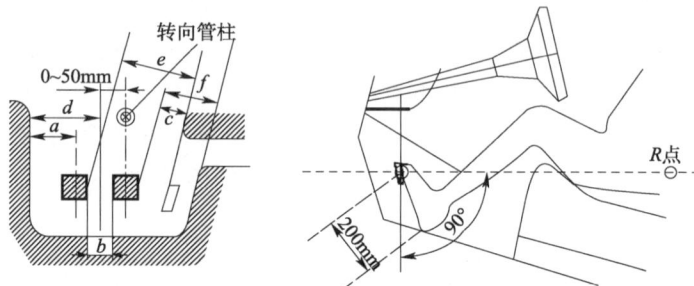

图 1-15　ECE 法规 DIN73001 标准推荐的踏板布置
d-离合器踏板所占空间;e-制动踏板所占空间;f-加速踏板所占空间
推荐尺寸:$a = 130mm$,$b = 60mm$,$c = 70mm$,$d = 260mm$,$e = 200mm$,$f = 170mm$。

七　底盘附件的布置

1)油箱

根据汽车最大续驶里程(一般为 200 ~ 600km)来确定油箱的容积。轿车为了在有限的空间内布置下油箱、备胎等物品,常视具体条件来确定其形状。布置油箱时应遵守的一条重要原则是油箱应远离消声器和排气管(轿车要求油箱距排气管的距离大于 300mm,否则应加装有效的隔热装置;油箱距裸露的电器接头及开关的距离不得小于 200mm),更不应当布置在发动机舱内。轿车油箱常布置在行李舱内,而货车油箱布置在纵梁上。考虑发生车祸时不会因冲撞到油箱而发生火灾,油箱又应当布置在撞车时油箱不会受到损坏的地方,例如将油箱布置在靠近轿车后排座椅后部就比布置在行李舱后下部安全。

2)备胎

轿车备胎常布置在行李舱内,要求在装满行李的情况下,仍能方便地取出备胎,如将备胎立置于行李舱侧壁或后壁。此时,行李舱侧壁或后壁必须有大于车轮直径的高度。

货车备胎可以布置在车架尾部下方或是车架中部上方货箱底板下部。布置在车架尾部时常采用悬链式,可保证拆、装方便,并使汽车质心位置降低。但此时汽车离去角减小,通过性变差。备胎置于车架中部上方时,常用翻转式结构。但在转动备胎时需要足够的空间,导致抬高货箱,使汽车质心位置增高。

3)行李舱

要求中级轿车行李舱有效容积为 0.4～0.7m³,高级轿车为 0.7～0.9m³。为了能整齐地安放手提箱,行李舱底部应平整。受外形尺寸限制,当普通级、中级轿车难以达到上述要求时,可利用座椅下、车门和侧壁之间的空间来安放小件行李。客货两用轿车将后排座椅设计成可翻式,翻转后后部形成一个有效容积很大的行李舱。

4)蓄电池的布置

蓄电池与起动机应位于同侧,并且它们之间的距离越近越好,以缩短线路,同时还要考虑拆装的方便性和良好的接近性。

第4节 车身布置

一 轿车外廓尺寸的确定

以运送人为主,兼顾运送少量行李的轿车驾驶室内部布置,必须考虑有良好的乘坐舒适性和足够的安全性。进行驾驶室内部布置,并使之适合人体特性要求,离不开人体尺寸这一基本参数,包括躯干、大腿、小腿、脚以及基准杆等参数组成的,用来进行驾驶室内部布置的人体样板如图1-16所示。

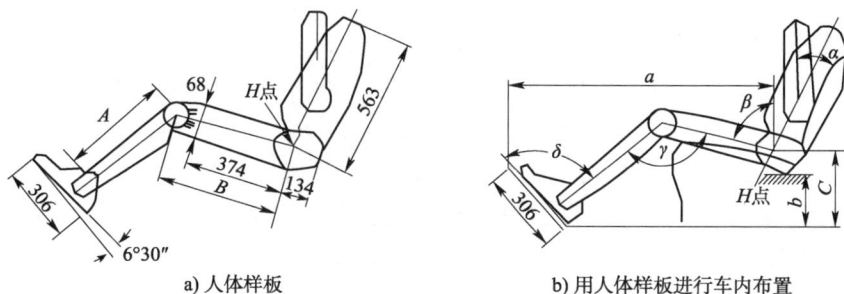

a) 人体样板　　b) 用人体样板进行车内布置

图1-16　人体样板(尺寸单位:mm)

驾驶室内部空间和操纵机构的布置,以及驾驶员与乘客座椅的尺寸和布置等,均以该统计数据作为依据。以均值来决定基本尺寸,以标准差来决定调整量。例如,男子身高均值为 μ(1688mm),标准差 σ 为81.83mm,取 $\mu\pm$ 1.645,表明男子总数的90%,其身高在1553～1822mm范围内。根据这一尺寸范围进行设计,就可以达到设计结果满足90%的使用对象。各组成件之间铰接,便于使各组成部分相互变换位置,并经各铰接处的角度标尺读出各部分之间的夹角。

在驾驶室侧视图上安放人体样板时,首先要确定人体样板踵点与胯点之间的垂直高度 b 和考虑坐垫、靠背压缩量以后的胯点位置。布置时要使人体样板上的胯点与初选的座椅上的"胯点"重合,并将人体样板的踵点安放在加速踏板处地板上的踵点,然后根据选定的坐姿角 α、β、γ 及 δ 在图样上进行布置,检查初选的 b 值等是否合适。从人体工程学的观点出发,驾驶姿势时人体各部分夹角的合理范围如图 1-17 所示。

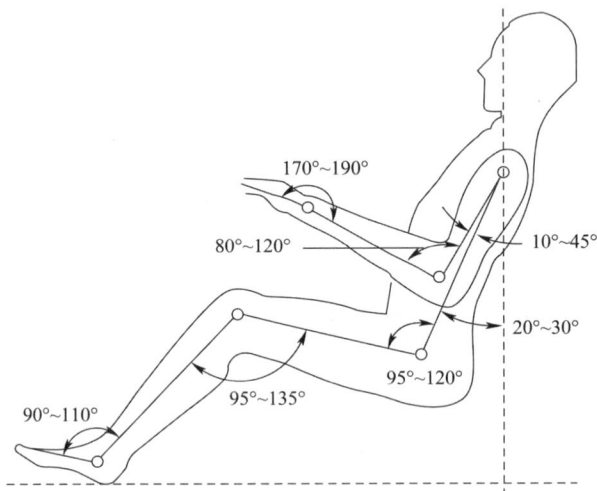

图 1-17　驾驶姿势时人体各部分夹角的合理范围

（1）H 点和 R 点。

能够比较准确地确定驾驶员或乘员在座椅中位置的参考点是躯干与大腿相连的旋转点"胯点"。实车测得的"胯点"位置称为 H 点。

进行总布置设计之初,先根据总布置要求确定一个座椅调至最后、最下位置时的"胯点",并称该点是 R 点,然后以 R 点作为设计参考点进行设计。试制出样车后,将座椅调至最后、最下位置,此"胯点"即为 H 点。而后将 H 点与 R 点相认证,并按 H 点位置确认或修改设计。如果测定的 H 点不超出以 R 点为中心的水平边长 30mm、垂直边长 20mm 的矩形方框内范围,并且靠背角与设计值之间差值不大于 3°,则认为 H 点与 R 点的相对位置满足要求。

驾驶员入座后,体重的大部分通过臀部作用于座椅的坐垫,一部分通过背部由靠背承受,少部分通过左、右手和脚的遁点作用于转向盘和地板上。在这种坐姿条件下,驾驶员在操作时身体上部的活动一定是绕 H 点的横向水平轴线转动。因此,H 点的位置决定了与驾驶员操作方便、乘坐舒适相关的车内尺寸的基准。

（2）顶盖轮廓线的确定。

首先将座椅放置在高度方向和长度方向的平均位置处，然后确定 H 点，并引出一条与铅垂线成8°的斜线，如图1-18所示，再从 H 点沿8°斜线方向截取765mm的 F 点。F 点相当于第50百分位驾驶员的头部最高点。从 F 点垂直向上截取100~135mm为车顶内饰线。车顶包括钢板、隔离层、蒙面等，厚度在15~25mm。因顶盖轮廓是上凸的曲面，并对称于汽车的纵轴线，故再增加20~40mm才是汽车顶盖横剖面上的最高点。用同样方法找出后排座椅上方最高点，前、后座椅上方两点连线即为顶盖的纵向轮廓线。

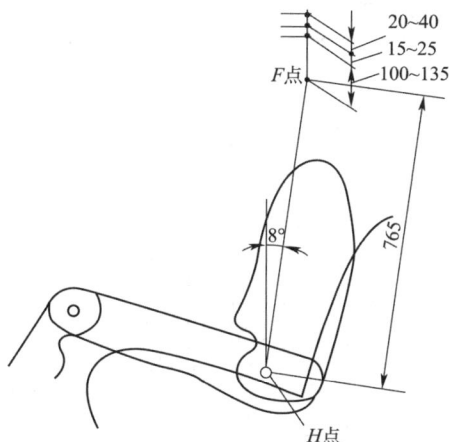

图1-18　顶盖轮廓线的确定（尺寸单位：mm）

（3）驾驶室横截面。

轿车驾驶室横截面由顶盖、车门和地板的外形来形成。将在确定顶盖纵向轮廓时求得的左、右座椅乘员头部上方顶盖上的点，画到横截面图上，再加上顶盖纵向轮廓线上的点，共三点即可画出顶盖横向轮廓线。

因轿车驾驶室低、车门小，在确定驾驶室侧壁倾斜度时，应考虑上、下车的方便性。当车门上、下槛边缘的间距为零时，乘员上身需倾斜30°左右方能入座；此间距为100~150mm时（上窄下宽），乘员上身倾斜0°~10°即可入座。但此间距过大会使汽车上下比例失调，影响外观，且玻璃升降占用门内空间大，并影响肩部和玻璃之间的间隙（要求大于100mm）、肘部和车门内表面之间间隙（要求大于70mm）。车门玻璃下降的轨迹、门锁和玻璃升降器的尺寸等，都对驾驶室表面有影响。

二　车身内部驾乘布置

1）轿车的内部布置

不同级别轿车的内部布置和有关参考尺寸如图1-19和表1-12所示。

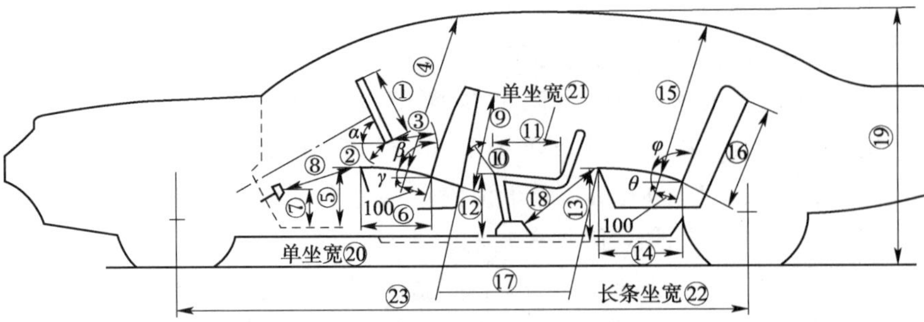

图 1-19　轿车驾驶室的内部布置尺寸

轿车内部布置尺寸的范围(单位:mm 或°)　　　　　　　　　　表 1-12

尺寸序号	级别		
	高级	中级	普通型
①	300 ~ 420	300 ~ 420	300 ~ 420
②	140 ~ 180	140 ~ 180	130 ~ 170
③	360 ~ 380	350 ~ 370	330 ~ 370
④	940 ~ 960	940 ~ 960	900 ~ 950
⑤	300 ~ 380	300 ~ 360	300 ~ 340
⑥	450 ~ 510	450 ~ 480	450 ~ 480
⑦	150 ~ 180	150 ~ 180	150 ~ 180
⑧	420 ~ 500	420 ~ 500	420 ~ 520
⑨	480 ~ 560	460 ~ 570	460 ~ 520
⑩	250 ~ 350		
⑪	320 ~ 400		
⑫	300 ~ 390		
⑬	350 ~ 410	340 ~ 400	340 ~ 380
⑭	460 ~ 530	420 ~ 500	420 ~ 460
⑮	900 ~ 950	900 ~ 930	860 ~ 910
⑯	580 ~ 660	560 ~ 620	510 ~ 600
⑰	850 ~ 700(三排) 500 ~ 650(二排)	250 ~ 620	250 ~ 350
⑱	500 ~ 700	500 ~ 600	500 ~ 600
⑲	1500 ~ 1800	1400 ~ 1600	1290 ~ 1400
⑳	150 ~ 650	500 ~ 600	480 ~ 550
㉑	550 ~ 580		
㉒	1400 ~ 1700	1200 ~ 1400	800 ~ 1250
㉓	2800 ~ 3500	2500 ~ 3000	2000 ~ 2500

尺寸序号	级别		
	高级	中级	普通型
α	55～70	55～70	55～70
β	97～105	97～105	97～102
γ	6～10	6～10	6～10
θ	8～13	8～13	8～10
φ	99～105	99～105	97～100

2）货车驾驶室内部布置

货车驾驶室内部布置应当满足标准《载货汽车驾驶员操作位置尺寸》（GB/T 15705—1995）的要求。其具体位置尺寸如图1-20所示,尺寸范围见表1-13。

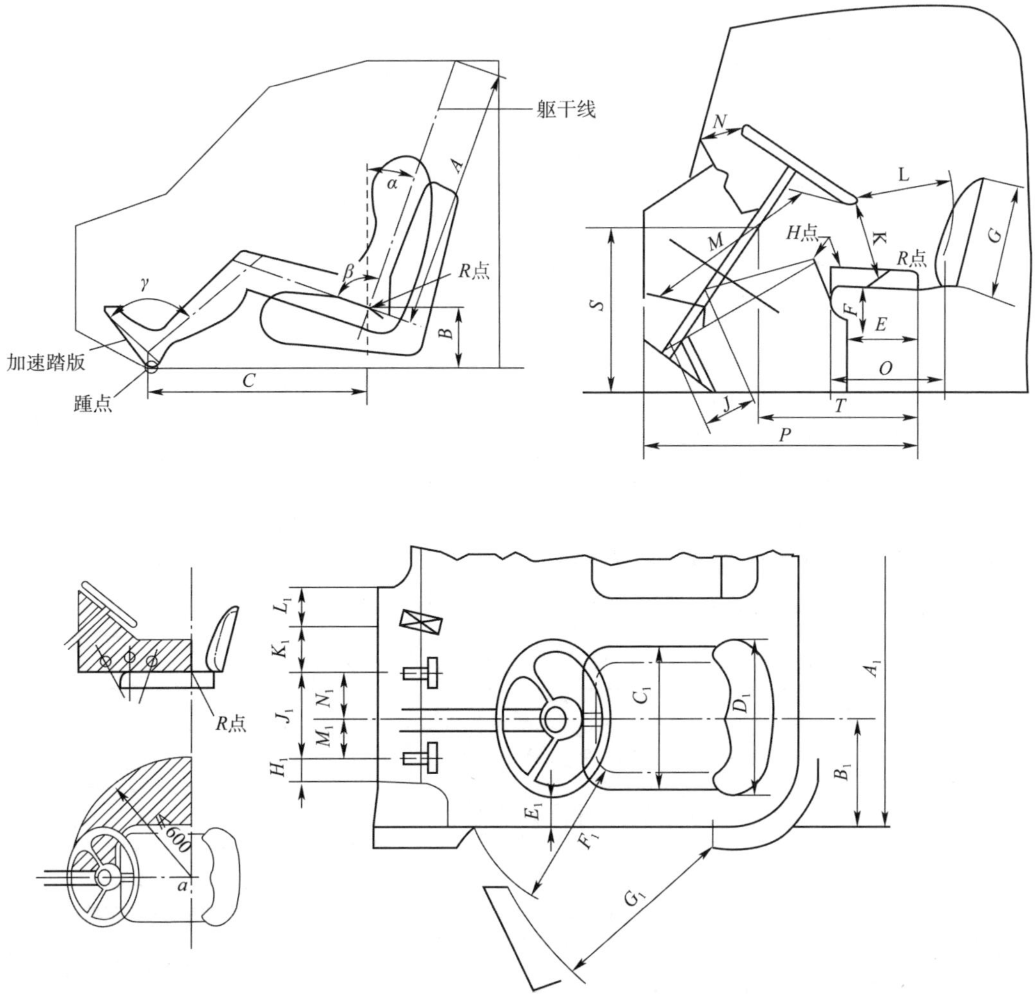

图1-20　货车驾驶员操作位置尺寸(驾驶室轮廓指其内侧表面)

对于平头式货车,转向盘与水平面夹角较小,该尺寸可参考客车的有关尺寸确定。

货车驾驶员操作位置尺寸 表 1-13

尺寸序号	尺寸代码	尺寸名称	尺寸范围 (mm)	说明
1	A	R 点至顶棚高(mm)	≥950	(1)沿躯干线量取; (2)轻型货车≥910mm
2	B	R 点至地板距离(mm)	370 ± 130	
3	C	R 点至驾驶员踵点的水平距离(mm)	550 ~ 900	踵点按 GB/T 11563 中压下加速踏板的情况确定
4	α	背角(°)	5 ~ 28	
5	β	臀角(°)	90 ~ 115	
6	γ	足角(°)	87 ~ 95	
7	D	坐垫深度(mm)	440 ± 60	
8	E	座椅前后最小调整范围(mm)	100	140mm 为佳
9	F	座椅上下最小调整范围(mm)	40	(1)70mm 为佳; (2)轻型货车允许不调
10	G	靠背高度(mm)	520 ± 70	带头枕的整体式靠背,此尺寸可以增加,但增加部分的宽度应减小
11	H	R 点至离合器和制动踏板中心在座椅纵向中心面上的距离(mm)	750 ~ 850	气制动或带有加力器的离合器和制动器,此尺寸的增加不大于 100mm
12	J	离合器、制动踏板行程(mm)	≤200	
13	K	转向盘下缘至座垫上表面距离(mm)	≥160	
14	L	转向盘后缘至靠背距离(mm)	≥350	
15	M	转向盘下缘至离合器和制动踏板中心在转向柱纵向中心面上的距离(mm)	≥600	
16	N	转向盘外缘至前面及下面障碍物的距离(mm)	≥80	
17	P	R 点至前围的水平距离(mm)	≥950	脚能伸到的最前位置
18	T	R 点至仪表板的水平距离(mm)	≥500	此两项规定达到一项即可

尺寸序号	尺寸代码	尺寸名称	尺寸范围（mm）	说明
19	S	仪表板下缘至地板距离（mm）	≥540	
20	A_1	单人座驾驶室内部宽度（mm） 双人座驾驶室内部宽度（mm） 入座驾驶室内部宽度（mm）	≥850 ≥1250 ≥1650	内宽是在高度为车门窗下缘、前门后支柱内侧量取
21	B_1	座椅中心面至前门后支柱内侧距离（mm）	360±30	（1）在高度为前门窗下缘处量取； （2）轻型货车≥310mm
22	C_1	坐垫宽度（mm）	≥450	
23	D_1	靠背宽度（mm）	≥450	在靠背最宽处测量
24	E_1	转向盘外缘至侧面障碍物的距离（mm）	≥100	轻型货车≥80mm
25	F_1	车门打开时下部通道宽度（mm）	≥250	
26	G_1	车门打开时上部通道宽度（mm）	≥650	
27	H_1	离合器踏板中心至侧壁距离（mm）	≥80	
28	J_1	离合器踏板纵向中心面至制动踏板纵向中心面距离（mm）	≥110	
29	K_1	制动踏板纵向中心面至通过加速踏板中心的纵向中心面的距离（mm）	≥100	
30	L_1	加速踏板纵向中心面至最近障碍物的距离（mm）	≥60	
31	M_1	离合器踏板纵向中心面至转向柱纵向中心面的距离（mm）	50~150	
32	N_1	转向盘中心对座椅中心的偏移量（mm）	≤40	
33		制动踏板纵向中心面至转向柱纵向中心面的距离（mm）	50~150	
34		转向盘平面与汽车对称平面间的夹角（°）	90±5	
35		变速杆手柄在所有工作位置时，应位于转向盘下面和驾驶员座椅右面，不低于座椅表面，在通过 R 点横向垂直平面之前，在投影平面上距 a 点（a 点为 R 点在水平面上的投影）的距离≤600mm（如图1-20阴影线所示范围）		
36		变速杆和驻车制动器操纵杆在任意位置时，距驾驶室内其他零件或操纵杆的距离≥50mm		

3）大型客车驾驶室内部布置

大型客车多为平头式，驾驶员乘坐姿势与长头式车相比更为直立，且座椅较高，转向盘与水平面的夹角较小。进行车身内部布置时，必须从人机工程学的观点出发，考虑驾驶员的工作舒适性和乘员的乘坐舒适性。客车车身的内部布置尺寸应符合《客车车内尺寸》(GB/T 13053—2008)的各项规定。一般客车车身内部布置包括两部分内容：驾驶区布置和乘客区布置。

（1）驾驶区布置。

驾驶区的布置宗旨是给驾驶员提供舒适的工作环境，满足人机工程学原理，符合有关仪表板、转向盘和操纵机构布置位置的要求。根据《客车驾驶区尺寸》(GB/T 13053—2008)对驾驶区进行布置。驾驶员座椅和乘客座椅按《客车座椅》(QC 633—2009)的规定进行设计。

（2）乘客区布置。

根据《客车乘客区尺寸》(GB/T 13053—2008)对乘客区进行布置，乘客座椅依照《客车座椅》(QC 633—2009)进行设计，按照《机动车运行安全技术条件》(GB 7258—2017)对各种扶手和栏杆等的位置进行布置。

图1-21所示为大型客车驾驶区与乘客区的布置图，表1-14列出了驾驶区尺寸参数。

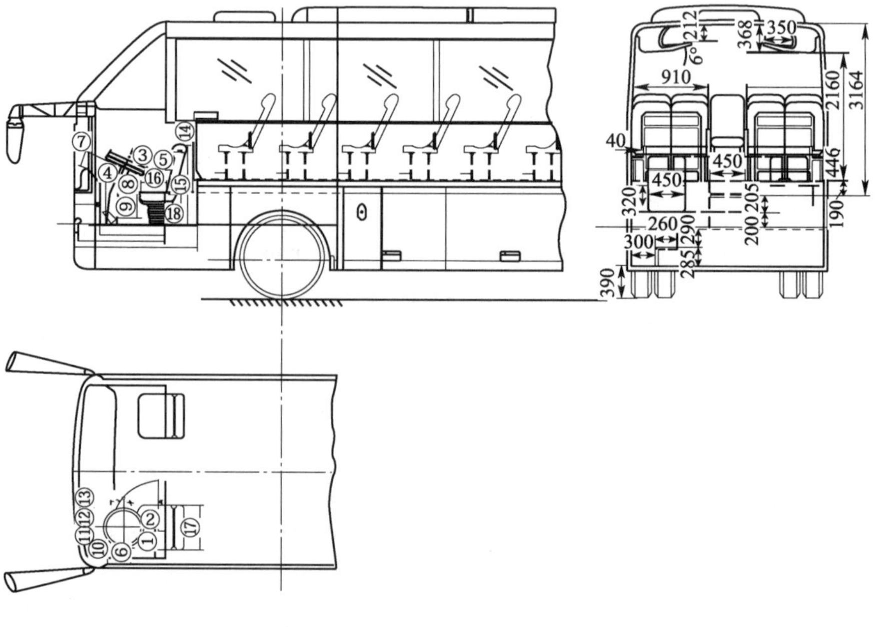

图1-21　大型客车驾驶室内部布置尺寸(尺寸单位：mm)

驾驶区尺寸参数　　　　　　　　　　　　　表 1-14

序号	术语	参考数值	序号	术语	参考数值
①	驾驶员座椅中心平面至侧围距离（mm）	360～550	⑩	离合器踏板中心至侧围距离（mm）	≥80
②	转向盘中心至座椅中心平面距离（mm）	≤40	⑪	离合器踏板至转向盘中心距离（mm）	80～200
③	转向盘直径（mm）	400～550	⑫	行车制动踏板中心至转向盘中心距离（mm）	70～180
④	转向盘倾角（°）	55°～75°	⑬	加速踏板中心至最近障碍物距离（mm）	≥60
⑤	转向盘外缘至靠背表面距离（mm）	350～380	⑭	风窗下缘至地板表面距离（mm）	≤650
⑥	转向盘外缘至侧围护板距离（mm）	≥100	⑮	驾驶员靠背高（mm）	≥450
⑦	转向盘外缘至仪表板最小距离（mm）	≥80	⑯	驾驶员坐垫深（mm）	400～460
⑧	转向盘下缘最低点至坐垫上表面距离（mm）	180～240	⑰	驾驶员坐垫宽（mm）	≥450
⑨	转向盘下缘至制动踏板中心距离（mm）	≥600	⑱	驾驶员坐垫高（mm）	380～480

三　安全带与安全气囊的布置

1）安全带的位置

在发生事故时，汽车与汽车或汽车与障碍物之间的碰撞称为一次碰撞。一次碰撞后汽车速度迅速下降，车内驾驶员和乘员受惯性力作用继续以原有速度向前运动，并与车内物体碰撞，称为二次碰撞，同时受到伤害。实践证明，驾驶员和乘员受到伤害的主要原因，是他们在二次碰撞中与驾驶室上的风窗玻璃、风窗上梁、转向盘、转向柱管、后视镜、前立柱、仪表板、前座椅靠背、顶盖等十多种部件发生接触，甚至被甩出汽车而造成从轻伤到致死的各种伤害。

安全带对乘员的保护作用主要体现在正面撞车时，它能减少撞车瞬间人体运动的加速度值，从而降低引起二次碰撞的相对速度和位移，使伤害指数下降。因安全带能减轻乘员在车祸中的伤害程度这一事实，已使包括我国在内的越来越多的国家用法令形式强制装设和使用安全带，特别是对前排乘员。

安全带有两点式安全带、三点式安全带和四点式安全带之分。两点式安全带能防止汽车碰撞时乘员下身有过大的相对位移,防止乘员被甩出车外,但它不能约束乘员上身运动,因此只在后排座椅和货车中间座椅上使用。三点式安全带由腰带和肩带组合而成。它既能防止乘员上半身有过大的位移,又能阻止上身向前运动。目前轿车前排和货车前排驾驶员座位及其相对座位均采用三点式安全带。

安全带固定装置在车内固定点的位置,对佩带方便性和安全保护作用有重要影响。下固定点位置选择不当,汽车碰撞时乘员下半身可能向下前方滑移。肩带固定点位置选择不当,乘员上半身可能脱出安全带。因此,安全带固定点的位置十分重要,各国均有相应的规定。一般有如下两个规定。

(1)腰带在车体上的固定点位置。

如图 1-22 所示,腰带固定点与 H 点的连线与水平线之间的夹角,在座椅各调节位置时应为 $45° \pm 30°$。并要求固定装置的宽度应大于 350mm,结构上无法实现时宽度可减少至 300mm。

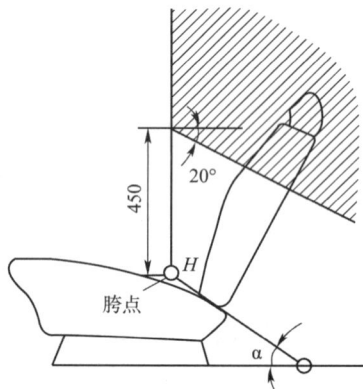

图 1-22　安全带的固定点位置(尺寸单位:mm)

(2)肩带固定点的位置。

肩带固定点的位置应在图 1-22 所示的阴影线范围内。

2)安全气囊的应用

近年来,安全气囊在轿车上得到广泛应用。安全气囊系统是辅助安全带而起到辅助防护作用的,其单独使用可以减少 18% 的死亡率。只有在使用安全带的条件下,安全气囊才能充分发挥保护驾驶员和乘员的作用,两者共同使用可使驾驶员和前排乘员的伤亡人数减少 43% ~ 46%,达到最佳保护效果。

安全气囊是在汽车发生一次碰撞与二次碰撞之间的时间内,在驾驶员、乘员的前部形成的一个充满气体的气囊。一方面,驾驶员、乘员的头部和胸部压在气囊上与前面的车内物体隔开,如图 1-23 所示;另一方面,利用气囊本身的阻尼作用或气囊背面的排气孔排气节流的阻尼作用,来吸收人体惯性力产生的动能,可达到保护人体的目的。安全气囊布置在转向盘内或者在乘员前部的仪表板内。

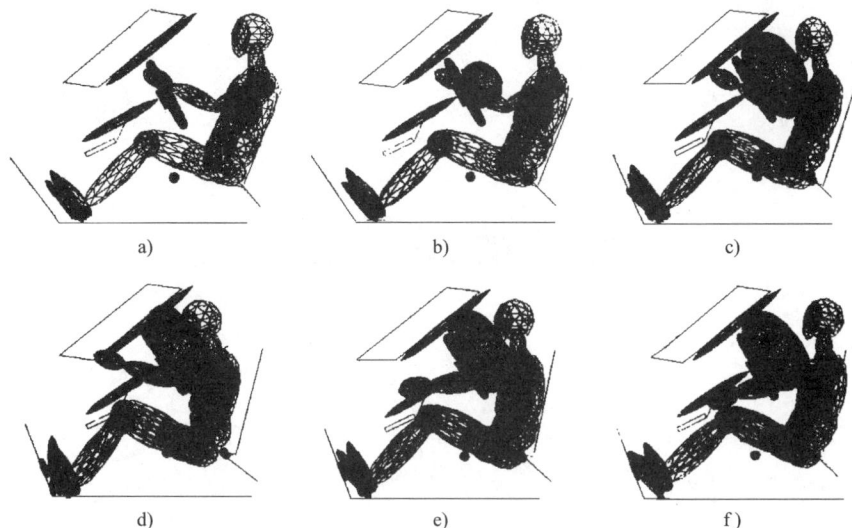

图 1-23 安全气囊的展开过程

🚗 **练习题**

1-1 请描述汽车产品开发过程的基本共性流程。

1-2 发动机前置前轮驱动的布置形式在乘用车上得到了广泛应用,其原因是什么?发动机后置后轮驱动的布置形式在客车上得到了广泛应用,其原因是什么?

1-3 简述在绘制传统燃油车整车布置图时,需要注意哪些问题或如何布置才是合理的?

1-4 拟开发一种五座中级乘用车,试初选其下列参数:

(1)布置形式,并说明其优缺点。

(2)轴距、轮距。

(3)整车的装备质量及轴荷分配。

(4)性能指标。

1-5 汽车的主要参数分为几类?各类又含有哪些参数?各质量参数是如何定义的?

1-6 对于越野车而言,如何选择合适的轮胎?

第 2 章

离合器结构设计

第 1 节　概　述

一　汽车离合器的组成

对于以内燃机为动力的汽车,离合器在机械传动系统中是作为一个独立的总成而存在的,它是汽车传动系统中直接与发动机相连接的总成。目前,汽车上广泛采用的摩擦离合器是一种依靠主、从动部分之间的摩擦来传递且能分离动力的装置。它主要包括主动部分、从动部分、压紧机构和操纵机构四部分,其组成如图 2-1 所示。

离合器安装
位置

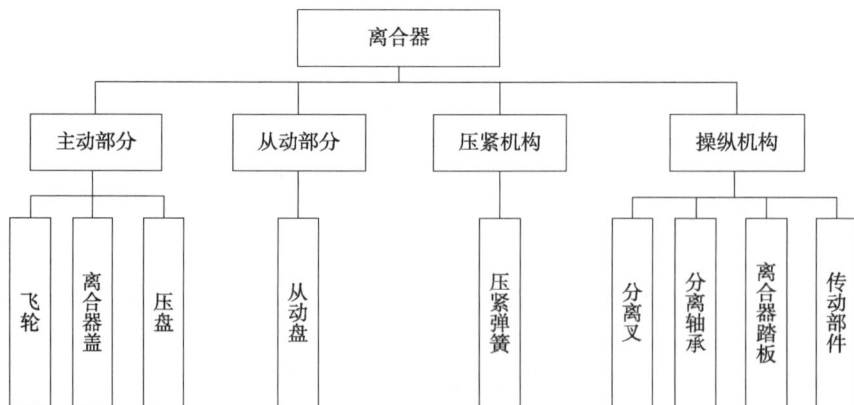

图 2-1　离合器组成部分

主、从动部分和压紧机构是保证离合器处于接合状态并能传递动力的基本结构,操纵机构是使离合器主、从动部分分离的装置。

二　汽车离合器的主要功用

（1）切断和实现发动机对传动系统的动力传递,保证汽车起步时将发动机与传动系统平顺地接合,确保汽车平稳起步。

（2）在换挡时将发动机与传动系统分离,减少变速器中换挡齿轮之间的冲击,确保汽车换挡平顺。

（3）在工作中受到较大的动载荷时,能限制传动系统所承受的最大转矩,以防止传动系统各零部件因过载而损坏。

（4）有效地降低传动系统中的振动和噪声。

三　汽车离合器设计的基本要求

（1）既能可靠地传递发动机输出的最大转矩,又能防止传动系统过载。

（2）接合时平顺柔和,减少汽车起步时的抖动,分离时要迅速、彻底。

（3）应有足够的强度、刚度和良好的动平衡,避免扭转共振。

（4）从动部分转动惯量小,以减小挂挡时的齿轮冲击并方便挂挡。

（5）能吸收振动、缓和冲击。

（6）吸热能力和通风散热效果良好,使用寿命长。

（7）作用在从动盘上的压力和摩擦材料的摩擦因数在使用过程中变化要尽可能小,以保证工作性能稳定。

（8）操纵轻便准确,结构简单、制造容易、维修方便(图2-2)。

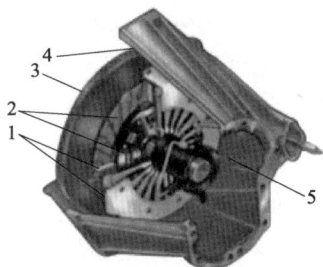

图 2-2　离合器简图

1-离合器盖及压盘;2-从动盘总成;3-飞轮;
4-离合器壳;5-操纵机构及回油管总成

第2节　离合器结构方案与主要参数的选择

一　结构形式

汽车离合器多采用盘形摩擦离合器,有4种不同的分类形式。

（1）按其从动盘的数目分类,分为单片、双片和多片离合器。

①单片离合器的特点及应用。

a.结构简单,尺寸紧凑,散热良好,维修调整方便。

b.从动部分转动惯量小,在使用时能保证分离彻底、接合平顺。

c.轿车、轻型和微型货车发动机的最大转矩一般不大,在布置尺寸允许的条件下,离合器通常只设有一片从动盘。

②双片离合器的特点及应用。

a.摩擦面数增加一倍,传递转矩的能力较大;传递相同转矩时径向尺寸较小,踏板力较小,且接合较为平顺。

b.中间压盘通风散热不良,两从动盘起步时负载不均,分离也不够彻底。

c.双片离合器一般用在传递转矩较大且径向尺寸受到限制的场合。

③多片离合器的特点及应用。

a.多片离合器多为湿式,具有分离不彻底、轴向尺寸和质量大等缺点,主要用于行星齿轮变速器换挡机构中。

b.多片离合器接合平顺柔和、摩擦表面温度较低、磨损较小、使用寿命长。

c.多片离合器主要应用于重型牵引车和自卸车上。

(2)根据压紧弹簧布置形式分类,分为圆周布置、中央布置、斜向布置和膜片弹簧离合器。

①压紧弹簧圆周布置的特点。

a.圆周布置弹簧离合器结构简单、制造容易。

b.压紧弹簧的数目不应太少,且应随摩擦片直径的增大而增多。当所需压紧弹簧数目太多时,可布置在两个同心圆周上。

c.压紧弹簧直接与压盘接触,易受热退火。

d.圆周布置弹簧会受离心力作用而向外弯曲,离合器传递转矩的能力随之降低。

②压紧弹簧中央布置的特点。

a.中央弹簧离合器轴向尺寸较大。

b.由于可选较大的杠杆比,有利于减小踏板力,使操纵轻便。

c.压紧弹簧不与压盘直接接触,不会使弹簧受热退火。

d.通过调整垫片或螺纹容易实现对压紧力的调整。

③压紧弹簧斜向布置的特点。

a.在摩擦片磨损或分离离合器时,压盘所受的压紧力几乎保持不变。

b.具有工作性能稳定、踏板力较小的突出优点。

④膜片弹簧离合器特点。

膜片弹簧离合器结构总成如图2-3所示,其特点是:

a.离合器工作中能保持允许磨损范围内传递的转矩大致不变。

b.膜片弹簧兼起压紧弹簧和分离杠杆的作用,使结构简单紧凑。

c.平衡性好,高速旋转时,弹簧压紧力降低很少,性能较稳定。

d.压盘压力分布均匀,摩擦片磨损均匀,可提高使用寿命。

e.易于实现良好的通风散热,使用寿命长。

f. 有利于大批量生产，降低制造成本。

g. 膜片弹簧的制造工艺较复杂，对材质和尺寸精度要求高。

h. 非线性特性在生产中不易控制。

i. 开口处容易产生裂纹，端部容易磨损。

膜片弹簧式
离合器结构

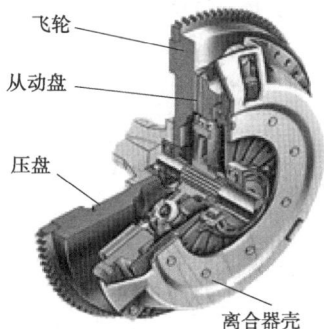

图 2-3　膜片离合器总成

（3）根据使用的压紧弹簧形式分类，分为圆柱螺旋弹簧、圆锥螺旋弹簧、膜片弹簧离合器。

（4）膜片弹簧离合器按分离时弹簧受力方向分类，分为拉式、推式膜片弹簧离合器。

与推式相比，拉式膜片弹簧离合器有如下特点：

①取消了中间支承，结构更简单。

②同样压盘尺寸可采用直径较大的膜片弹簧，提高了压紧力与传递转矩的能力。

③在接合或分离状态下，离合器盖的变形量小，刚度大。

④减少了摩擦损失，使踏板操纵更轻便。

⑤支承环磨损后不会产生冲击和噪声。

⑥使用寿命更长。

二　离合器主要参数的选择

1）基本计算公式

离合器能够传递的摩擦力矩 T_c 决定于其摩擦面数 Z、摩擦系数 f、作用在摩擦面上的总压紧力 F 与摩擦片平均摩擦半径 R_c。离合器传递的静摩擦力矩为：

$$T_c = fFZR_c \tag{2-1}$$

假设摩擦片上工作压力均匀，则有

$$F = p_0 A = p_0 \cdot \pi (D^2 - d^2)/4 \tag{2-2}$$

式中：D——摩擦片的外径；

d——摩擦片的内径；

p_0——摩擦面承受的单位压力。

假设压力均匀,摩擦片的平均摩擦半径 R_c 可表示为

$$R_c = \frac{D^3 - d^3}{3(D^2 - d^2)} \tag{2-3}$$

当 $d/D \geqslant 0.6$ 时,R_c 可相当准确地由下式计算

$$R_c = (D + d)/4 \tag{2-4}$$

将式(2-2)与式(2-3)代入式(2-1)得

$$T_c = \pi f Z p_0 D^3 (1 - c^3)/12 \tag{2-5}$$

式中:$c = d/D$——摩擦片内外径之比,其值一般在 $0.53 \sim 0.70$ 之间。

为了保证离合器在任何工况下都能可靠地传递发动机的最大转矩,设计时 T_c 应大于发动机最大转矩,即

$$T_c = \beta T_{e\,max} \tag{2-6}$$

式中:$T_{e\,max}$——发动机最大转矩;

β——离合器的后备系数,为离合器所能传递的最大静摩擦力矩与发动机最大转矩之比,β 必须大于 1。

2)离合器性能参数

(1)离合器后备系数 β 的确定。

后备系数 β 是离合器设计时用到的一个重要参数,反映了离合器传递发动机最大转矩的可靠程度。在选择 β 时,应考虑以下几点:

①为可靠传递发动机最大转矩,β 不宜选取太小。

②为减少传动系统过载,保证操纵轻便,β 又不宜选取太大。

③当发动机后备功率较大、使用条件较好时,β 可选取小些。

④恶劣条件下,为提高起步能力、减少离合器滑磨,β 应选取大些。

⑤汽车总质量越大,β 也应选得越大。

⑥柴油机工作比较粗暴,转矩较不平稳,选取的 β 值应比汽油机大些。

⑦发动机缸数越多,转矩波动越小,β 可选取小些。

⑧膜片弹簧离合器选取的 β 值可比螺旋弹簧离合器小些。

⑨双片离合器的 β 值应大于单片离合器。

各类汽车 β 值的取值范围见表 2-1。

各类汽车 β 值的取值范围　　　　　表 2-1

车型	β 取值范围
轿车和微型、轻型货车	$1.2 \sim 1.75$
中型和重型货车	$1.5 \sim 2.25$
越野车、带拖挂的重型汽车和牵引汽车	$1.8 \sim 4.0$

(2)摩擦面承受的单位压力 p_0 的确定。

单位压力 p_0 对离合器工作性能和使用寿命有很大影响,选取时应考虑离合器的工作条件,发动机后备功率大小,摩擦片尺寸、材料及其质量和后备系数等因素。

①发动机后备系数较小时,离合器使用频繁,p_0 应取小些,后备系数较大时,可以适当增大 p_0;

②当摩擦片外径较大时,为了降低摩擦片外缘处的热负荷,p_0 应取小些。

当摩擦片采用不同材料时,p_0 按表 2-2 的范围选取。

摩擦片 p_0 值的取值范围　　表 2-2

材料	p_0 取值范围(MPa)
石棉基材料	0.1 ~ 0.35
粉末冶金材料	0.35 ~ 0.6
金属陶瓷材料	0.7 ~ 1.5

3)离合器尺寸参数

在离合器结构形式及摩擦片材料选定,其他参数已知或选取后,结合式(2-1)和式(2-5)即可初步确定摩擦片尺寸(需要符合相关国家标准)。

(1)摩擦片外径 D 的确定。

摩擦片外径可根据如下经验公式选用(也可用于检验前面计算的合理性)。

$$D = K_D \sqrt{T_{e\,max}} \tag{2-7}$$

式中:K_D——直径系数。轿车取 $K_D = 14.5$;对于轻、中型货车,单片取 $K_D = 16.0 ~ 18.5$,双片取 $K_D = 13.5 ~ 15.0$;重型货车取 $K_D = 22.5 ~ 24.0$。

摩擦片尺寸应符合尺寸系列标准《汽车用离合器面片》(GB 5764—2023),所选的 D 应使摩擦片最大圆周速度不超过 65 ~ 70m/s 以免摩擦片发生飞离。

(2)摩擦片内径 d 的确定。

在同样的外径 D 时,选用较小的内径 d 虽可增大摩擦面积,提高工作压紧力和传递转矩的能力,但会使磨擦面上的压力分布不均匀,使内外缘圆周的相对滑磨速度相差太大,造成摩擦面磨损不均匀,且不利于散热和扭转减振器的安装。

摩擦片内径可根据 d/D 在 0.53 ~ 0.70 之间选取。

(3)摩擦片厚度 b 的确定。

摩擦片的厚度主要有 3.2mm、3.5mm 和 4.0mm 三种,需要根据离合器传递的功率以及汽车的使用工况选择。

4)离合器结构参数

(1)摩擦片摩擦因数 f 的确定。

摩擦因数取决于摩擦片所用的材料、工作温度、单位压力和滑磨速度等因素。摩擦片的材料主要有石棉基材料、粉末冶金材料和金属陶瓷材料等。石棉基材料的摩擦因数 f 受工作温度、单位压力和滑磨速度的影响最大,而粉末冶金材料和金属陶瓷材料的摩擦因数 f 较大而且稳定性更好。各种材料摩擦因数的取值范围见表2-3。

摩擦材料的摩擦因数的取值范围   表2-3

摩擦材料		摩擦因数
石棉基材料	模压	0.20~0.25
	编织	0.25~0.35
粉末冶金材料	铜基	0.25~0.35
	铁基	0.35~0.50
金属陶瓷材料		0.4

(2)摩擦面数 Z 的确定。

摩擦面数为离合器从动盘数的两倍。摩擦面数决定于离合器所需传递的力矩的大小和结构尺寸。当确定了从动盘摩擦片外径 D 和摩擦片内径 d,选定摩擦片的材料后,从动盘的摩擦因数 f 和许用的单位压力 p_0 也就确定了,代入式(2-5),其中 Z 取2,即可得到摩擦片单面可以传递的最大力矩 T'_c。可以按照下式来确定摩擦面数 Z。

$$Z = \beta T_{e\,max}/T'_c \tag{2-8}$$

式中: Z ——摩擦面数,应将计算值取为偶数。

(3)离合器间隙 Δt 的确定。

离合器间隙是指当离合器处于接合状态、分离套筒被分离弹簧拉到后极限位置时,在分离轴承和分离杠杆内端之间留有的间隙。为了保证摩擦片正常磨损过程中离合器仍能完全接合,该间隙 Δt 一般为 3~4mm。

第3节　离合器膜片弹簧的设计与计算

汽车离合器压紧弹簧有数种形式,这里仅介绍目前常用的膜片弹簧的设计与计算。

一　膜片弹簧的主要参数

膜片弹簧的下部是完整的截锥,称为碟簧(碟形弹簧)部分。膜片弹簧上还有径向开槽部分,形成许多被称为分离指的起分离杠杆作用的弹性杠杆。分离指与碟簧部分小端连接处的径向槽较宽且呈长方孔,可用来安置销钉固定膜片弹簧。分离指根部的过渡圆角半径一般应大于 4.5mm,以减少分离指根部的应力集中。

如图 2-4 所示,膜片弹簧的主要参数有:自由状态下碟簧部分的内截锥高度 H,膜片弹簧钢板厚度 h,自由状态下碟簧部分大端半径 R,自由状态下碟簧部分小端半径 r,自由状态时碟簧部分的圆锥底角 α,分离指数目 n。

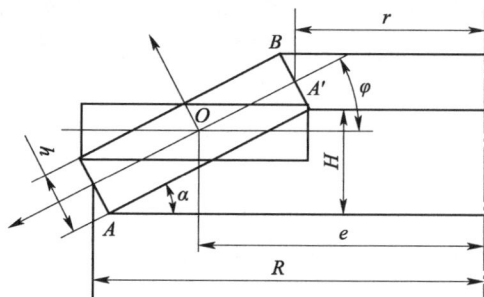

图 2-4 膜片弹簧子午断面

二 膜片弹簧的弹性特性

膜片弹簧起弹性作用的正是其碟簧部分,所以其弹性特性由碟簧决定,与碟簧的内锥高 H 及弹簧的钢板厚 h 有关。

1)碟形弹簧弹性特性

碟形弹簧如图 2-5 所示,当其大、小端部承受压力时,载荷 F 与变形 λ 之间有如下关系:

$$F = \frac{Eh\lambda}{(1-\mu^2)R^2A}\left[(H-\lambda)\left(H-\frac{\lambda}{2}\right)+h^2\right] \tag{2-9}$$

式中:E——弹性模量,MPa;

$\quad\mu$——泊松比;

$\quad h$——弹簧钢板厚度,mm;

$\quad H$——碟簧的内截锥高,mm;

$\quad R$——碟簧大端半径,mm;

$\quad A$——系数,$A = \dfrac{6}{\pi\ln m}\left(\dfrac{m-1}{m}\right)^2$;

$\quad m$——碟簧大、小端半径之比,$m = R/r$。

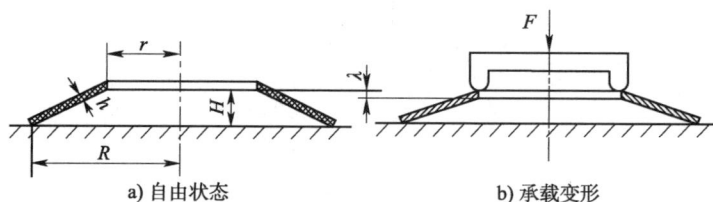

a) 自由状态　　　　　　b) 承载变形

图 2-5 碟形弹簧及其承载变形

2）离合器接合时弹性特性

如图2-6所示，膜片弹簧在实际安装中的支承点，稍偏离其碟簧部分的大、小端部。离合器接合时，膜片弹簧两支承圈的位置不变，而压盘和分离轴承可以轴向移动。在支承点所加的载荷 F_1 和碟簧部分相对变形 λ_1 之间的关系可由式(2-9)推导出来。对于图2-6a)和图2-6b)所示的两种加载情况，只要碟簧部分的子午断面从自由状态的初始位置转过相同的转角，便有如下的对应关系：

$$\lambda_1 = \frac{R_1 - r_1}{R - r}\lambda \tag{2-10}$$

$$F_1 = \frac{R - r}{R_1 - r_1}F \tag{2-11}$$

式中：R_1——膜片弹簧与压盘接触处的半径，mm；

r_1——支承圈平均半径，mm；

R——碟簧部分大端的半径，mm；

r——碟簧部分小端的半径，mm。

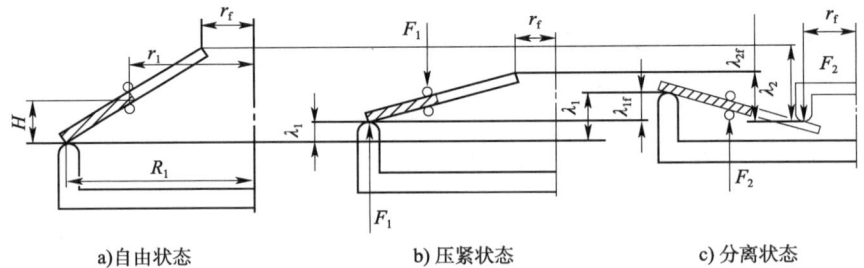

a)自由状态   b)压紧状态   c)分离状态

图2-6 膜片弹簧在离合器接合和分离状态时承载及变形

将式(2-10)、式(2-11)代入式(2-9)，整理后便可得到压紧力 F_1 和膜片弹簧大端变形 λ_1 的关系式：

$$F_1 = \frac{\pi E h}{6(1-\mu^2)} \cdot \frac{\ln(R/r)}{(R_1 - r_1)(R - r)}\left[\left(H - \lambda_1\frac{R - r}{R_1 - r_1}\right)\left(H - \frac{\lambda_1}{2}\cdot\frac{R - r}{R_1 - r_1}\right) + h^2\right] \tag{2-12}$$

利用式(2-12)可绘出膜片弹簧的 F_1-λ_1 特性曲线，如图2-7所示。

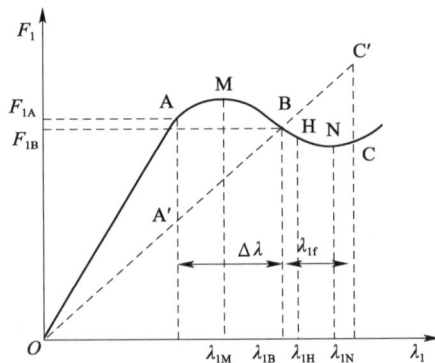

图2-7 膜片弹簧弹性特性曲线

3）离合器分离时弹性特性

当离合器分离时,如图 2-6c)所示,其加载点发生了变化。在膜片弹簧小端的分离指处作用有分离轴承的推力 F_2,该作用点的变形为 λ_2。与建立式（2-10）、式（2-11）的情况相类似,对于图 2-5c）中所示的加载情况,同样存在相似的换算关系：

$$\lambda_2 = \frac{r_1 - r_f}{R_1 - r_1}\lambda_1 \tag{2-13}$$

$$F_2 = \frac{R_1 - r_1}{r_1 - r_f}F_1 \tag{2-14}$$

式中：r_f——分离轴承推力的作用半径,mm。

将式（2-12）代入式（2-14）,可得分离轴承推力 F_2 与膜片弹簧末端变形 λ_1 的关系：

$$F_2 = \frac{\pi E h \lambda_1 \ln(R/r)}{6(1-\mu^2)(R_1-r_1)(r_1-r_f)}\left[\left(H - \lambda_1\frac{R-r}{R_1-r_1}\right)\left(H - \frac{\lambda_1}{2}\cdot\frac{R-r}{R_1-r_1}\right) + h^2\right]$$

$$\tag{2-15}$$

同样,将式（2-13）中的 λ_2 代入上式,则可得到 F_2 与 λ_2 的关系式。

4）考虑分离指变形时弹性特性

如图 2-8 所示,λ_{2f} 为膜片弹簧分离指加载点在 F_2 作用下相对于其自由状态时的变形量,与分离轴承推动假定为刚性的分离指的移动量 λ_2 不同,λ_{2f} 与压盘的分离行程 λ_{1f} 相对应,故有：

$$\lambda_{2f} = \frac{r_1 - r_f}{R_1 - r_1}\lambda_{1f} \tag{2-16}$$

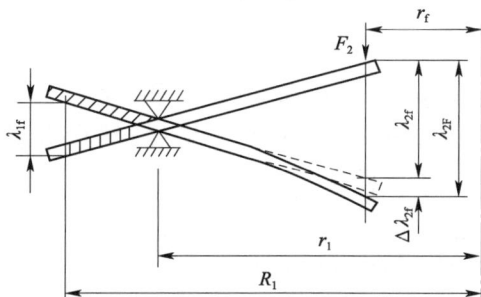

图 2-8 膜片弹簧分离指受载变形

实际膜片弹簧的厚度较小,因此分离指的刚度并不很大,如果考虑分离指在力 F_2 的作用下有附加弹性变形 $\Delta\lambda_{2f}$,则分离轴承推膜片弹簧的实际行程为：

$$\lambda_{2F} = \lambda_{2f} + \Delta\lambda_{2f} \tag{2-17}$$

式中的附加弹性变形 $\Delta\lambda_{2f}$ 可由式（2-18）~式（2-20）求得：

$$\Delta\lambda_{2f} = \frac{6F_2 r_f^2}{\pi E h^3}\left\{\frac{1}{\beta_1}\left[\frac{1}{2}\left(\frac{r_e^2}{r_f^2}-1\right)-2\left(\frac{r_e}{r_f}-1\right)+\ln\frac{r_e}{r_f}\right]+\right.$$

$$\left.\frac{1}{\beta_2}\left[\frac{1}{2}\left(\frac{r^2}{r_f^2}-\frac{r_e^2}{r_f^2}\right)-2\left(\frac{r}{r_f}-\frac{r_e}{r_f}\right)+\ln\frac{r}{r_e}\right]\right\} \tag{2-18}$$

$$\beta_1 = 1 - \frac{\delta_1 n}{\pi(r_i + r_e)} \tag{2-19}$$

$$\beta_2 = 1 - \frac{\delta_2 n}{\pi(r_e + r)} \tag{2-20}$$

式中:r_e——膜片弹簧分离指前部最宽处(在径向槽与长方孔的交界处)的半径,mm;

r_i——膜片弹簧小端半径,mm;

n——膜片弹簧分离指的数目;

β_1——分离指前部的宽度系数;

β_2——分离指根部的宽度系数;

δ_1——分离指前部的切槽宽度,mm;

δ_2——分离指根部的切槽宽度,mm。

三 膜片弹簧工作点位置的选择

膜片弹簧的弹性特性曲线,如图 2-7 所示。曲线的拐点 H 对应着膜片弹簧的压平位置,且有:

$$\lambda_{1H} = (\lambda_{1M} + \lambda_{1N})/2 \tag{2-21}$$

新离合器在接合状态时,膜片弹簧工作点 B 一般取在凸点 M 和拐点 H 之间,且靠近或在 H 点处。一般取:

$$\lambda_{1B} = (0.8 \sim 1.0)\lambda_{1H} \tag{2-22}$$

以保证摩擦片在最大磨损限度 $\Delta\lambda$ 范围内压紧力从 F_{1B} 到 F_{1A} 变化不大。

当离合器分离时,膜片弹簧工作点从 B 变到 C,为最大限度地减小踏板力,C 点应尽量靠近 N 点。

四 比值 H/h 和 h 的选择

比值 H/h 对膜片弹簧的弹性特性影响极大。由图 2-9 可知:

(1)当 $H/h < \sqrt{2}$ 时,$F_1 = f(\lambda_1)$ 为增函数。

(2)当 $H/h = \sqrt{2}$ 时,$F_1 = f(\lambda_1)$ 有一极值,该极值点恰为拐点。

(3)当 $H/h = 2\sqrt{2}$ 时,$F_1 = f(\lambda_1)$ 的极小值落在横坐标上。

(4)当 $H/h > 2\sqrt{2}$ 时,$F_1 = f(\lambda_1)$ 有一个极大值和一个极小值。

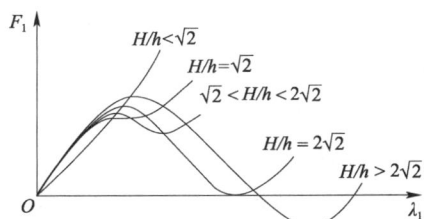

图 2-9 H/h 对膜片弹簧弹性特性的影响

为保证离合器压紧力变化不大和操纵轻便,汽车离合器用膜片弹簧的 H/h 一般为 $1.5 \sim 2.0$,板厚 h 为 $2 \sim 4\text{mm}$。

五　比值 R/r 和 R、r 的选择

研究表明,R/r 越大,弹簧材料利用率越低,弹簧越硬,弹性特性曲线受直径误差影响越大,且应力越高。根据结构布置和压紧力的要求,R/r 一般为 $1.20 \sim 1.35$。

(1)为使摩擦片上压力分布较均匀,推式膜片弹簧的 R 值应取为大于或等于摩擦片的平均半径 R_c。

(2)拉式膜片弹簧的 r 值宜取为大于或等于 R_c。对于同样的摩擦片尺寸,拉式的 R 值比推式大。

六　圆锥底角 α 的选择

膜片弹簧自由状态下圆锥底角 α 与内截锥高度 H 有如下关系:

$$\alpha = \arctan H/(R-r) \approx H/(R-r) \tag{2-23}$$

α 的取值一般在 $9° \sim 15°$ 范围内。

七　分离指数目 n 的选取

分离指数目 n 常取为 18,大尺寸膜片弹簧有些取 24,小尺寸膜片弹簧有些取 12。

第4节　扭转减振器的设计

一　扭转减振器的组成和功用

1)扭转减振器的组成

扭转减振器主要由弹性元件、阻尼元件两部分组成,如图 2-10 所示。

图 2-10　扭转减振器

（1）弹性元件（减振弹簧或橡胶）的主要作用是降低传动系统的首端扭转刚度，改变系统的固有振型，尽可能避开由发动机转矩主谐量激励引起的共振。

（2）阻尼元件（阻尼片）的作用是有效地耗散振动能量。

2）扭转减振器的功用

（1）降低发动机曲轴与传动系统接合部分的扭转刚度，调谐传动系统扭振固有频率。

（2）增加传动系统扭振阻尼，抑制扭转共振响应振幅，并衰减因冲击而产生的瞬态扭振。

（3）控制动力传动系统总成怠速时离合器与变速器轴系的扭振，消减变速器怠速噪声和主减速器与变速器的扭振与噪声。

（4）缓和非稳定工况下传动系统的扭转冲击载荷和改善离合器的接合平顺性。

二　扭转减振器线性和非线性特性

扭转减振器弹性元件的弹性特性分为线性特性和非线性特性两种。

1）单级线性特性扭转减振器的特点及应用

单级线性特性扭转减振器的弹性元件一般采用相同尺寸的圆柱螺旋弹簧，能满足旋转不均匀度较小的系统减振要求，因而广泛应用于汽油机汽车离合器上。其扭转特性如图 2-11a）所示。

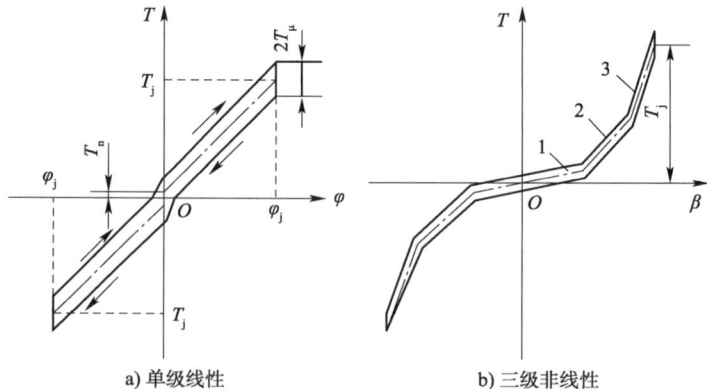

a）单级线性　　　　b）三级非线性

图 2-11　减振器的扭转特性

2）多级非线性特性扭转减振器的特点及应用

有些扭转减振器中另设置一组刚度较小的弹簧，使其在怠速工况下起作用，以消除变速器常啮合齿轮齿间的（敲击）怠速噪声，这种扭转减振器具有两级非线性特性:第一级的刚度很小,称为怠速级;第二级的刚度较大。

在旋转不均匀度较大的柴油机汽车中,广泛采用具有怠速级的两级或三级非线性扭转减振器,三级非线性减振器的扭转特性如图 2-11b)所示。

三 扭转减振器的主要参数

减振器的扭转刚度 k_φ 和阻尼元件间的摩擦转矩 T_μ 是两个主要参数。设计参数还包括极限转矩 T_j、预紧转矩 T_n 和极限转角 φ_j 等。

1)极限转矩 T_j

极限转矩为减振器在消除限位销与从动盘毂缺口之间的间隙 Δ_1 时所能传递的最大转矩。一般可取:

$$T_j = (1.5 \sim 2.0) T_{emax} \tag{2-24}$$

式中,$(1.5 \sim 2.0)$ 的系数,货车取 1.5,轿车取 2.0。

2)扭转刚度 k_φ

为了避免引起系统的共振,要合理选择减振器的扭转刚度 k_φ,使共振现象不发生在发动机常用工作转速范围内。k_φ 决定于减振弹簧的线刚度和扭转减振器的结构尺寸。

如图 2-12 所示,减振弹簧分布在半径为 R_0 的圆周上,当从动片相对从动盘毂转过 φ 弧度时,弹簧相应变形量为 $R_0\varphi$,此时所需加在从动片上的转矩为:

$$T = 1000 K Z_j R_0^2 \varphi \tag{2-25}$$

式中:K——每个减振弹簧的线刚度,N/mm;

Z_j——减振弹簧个数;

R_0——减振弹簧位置半径,m。

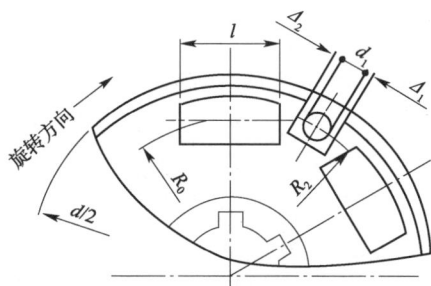

图 2-12 减振器尺寸简图

根据扭转刚度的定义 $k_\varphi = T/\varphi$,则减振器扭转刚度为:

$$k_\varphi = 1000 K Z_j R_0^2 \tag{2-26}$$

式中:k_φ——减振器扭转刚度,N·m/rad。

设计时可按经验来初选 k_φ:

$$k_\varphi \leqslant 13T_j \qquad (2\text{-}27)$$

3）阻尼摩擦转矩 T_μ

由于减振器扭转刚度 k_φ 受结构及发动机最大转矩的限制，不可能很低，为了在发动机工作转速范围内最有效地减振，必须合理选择减振器阻尼装置的阻尼摩擦转矩 T_μ。一般可按下式初选：

$$T_\mu = (0.06 \sim 0.17)T_{emax} \qquad (2\text{-}28)$$

4）预紧转矩 T_n

减振弹簧在安装时都有一定的预紧。随着预紧转矩 T_n 增加，共振频率将向减小频率的方向移动，这是有利的。但是 T_n 不应大于 T_μ，否则减振器反向工作时，将提前停止工作，一般可选择：

$$T_n = (0.05 \sim 0.15)T_{emax} \qquad (2\text{-}29)$$

5）减振弹簧的位置半径 R_0

R_0 的尺寸应尽可能大些，一般取：

$$R_0 = (0.60 \sim 0.75)d/2 \qquad (2\text{-}30)$$

6）减振弹簧个数 Z_j

减振弹簧个数 Z_j 按照表 2-4 选取。

减振弹簧个数的选取　　　　　　　　　　　　　　表 2-4

摩擦片外径 $D(\text{mm})$	$225 \sim 250$	$250 \sim 325$	$325 \sim 350$	>350
Z_j	$4 \sim 6$	$6 \sim 8$	$8 \sim 10$	>10

7）减振弹簧总压力 F_Σ

当限位销与从动盘毂之间的间隙 Δ_1 或 Δ_2 被消除，减振弹簧传递转矩达到最大值 T_j 时，减振弹簧受到的压力 F_Σ 为：

$$F_\Sigma = T_j/R_0 \qquad (2\text{-}31)$$

8）极限转角 φ_j

扭转减振器从预紧转矩增加到极限转矩时，从动片相对从动盘毂的极限转角为：

$$\varphi_j = 2\arcsin\frac{\Delta l}{2R_0} \qquad (2\text{-}32)$$

式中：Δl——减振弹簧的工作变形量；

　　　φ_j——通常取 $3° \sim 12°$，对平顺性要求高或工作不均匀的发动机应取上限。

四　通用的从动盘减振器局限性

目前通用的从动盘减振器在特性上存在如下局限性：

（1）因为发动机、变速器振动系统固有频率一般为 40～70Hz，相当于四缸发动机转速 1200～2100r/min，或六缸发动机转速 800～1400r/min，一般均高于怠速转速。这样不能使发动机、变速器振动系统的固有频率降低到怠速转速以下，不能避免怠速时的共振。

（2）在发动机实用转速 1000～2000r/min 范围内，难以通过降低减振弹簧刚度取得更大的减振效果。

第5节　离合器的操纵机构设计

一　对操纵机构的要求

（1）踏板力要小，轿车一般在 80～150N 范围内，货车不大于 150～200N。

（2）踏板行程对轿车一般在 80～150mm 范围内，对货车最大不超过 180mm。

（3）踏板行程应能调整，以保证摩擦片磨损后分离轴承的自由行程可以复原。

（4）应有对踏板行程进行限位的装置，以防止操纵机构因受力过大而损坏。

（5）应具有足够的刚度。

（6）传动效率要高。

（7）发动机振动及车架和驾驶室的变形不会影响其正常工作。

二　操纵机构结构形式选择

常用的离合器操纵机构主要有机械式和液压式操纵机构。

1）机械式操纵机构

机械式操纵机构有杆系和绳索两种形式。图 2-13 是一个绳索机械式操纵机构示意图。

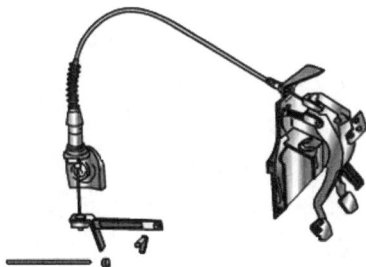

图 2-13　机械式操纵机构示意图

（1）杆系传动机构的特点及应用：杆系传动操纵机构结构简单、工作可靠，广泛应用于各种汽车中。但其质量大、机械效率低，车架和驾驶室的变形会影响其正常工作，且远距离操纵时布置较困难。

（2）绳索传动机构的特点及应用：绳索传动可克服杆系传动机构缺点，且可采用适宜驾驶员操纵的吊挂式踏板结构。但其寿命较短，机械效率也不高，多用于轻型轿车中。

2）液压式操纵机构

液压式操纵机构主要由主缸、工作缸和管路等部分组成，如图 2-14 所示。其具有传动效率高、质量小、布置方便、便于采用吊挂踏板、驾驶室容易密封、驾驶室和车架变形不会影响其正常工作、离合器接合较柔和等优点，广泛应用于各种形式的汽车中。

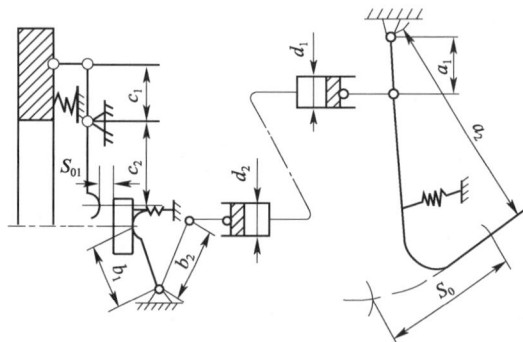

图 2-14　液压式操纵机构示意图

三　离合器操纵机构的主要计算

1）踏板行程 S 的计算

踏板行程 S 由自由行程 S_1 和工作行程 S_2 两部分组成：

$$S = S_1 + S_2 = \left(S_{0f} + Z\Delta S \frac{c_2}{c_1} \right) \frac{a_2 b_2 d_2^2}{a_1 b_1 d_1^2} \qquad (2\text{-}33)$$

式中：　　　　　S_{0f}——分离轴承自由行程，为 $1.5 \sim 3.0\text{mm}$；

　　　　　　　　Z——摩擦面面数；

　　　　　　　　ΔS——离合器分离时对偶摩擦面间的间隙，对于单盘离合器，$\Delta S = 0.85 \sim 1.30\text{mm}$，对于双盘离合器：$\Delta S = 0.75 \sim 0.90\text{mm}$；

　　　　　　　　d_1——主缸直径，mm，

　　　　　　　　d_2——工作缸直径，mm；

a_1、a_2、b_1、b_2、c_1、c_2——杠杆尺寸，如图 2-14 所示。

2）踏板力 F_f 的计算

踏板力 F_f 的计算公式是：

$$F_f = \frac{F'}{i_\Sigma \eta} + F_s \qquad (2-34)$$

式中：F'——离合器分离时,压紧弹簧对压盘的总压力；

η——机械效率,对于液压式操纵机构,$\eta = 80\% \sim 90\%$,对于机械式操纵机构,$\eta = 70\% \sim 80\%$；

F_s——克服复位弹簧 1、2 的拉力所需的踏板力,初步设计时,可忽略之；

i_Σ——操纵机构总传动比,$i_\Sigma = \dfrac{a_2 b_2 c_2 d_2^2}{a_1 b_1 c_1 d_1^2}$。

3）工作缸直径 d_2 的确定

工作缸直径 d_2 与液压系统所允许的最大油压有关。考虑橡胶软管及其他管接头的密封要求,最大允许油压一般为 $5 \sim 8MPa$。

4）机械式操纵机构

对于机械式操纵机构的上述计算,只需将 d_1 和 d_2 取消即可。

练习题

2-1 简述离合器不同分类形式的结构特点。

2-2 何谓离合器的后备系数？影响其取值大小的因素有哪些？

2-3 膜片弹簧的弹性特性有何特点？影响弹性特性的主要因素是什么？工作点最佳位置应如何确定？

2-4 新离合器接合状态时膜片弹簧的工作点 B 与达到最大磨损量时的工作点 A 相比,压紧力应相差不大,且通常 A 点压紧力应略高于 B 点,试分析原因。

2-5 某厂新设计一辆载重量为 4t 的在乡间道路行驶的货用汽车,其发动机为 6100Q 水冷柴油机,发动机最大转矩 $T_{emax} = 340N \cdot m$,最高转速为 3500 转/min。试初步确定离合器的结构类型及主要尺寸（取 $\mu = 0.25$）。

第 3 章

机械式变速器结构设计

一　变速器的主要功用

　　变速器用来改变发动机传到驱动轮上的转矩和转速,目的是在原地起步、爬坡、转弯、加速等各种行驶工况下,使汽车获得不同的牵引力和速度,同时使发动机在最佳的工况范围内工作。变速器设有空挡,可在起动发动机、汽车滑行或停车时使发动机的动力停止向驱动轮传输。变速器设有倒挡,使汽车获得倒退行驶的能力。需要时,变速器还有动力输出功能。

变速器功用

二　变速器设计的基本要求

　　(1)正确选择变速器的挡位数和传动比,保证汽车有良好的动力性和经济性。

　　(2)设置空挡以保证必要时能将发动机与传动系统长时间分离。

　　(3)设置倒挡使汽车可以倒退行驶。

　　(4)设置动力输出装置,便于必要时输出发动机动力。

　　(5)换挡迅速、省力、方便。

　　(6)工作可靠、工作效率高、工作噪声低。

　　(7)尺寸和质量小、制造成本低、维修方便。

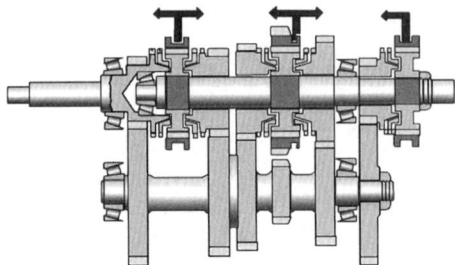

　　图 3-1 所示为一个三轴五挡变速器传动简图。

图 3-1　三轴五挡变速器传动简图

三 变速器的分类

变速器由变速传动机构和操纵结构组成。变速传动机构可按前进挡数或轴的形式进行分类,具体分类如图 3-2 所示。

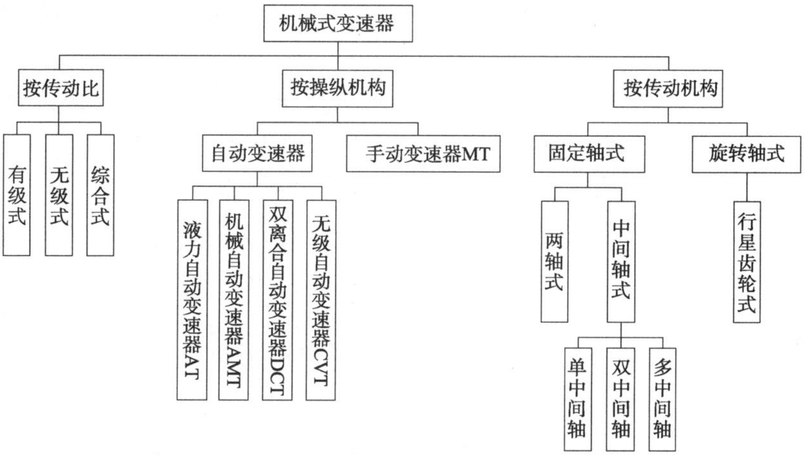

图 3-2 变速器分类

目前,汽车上应用的主流变速器包括手动变速器(Manual Transmission,MT)、机械自动变速器(Automated Manual Transmission,AMT)、双离合自动变速器(Dual-clutch Transmission,DCT)、液力自动变速器(Automated Transmission,AT)以及无级自动变速器(Continuously Variable Transmission,CVT)等。一般来说,手动变速器结构简单,传动效率高,成本较低,但是操作较为烦琐;机械自动变速器燃料经济性较好,成本较低,但是换挡顿挫感较强,舒适性差;双离合自动变速器换挡速度快,传动效率高,成本相对较低,但是平顺性和可靠性不如液力自动变速器和无级自动变速器;液力自动变速器舒适性好,但是传动效率较低,制造成本较高;无级自动变速器舒适性和燃油经济性较好,动力输出平稳,但是转矩承受能力较低,起步和加速能力偏弱。

第2节 变速器主要参数的选择

一 变速器的挡位数

1)确定变速器挡位数时需要综合考虑的因素
(1)增加变速器的挡位数能够改善汽车的动力性和经济性。

(2)变速器的挡位数越多,变速器的结构越复杂,并且使其轮廓尺寸和质量加大,同时操纵机构复杂,而且在使用时换挡频率也增加。

(3)在最低挡传动比不变的条件下,增加变速器的挡位数会使变速器相邻的低挡与高挡之间的传动比比值减小,使换挡工作容易进行。

2)确定变速器挡位数时应该满足的两个条件

(1)要求相邻挡位之间的传动比比值在1.8以下,该值越小换挡工作越容易进行。

(2)因为高速挡使用更加频繁,要求高挡区相邻挡位之间的传动比比值要比低挡区相邻挡位之间的传动比比值小。

近年来,随着汽车技术的发展,并考虑降低油耗的需要,变速器的挡位数有增加的趋势。目前,轿车一般用4~6个挡位的变速器,级别高的轿车变速器多用6~7个挡位,货车采用4~5个挡或多挡变速器。装载质量在2~3.5t的货车采用5挡变速器,装载质量在4~8t的货车采用6挡变速器。多挡变速器多用于重型货车和越野汽车。图3-3所示为16挡变速器外形图。

图3-3　16挡变速器外形图

二　传动比范围

变速器的传动比范围是指变速器最低挡传动比与最高挡传动比的比值。最高挡通常是直接挡,传动比为1.0;有的变速器最高挡是超速挡,传动比为0.7~0.8。

影响最低挡传动比选取的因素有3个:

(1)发动机的最大转矩和最低稳定转速所要求的汽车最大爬坡能力。

(2)驱动轮与路面间的附着力。

(3)主减速比和驱动轮的滚动半径及所要求达到的最低稳定行驶车速。

目前轿车的传动比范围在3~4之间,轻型货车在5~6之间,其他货车则更大。

三　中心距 A

对三轴式变速器,如图3-4所示,中间轴与第二轴之间的距离称为变速器中心距 A;对两轴式变速器,将输入轴与输出轴之间的距离称为变速器中心距 A。

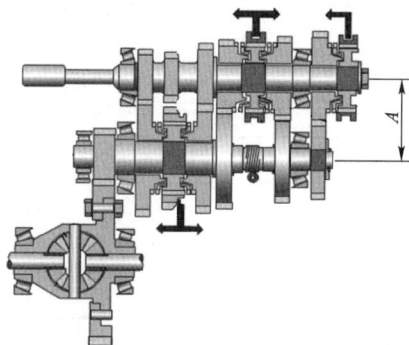

图 3-4　三轴式变速器机构示意图

1)变速器中心距的影响因素

中心距是变速器的一个基本参数,其大小不仅影响变速器的外形尺寸、体积和质量大小,而且对轮齿的接触强度也有影响。

(1)中心距越小,轮齿的接触应力越大,齿轮寿命越短。最小允许中心距应当由保证轮齿有必要的接触强度来确定。

(2)变速器轴经轴承安装在壳体上,从布置轴承的可能与方便和不影响壳体的强度考虑,要求中心距取大些。

(3)为了防止根切,一挡小齿轮齿数不能过少,这也限制了中心距的最小值。

2)变速器中心距的确定

初选中心距 A 经验公式:

$$A = K_A \sqrt[3]{T_{emax} i_1 \eta_g} \qquad (3\text{-}1)$$

式中:K_A——为中心距系数,对于乘用车,$K_A = 8.9 \sim 9.3$,对于商用车,$K_A = 8.6 \sim 9.6$,多挡变速器:$K_A = 9.5 \sim 11.0$;

T_{emax}——发动机最大转矩,N·m;

i_1——一挡传动比;

η_g——变速器的传动效率,可取96%。

轿车变速器的中心距在 65~80mm 范围内变化,而货车的变速器中心距在 80~170mm 范围内变化。原则上总质量小的汽车,变速器中心距也小些。

四　壳体的外形尺寸

变速器的横向外形尺寸,可根据齿轮直径、倒挡中间(过渡)齿轮和换挡机构的布置初步确定。

(1)轿车四挡变速器壳体的轴向尺寸为$(3.0 \sim 3.4)A$。

(2)货车变速器壳体的轴向尺寸与挡数有关,可参考选用表 3-1 的数据。

货车变速器壳体的轴向尺寸　　　　　　　　　表 3-1

变速器类型	轴向尺寸
四挡	$(2.2 \sim 2.7)A$
五挡	$(2.7 \sim 3.0)A$
六挡	$(3.2 \sim 3.5)A$

(3)当变速器选用的常啮合齿轮对数和同步器多时,应给出范围的上限。

五　变速器轴的直径

变速器工作时,轴除传递转矩外,还承受来自齿轮作用的径向力,如果是斜齿轮则还有轴向力。变速器的轴必须有足够的刚度和强度,否则会产生弯曲变形,破坏齿轮的正确啮合,对齿轮的强度和耐磨性均产生不利影响,还会增加工作噪声。

(1)第二轴和中间轴中部直径 $d \approx 0.45A$。

(2)轴的最大直径 d 和支承间距离 L 的比值,对于中间轴而言,一般取 $d/L \approx 0.16 \sim 0.18$;对于第二轴而言,一般取 $d/L \approx 0.18 \sim 0.21$。

(3)第一轴花键直径可按下式初选:

$$d = K \sqrt[3]{T_{emax}} \tag{3-2}$$

式中:K——经验系数,$K = 4.0 \sim 4.6$;

　　T_{emax}——发动机最大转矩,N·m。

六　齿轮参数

1)模数的选取

齿轮模数是一个重要参数,而且影响模数选取的因素很多,如齿轮的强度、质量、噪声、工艺要求等。选取齿轮模数时一般遵守的原则是:

(1)为了减少噪声应合理减小模数,同时增加齿宽。

（2）为使质量小些,应该增大模数,同时减少齿宽。

（3）从工艺方面考虑,各挡齿轮应该选用一种模数。

（4）从强度方面考虑,各挡齿轮应有不同的模数。

（5）减少轿车齿轮工作噪声有较为重要的意义,因此齿轮的模数应选得小些。

（6）对于货车,减小质量比减小噪声更重要,故齿轮应该选用大些的模数。

（7）变速器低挡齿轮应选用大些的模数,其他挡位选用另一种模数。少数情况下汽车变速器各挡齿轮均选用相同的模数。

变速器用齿轮模数范围大致如表 3-2 所示。

笔记区

变速器齿轮法向模数　　　　　表 3-2

车辆类型	乘用车的发动机排量 $V(L)$		货车的最大质量 $m_a(t)$	
	$1.0 < V \leq 1.6$	$1.6 < V \leq 2.5$	$6.0 < m_a \leq 14.0$	$m_a > 14.0$
模数（mm）	2.25 ~ 2.75	2.75 ~ 3.00	3.50 ~ 4.50	4.50 ~ 6.00

所选模数值应符合国家标准 GB/T 1357—2008 的规定。啮合套和同步器的接合齿多数采用渐开线齿形。由于工艺上的原因,同一变速器中的接合齿模数相同,取值范围是:对于轿车和轻、中型货车一般取 2 ~ 3.5mm,对于重型货车一般取 3.5 ~ 5mm。选取较小的模数可使齿数增多,有利于换挡。

2）压力角 α 的选取

影响变速器压力角的因素有:

（1）压力角较小时,重合度较大,传动平稳,噪声较低。

（2）压力角较大时,可提高轮齿的抗弯强度和表面接触强度。

对于轿车,为加大重合度以降低噪声,应选用 14.5°、15°、16°、16.5° 等小些的压力角;对于货车,为提高齿轮承载能力,应选用 22.5° 或 25° 等大些的压力角。

因国家规定的标准压力角为 20°,所以变速器齿轮普遍采用的压力角为 20°。啮合套或同步器的接合齿压力角有 20°、25° 和 30° 等,普遍采用 30° 压力角。

3）螺旋角 β 的选取

斜齿轮在变速器中得到广泛的应用。选取斜齿轮的螺旋角,应该考虑其对齿轮工作噪声、轮齿强度和轴向力有影响。

（1）螺旋角对齿轮传动的影响。

①选用较大螺旋角时,使齿轮啮合的重合度增加,因而工作平稳、噪声降低。

②随着螺旋角的增大,轮齿的强度也相应提高,不过当螺旋角大于

30°时,其抗弯强度骤然下降,而接触强度仍继续上升。

（2）确定螺旋角的原则。

确定齿轮螺旋角的时候需要综合考虑齿的强度和接触强度：

①从提高低挡齿轮的抗弯强度出发,并不希望用过大的螺旋角。

②而从提高高挡齿轮的接触强度着眼,应当选用较大的螺旋角。

4）确定中间轴齿轮螺旋角

斜齿轮传递转矩时,会产生轴向力并作用在支承轴承上。设计中间轴齿轮时应遵循以下原则：力求中间轴上同时工作的两对齿轮产生轴向力平衡,以减少轴承负荷,提高轴承寿命。

（1）中间轴上不同挡位齿轮的螺旋角应该是不一样的。

（2）为使工艺简便,在中间轴轴向力不大时,可将螺旋角设计成一样的,或者仅取为两种螺旋角。

（3）中间轴上全部齿轮的螺旋方向应一律取为右旋,则第一、第二轴上的斜齿轮应取为左旋。轴向力经轴承盖作用到变速器壳体上。

（4）一挡和倒挡齿轮一般设计成直齿,当变速器在工作在一挡和倒挡时,中间轴上的轴向力不能相互抵消,但因为这些挡位使用频率低,所以也是允许的。

5）中间轴螺旋角计算

由图 3-5 可知,中间轴上两个斜齿轮的轴向力为：

$$\begin{cases} F_{a1} = F_{n1}\tan\beta_1 \\ F_{a2} = F_{n2}\tan\beta_2 \end{cases} \tag{3-3}$$

欲使两轴向力平衡,须满足下述条件：

$$\tan\beta_1/\tan\beta_2 = r_1/r_2 \tag{3-4}$$

式中：F_{a1}、F_{a2}——作用在中间轴承齿轮 1、2 上的轴向力；

$\qquad F_{n1}$、F_{n2}——作用在中间轴上齿轮 1、2 上的圆周力；

$\qquad r_1$、r_2——齿轮 1、2 的节圆半径；

$\qquad T$——中间轴传递的转矩 $T = F_{n1}r_1 = F_{n2}r_2$。

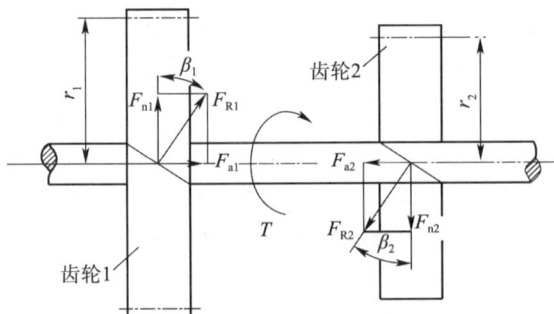

图 3-5 中间轴轴向力的平衡

斜齿轮螺旋角可按照表 3-3 选取。

汽车斜齿轮螺旋角选用范围 表 3-3

类型		取值范围
轿车变速器	两轴式	20° ~ 25°
	三轴式	22° ~ 34°
货车变速器		18° ~ 26°

6）齿宽 b 的选取

（1）影响齿宽的因素。

在选择齿宽时,应该注意到齿宽对变速器轴向尺寸、齿轮工作平稳性、齿轮强度和齿轮下作时受力的均匀程度等均有影响。

①为了尽可能缩短变速器的轴向尺寸和减小质量,应该选用较小的齿宽。

②齿宽过小会使斜齿轮传动平稳的优点被削弱,此时虽然可以用增加齿轮螺旋角的方法给予补偿,但轴承承受的轴向力会增大,降低轴承的使用寿命。

③齿宽窄还会使齿轮的工作应力增加。

④宽齿宽的齿轮会因轴的变形而倾斜,齿轮沿齿宽方向受力不均匀,造成齿面磨损不均匀。

（2）齿轮齿宽的确定。

①通常根据齿轮模数 m（mm）的大小来选定齿宽 b。

②对于直齿齿轮: $b = K_c \cdot m$, K_c 为齿宽系数,取 4.5 ~ 8.0。

③对于斜齿齿轮: $b = K_c \cdot m_n$, K_c 取 6.0 ~ 8.5; m_n 为法向模数（mm）。

（3）齿圈和常啮合齿轮齿宽的确定。

采用啮合套或同步器换挡时,其接合齿的工作宽度初选时可取为 $(2 ~ 4)m$;

第一轴常啮合齿轮副的齿宽系数 K_c 可取大些,使接触线长度增加、接触应力降低,以提高传动平稳性和齿轮寿命。

7）齿轮变位系数的选择原则

采用变位齿轮,除为了避免齿轮产生根切和配凑中心距以外,还影响齿轮的强度、传动平稳性、耐磨性、抗胶合能力以及啮合噪声。变位齿轮主要有两类:高度变位和角度变位。

①高度变位齿轮副的一对啮合齿轮的变位系数之和等于零。高度变位可增加小齿轮的齿根强度,使小齿轮达到和大齿轮强度相接近的程度。高度变位齿轮副的缺点是不能同时增加一对齿轮的强度,也很难降低噪声。

②角度变位齿轮副的变位系数之和不等于零。角度变位可获得良好的啮合性能及传动质量指标,故采用的较多。

（1）变位系数的选择原则。

几对齿轮安装在中间轴和第二轴上组合并构成的变速器，为了满足各挡传动比的需要，各对相互啮合齿轮副的齿数和不等，为保证各对齿轮有相同的中心距，应对齿轮进行变位。

①当齿数和大的齿轮副采用标准齿轮传动或高度变位时，则齿数和小些的齿轮副应采用正角度变位。

②高挡齿轮的主要损坏形式是断面疲劳剥落，应按保证最大接触强度、抗胶合及耐磨性最有利的原则选择变位系数。为提高接触强度，总变位系数尽可能取大些，两齿轮的齿廓渐开线离基圆较远，增大齿廓曲率半径，减小齿轮接触应力。

③低挡小齿轮的齿根强度较低，加之传递载荷较大，可能出现齿根弯曲断裂。为提高小齿轮的抗弯强度，应根据危险断面齿厚相等的条件来选择大、小齿轮的变位系数，小齿轮的变位系数应大于零。

④少齿数齿轮会造成轮齿根切，不仅削弱轮齿的抗弯强度，而且重合度减小。此时应对齿轮进行正变位，以消除根切。

⑤变位系数和 $\xi = \xi_1 + \xi_2$ 越小，齿轮齿根总的厚度越薄，抗弯强度越低。但是恰恰由于轮齿的刚度减小，更易于吸收冲击振动，故噪声较低。

⑥ξ 值越小，齿轮的齿形重合度越大，轮齿承受最大载荷时的受力点距齿根越近，轮齿所受的弯矩越小，对由于齿根减薄而产生的强度削弱的因素有所补偿。

（2）变位系数的确定。

为了降低噪声，对于变速器中除去一、二挡和倒挡以外的其他各挡齿轮的总变位系数要选用较小一些的数值，以便获得低噪声传动。

①最高挡和一轴齿轮副的 ξ 可以选为 $-0.2 \sim 0.2$。

②随着挡位的降低，ξ 值应该逐挡增大。

③一、二挡和倒挡齿轮，应该选用较大的 ξ 值，以便获得高强度齿轮副。

④一挡齿轮的 ξ 值可以选用 1.0 以上。

七　各挡齿轮齿数的分配

在初选中心距、齿轮模数和螺旋角以后，可根据变速器的挡数、传动比和传动方案来分配各挡齿轮的齿数。应该注意的是各挡齿轮的齿数比应该尽可能不是整数。

1）确定一挡齿轮的齿数

以一个四前进挡、一倒挡的机械式变速器为例，如图 3-6 所示。一挡传动比为：

$$i_1 = \frac{z_2 z_7}{z_1 z_8} \qquad (3-5)$$

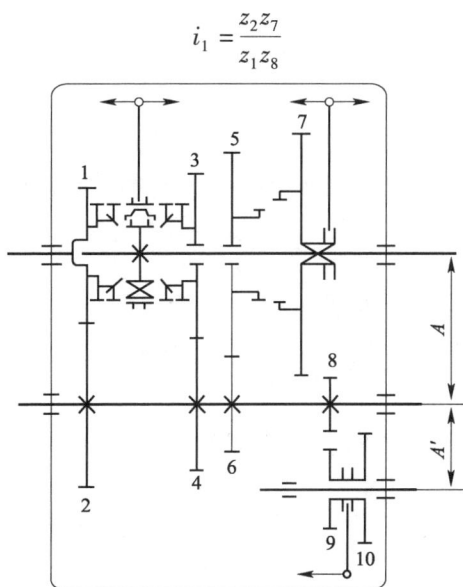

图 3-6 四挡变速器简图

如果 z_7 和 z_8 的齿数确定了,则 z_2 与 z_1 的传动比可求出。为了求 z_7、z_8 的齿数,先求其齿数和 z_h:

$$\begin{cases} z_h = \dfrac{2A}{m} & \text{直齿} \\[2mm] z_h = \dfrac{2A\cos\beta}{m_n} & \text{斜齿} \end{cases} \qquad (3-6)$$

计算后取 z_h 为整数,然后进行大、小齿轮齿数的分配。

(1)中间轴上的一挡小齿轮的齿数尽可能取少些,以便使 z_7/z_8 的传动比大些,在 i_1 已定的条件下,z_2/z_1 的传动比可分配小些,使第一轴常啮合齿轮的齿数多些,以便在其内腔设置第二轴的前轴承并保证轮辐有足够的厚度。

(2)考虑壳体上的第一轴轴承孔尺寸的限制和装配的可能性,该齿轮齿数又不宜取多。

(3)中间轴上小齿轮的最少齿数,还受中间轴轴径尺寸的限制,即受刚度的限制。

在选定时,对轴的尺寸及齿轮齿数都要统一考虑。对于轿车,三轴式变速器一挡齿轮齿数 z_8 可在 15~17 之间选取;对于货车,z_8 可在 12~17 之间选取。一挡大齿轮齿数:用 $z_7 = z_h - z_8$ 计算求得。

2)对中心距 A 进行修正

因为计算齿数和 z_h 后,经过取整数使中心距有了变化,所以应根据取定的 z_h 和齿轮变位系数重新计算中心距 A,再以修正后的中心距 A 作为各挡齿轮齿数分配的依据。

3）确定常啮合传动齿轮副的齿数

（1）由式（3-7）确定常啮合传动齿轮的传动比：

$$\frac{z_2}{z_1} = i_1 \frac{z_8}{z_7} \qquad (3-7)$$

（2）常啮合传动齿轮中心距和一挡齿轮的中心距相等，即：

$$A = \frac{m_n(z_1 + z_2)}{2\cos\beta} \qquad (3-8)$$

（3）解方程式（3-7）和式（3-8）求 z_1 与 z_2，求出的 z_1、z_2 都应取整数。

（4）核算一挡传动比，若与原传动比相差较大，则需要调整齿轮齿数。

（5）最后根据所确定的齿数，按式（3-8）算出精确的螺旋角值。

4）确定其他各挡的齿数

（1）若二挡齿轮是直齿轮，模数与一挡齿轮相同时，则得：

$$i_2 = \frac{z_2 z_5}{z_1 z_6} \qquad (3-9)$$

$$A = \frac{m(z_5 + z_6)}{2} \qquad (3-10)$$

解方程式（3-9）、式（3-10）求出 z_5、z_6。用取整数后的 z_5、z_6 计算中心距，若计算的中心距与变速器的 A 有偏差，则通过齿轮变位系数来调整。

（2）若二挡齿轮是斜齿轮，螺旋角与常啮合齿轮的螺旋角不同时，由式（3-9）可得 z_5 和 z_6 的比值：

$$\frac{z_5}{z_6} = i_2 \frac{z_1}{z_2} \qquad (3-11)$$

$$A = \frac{m_n(z_5 + z_6)}{2\cos\beta_6} \qquad (3-12)$$

从抵消或减少中间轴上的轴向力考虑，还必须满足下列关系式：

$$\frac{\tan\beta_2}{\tan\beta_6} = \frac{z_2}{z_1 + z_2}\left(1 + \frac{z_5}{z_6}\right) \qquad (3-13)$$

联立求解上述三个方程式，可求出 z_5、z_6 和 β_6 三个参数。解此方程组比较麻烦，可采用比较方便的试凑法。即先选定螺旋角 β_6，解式（3-11）和式（3-12），求出 z_5、z_6，再把 z_5、z_6 和 β_6 代入式（3-13）中，检查是否满足或近似满足轴向力平衡的关系。如相差太大，则要调整螺旋角 β_6，重复上述过程，直至符合设计要求为止。

其他各挡齿轮的齿数用同一方法确定。

5）确定倒挡齿轮齿数

如图 3-6 所示，倒挡齿轮选用的模数往往与一挡相同。倒挡齿轮 z_{10} 的齿数，一般在 21～23 之间，初选 z_{10} 后，可计算出中间轴与倒挡轴的中心距 A'。

$$A' = \frac{1}{2}m(z_8 + z_{10}) \tag{3-14}$$

为保证倒挡齿轮的啮合和不产生运动干涉,齿轮 8 和 9 的齿顶圆之间应保持 0.5mm 以上的间隙,则齿轮 9 的齿顶圆直径 D_{e9} 应用下式计算:

$$\frac{D_{e8}}{2} + 0.5 + \frac{D_{e9}}{2} = A' \tag{3-15}$$

根据求得的 D_{e9},再选择适当的齿数及采用变位齿轮,使齿顶圆 D_{e9} 符合式(3-15)。

最后计算倒挡轴与第二轴的中心距 A'。

第 3 节　变速器的设计与计算

一　齿轮的损坏形式

变速器齿轮的损坏形式主要有四种:轮齿折断、齿面疲劳剥落(点蚀)、移动换挡齿轮端部破坏和齿面胶合。

(1)轮齿折断发生在两种情况下:轮齿受到足够大的冲击载荷作用,造成轮齿弯曲折断;轮齿在重复载荷作用下,齿根产生疲劳裂纹,裂纹扩展深度逐渐加大,然后出现弯曲折断。前者在变速器中出现得极少,而后者出现得多些。

(2)轮齿工作时,一对齿轮相互啮合,齿面相互挤压,存在于齿面细小裂缝中的润滑油油压升高,导致裂缝扩展,齿面表层出现块状剥落而形成麻点,称为齿面点蚀。齿面点蚀使齿形误差加大,产生动载荷,并可能导致轮齿折断。

(3)用移动齿轮的方法完成换挡的低挡和倒挡齿轮,由于换挡时两个进入啮合的齿轮可能存在角速度差,换挡瞬间在轮齿端部产生冲击载荷,并造成损坏。

(4)负载大、齿面相对滑动速度高的齿轮,在接触压力大且接触处高温作用下,齿面间的润滑油膜会被破坏,齿面直接接触,在局部高温、高压作用下齿面互相熔焊黏连,齿面沿滑动方向形成撕伤痕迹,称为齿面胶合。变速器齿轮的齿面胶合破坏出现较少。

二　轮齿强度计算

1)轮齿弯曲强度计算

(1)直齿轮弯曲应力。

$$\sigma_w = \frac{F_1 K_\sigma K_f}{bty} = \frac{2T_g K_\sigma K_f}{\pi m^2 zby} \tag{3-16}$$

式中:σ_w——弯曲应力,N/mm^2;

F_1——圆周力,N,$F_1 = 2T_g/d$;

T_g——计算载荷,$N \cdot mm$;

d——节圆直径,mm;

K_σ——应力集中系数,可以近似地取 $K_\sigma = 1.65$;

K_f——摩擦力影响系数,主、从动齿轮在啮合点上的摩擦力方向不同,对弯曲应力的影响也不同,一般主动齿轮取 $K_f = 1.1$,从动齿轮取 $K_f = 0.9$;

b——齿宽,mm;

t——端面齿距,mm,$t = \pi m$;

m——模数,mm;

y——齿形系数,如图 3-7 所示。

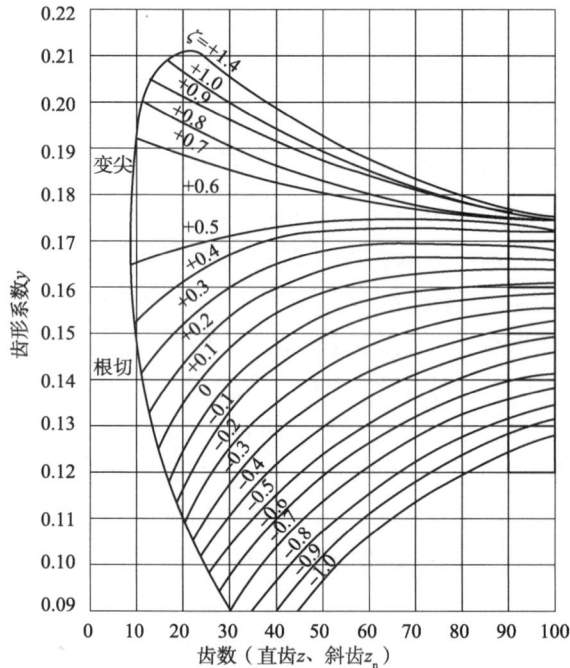

图 3-7 齿形系数图

(2)斜齿轮弯曲应力。

$$\sigma_w = \frac{F_1 K_\sigma}{dty K_\varepsilon} = \frac{2T_g \cos\beta K_\sigma}{\pi m_n^2 zby K_\varepsilon} \tag{3-17}$$

式中:d——节圆直径,mm,$d = m_n z / \cos\beta$;

m_n——法面模数,mm;

β——斜齿轮螺旋角,$(°)$;

K_σ——应力集中系数,$K_\sigma = 1.5$;

t——法面齿距,mm,$t = \pi m_n$;

y——齿形系数,可按当量齿数 $z_n = z/\cos^3\beta$ 在图 3-7 中查得;

K_ε——重合度影响系数,一般取 $K_\varepsilon = 2.0$。

当计算载荷 T_g 取作用到变速器第一轴上的最大转矩 T_{emax} 时,一挡和倒挡直齿轮许用弯曲应力在 $400 \sim 850$MPa,货车取下限。承受双向交变载荷作用的倒挡齿轮的许用应力也应取下限。

2)轮齿接触应力

轮齿的接触应力按下式计算:

$$\sigma_j = 0.418 \sqrt{\frac{FE}{b}\left(\frac{1}{\rho_z} + \frac{1}{\rho_b}\right)} \tag{3-18}$$

式中:σ_j——轮齿的接触应力,N/mm²;

F——齿面上的法向力,N,$F = F_1/(\cos\alpha\cos\beta)$;

α——节点处压力角,(°);

β——斜齿轮螺旋角,(°);

E——齿轮材料的弹性模量,MPa;

b——齿轮接触的实际宽度,mm;

ρ_z、ρ_b——主、从动齿轮节点处的曲率半径,mm,直齿轮,$\rho_z = r_z\sin\alpha$、$\rho_b = r_b\sin\alpha$,斜齿轮,$\rho_z = r_z\sin\alpha/\cos^2\beta$、$\rho_b = r_b\sin\alpha/\cos^2\beta$;

r_z、r_b——主、从动齿轮节圆半径,mm。

将作用在变速器第一轴上的载荷 $T_{emax}/2$ 作为计算载荷时,变速器齿轮的许用接触应力 σ_j 见表 3-4。

变速器齿轮许用接触应力　　　　　　　表 3-4

齿轮	σ_j(N/mm²)	
	渗碳齿轮	液体碳氮共渗齿轮
一挡和倒挡	1900 ~ 2000	950 ~ 1000
常啮合齿轮和高挡	1300 ~ 1400	650 ~ 700

三　轴的刚度与强度计算

1)初选轴的直径

在已知三轴式变速器中心距 A 时,对于三轴式变速器:

(1)第二轴和中间轴中部直径 $d \approx 0.45A$。

(2)轴的最大直径 d 和支承间距离 L 的比值,对于中间轴,$d/L = 0.16 \sim 0.18$;对于第二轴,$d/L = 0.18 \sim 0.20$。

(3)第一轴花键直径 d(mm)可按 $d = K\sqrt[3]{T_{emax}}$ 初选。

式中：K——经验系数，$K=4.0\sim4.6$；

T_{emax}——发动机最大转矩，$N\cdot m$。

2）轴的刚度与强度验算

变速器工作时，由于齿轮上有圆周力、径向力和轴向力作用，变速器轴要承受转矩和弯矩，所以应有足够的刚度和强度，否则齿轮轴会产生弯曲变形，破坏了齿轮的正确啮合，对齿轮的强度、耐磨性和工作噪声等均有不利影响。因此设计变速器轴时，其刚度大小应以保证齿轮正确的啮合为前提条件。

对齿轮工作影响最大的是轴在垂直面内产生的挠度和轴在水平面内的转角。前者使齿轮中心距发生变化，破坏了齿轮的正确啮合；后者使齿轮相互歪斜，导致沿齿长方向的压力分布不均匀。

（1）变速器轴的刚度验算。

初步确定轴的尺寸以后，需要对轴进行刚度和强度验算。欲求三轴式变速器第一轴的支点反作用力，必须先求第二轴的支点反力。挡位不同，不仅圆周力、径向力和轴向力不同，而且作用力到支点的距离也有变化，所以应对每个挡位都进行验算。验算时将轴看作铰接支承的梁。作用在第一轴上的转矩应取 T_{emax}。计算时仅需计算齿轮所在位置处轴的挠度和转角。第一轴常啮合齿轮副，因距离支承点近、负荷又小，通常挠度不大，故可以不必计算。变速器齿轮在轴上的位置如图 3-8 所示，轴在垂直面内挠度为 f_c，在水平面内挠度为 f_s、转角为 δ，则可分别用式（3-19）~式（3-21）计算：

$$f_c = \frac{F_1 a^2 b^2}{3EIL} \tag{3-19}$$

$$\delta = \frac{F_1 ab(b-a)}{3EIL} \tag{3-20}$$

$$f_s = \frac{F_2 a^2 b^2}{3EIL} \tag{3-21}$$

式中：F_1——齿轮齿宽中间平面上的圆周力，N；

F_2——齿轮齿宽中间平面上的径向力，N；

E——齿轮材料的弹性模量，MPa；

I——惯性矩，mm^4，对于实心轴，$I=\pi d^4/64$；

d——轴的直径，mm，花键处按平均直径计算；

$a、b$——齿轮上作用力距支座 $A、B$ 的距离，mm；

L——支座间距离，mm。

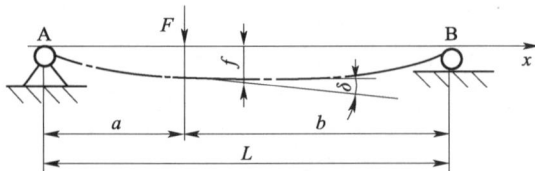

图 3-8　变速器轴的挠度和转角

因为 f_c 和 f_s 分别表示轴在垂直面和水平面的挠度,所以轴的全挠度 f 为:

$$f = \sqrt{f_c^2 + f_s^2} \leqslant 0.2\text{mm} \tag{3-22}$$

轴在垂直面和水平面挠度的允许值为 $[f_c] = 0.05 \sim 0.10\text{mm}$,$[f_s] = 0.10 \sim 0.15\text{mm}$,齿轮所在平面的转角不应超过 $0.002\text{rad}(1\text{rad} \approx 57.3°)$。

(2)变速器轴的强度验算。

作用在齿轮上的径向力和轴向力,使轴在垂直面内弯曲变形;圆周力使轴在水平面内弯曲变形。校核变速器轴强度可按照以下步骤进行:

第一步,求取支点垂直面和水平面内的支反力 F_c 和 F_s;

第二部,计算垂直面和水平面内的弯矩 M_c 和 M_s;

第三步,计算变速器轴上的应力,并与材料的许用应力比较。

轴在转矩 T_n 和弯矩同时作用下,其应力为:

$$\sigma = \frac{M}{W} = \frac{32M}{\pi d^3} \tag{3-23}$$

式中:M——变速器轴上的弯矩,N·mm,$M = \sqrt{M_c^2 + M_s^2 + T_n^2}$;

   d——轴的直径,mm,花键处取内径;

   W——抗弯截面系数。

在低速挡工作时,$[\sigma] \leqslant 400\text{MPa}$。

第4节   同步器设计

同步器有常压式、惯性式、多锥式和惯性增力式四种,其中摩擦惯性同步装置应用广泛。同步器有多个参数,其主要参数的确定如下。

1)摩擦因数 f

摩擦因数除与选用的材料有关外,还与工作面的表面粗糙度、润滑油种类和工作温度等因素有关。

(1)确定摩擦因数 f 时需要满足的要求。

①同步器是在同步环与连接齿轮之间存在角速度差的条件下工作,为了保证同步环有足够的使用寿命,应选用耐磨性能良好的材料。

②为了获得较大的摩擦力矩,应选用摩擦因数大而且性能稳定的材料制作同步环。

③同步器在润滑油液中工作,使摩擦因数减小,换挡费力或增加同步时间,甚至失去同步作用,设计选材时应注意这个问题。

(2)同步器选材与工艺。

①为了使同步器具有稳定的使用性能,需要合理选材。

②作为与同步环锥面接触的齿轮上的锥面部分,应与齿轮做成一体,

并用低碳合金钢制成。

③对锥面的表面粗糙度要求较高,用来保证在使用过程中摩擦因数变化小,否则在使用初期容易损害同步环锥面。

④同步环常选用能保证具有足够高的强度和硬度、耐磨性能良好的黄铜合金制造,如锰黄铜、铝黄铜和锡黄铜等。

由黄铜合金与钢材构成的摩擦副,在润滑油中工作的摩擦因数 f 取为 0.1。

2)同步环锥面上螺纹槽尺寸的确定

(1)如果螺纹槽螺线的顶部设计得窄些,则刮去存在于摩擦锥面之间的油膜效果好。但顶部宽度过窄会影响接触面压强,使同步环磨损加快。

(2)螺纹的齿顶宽对 f 的影响很大, f 随齿顶的磨损而降低,使得换挡费力,故齿顶宽不宜过大。

(3)如果螺纹槽设计得大些,可使被刮下来的油存于螺纹之间的间隙中,但螺距增大又会使接触面减少,增加同步环的磨损速度。

图 3-8a)所示为适用于轻、中型汽车的螺纹槽尺寸,而图 3-8b)所示为适用于重型汽车的螺纹槽。通常轴向泄油槽为 6 ~ 12 个,槽宽 3 ~ 4mm。

3)同步环锥面半锥角 α 的选取

(1)摩擦锥面半锥角 α 越小,摩擦力矩越大,如图 3-9 所示。

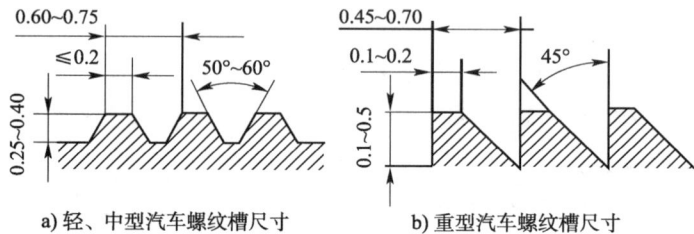

a) 轻、中型汽车螺纹槽尺寸　　　　b) 重型汽车螺纹槽尺寸

图 3-9　同步环螺纹槽形式(尺寸单位:mm)

(2) α 过小则摩擦锥面会产生自锁现象,避免锥面间自锁的条件是 $\tan\alpha > f$。

一般取 $\alpha = 6° \sim 8°$。当 $\alpha = 6°$ 时,摩擦力矩较大,但在锥面表面粗糙度控制不严时则有粘连和自锁的可能;当 $\alpha = 7°$ 时,就很少出现自锁现象。

4)同步环摩擦锥面平均半径 R 的选取

(1)摩擦锥面平均半径 R 设计得越大则摩擦力矩越大。

(2)平均半径 R 往往受结构限制,包括受变速器中心距及相关零件尺寸和布置的限制, R 取得过大还会影响到同步环径向厚度尺寸,故不能取大。

（3）原则上在可能的条件下，尽可能将 R 取大些。

5）锥面工作长度 b 的选取

锥面工作长度缩短时，可使变速器轴向长度缩短，但减小了工作面积，增加压应力，导致磨损加剧，如图 3-10 所示。设计时可根据下式计算确定：

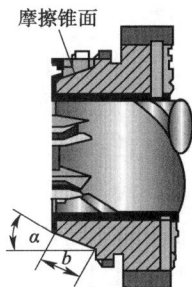
图 3-10　摩擦锥面

$$b = \frac{M_m}{2\pi p f R^2} \qquad (3-24)$$

式中：p——摩擦面许用压力，对于黄铜和钢的摩擦副，$p \approx 1.0 \sim 1.5 MPa$；

　　　M_m——摩擦力矩，N·mm；

　　　f——摩擦因数；

　　　R——摩擦锥面半径，mm。

6）同步环径向厚度

（1）影响同步环径向厚度的因素。

①同步环的径向厚度要受结构布置上的限制，包括变速器中心距及相关零件，特别是锥面平均半径 R 和布置上的限制。

②同步环的径向厚度必须保证同步环有足够的强度。

（2）同步环的制造工艺。

因为同步环的径向厚度受到限制又必须保证足够的强度，所以其工艺比较复杂：

①轿车同步环厚度比货车小些，应选用锻件或精密锻造工艺加工制成，以提高材料的屈服强度和疲劳寿命，货车同步环可用压铸加工。

②锻造时选用锰黄铜等材料，铸造时选用铝黄铜等材料。

③有的变速器用高强度、高耐磨性的钢与钼配合的摩擦副，即在钢质或球墨铸铁同步环的锥面上喷镀一层厚 0.3 ~ 0.5mm 的钼，摩擦因数与钢-铜合金摩擦副差不多，但是耐磨性和强度得到了显著提高。以钢质为基体的同步环不仅可以节约铜，还可以提高同步环的强度。

④也有的同步环是在铜环基体的锥孔表面喷上厚 0.07 ~ 0.12mm 的钼制成，喷钼环的寿命是铜环的 2 ~ 3 倍。

7）锁止角 β

正确选取锁止角，可以保证只有在锁环和齿圈的角速度相同时才能进行换挡，如图 3-11 所示。影响锁止角选取的因素主要有：摩擦因数 f、摩擦锥面平均半径 R、锁止面平均半径和锥面半锥角 α。

已有结构的锁止角在 26° ~ 46° 范围内变化。

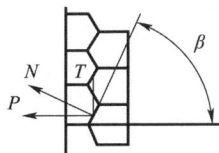
图 3-11　锁止角

8）同步时间 t

同步器工作时，锁环和齿圈达到同步的时间越短越好。影响同步时间的因素有：

（1）同步器的结构尺寸、转动惯量。转动惯量越大,同步时间越长。

（2）变速器输入轴与输出轴的角速度差。角速度差越大,同步时间也越长。

（3）作用在同步器摩擦锥面上的轴向力。轴向力越大,同步时间越短。而轴向力与作用在变速杆手柄上的力有关,不同车型要求作用到手柄上的力也不相同。为此,同步时间与车型有关,计算时可在表3-5所示范围选取。

同步时间　　　　　　　　　　　　　　　　表3-5

变速器类型		同步时间（s）
轿车变速器	高速挡	0.15~0.30
	低速挡	0.50~0.80
货车变速器	高速挡	0.30~0.80
	低速挡	1.0~1.5

9）转动惯量的计算

换挡过程中依靠同步器改变转速的零件统称为输入端零件,包括第一轴及离合器的从动盘、中间轴及其上的齿轮、与中间轴上齿轮相啮合的第二轴上的常啮合齿轮。

首先计算各零件的转动惯量,再按不同挡位转换到被同步的零件上。对已有的零件,其转动惯量值通常用扭摆法测出;若零件尚未制成,可将这些零件分解为标准的几何体,并按数学公式合成求出转动惯量值;另一个简单快捷的方法就是查询零件三维模型的属性。

10）摩擦力矩 M_m 的计算

同步器结构如图3-12所示,欲使换挡时没有冲击,齿轮和轴的转动角速度必须相等。而要求同步器在预先设定同步时间内使齿轮和轴同步,必须提供的摩擦力矩 M_m 用下式计算：

$$M_m = \frac{J_r \Delta\omega}{t} = J_r \frac{\omega_b - \omega_a}{t} = J_r \frac{1}{t}\left(\frac{\omega_e}{i_{k+1}} - \frac{\omega_e}{i_k}\right) = \frac{J_r \omega_e}{t}\left(\frac{1}{i_{k+1}} - \frac{1}{i_k}\right) \quad (3-25)$$

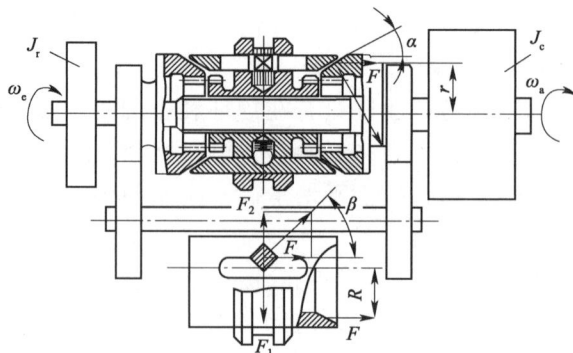

图3-12　惯性式同步器计算简图

式中:J_r——输入端零件的转动惯量;

ω_e——发动机的角速度;

ω_a——在第k挡工作时变速器输出轴角速度;

ω_b——第$k+1$挡的输出轴上齿轮的角速度;

i_k、i_{k+1}——变速器第k和$k+1$挡的传动比。

11)锁止条件的计算

设换挡时作用在变速杆手柄上的法向力为F_s(对轿车和大客车,取$F_s=60N$;对货车,取$F_s=100N$),变速杆手柄到啮合套的传动比为i_{gs},则作用在同步器摩擦锥面上的轴向力F为:

$$F = F_s i_{gs} \eta \tag{3-26}$$

式中:F_s——变速杆手柄上的法向力;

i_{gs}——变速杆手柄到啮合套的传动比;

η——换挡机构的传动效率。

此时摩擦锥面上的摩擦力矩为:

$$M_m = \frac{FfR}{\sin\alpha} \tag{3-27}$$

代入式(3-25)得:

$$\frac{FfR}{\sin\alpha} = \frac{J_r\omega_e}{t}\left(\frac{1}{i_{k+1}} - \frac{1}{i_k}\right) \text{或} \ t = \frac{J_r\omega_e\sin\alpha}{FfR}\left(\frac{1}{i_{k+1}} - \frac{1}{i_k}\right) \tag{3-28}$$

12)锁止条件举例

如图3-12所示同步器结构,分析研究同步器应满足的锁止条件。为防止连接件在转动角速度相等以前接合换挡,必须满足下述条件:

$$F_1 > F_2 \tag{3-29}$$

$$F_1 = \frac{M_m}{r} = \frac{FfR}{r\sin\alpha} \tag{3-30}$$

$$F_2 = F\tan\beta \tag{3-31}$$

式中:F_1——由锥面间摩擦力矩产生的周向力,该力阻止同步前换挡;

F_2——因锁止面倾斜而产生的周向力,该力迫使同步环后退,称为拨环力;

r——锁止面平均半径;

β——锁止面锁止角。

将式(3-30)、式(3-31)代入式(3-29)中得到:

$$\frac{FfR}{r\sin\alpha} > F\tan\beta \tag{3-32}$$

因此,欲保证同步前相互锁止,即结合套不能继续移动,必须满足如下条件:

$$\tan\beta < \frac{fR}{r\sin\alpha} \tag{3-33}$$

第5节　自动变速器匹配设计

自动变速器是一种能够根据发动机转速来自动换挡的设备。常见的汽车自动变速器有四种类型,分别是液力传动自动变速器(Automatic Transmission,AT)、机械式无级自动变速器(Continuously Variable Transmission,CVT)、电控机械自动变速器(Automated Mechanical Transmission,AMT)和双离合器自动变速器(Dual-clutch transmission,DCT)。

图 3-13 所示为一个 CVT 的工作原理示意图。

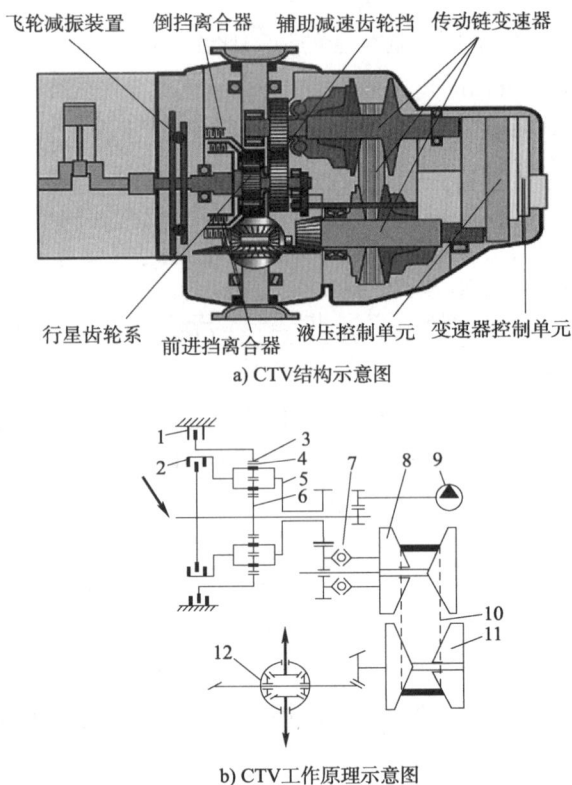

飞轮减振装置　倒挡离合器　辅助减速齿轮挡　传动链变速器

行星齿轮系　前进挡离合器　液压控制单元　变速器控制单元

a) CTV结构示意图

b) CTV工作原理示意图

图 3-13　CVT 结构与工作原理示意图

1-倒挡制动器;2-前进挡离合器;3-齿圈;4-行星轮;5-行星架;6-太阳轮;7-转矩感应装置;8-链轮装置 1;9-液压泵;10-传动链;11-链轮装置 2;12-差速器

一　自动变速器匹配设计总体原则

1)选型匹配

根据整车性能、传动系统参数和尺寸要求,选择合适性能参数和外形尺寸的自动变速器。在满足整车布置和性能要求的基础上,自动变速器应尽可能选用现有产品。若现有选型产品无法满足匹配要求,可以对现有产品进行优化,以达到通用化设计,缩减开发成本。

2)优化匹配

基于选型的自动变速器等相关参数,利用软件仿真计算整车动力性和经济性。将仿真计算结果与性能开发目标进行对比分析。如满足动力性和经济性目标要求,则再进一步进行整车试验验证。如不满足要求,则重复以上步骤,直到选择的自动变速器在整车中合理布置,与整车、发动机等系统各接口尺寸匹配合理,整车具有最优性能。

二　自动变速器结构匹配设计

1)自动变速器与整车结构匹配

自动变速器与整车结构匹配主要包括:自动变速器在整车中的布置,即安装姿态;自动变速器与周围零部件的间隙要求;自动变速器外部控制线束布置;自动变速器的拆装维修方便性要求;自动变速器的冷却、耐腐蚀和涉水要求。

2)自动变速器与发动机、传动轴结构匹配

自动变速器与发动机的匹配主要包括:离合器与飞轮的匹配,自动变速器凸缘面与发动机凸缘面的匹配。自动变速器与传动轴的匹配主要包括:根据自动变速器最大输入转矩、差速器相关参数、油封边界尺寸匹配要求开展传动轴的匹配设计。

3)自动变速器与悬置系统匹配

自动变速器与悬置系统匹配主要包括:定义自动变速器与整车连接悬置部分的参数和接口形式,再根据自动变速器的质心、转动惯量及安装孔位关系等信息,利用 CAE(计算机辅助工程)仿真分析和试验验证等手段确认悬置系统的合理匹配。

三　自动变速器性能匹配设计

关于自动变速器性能匹配主要包括动力性、传动效率、换挡平顺性、结构复杂性等方面。自动变速器包含多个子系统,它们有各自的特性。尽管各子系统性能可能优良,但是若缺乏精心匹配,很难得到性能优良的总体。液力变矩器作为众多类型自动变速器的核心部件,其与整车的匹配对整车动力性能和经济性能的好坏有重要影响。然而,动力性能和经济性能的好坏很大程度上取决于液力变矩器与发动机的匹配性能。因此本节重点从液力变矩器与发动机的匹配方面来介绍自动变速器性能匹配设计内容。

1)液力变矩器与发动机的匹配原则

为使得整车具有良好的动力性和经济性,理想的匹配应满足以下几个方面:

(1)液力变矩器零速工况的输入特性曲线通过发动机的最大实用转矩点,以使发动机在最大载荷时获得最大输出转矩。

(2)液力变矩器最高效率工况的输入特性曲线通过发动机最大实用功率的转矩点,同时高效范围在发动机最大实用功率点附近,以提高发动机的功率利用率。

(3)发动机应在比油耗低的区域运转,保证良好的经济性能。

(4)满足发动机使用中的特殊要求,如轿车要求噪声小和舒适性好。

以上匹配原则表明液力变矩器与发动机的匹配需要通过对动力性能和经济性能的全面分析比较,最后选取一种最好的方案。一般以工作范围内平均输出功率最大和平均燃料消耗最小作为最合理的匹配,常用功率输出系数 φ_N 和燃料消耗系数 φ_{ge} 来评价。其计算公式为:

$$\varphi_N = \frac{N_{TP}}{N_{dn}} \tag{3-34}$$

$$\varphi_{ge} = \frac{g_{eTP}}{g_{en}} \tag{3-35}$$

式中: N_{TP}——涡轮轴平均输出功率;

$\quad N_{dn}$——内燃机标定功率;

$\quad g_{eTP}$——共同工作的平均比油耗;

$\quad g_{en}$——内燃机标定工况的比油耗。

功率输出系数 φ_N 和燃料消耗系数 φ_{ge} 往往相互矛盾,难以同时达到最优值,一般只能选择既保证动力性能又兼顾经济性能的折中方案。

2)实现液力变矩器与发动机匹配的方法

(1)发动机和液力变矩器都已给定。

根据液力变矩器输入特性,液力变矩器泵轮转矩 M_B:

$$M_B = \rho g \lambda_B n_B^2 D^5 \tag{3-36}$$

式中: ρ——液体密度;

$\quad g$——重力加速度;

$\quad \lambda_B$——泵轮容量系数;

$\quad n_B$——泵轮转速;

$\quad D$——循环圆直径。

由此可知,改变 n_B、λ_B 都可使液力变矩器输入特性的位置移动。

①改变 n_B。在发动机和液力变矩器中间加一增速或减速装置,如图 3-14 所示。如果中间装置是增速器,即 $i_z < 1$(i_z 为中间传动输入轴与

输出轴的转速比),则发动机和液力变矩器共同工作范围左移;如果中间装置是减速器,即 $i_z > 1$,则发动机和液力变矩器共同工作范围右移。

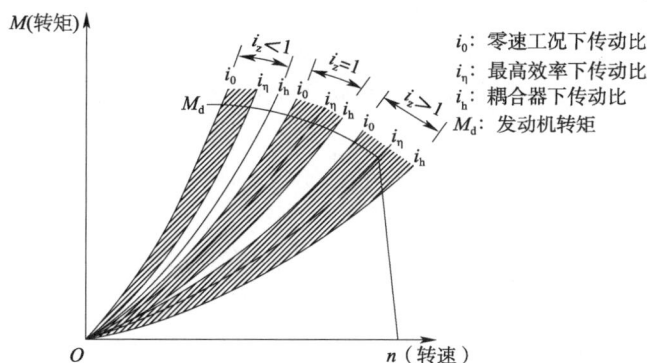

图 3-14 中间装置转速比对共同工作范围的影响

②改变 λ_B。选用具有不同 λ_B 的液力变矩器,可改变发动机和液力变矩器共同工作范围,如采取叶片的设计形状,泵轮叶片可旋转、导轮叶片可旋转、双导轮或双涡轮等措施。λ_B 增大时共同工作范围向低转速区移动。

(2)发动机给定和液力变矩器形式确定。

由式(3-36)可知,在发动机转速与泵轮转速相等下,增大 D 可使得发动机和液力变矩器共同工作范围左移,反之则使得发动机和液力变矩器共同工作范围右移,如图 3-15 所示。

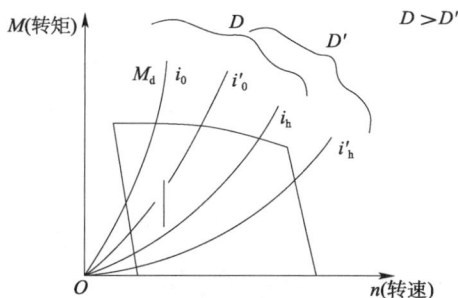

图 3-15 循环圆直径对共同工作范围的影响

3)自动变速器挡位和转速比的确定原则

液力变矩器后边一般都装置多挡机械变速器,称作液力机械自动变速器。为了使整车具有良好的动力性能和经济性能,不但需要液力变矩器和发动机良好匹配,而且必须正确地确定机械变速器的挡位数和转速比。

确定液力自动变速器挡拉数和转速比的原则除和机械传动中机械变速器一样外,还要保证各挡下液力变矩器长期运转在高效范围。

液力自动变速器各挡转速比通常按公比为 q 的几何级数考虑。理论

上,其公式为:

$$q = \frac{i_{bn}}{i_{b(n+1)}} = \frac{K_{g1} M_{Bg1}}{K_{g2} M_{Bg2}} = \frac{i_{g1} n_{Bg1}}{i_{g2} n_{Bg2}} \qquad (3\text{-}37)$$

式中:i_{bn}、$i_{b(n+1)}$——第 n 挡和第 $n+1$ 挡的转速比;

$\quad i_{g1}$、i_{g2}——液力变矩器的高效工作范围涡轮与泵轮转速比的下限与上限;

$\quad M_{Bg1}$、n_{Bg1}——液力变矩器在 i_{g1} 工况与发动机共同工作时的转矩和转速;

$\quad M_{Bg2}$、n_{Bg2}——液力变矩器在 i_{g2} 工况与发动机共同工作时的转矩和转速。

在要求的牵引力范围内的最少挡数 n 为:

$$n = \lg \frac{p_{max}}{p_{min}} / \lg q \qquad (3\text{-}38)$$

式中:p_{max}——一挡在液力变矩器 i_{g1} 工况的牵引力;

$\quad p_{min}$——最高挡在液力变矩器 i_{g2} 工况的牵引力;

$\quad q$——各挡传动比公比。

由式(3-37)和式(3-38)可见,液力机械自动变速器的挡位数和各挡传动比公比 q 的确定,与发动机特性、液力变矩器特性,以及液力变矩器与发动机的匹配有关。反之,液力自动变速器的转速比划分也影响着各挡实际的应用工作范围。挡数和转速比选取不当,液力变矩器和发动机共同工作的输出特性就得不到发挥。液力自动变速器的挡位数及转速比的确定和液力变矩器与发动机的匹配是互相影响的,它们的计算往往需交叉反复进行。

练习题

3-1 为什么中间轴式变速器的第一、二轴齿轮一律选为左旋,中间轴齿轮取为右旋?试分析为什么不采用第一、二轴齿轮右旋,中间轴齿轮左旋的设计?

3-2 如图 3-16 所示的变速器,已初选了中心距、齿轮模数和螺旋角以及设计了各挡传动比,请问如何对各挡齿轮进行齿数分配?

3-3 手动变速器(MT)和机械式自动变速器(AMT)多属于非动力换挡变速器,同步器是其关键分总成之一。试分析同步器应满足哪些功能需求才能有利于提升变速器的换挡品质(换挡舒适性)?同步器的哪些设计参数对其使用寿命有显著影响?

3-4 自动变速器的匹配设计都有哪些?简述液力变矩器和发动机的匹配方法。

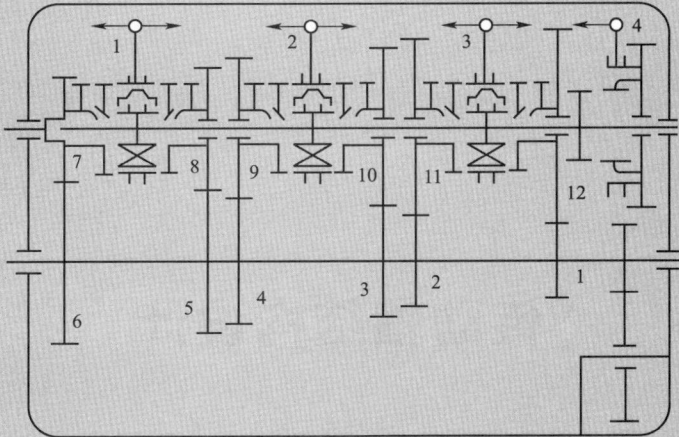

图 3-16　某变速器传动方案

3-5　自动变速器的匹配设计都有哪些？简述液力变矩器和发动机的匹配方法。

第 4 章

传动轴结构设计

第 1 节　传动轴与万向节设计的基本要求

(1)保证所连接的两根轴相对位置在预计范围内变动时,能可靠地传递动力。

(2)保证所连接两轴尽可能等速运转。

(3)由于万向节夹角而产生的附加载荷、振动和噪声,应在允许范围内。

(4)传动效率高,使用寿命长,结构简单,制造方便,维修容易。

第 2 节　万向传动的运动和受力分析

一　十字轴万向节传动的不等速性

当十字轴万向节的主动轴与从动轴存在一定夹角 α 时,主动轴的角速度 ω_1 与从动轴的角速度 ω_2 之间存在如下的关系:

$$\frac{\omega_2}{\omega_1} = \frac{\cos\alpha}{1 - \sin^2\alpha \cos^2\varphi_1} \tag{4-1}$$

式中:φ_1——主动轴转角,即万向节主动叉平面与万向节主、从动轴所在平面的夹角。

由于 $\cos\varphi_1$ 是周期为 2π 的周期函数,所以 ω_2/ω_1 也为同周期的周期函数。当 φ_1 为 0、π 时,ω_2 达到最大值 $\omega_{2max} = \omega_1/\cos\alpha$;当 φ_1 为 $\pi/2$、$3\pi/2$ 时,ωV_2 有最小值 $\omega_{2min} = \omega_1\cos\alpha$。当主动轴以等角速度转动时,从动轴转动时快时慢,此即普通十字轴万向节传动的不等速性,如图4-1所示,可用转速不均匀系数 k 来表示:

$$k = (\omega_{2max} - \omega_{2min})/\omega_1 = \sin\alpha\tan\alpha \tag{4-2}$$

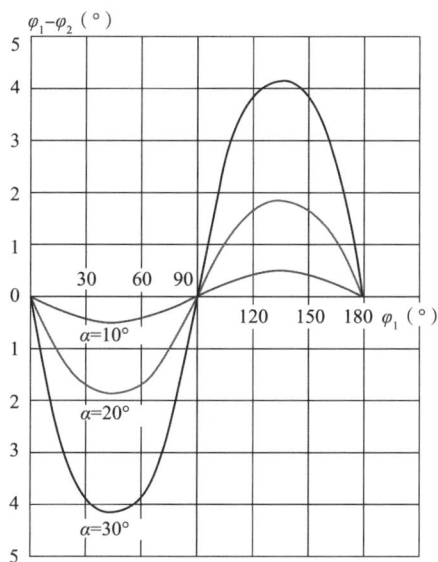

图 4-1　十字轴刚性万向节的不等速特性曲线

二　主、从动轴上的转矩关系

不计万向节的摩擦损失,主动轴转矩 T_1 和从动轴转矩 T_2 与各自角速度存在如下关系:

$$T_1\omega_1 = T_2\omega_2 \tag{4-3}$$

或

$$T_2 = \frac{1 - \sin^2\alpha\cos^2\varphi_1}{\cos\alpha}T_1 \tag{4-4}$$

当 ω_2/ω_1 最小时,从动轴上的转矩为最大 $T_{2\max} = T_1/\cos\alpha$;当 ω_2/ω_1 最大时,从动轴上的转矩为最小 $T_{2\min} = T_1\cos\alpha$。$T_1$ 与 α 一定时,T_2 在其最大值与最小值之间每一转变化两次。

三　附加弯曲力偶矩的分析

1)附加弯曲力偶矩的产生

具有夹角 α 的十字轴万向节,仅在主动轴驱动转矩和从动轴反转矩的作用下是不能平衡的,因为这两个转矩作用在不同的平面内,在不计万向节惯性力矩时,两个转矩的矢量互成一角度而不能自行封闭,此时在万向节上必然还作用有另外的力偶矩。

从万向节叉与十字轴之间的约束关系分析可知:

(1)主动叉对十字轴的作用力偶矩,除主动轴驱动转矩 T_1 之外,还有作用在主动叉平面的弯曲力偶矩 T_1'。

(2)从动叉对十字轴也作用有从动轴反转矩 T_2 和作用在从动叉平面

的弯曲力偶矩 T_2'。

在上述四个力矩作用下,使十字轴万向节得以平衡,如图 4-2 所示。

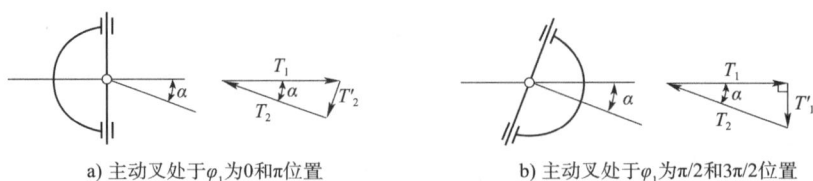

a) 主动叉处于 φ_1 为0和π位置   b) 主动叉处于 φ_1 为π/2和3π/2位置

图 4-2 十字轴万向节的力偶矩

2）附加弯曲力偶矩的变化规律

仅讨论主动叉在两特殊位置时附加弯曲力偶矩的大小及变化特点。

（1）当主动叉处于 φ_1 为 0 和 π 位置时。

由于 T_1 作用在十字轴平面,T_1' 必为零。T_2 的作用平面与十字轴不共平面,必有 T_2' 存在,且矢量 T_2' 垂直于矢量 T_2,合矢量 $T_2 + T_2'$ 指向十字轴平面的法线方向,与 T_1 大小相等、方向相反。从动叉上的附加弯矩为 $T_2' = T_1\sin\alpha$,如图 4-2a）所示。

（2）当主动叉处于 φ_1 为 π/2 和 3π/2 位置时。

由于 T_2 作用在十字轴平面,T_2' 必为零。T_1 的作用平面与十字轴不共平面,必有 T_1' 存在,且矢量 T_1' 垂直于矢量 T_1,合矢量 $T_1 + T_1'$ 指向十字轴平面的法线方向,与 T_2 大小相等、方向相反。主动叉上的附加弯矩为 $T_1' = T_1\tan\alpha$,如图 4-2b）所示。

分析可知,附加弯矩的大小是在零与上述两最大值之间变化,其变化周期为 π,即每一转变化两次。附加弯矩可引起与万向节相连零部件的弯曲振动,可在万向节主、从动轴支承上引起周期性变化的径向载荷,从而激起支承处的振动。为了限制附加弯矩,应避免两轴之间的夹角过大。

第3节　传动轴结构分析与设计

传动轴功用

传动轴组成

一　传动轴的结构特点

传动轴的结构有如下几个特点:

（1）传动轴一般设有由滑动叉和花键轴组成的滑动花键,以满足传动轴长度的变化。

（2）为了减小滑动花键的滑动阻力和磨损,有时对花键齿进行磷化处理或喷涂尼龙层。有的则在花键槽中放入滚针、滚柱或滚珠等滚动元件,以滚动摩擦代替滑动摩擦,提高传动效率,但是这样结构较复杂,成本较高。

(3)有时对于有严重冲击载荷的传动,采用具有弹性的传动轴。

(4)传动轴上的花键应有润滑及防尘措施,花键齿与键槽间隙不宜过大,且应按对应标记装配,以免装错破坏传动轴总成的动平衡。

二 传动轴的设计要求

(1)传动轴长度处在最大值时,花键套与轴有足够的配合长度,在长度处在最小时不"顶死"。

(2)传动轴应保证有足够高的强度和临界转速。所谓临界转速,就是指当传动轴的转速接近于其弯曲固有振动频率时,出现共振现象,以致振幅急剧增加而引起传动轴折断时的转速。

三 传动轴结构设计

1)传动轴的临界转速

(1)临界转速。

$$n_k = 1.2 \times 10^8 \sqrt{d_c^2 + D_c^2} / L_c^2 \qquad (4-5)$$

式中:n_k——传动轴的临界转速,r/min;

L_c——传动轴长度,mm,即两万向节中心之间的距离;

d_c、D_c——传动轴轴管的内、外径,mm。

(2)安全系数。

为了确保所设计的传动轴的临界转速高于变速器输出轴的最高转速,在设计传动轴时,常取安全系数:

$$K = n_k / n_{max} \qquad (4-6)$$

式中:n_{max}——传动轴的最高转速,r/min。

安全系数的取值范围为1.2~2.0,当传动轴经过精确动平衡、采用高精度的伸缩花键及万向节间隙比较小时,可取$K=1.2$。

2)传动轴的设计

在传动轴结构设计过程中需要注意以下几点:

(1)由式(4-5)可知,在D_c和L_c相同时,实心轴比空心轴的临界转速低,且费材料。

(2)当传动轴长度超过1.5m时,为了提高n_k以及总布置上的考虑,常将传动轴断开成两根或三根,万向节用三个或四个,此时需在中间传动轴上加设中间支承。

3)传动轴轴管断面的扭转强度校核

传动轴轴管断面尺寸除满足临界转速的要求外,还应保证有足够的扭转强度。轴管的扭转切应力 τ_c 应满足：

$$\tau_c = \frac{16 D_c T_s}{\pi (D_c^4 - d_c^4)} \leq [\tau_c] \tag{4-7}$$

式中：$[\tau_c]$——许用扭转切应力，取值为 300MPa；

$\quad\quad T_s$——传动轴的计算转矩，$N \cdot mm$。

4）花键轴扭转强度

对于传动轴上的花键轴，通常以底径计算其扭转切应力 τ_h，许用切应力一般按安全系数为 2~3 确定。即：

$$\tau_h = \frac{16 T_s}{\pi d_h^3} \leq [\tau_h] \tag{4-8}$$

式中：d_h——花键的齿底直径，mm；

$\quad\quad T_s$——传动轴的计算转矩，$N \cdot mm$。

5）传动轴花键齿侧挤压强度

当传动轴滑动花键采用矩形花键时，齿侧挤压应力应满足：

$$\sigma_y = \frac{T_s K'}{\left(\dfrac{D_h + d_h}{4}\right)\left(\dfrac{D_h - d_h}{2}\right) L_h n_0} \leq [\sigma_y] \tag{4-9}$$

式中：K'——花键转矩分布不均匀系数，$K' = 1.3 \sim 1.4$；

$\quad\quad n_0$——花键齿数；

$\quad d_h$、D_h——花键轴的内、外半径，mm；

$\quad\quad L_h$——花键的有效长度，mm。

对于齿面硬度大于 35HRC 的滑动花键，齿侧许用挤压应力为 25~50MPa；对于不滑动花键，齿侧许用挤压应力为 50~100MPa。

渐开线花键应力的计算方法与矩形花键相似，校核时作用面是按其工作面的投影计算。

6）传动轴动平衡

传动轴总成不平衡是传动系统弯曲振动的激励源，当传动轴高速旋转时，将产生明显的振动和噪声。万向节中十字轴的轴向窜动、传动轴滑动花键中的间隙、传动轴总成两端连接处的定心精度、高速回转时传动轴的弹性变形、传动轴上点焊平衡片时的热影响等因素，都能改变传动轴总成的不平衡度。

（1）传动轴允许的不平衡度。

①对于轿车，在 3000~6000r/min 时，传动轴的不平衡度应不大于 25~35g·cm。

②对于货车，在 1000~4000r/min 时，传动轴的不平衡度不大于 50~100g·cm。

③传动轴总成径向全跳动应不大于 0.5~0.8mm。

（2）降低传动轴的不平衡度的措施：

①提高滑动花键的配合精度和耐磨性。

②缩短传动轴长度，增加抗弯刚度。

③为了消除点焊平衡片的热影响，应在冷却后进行动平衡检验。

练习题

4-1　什么是传动轴的临界转速？影响传动轴临界转速的因素有哪些？

第 5 章

驱动桥结构设计

第 1 节 概 述

驱动桥位于传动系统末端,其基本功用首先是增矩、降速,改变转矩的传递方向,即增大由传动轴或直接从变速器传来的转矩,并将转矩合理地分配给左、右驱动车轮;其次,驱动桥还要承受作用于路面和车架或车身之间的垂直力、纵向力和横向力,以及制动力矩和反作用力矩等。

驱动桥功用

一 驱动桥设计的基本要求

（1）合理选择主减速比以保证汽车具有最佳的动力性和燃料经济性。

（2）要求传动效率高、工作平稳、噪声小。

（3）驱动桥与悬架导向机构或转向机构运动协调。

驱动桥组成

（4）保证足够的强度、刚度条件下,力求质量小,尤其是簧下质量应尽量小,以改善汽车平顺性。

（5）外形尺寸要小,保证有必要的离地间隙,提高车辆的通过性能。

（6）结构简单,制造容易,维修方便。

图 5-1 所示为驱动桥外形图,图 5-2 所示为一个主减速器与差速器设计图。

图 5-1 驱动桥外形图

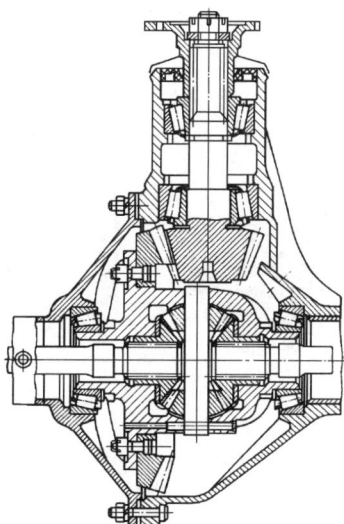

图 5-2 主减速器与差速器设计图

二 驱动桥壳设计要求

(1)在保证桥壳具有足够的强度和刚度前提下,尽可能减轻质量以提高汽车行驶平顺性。

(2)保证足够的离地间隙。

(3)结构工艺性好,防尘防污,成本低。

(4)拆装、调整、维修方便。

第2节 驱动桥的结构方案分析

一 驱动桥分类

驱动桥的结构形式与驱动车轮的悬架形式密切相关。

(1)当采用非独立悬架时,驱动桥应为非断开式(或称为整体式),即驱动桥壳是一根连接左右驱动车轮的刚性空心梁(图5-3),而主减速器、差速器及车轮传动装置(由左、右半轴组成)都装在其内部。

(2)当采用独立悬架时,为保证运动协调,驱动桥应为断开式。主减速器及其壳体装在车架或车身上,两侧驱动车轮则与车架或车身弹性连接,并可彼此独立地分别相对于车架或车身做上下运动,车轮传动装置采用万向节传动(图5-4)。为了防止运动干涉,应采用滑动花键轴或一种允许两轴能有适量轴向移动的万向传动机构。

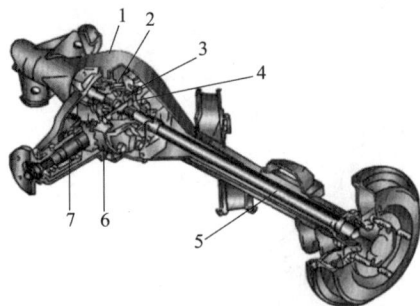

图 5-3 非断开式驱动桥

1-驱动桥壳;2-差速器壳;3-差速齿轮;4-半轴齿轮;5-半轴;6-主减速齿轮;7-主减速器输入轴

图 5-4 断开式驱动桥

1-主减速器;2-摆臂轴;3-摆臂;4-车轮;5-减振器;6-弹性元件;7-半轴

二 驱动桥特点及应用

1) 非断开式驱动桥

(1) 非断开式驱动桥的优点。

非断开式驱动桥结构简单、制造工艺性好、成本低、工作可靠、维修调整容易。

(2) 非断开式驱动桥的缺点。

整个驱动桥属于簧下质量,对汽车平顺性和降低动载荷不利。

(3) 非断开式驱动桥的应用。

广泛应用于各种载货汽车、客车及多数的越野汽车和部分小轿车上。

2) 断开式驱动桥

(1) 断开式驱动桥的优点。

①断开式驱动桥减轻了簧下质量,改善了行驶平顺性,提高了汽车的平均车速。

②减小了汽车在行驶时作用于车轮和车桥上的动载荷,提高了零部件的使用寿命。

③驱动车轮与地面的接触情况较好,对各种地形的适应性强,增强了车轮的抗侧滑能力。

④合理设计与之相匹配的独立悬架导向机构,可增加汽车的不足转向效应,提高汽车的操纵稳定性。

(2) 断开式驱动桥的缺点。

断开式驱动桥结构较复杂,成本较高。

(3) 断开式驱动桥的应用。

断开式驱动桥可增加离地间隙,广泛应用于轿车和高通过性的越野汽车。

第3节　主减速器设计

一　主减速器结构方案

📖 笔记区

主减速器的结构形式主要是根据齿轮类型、减速形式的不同而不同。主减速器的齿轮主要有螺旋锥齿轮、双曲面齿轮、圆柱齿轮和蜗轮蜗杆等形式(图5-5)。

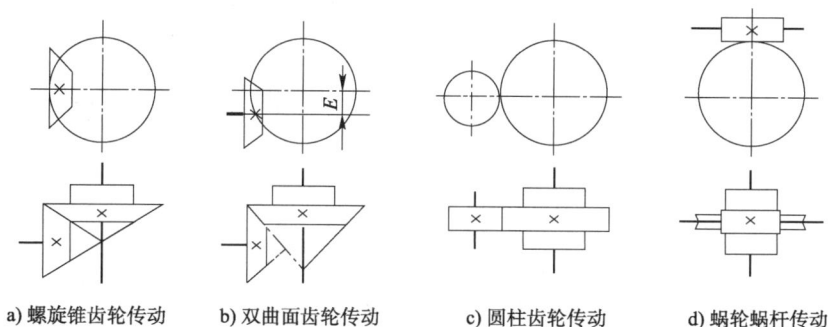

a) 螺旋锥齿轮传动　b) 双曲面齿轮传动　c) 圆柱齿轮传动　d) 蜗轮蜗杆传动

图5-5　主减速器齿轮传动形式

主减速器功用

主减速器类型

1)螺旋锥齿轮传动

(1)螺旋锥齿轮传动结构特点。

主、从动齿轮轴线垂直相交于一点,如图5-5a)所示,轮齿并不同时在全长上啮合,而是逐渐从一端连续平稳地过渡到另一端。

(2)螺旋锥齿轮传动优点。

由于轮齿端面重叠的影响,至少有两对以上的轮齿同时啮合,所以工作平稳、能承受较大的负荷,制造也简单。

(3)螺旋锥齿轮传动缺点。

螺旋锥齿轮噪声大,对啮合精度很敏感,齿轮副锥顶稍有不吻合便会使工作条件急剧变坏,同时伴随磨损增大和噪声增大。

(4)螺旋锥齿轮传动应用。

为保证齿轮副的正确啮合,必须将支承轴承预紧,提高支承刚度,同时需要增大壳体刚度。

2)双曲面齿轮传动

(1)双曲面齿轮传动的结构特点。

双曲面齿轮传动的主、从动齿轮轴线相互垂直而不相交,主动齿轮轴线相对从动齿轮轴线在空间偏移一距离E,此距离称为偏移距,如图5-5b)所示。

（2）双曲面齿轮传动比。

由于偏移距 E 的存在，使主动齿轮螺旋角 β_1 大于从动齿轮螺旋角 β_2，如图5-6所示。根据啮合面上法向力相等，可求出主、从动齿轮圆周力之比：

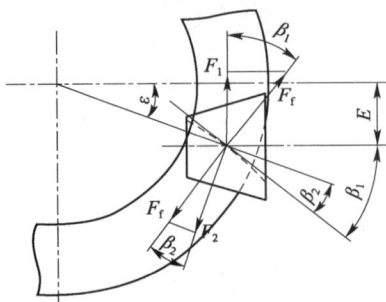

$$F_1/F_2 = \cos\beta_1/\cos\beta_2 \quad (5\text{-}1)$$

式中：F_1、F_2——主、从动齿轮的圆周力，N；

β_1、β_2——主、从动齿轮的螺旋角，（°）。

图5-6 双曲面齿轮副的受力情况

螺旋角是指在锥齿轮节锥表面展开图上，齿线任意一点的切线与该点和节锥顶点连线之间的夹角。在齿面宽中点处的螺旋角称为中点螺旋角，如无特殊说明，螺旋角系指中点螺旋角。

双曲面齿轮传动比为：

$$i_{0s} = \frac{F_2 r_2}{F_1 r_1} = \frac{r_2 \cos\beta_2}{r_1 \cos\beta_1} \quad (5\text{-}2)$$

式中：i_{0s}——双曲面齿轮传动比；

r_1、r_2——主、从动齿轮平均分度圆半径，mm。

弧齿锥齿轮传动比：

$$i_{01} = r_2/r_1 \quad (5\text{-}3)$$

令 $K = \cos\beta_2/\cos\beta_1$，则 $i_{0s} = Ki_{01}$。由于 $\beta_1 > \beta_2$，所以系数 $K > 1$，一般为 1.25～1.5。

通过上述分析可知：

①当双曲面齿轮与螺旋锥齿轮尺寸相同时，双曲面齿轮传动有更大的传动比。

②当传动比一定，从动齿轮尺寸相同时，双曲面主动齿轮比相应的螺旋锥齿轮有较大的直径、较高的轮齿强度以及较大的主动齿轮轴和轴承刚度；而从动齿轮直径比相应的螺旋锥齿轮小，因而有较大的离地间隙。

（3）双曲面齿轮传动优点。

①在工作过程中，双曲面齿轮副不仅存在沿齿高方向的侧向滑动，而且还有沿齿长方向的纵向滑动，可改善齿轮的磨合过程，使其具有更好的运转平稳性。

②由于存在偏移距，双曲面齿轮副使其主动齿轮的 β_1 大于从动齿轮的 β_2，重合度较大，不仅提高了传动平稳性，而且使齿轮的抗弯强度提高约30%。

③双曲面齿轮传动的主动齿轮直径及螺旋角都较大，所以相啮合的轮齿当量曲率半径较相应的螺旋锥齿轮大，使齿面的接触强度提高。

④双曲面主动齿轮的 β_1 大,则不产生根切的最小齿数可减少,故可选用较少的齿数,有利于增加传动比。

⑤双曲面齿轮传动的主动齿轮较大,加工时所需刀盘刀顶距较大,切削刃寿命较长。

⑥若主动齿轮轴布置在从动齿轮中心上方,易于实现多轴驱动桥的贯通,增大传动轴的离地高度;若主动齿轮轴布置在从动齿轮中心下方,可降低万向传动轴的高度,有利于降低轿车车身高度,并可减小车身地板中部凸起通道的高度。

(4)双曲面齿轮传动缺点。

①沿齿长的纵向滑动会使摩擦损失增加,降低传动效率。双曲面齿轮副传动效率约为96%,而螺旋锥齿轮副的传动效率可达到99%。

②齿面间大的压力和摩擦功,会导致油膜破坏和齿面烧结,抗胶合能力较差。

③双曲面主动齿轮具有较大的轴向力,其轴承负荷增大。

④双曲面齿轮传动必须采用可改善油膜强度和防刮伤添加剂的特种润滑油,螺旋锥齿轮传动用普通润滑油即可。

(5)双曲面齿轮传动应用。

①当要求传动比大于4.5而轮廓尺寸又有限制时,采用双曲面齿轮传动更合理。因为如果保持主动齿轮轴径不变,则双曲面从动齿轮直径比螺旋锥齿轮更小。

②当传动比小于2时,双曲面主动齿轮比螺旋锥主动齿轮大,占据较大空间,应选用螺旋锥齿轮传动,因为后者可保证差速器装配空间。

③对于中等传动比,两种齿轮传动均可采用。

3)圆柱齿轮传动

圆柱齿轮传动,如图5-5c)所示,一般采用斜齿轮,广泛应用于发动机横置且前置前驱的轿车驱动桥和双级主减速器贯通式驱动桥。

4)蜗轮蜗杆传动

(1)蜗轮蜗杆传动优点。

蜗轮蜗杆传动,如图5-5d)所示,与锥齿轮传动相比有如下优点:

①在轮廓尺寸和结构质量较小的情况下,可得到较大的传动比(可大于7)。

②在任何转速下使用均能工作得非常平稳且无噪声。

③便于汽车的总布置及贯通式多桥驱动的布置。

④能传递大的载荷,使用寿命长。

⑤结构简单,拆装方便,调整容易。

(2)蜗轮蜗杆传动缺点。

①由于蜗轮齿圈要求用高质量的锡青铜制作,故成本较高。

②蜗轮蜗杆传动效率较低。

(3)蜗轮蜗杆传动应用。

蜗轮蜗杆传动主要用于生产批量不大的重型多桥驱动汽车和具有高转速发动机的大客车。

二　驱动桥减速形式

驱动桥减速形式可分为单级减速、双级减速(图5-7)、双速减速、单双级贯通、单双级减速配以轮边减速等。

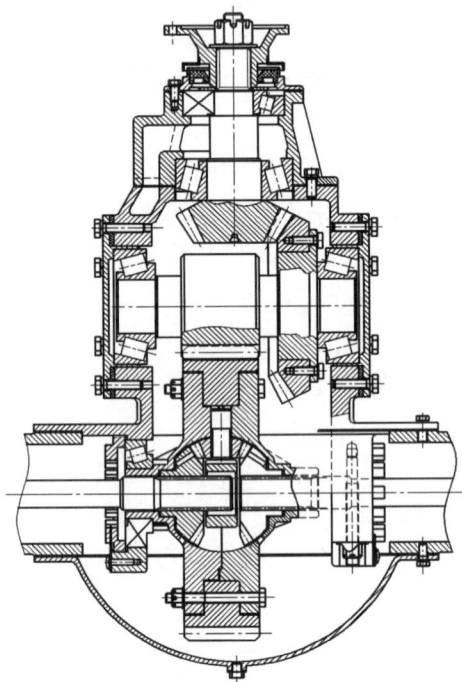

图5-7　双级主减速器

1)单级主减速器

单级主减速器,可由一对圆锥齿轮(图5-5)、一对圆柱齿轮或蜗轮蜗杆组成。

(1)优点:单级主减速器结构简单、质量小、成本低、使用简单。

(2)缺点:单级主减速器传动比不能太大,一般 $i_0 \leqslant 7$,进一步提高 i_0 将增大从动齿轮直径,从而减小离地间隙,且使从动齿轮热处理困难。

(3)应用:单级主减速器广泛应用于轿车和轻、中型货车的驱动桥中。

2)双级主减速器

(1)特点及应用:双级主减速器如图5-7所示,与单级主减速器相比,在保证离地间隙相同时可得到大的传动比, i_0 一般为 7～12, 但是尺寸、质量均较大, 成本较高, 主要应用于中、重型货车、越野车和大型客车上。

（2）结构方案：整体式双级主减速器有多种结构方案。第一级为锥齿轮, 第二级为圆柱齿轮, 如图 5-8a）所示；第一级为锥齿轮, 第二级为行星齿轮, 如图 5-8b）所示；第一级为圆柱齿轮, 第二级为锥齿轮, 如图 5-8c）所示。

对于第一级为锥齿轮、第二级为圆柱齿轮的双级主减速器, 可有纵向水平布置[图 5-8d)], 斜向布置[图 5-8e)]和垂向布置[图 5-8f)]三种布置方案。

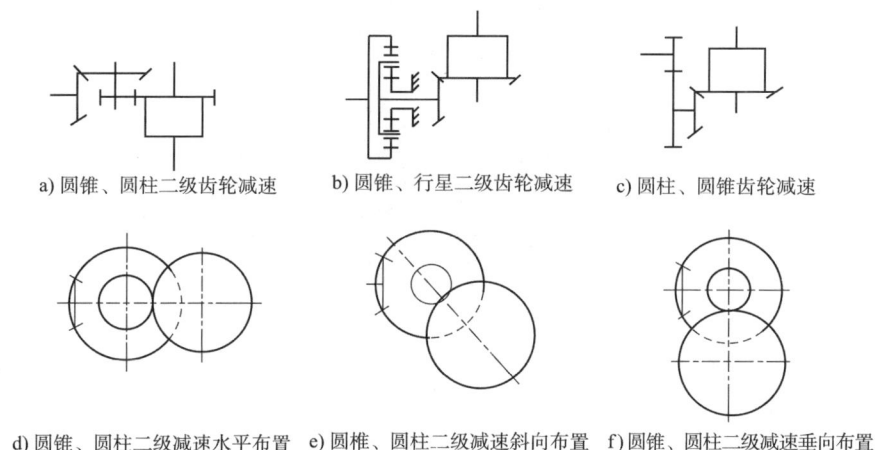

a) 圆锥、圆柱二级齿轮减速　　b) 圆锥、行星二级齿轮减速　　c) 圆柱、圆锥齿轮减速

d) 圆锥、圆柱二级减速水平布置　e) 圆椎、圆柱二级减速斜向布置　f) 圆锥、圆柱二级减速垂向布置

图 5-8　双级主减速器结构方案

（3）锥齿轮和圆柱齿轮双级主减速器传动比分配：为了减小锥齿轮啮合时的轴向载荷及从动锥齿轮及圆柱齿轮上的载荷, 应使主动锥齿轮的齿数适当增多, 适当增大支承轴颈的尺寸, 以改善支承刚度, 提高啮合平稳性和工作可靠性。

圆柱齿轮副和锥齿轮副传动比的比值一般为 1.4～2.0, 锥齿轮副传动比一般为 1.7～3.3。

3）双速主减速器

（1）双速主减速器的特点及应用。

双速主减速器内由齿轮的不同组合可获得两种传动比。与普通变速器相配合, 可得到双倍于变速器的挡位。双速主减速器的高低挡减速比是根据汽车的使用条件、发动机功率及变速器各挡传动比的大小来选定的。

大的主减速比用于汽车满载行驶或在不良路况下行驶, 以克服较大的行驶阻力并减少变速器中间挡位的变换次数；小的主减速比则用于汽车空载、半载行驶或在良好路面上行驶, 以改善汽车的燃料经济性和提高平均车速。

双速主减速器主要在一些单桥驱动的重型汽车上应用。

（2）双速主减速器的分类。

双速主减速器可以由圆柱齿轮组（图 5-9）或行星齿轮组（图 5-10）构成。

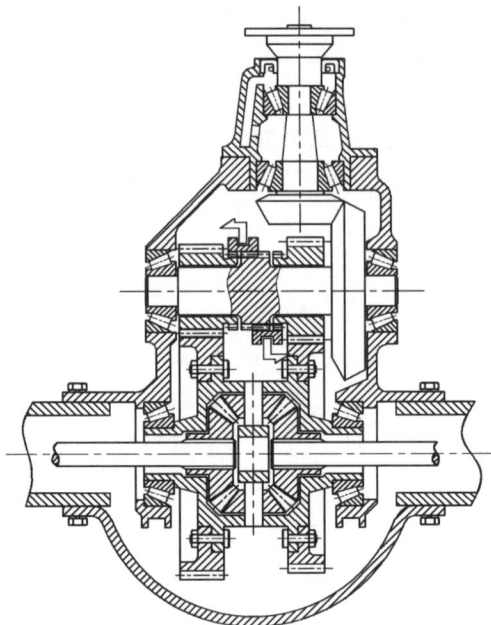

图 5-9　圆柱齿轮双速主减速器

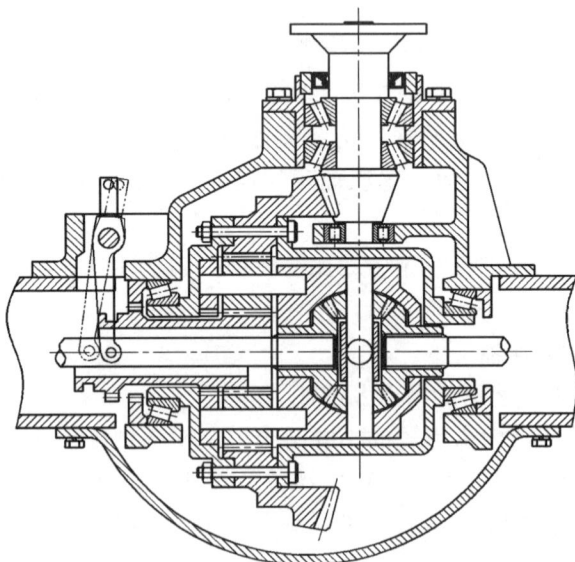

图 5-10　行星齿轮双速主减速器

圆柱齿轮式双速主减速器结构尺寸和质量较大，可获得的主减速比较大。只要更换圆柱齿轮轴、去掉一对圆柱齿轮，即可变型为普通的双级主减速器。

行星齿轮式双速主减速器结构紧凑,质量较小,具有较高的刚度和强度,桥壳与主减速器壳都可与非双速主减速器通用,但需加强行星轮系和差速器的润滑。

4)贯通式主减速器

贯通式主减速器根据其减速形式可分成单级和双级两种。

(1)单级贯通式主减速器具有结构简单,体积小,质量小,并可使中、后桥的大部分零件,尤其是使桥壳、半轴等主要零件具有互换性等优点,主要用于轻型多桥驱动的汽车上。

(2)对于中、重型多桥驱动的汽车,由于主减速比较大,多采用双级贯通式主减速器。

5)主减速器与轮边减速器组合

设计某些重型汽车、矿山自卸车、越野车和大型公共汽车的驱动桥,当主减速比大于 12 时,一般的整体式双级主减速器难以满足要求,此时常采用轮边减速器,如图 5-11 所示。

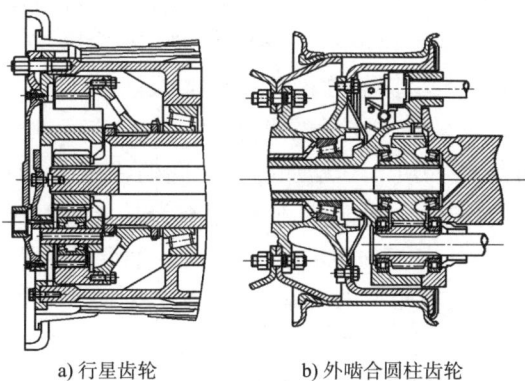

a) 行星齿轮　　　　b) 外啮合圆柱齿轮

图 5-11　轮边减速器

(1)轮边减速器的特点。

①使驱动桥的中间尺寸减小,保证足够的离地间隙,而且可得到较大的驱动桥总传动比。

②半轴、差速器及主减速器从动齿轮等零件所受载荷大为减小,其尺寸可以减小。

③由于每个驱动轮旁均设有轮边减速器,使结构复杂、成本提高,布置轮毂、轴承、车轮和制动器较困难。

(2)轮边减速器的分类。

常见的轮边减速器有行星齿轮轮边减速器[图 5-11a)]和外啮合圆柱齿轮轮边减速器[图 5-11b)]。

行星齿轮式轮边减速器可以在较小的轮廓尺寸条件下获得较大的传动比,且可以布置在轮毂之内。

普通外啮合圆柱齿轮式轮边减速器,根据主、从动齿轮相对位置的不同,可分为主动齿轮上置和下置两种形式。主动齿轮上置式轮边减速器主要用于高通过性的越野汽车,以提高桥壳的离地间隙;主动齿轮下置式轮边减速器主要用于城市公共汽车和大型客车上,可降低车身地板高度和汽车质心高度,提高了行驶稳定性,便于乘客上、下车。

三　主减速器主、从动锥齿轮的支承方案

主减速器中必须保证主、从动齿轮具有良好的啮合状况,才能使其很好地工作。齿轮的正确啮合,除与齿轮的加工质量、装配调整及轴承、主减速器壳体的刚度有关以外,还与齿轮的支承刚度密切相关。

1)主动锥齿轮的支承

主动锥齿轮的支承有悬臂式支承和跨置式支承两种。

(1)主动锥齿轮悬臂式支承结构及应用。

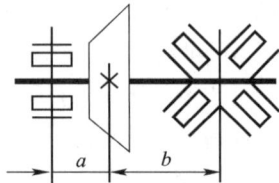

悬臂式支承结构的特点是在锥齿轮大端一侧采用较长的轴,并在其上安装两个圆锥滚子轴承,如图5-12所示。悬臂式支承结构简单、支承刚度较差,用于传递转矩较小的轿车、轻型货车的单级主减速器及许多双级主减速器中。

(2)主动锥齿轮悬臂式支承的设计。

①为了减小悬臂长度 a 和增加两支间的距离 b,以改善支承刚度,应使两轴承圆锥滚子的大端朝外,使作用在齿轮上离开锥顶的轴向力由靠近齿轮的轴承承受,而反向轴向力则由另一轴承承受。

②为了尽可能地增加支承刚度,支承距离 b 应大于2.5倍的悬臂长度 a,且应大于齿轮节圆直径的70%。

③靠近齿轮的轴径应不小于尺寸 a。

④为了方便拆装,应使靠近齿轮轴承的轴径比另一轴承的轴径大。

⑤靠近齿轮的支承轴承有时也采用圆柱滚子轴承,这时另一轴承必须采用能承受双向轴向力的双列圆锥滚子轴承。

(3)主动锥齿轮跨置式支承结构及应用。

跨置式支承是在锥齿轮的两端均有轴承支承,可大大提高支承刚度,使轴承负荷减小,齿轮啮合条件改善,因此齿轮的承载能力高于悬臂式,如图5-13所示。在需要传递较大转矩情况下,尽可能采用跨置式支承。

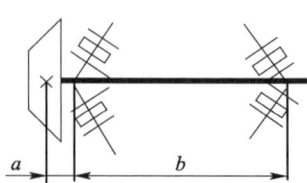

图 5-12　主动锥齿轮悬臂式支承　　图 5-13　主动锥齿轮跨置式支承

（4）主动锥齿轮跨置式支承的特点。

①由于齿轮大端一侧轴颈上的两个相对安装的圆锥滚子轴承之间距离很小，可以缩短主动齿轮轴的长度，布置更紧凑，并可减小传动轴夹角，有利于整车布置。

②跨置式支承必须在主减速器壳体上设置导向轴承座，使主减速器壳体结构复杂，加工成本提高。

③因主、从动齿轮之间的空间很小，致使主动齿轮的导向轴承尺寸受到限制，且齿轮拆装困难。

④跨置式支承中的导向轴承一般为圆柱滚子轴承，并且内外圈可以分离或根本不带内圈。该轴承仅承受径向力，是易损坏的轴承。

2）从动锥齿轮的支承

从动锥齿轮多用圆锥滚子轴承支承，如图 5-14 所示，其支承刚度与轴承的形式、支承间的距离及轴承之间的分布比例有关。

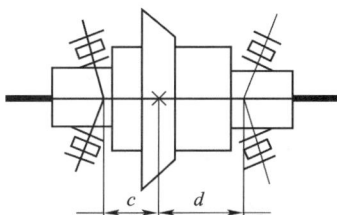
图 5-14 从动锥齿轮的支承

（1）从动锥齿轮支承的设计。

①为了增加支承刚度，两轴承的圆锥滚子大端应向内，以减小尺寸 $c+d$。

②为了使差速器壳体处有足够的空间设置加强肋，$c+d$ 应不小于从动锥齿轮大端分度圆直径的 70%。

③为了使载荷能尽量均匀分配在两轴承上，应尽量使尺寸 c 等于或大于尺寸 d。

（2）从动锥齿轮的辅助支承。

在具有大的主传动比和径向尺寸较大的从动锥齿轮主减速器中，为了限制从动锥齿轮因受轴向力作用而产生的偏移，在从动锥齿轮的外缘背面加设辅助支承，如图 5-15 所示。

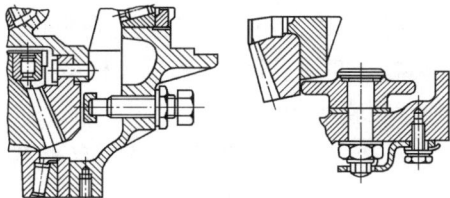
图 5-15 从动锥齿轮辅助支承

辅助支承与从动锥齿轮背面之间的间隙，应保证偏移量达到允许极限时能制止从动锥齿轮继续变形。主、从动齿轮受载变形或移动的许用偏移量如图 5-16 所示。

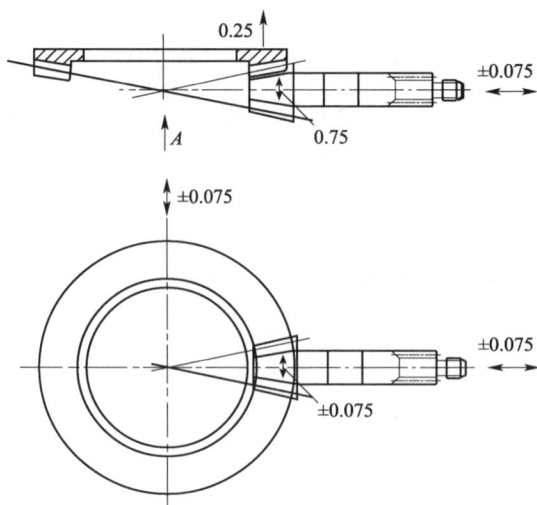

图 5-16　主、从动锥齿轮许用偏移量(尺寸单位:mm)

四　主减速器锥齿轮主要参数的选择

主减速器锥齿轮的主要参数有主、从动锥齿轮齿数 z_1 和 z_2,从动锥齿轮大端分度圆直径 D_2 和端面模数 m_s,主、从动锥齿轮齿面宽 b_1 和 b_2,双曲面齿轮副的偏移距 E,中点螺旋角 β,法向压力角 α 等。

1)主、从动锥齿轮齿数 z_1 和 z_2

选择主、从动锥齿轮齿数时应考虑如下因素:

(1)为了磨合均匀,z_1、z_2 之间应避免有公约数。

(2)为了得到理想的齿面重合度和较高的轮齿抗弯强度,主、从动齿轮齿数和应不少于40。

(3)为了啮合平稳、噪声小和具有高的疲劳强度,对于轿车,z_1 一般不少于9;对于货车,z_1 一般不小于6。

(4)当主传动比 i_0 较大时,尽量使 z_1 取得少些,以保证足够的离地间隙。

(5)对于不同的主传动比,z_1 和 z_2 应有适宜搭配。

2)从动锥齿轮大端分度圆直径 D_2 和端面模数 m_s

(1)影响大端分度圆直径 D_2 的因素。

①对于单级主减速器,D_2 对驱动桥壳尺寸有影响,进而影响桥壳离地间隙。

②大端分度圆直径 D_2 太小会影响跨置式主动齿轮的前支承座和差速器的空间。

(2)大端分度圆直径 D_2 的确定。

根据经验公式初选:

$$D_2 = K_{D2} \sqrt[3]{T_c} \qquad\qquad (5\text{-}4)$$

式中:D_2——从动锥齿轮大端分度圆直径,mm;

K_{D2}——直径系数,一般为 13.0 ~ 15.3;

T_c——从动锥齿轮的计算转矩,$T_c = \min\{T_{ce}, T_{cs}\}$,其中,$T_{ce}$、$T_{cs}$ 的计算在"主减速器锥齿轮强度计算"中具体给出。

(3)从动锥齿轮大端端面模数 m_s 的确定。

端面模数 m_s 由下式计算:

$$m_s = D_2 / z_2 \qquad\qquad (5\text{-}5)$$

同时 m_s 还应满足以下条件。

$$m_s = K_m \sqrt[3]{T_c} \qquad\qquad (5\text{-}6)$$

式中:K_m——模数系数,取 0.3 ~ 0.4。

3)主、从动锥齿轮齿面宽 b_1 和 b_2

(1)影响齿面宽度的因素。

①齿轮齿面过宽会导致切削刀头顶面宽过窄及刀尖圆角过小,不但减小了齿根圆角半径,加大了应力集中,还降低了刀具的使用寿命。

②齿面过宽时,装配位置偏差或由于制造、热处理变形等原因,使载荷集中于轮齿小端,引起轮齿小端过早损坏和疲劳损伤。

③齿面过宽还会造成装配空间的减小。

④齿面过窄,轮齿表面的耐磨性会降低。

(2)齿面宽度的确定。

从动锥齿轮齿面宽 b_2 推荐不大于其节锥距 A_2 的 0.3 倍,即 $b_2 \leqslant 0.3A_2$,而且还应满足 $b_2 \leqslant 10m_s$,一般也推荐 $b_2 = 0.155D_2$。对于螺旋锥齿轮,b_1 一般比 b_2 大 10%。

4)双曲面齿轮副的偏移距 E

双曲面齿轮的偏移可分为上偏移和下偏移两种。由从动齿轮的锥顶向其齿面看去,并使主动齿轮处于右侧,如果主动齿轮在从动齿轮中心线的上方,则为上偏移;在从动齿轮中心线下方,则为下偏移。如果主动齿轮处于左侧,则情况相反。图 5-17a)、b)为主动齿轮轴线下偏移情况,图 5-17c)、d)为主动齿轮轴线上偏移情况。

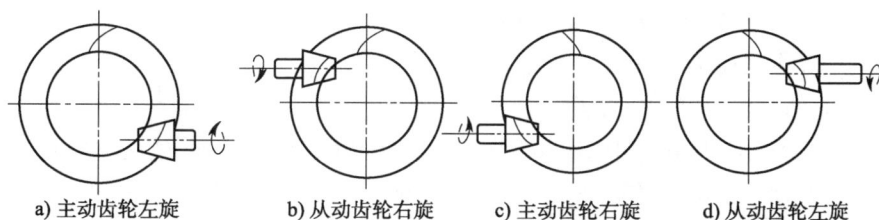

a) 主动齿轮左旋　　b) 从动齿轮右旋　　c) 主动齿轮右旋　　d) 从动齿轮左旋

图 5-17　双曲面齿轮的偏移和旋转方向

（1）影响偏移距的因素。

①偏移距 E 值过大将使齿面纵向滑动过大,引起齿面早期磨损和擦伤。

②偏移距 E 值过小,则不能发挥双曲面齿轮传动的特点。

（2）偏移距的确定。

①一般对于轿车和轻型货车,$E \leqslant 0.2D_2$,且 $E \leqslant 0.4A_2$。

②对于中、重型货车,越野车和大型客车,$E \leqslant (0.10 \sim 0.12)D_2$,且 $E \leqslant 0.2A_2$。

③主传动比越大,则 E 也应越大,但应保证齿轮不发生根切。

5）中点螺旋角 β

（1）锥齿轮螺旋角的特点。

①螺旋角是沿齿宽变化的,轮齿大端的螺旋角最大,轮齿小端的螺旋角最小。

②弧齿锥齿轮副的中点螺旋角是相等的,双曲面齿轮副的中点螺旋角是不相等的,$\beta_1 > \beta_2$,β_1 与 β_2 之差称为偏移角 ε。

（2）影响锥齿轮螺旋角的因素。

选择 β 时,应考虑齿面重合度 ε_F、轮齿强度和轴向力大小的影响。

①螺旋角 β 越大,则 ε_F 也越大,同时啮合的齿数越多,传动就越平稳,噪声越低,而且轮齿的强度越高。一般 ε_F 应不小于 1.25,在 1.5 ~ 2.0 时效果最好。

②螺旋角 β 过大,齿轮上所受的轴向力也会过大。

（3）中点螺旋角 β 的确定。

①汽车主减速器弧齿锥齿轮螺旋角或双曲面齿轮副的平均螺旋角一般为 35° ~ 40°。

②轿车选用较大的 β 值以保证较大的 ε_F,使运转平稳,噪声低。

③货车选用较小的 β 值以防止轴向力过大,通常取 35°。

6）螺旋方向

从锥齿轮锥顶看,齿形从中心线上半部向左倾斜为左旋,向右倾斜为右旋,主、从动锥齿轮的螺旋方向是相反的。

螺旋方向与锥齿轮的旋转方向影响轴向力的方向。当变速器处于前进挡时,应使主动小齿轮的轴向力离开锥顶方向,以使主、从动齿轮有分离趋势,防止轮齿"卡死"而损坏。

7）法向压力角 α

（1）法向压力角 α 的影响因素。

①法向压力角大可以增加轮齿强度,减少齿轮不发生根切的最小齿数。

②对于小尺寸的齿轮,压力角大会使齿顶变尖、刀尖宽度过小,同时齿轮端面重合系数下降。

③对于轻负荷工作的齿轮一般采用小压力角,可使齿轮运转平稳,噪

声低。

（2）法向压力角 α 的确定。

①对于弧齿锥齿轮,轿车一般 α 选用 14°30′ 或 16°,货车 α 取 20°,重型货车 α 取 22°30′。

②对于双曲面齿轮,大齿轮轮齿两侧压力角是相同的。但小齿轮轮齿两侧的压力角是不等的,选取平均压力角时,轿车取 19° 或 20°,货车取 20° 或 22°30′。

五　主减速器锥齿轮强度计算

1）计算载荷的确定

汽车主减速器锥齿轮的切齿法主要有格里森和奥利康两种方法,这里仅介绍格里森齿制锥齿轮计算载荷的三种方法。

（1）按发动机最大转矩和最低挡传动比确定从动锥齿轮的计算转矩 T_{ce}。

$$T_{ce} = k_d T_{emax} k i_1 i_f i_0 \eta / n \qquad (5\text{-}7)$$

式中:T_{emax}——发动机的最大转矩,N·m;

$\quad i_1$——变速器一挡传动比;

$\quad i_0$——主减速器传动比;

$\quad i_f$——分动器传动比;

$\quad k$——液力变矩器变矩系数,$k = [(k_0 - 1)/2] + 1$,k_0 为最大变矩系数;

$\quad k_d$——离合器突然接合产生的动载荷系数;

$\quad \eta$——发动机到万向传动轴之间的传动效率;

$\quad n$——计算驱动桥数。

（2）按驱动轮打滑转矩确定从动锥齿轮的计算转矩 T_{cs}。

$$T_{cs} = \frac{G_2 m_2' \varphi r_r}{i_m \eta_m} \qquad (5\text{-}8)$$

式中:G_2——满载状态下一个驱动桥上的静载荷,N;

$\quad m_1'$——汽车最大加速度时的前轴负荷转移系数,乘用车 $m_1' = 0.80 \sim 0.85$,商用车 $m_1' = 0.75 \sim 0.90$;

$\quad m_2'$——汽车最大加速度时的后轴负荷转移系数,乘用车 $m_2' = 1.2 \sim 1.4$,商用车 $m_1' = 1.1 \sim 1.2$;

$\quad \varphi$——轮胎与路面间的附着系数,一般车辆在良好公路上 φ 可取 0.8,安装防侧滑轮胎时 φ 可取 1.25,对于越野车 φ 可取 1.0;

$\quad r_r$——车轮滚动半径,m;

$\quad i_m$——主减速器从动齿轮到驱动桥上的静载荷,N;

$\quad \eta_m$——主减速器从动齿轮到驱动桥之间的传动效率。

（3）按汽车日常行驶平均转矩确定从动锥齿轮的计算转矩 T_{cf}。

$$T_{cf} = \frac{F_t r_r}{i_m \eta_m n} \tag{5-9}$$

式中：T_{cf}——计算转矩，N·m；

　　F_t——汽车日常行驶平均牵引力，N。

用式（5-7）和式（5-8）求得的计算转矩是从动锥齿轮的最大转矩，用式（5-9）求得的是日常行驶平均转矩。当计算锥齿轮最大应力时，计算转矩 T_c 应该取前面两种的较小值，即 $T_c = \min\{T_{ce}, T_{cs}\}$，当计算锥齿轮的疲劳寿命时，$T_c$ 取 T_{cf}。

（4）主动锥齿轮的计算转矩。

$$T_z = T_c / i_0 \eta_G \tag{5-10}$$

式中：T_z——主动锥齿轮的计算转矩，N·m；

　　i_0——主传动比；

　　η_G——主、从动锥齿轮间的传动效率。对于弧齿锥齿轮副，η_G 取 95%；对于双曲面齿轮副，当 $i_0 > 6$ 时，η_G 取 85%，当 $i_0 \leqslant 6$ 时，η_G 取 90%。

2）主减速器锥齿轮的强度计算

确定主减速器锥齿轮主要参数后，可根据所选择的齿形计算锥齿轮的几何尺寸，再用计算载荷进行齿轮的强度验算，以保证锥齿轮有足够的强度和寿命。

轮齿损坏形式主要有弯曲疲劳折断、过载折断、齿面点蚀及剥落、齿面胶合和齿面磨损等。下面所介绍的强度验算是近似的，在实际设计中还要依据台架和道路试验及实际使用情况等来检验。

（1）单位齿长圆周力。

主减速器锥齿轮的表面耐磨性常用轮齿上的单位齿长圆周力来估算。

$$p = F / b_2 \tag{5-11}$$

式中：p——轮齿上单位齿长圆周力，N/mm；

　　F——作用在轮齿上的圆周力，N；

　　b_2——从动齿轮齿面宽，mm。

（2）按发动机最大转矩计算时。

$$p = \frac{2k_d T_{emax} k i_g i_f \eta}{n D_1 b_2} \times 10^3 \tag{5-12}$$

式中：i_g——变速器一挡传动比；

　　D_1——主动锥齿轮中点分度圆直径，mm，其他符号同前。

（3）按驱动轮打滑转矩计算时。

$$p = \frac{2G_2 m_2' \varphi r_r}{D_2 b_2 i_m \eta_m} \times 10^3 \tag{5-13}$$

许用的单位齿长圆周力$[p]$见表5-1。在现代汽车设计中,由于材质及加工工艺等制造质量的提高,$[p]$有时会高出表中数值的20%~25%。

单位齿长圆周力许用值$[p]$ 表5-1

汽车类别		$[p]$(按发动机最大转矩计算)(N/mm)			$[p]$(驱动轮打滑转矩计算)(N/mm)	轮胎与路面的摩擦系数
		一挡	二挡	直接挡		
乘用车		893	536	321	893	
商用车	货车	1429	—	250	1429	0.85
	客车	982	—	214	—	

（4）轮齿弯曲强度。

锥齿轮轮齿的齿根弯曲应力为:

📓 笔记区

$$\sigma_{W} = \frac{2Tk_0 k_{s} k_{m}}{k_{v} m_{s} b D J_{w}} \times 10^3 \qquad (5\text{-}14)$$

式中:σ_{W}——锥齿轮轮齿的齿根弯曲应力,MPa;

$\quad T$——所计算齿轮的计算转矩,N·m,对从动齿轮,$T = \min\{T_{ce}, T_{cs}\}$和$T_{cf}$,对主动齿轮,$T$还要按式(5-10)换算;

$\quad k_0$——过载系数,一般取1;

$\quad k_{s}$——尺寸系数,反映了材料性质的不均匀性,与齿轮尺寸及热处理等因素有关,当$m_{s} \geq 1.6$mm时,$k_{s} = (m_{s}/25.4)^{0.25}$,当$m_{s} < 1.6$mm时,$k_{s} = 0.5$;

$\quad k_{m}$——齿面载荷分配系数,跨置支承取$k_{m} = 1.0~1.1$,悬臂支承取$k_{m} = 1.00~1.25$;

$\quad k_{v}$——质量系数,当轮齿接触良好、齿距及径向跳动精度高时,$k_{v} = 1.0$;

$\quad b$——所计算的齿轮齿面宽,mm;

$\quad D$——所讨论齿轮大端分度圆直径,mm;

$\quad J_{w}$——所计算齿轮的轮齿弯曲应力综合系数。

上述按$T_z = \min\{T_{ce}, T_{cs}\}$计算的最大弯曲应力不超过700MPa,按$T_{cf}$计算的疲劳弯曲应力不应超过210MPa,破坏的循环次数为6×10^6。

（5）轮齿接触强度。

锥齿轮轮齿的齿面接触应力为:

$$\sigma_{J} = \frac{c_{p}}{D_1}\sqrt{\frac{2Tk_0 k_{s} k_{m} k_{f}}{k_{v} b J_{J}} \times 10^3} \qquad (5\text{-}15)$$

式中:σ_J——锥齿轮轮齿的齿面接触应力,MPa;

D_1——主动锥齿轮大端分度圆直径,mm;

b——齿宽,取主动齿轮齿宽 b_1 和从动齿轮齿宽 b_2 的较小值,mm;

k_s——尺寸系数,考虑了齿轮尺寸对淬透性的影响,通常取 1.0;

k_f——齿面品质系数,取决于齿面的表面粗糙度及表面覆盖层的性质(如镀铜、磷化处理等),对于制造精确的齿轮,k_f 取 1.0;

c_p——综合弹性系数,钢对钢齿轮,c_p 取 232.6$N^{0.5}$/mm;

J_J——齿面接触强度的综合系数。

按 $T = \min\{T_{ce}, T_{cs}\}$ 计算的最大接触应力不应超过 2800MPa,按 $T = T_{cf}$ 计算的疲劳接触应力不应超过 1750MPa。主、从动齿轮的齿面接触应力是相同的。

六 主减速器锥齿轮轴承的载荷计算

1)锥齿轮齿面上的作用力

锥齿轮啮合齿面上作用的法向力可分解为沿齿轮切线方向的圆周力、沿齿轮轴线方向的轴向力和垂直于齿轮轴线的径向力。

(1)齿宽中点处的圆周力。

$$F = 2T/D_{m2} \tag{5-16}$$

式中:T——作用在从动齿轮上的转矩,N·m;

D_{m2}——从动齿轮齿宽中点处的分度圆直径,m,由下式确定。

$$D_{m2} = D_2 - b_2\sin\gamma_2 \tag{5-17}$$

式中:D_2——从动齿轮大端分度圆直径,m;

b_2——从动齿轮齿面宽,m;

γ_2——从动齿轮节锥角,(°)。

由 $F_1/F_2 = \cos\beta_1/\cos\beta_2$ 可知,对于弧齿锥齿轮副,作用在主、从动轮上的圆周力是相等的;而对于双曲面齿轮副,圆周力是不等的。

(2)锥齿轮的轴向力和径向力。

图 5-18 为主动锥齿轮齿面受力图。从锥顶看旋转方向为逆时针,螺旋方向为左旋,F_T 为作用在节锥面上的齿面宽中点 A 处的法向力。在 A 点处螺旋方向的法平面内,F_T 分解成两个相互垂直的力 F_N 和 F_f,F_N 垂直于 OA 且位于 $\angle COA$ 所在的平面,F_f 位于以 OA 为切线的节锥切平面内。F_f 在此切平面内又可分解成沿切线方向的圆周力 F 和沿节锥母线方向的力 F_s,F 与 F_f 之间的夹角为螺旋角 β,F_T 与 F_f 之间的夹角为法向压力角 α。

$$F = F_T\cos\alpha\cos\beta \tag{5-18}$$

$$F_N = F_T\sin\alpha = F\tan\alpha/\cos\beta \tag{5-19}$$

$$F_S = F_T \cos\alpha \sin\beta = F \tan\beta \qquad (5\text{-}20)$$

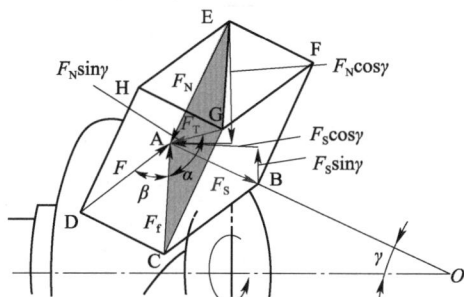

图 5-18　主动锥齿轮齿面受力图

作用在主动锥齿轮齿面上的轴向力 F_{az} 和径向力 F_{rz} 分别为：

$$F_{az} = F_N \sin\gamma + F_s \cos\gamma \qquad (5\text{-}21)$$

$$F_{rz} = F_N \cos\gamma - F_s \sin\gamma \qquad (5\text{-}22)$$

若主动锥齿轮的螺旋方向和旋转方向改变时，主、从动齿轮齿面上所受的轴向力和径向力见表5-2。

齿面上的轴向力和径向力　　　　　　　　　　表 5-2

主动小齿轮		轴向力	径向力
螺旋方向	旋转方向		
右	顺时针	主动齿轮： $F_{az} = F(\tan\alpha\sin\gamma - \sin\beta\cos\gamma)/\cos\beta$	主动齿轮： $F_{rz} = F(\tan\alpha\cos\gamma + \sin\beta\sin\gamma)/\cos\beta$
左	逆时针	从动齿轮： $F_{ac} = F(\tan\alpha\sin\gamma + \sin\beta\cos\gamma)/\cos\beta$	从动齿轮： $F_{rc} = F(\tan\alpha\cos\gamma - \sin\beta\sin\gamma)/\cos\beta$
右	逆时针	主动齿轮： $F_{az} = F(\tan\alpha\sin\gamma + \sin\beta\cos\gamma)/\cos\beta$	主动齿轮： $F_{rz} = F(\tan\alpha\cos\gamma - \sin\beta\sin\gamma)/\cos\beta$
左	顺时针	从动齿轮： $F_{ac} = F(\tan\alpha\sin\gamma - \sin\beta\cos\gamma)/\cos\beta$	从动齿轮： $F_{rc} = F(\tan\alpha\cos\gamma + \sin\beta\sin\gamma)/\cos\beta$

2）锥齿轮轴承的载荷

当锥齿轮齿面上所受的圆周力、轴向力和径向力确定后，根据主减速器齿轮轴承的布置尺寸，即可求出轴承所受的载荷。

图 5-19 为单级主减速器的悬臂式支承的尺寸布置图，各轴承的载荷计算公式见表5-3。

轴承上的载荷确定后，可以根据轴承型号计算其寿命，或根据寿命要求选择轴承型号。

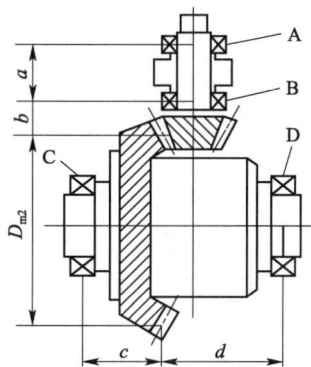

图 5-19　单级主减速器轴承布置图

轴承上的载荷　　　　　　　　　　　　　　表 5-3

轴承A	径向力	$\sqrt{\left(\dfrac{Fb}{a}\right)^2}+\sqrt{\left(\dfrac{F_{rz}b}{a}-\dfrac{F_{az}D_{m1}}{2a}\right)^2}$	轴承C	径向力	$\sqrt{\left(\dfrac{Fd}{c+d}\right)^2}+\sqrt{\left[\dfrac{F_{rc}d}{c+d}+\dfrac{F_{ac}D_{m2}}{2(c+d)}\right]^2}$
	轴向力	0		轴向力	F_{ac}
轴承B	径向力	$\sqrt{\left[\dfrac{F(a+b)}{a}\right]^2}+\sqrt{\left[\dfrac{F_{rz}(a+b)}{a}-\dfrac{F_{az}D_{m1}}{2a}\right]^2}$	轴承D	径向力	$\sqrt{\left(\dfrac{Fc}{c+d}\right)^2}+\sqrt{\left[\dfrac{F_{rc}c}{c+d}-\dfrac{F_{ac}D_{m2}}{2(c+d)}\right]^2}$
	轴向力	F_{az}		轴向力	0

七　锥齿轮的选材

驱动桥锥齿轮的工作条件恶劣、载荷大、作用时间长、载荷变化多、有冲击,是传动系统中的薄弱环节。锥齿轮材料应满足如下要求:

(1)具有足够的弯曲疲劳强度和表面接触疲劳强度,齿面具有足够的硬度以保证耐磨性。

(2)轮齿芯部应有适当的韧性以适应冲击载荷,避免在冲击载荷下齿根折断。

(3)冷、热加工性能良好,热处理后变形小或变形规律易控制。

(4)选择合金材料时,尽量少用含镍、铬元素的材料,而应选用含锰、钒、硼、钛、钼、硅等元素的合金钢。

汽车主减速器锥齿轮目前常用渗碳合金钢制造,主要有 20CrMnTi、20MnVB、20MnTiB、22CrNiMo 和 16SiMn$_2$WMoV 等。

第4节　差速器设计

一　差速器结构形式选择

1)普通锥齿轮式差速器

(1)普通锥齿轮式差速器工作原理

由于普通锥齿轮式差速器结构简单、工作平稳可靠,所以广泛应用于一般使用条件的汽车驱动桥中。图 5-20 为其示意图,图中 ω_0 为差速器壳的角速度,ω_1、ω_2 分别为左、右两半轴的角速度;T_0 为差速器壳接受的转矩;T_r 为差速器的内摩擦力矩;T_1、T_2 分别为左、右两半轴对差速器的反转矩。

差速器功用

差速器基本原理

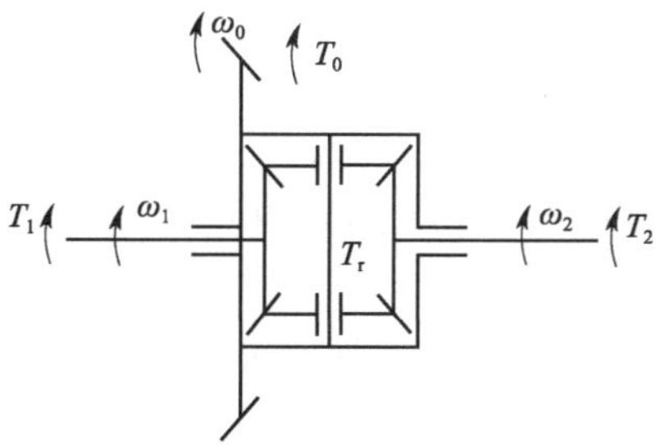

图 5-20　普通锥齿轮差速器简图

根据运动分析可得：

$$\omega_1 + \omega_2 = 2\omega_0 \tag{5-23}$$

当一侧半轴不转时，另一侧半轴将以两倍的差速器壳体角速度旋转；当差速器壳体不转时，左右半轴将等速反向旋转。

根据力矩平衡可得：

$$\begin{cases} T_1 + T_2 = T_0 \\ T_2 - T_1 = T_r \end{cases} \tag{5-24}$$

差速器性能常以锁紧系数 k 来表征，定义为差速器的内摩擦力矩与差速器壳接受的转矩之比，由下式确定：

$$k = T_r / T_0 \tag{5-25}$$

结合式(5-24)可得：

$$\begin{cases} T_1 = 0.5T_0(1 - k) \\ T_2 = 0.5T_0(1 + k) \end{cases} \tag{5-26}$$

定义慢、快转半轴的转矩比 $k_b = T_2/T_1$，则 k_b 与 k 之间有：

$$\begin{cases} k_b = (1 + k)/(1 - k) \\ k = (k_b - 1)/(k_b + 1) \end{cases} \tag{5-27}$$

(2)普通锥齿轮式差速器不足之处。

普通锥齿轮差速器的锁紧系数 k 一般为 $0.05 \sim 0.15$，两半轴转矩比 k_b 为 $1.11 \sim 1.35$，说明左、右半轴的转矩差别不大，可以认为分配到两半轴的转矩大致相等。对于在良好路面上行驶的汽车来说这是合适的，当汽车越野行驶或在泥泞、冰雪路面上行驶，一侧驱动车轮与地面的附着系数很小时，尽管另一侧车轮与地面有良好的附着，其驱动转矩也不得不随附着系数小的一侧同样地减小，无法发挥潜在牵引力，以致汽车停驶。

2)摩擦片式差速器

摩擦片式差速器如图 5-21 所示，当传递转矩时，差速器壳通过斜面对行星齿轮轴产生沿行星齿轮轴线方向的轴向力，该轴向力推动行星齿轮使压盘将摩擦片压紧。当左、右半轴转速不等时，主、从动摩擦片间产生相对滑转，从而产生摩擦力矩。此摩擦力矩 T_r 与差速器所传递的转矩

T_0 成正比,可表示为:

$$T_r = T_0 r_f f z \tan\beta / r_d \tag{5-28}$$

式中:r_f——摩擦片平均摩擦半径,mm;

  r_d——差速器壳 V 形面中点到半轴齿轮中心线的距离,mm;

  f——摩擦因数;

  z——摩擦面数;

  β——V 形面的半角。

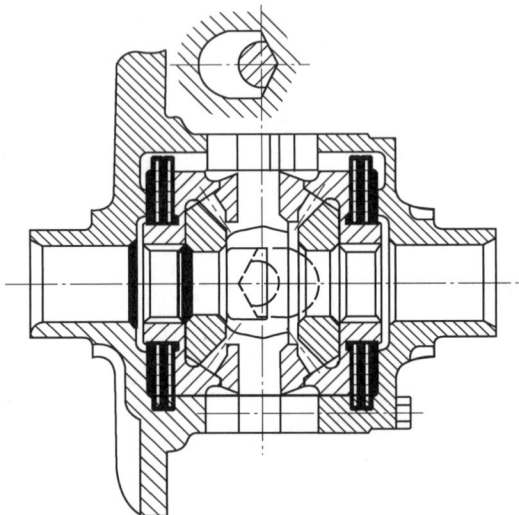

图 5-21　摩擦片式差速器

摩擦片式差速器的锁紧系数 k 可达 0.6,且结构简单,工作平稳,可明显提高汽车通过性。

3)强制锁止式差速器

装有强制锁止式差速器的汽车,当一侧驱动轮处于附着系数较小的路面时,可通过液压或气动操纵机构啮合接合器(即差速锁),将差速器壳与半轴锁紧在一起,使差速器不起作用,充分利用地面的附着系数,使牵引力达到可能的最大值。

对于 4×2 型汽车,设一侧驱动轮行驶在低附着系数 φ_{min} 的路面上,另一侧驱动轮行驶在高附着系数 φ 的路面上。

(1)装有普通锥齿轮差速器的汽车所能发挥的最大牵引力为:

$$F_t = \frac{G_2}{2}\varphi_{min} + \frac{G_2}{2}\varphi_{min} = G_2\varphi_{min} \tag{5-29}$$

(2)装有强制锁止式差速器的汽车所能发挥的最大牵引力

$$F_t' = \frac{G_2}{2}\varphi + \frac{G_2}{2}\varphi_{min} = \frac{G_2}{2}(\varphi + \varphi_{min}) \tag{5-30}$$

采用差速锁将普通锥齿轮差速器锁住,可使汽车的牵引力提高 $(\varphi + \varphi_{min})/2\varphi_{min}$ 倍,从而提升了汽车通过性。

强制锁止式差速器可充分利用原差速器结构,其结构简单,操作方便。目前许多重型货车上都装用差速锁。

二 普通锥齿轮差速器齿轮设计

1)差速器齿轮主要参数选择

(1)行星齿轮数 n。

行星齿轮数需根据承载情况来选择。通常情况下,对于承载不大的轿车取 $n=2$,而货车或越野车常取 $n=4$。

(2)行星齿轮球面半径 R_b 和节锥距 A_0。

行星齿轮球面半径 R_b 反映了差速器锥齿轮节锥距的大小和承载能力,可根据经验公式来确定:

$$R_b = K_b \sqrt[3]{T_d} \tag{5-31}$$

式中:K_b——行星齿轮球面半径系数,$K_b = 2.5 \sim 3.0$,对于有四个行星齿轮的轿车和公路用货车取小值,对于有两个行星齿轮的轿车及四个行星齿轮的越野车和矿用车取大值;

T_d——差速器计算转矩,$N \cdot m$,$T_d = \min\{T_{ce}, T_{cs}\}$;

R_b——球面半径,mm。

行星齿轮节锥距 A_0 为:

$$A_0 = (0.98 \sim 0.99)R_b \tag{5-32}$$

(3)行星齿轮齿数 z_1 和半轴齿轮齿数 z_2。

①为了使齿轮有较高的强度,希望取较大的模数,行星齿轮的齿数 z_1 应取少些,但 z_1 一般不少于 10。

②半轴齿轮齿数 z_2 在 $14 \sim 25$ 的范围内选用。

③大多数汽车的半轴齿轮与行星齿轮的齿数比 z_2/z_1 在 $1.5 \sim 2.0$ 的范围内。

④为使两个或四个行星齿轮能同时与两个半轴齿轮啮合,两半轴齿轮齿数和必须能被行星齿轮数整除,否则差速齿轮不能装配。

(4)行星齿轮和半轴齿轮节锥角 γ_1、γ_2 及模数 m。

行星齿轮和半轴齿轮节锥角 γ_1、γ_2 分别为:

$$\begin{cases} \gamma_1 = \arctan(z_1/z_2) \\ \gamma_2 = \arctan(z_2/z_1) \end{cases} \tag{5-33}$$

锥齿轮大端端面模数 m 为:

$$m = \frac{2A_0}{z_1}\sin\gamma_1 = \frac{2A_0}{z_2}\sin\gamma_2 \tag{5-34}$$

(5)压力角。

汽车差速齿轮大多采用压力角为 $22°30'$、齿高系数为 0.8 的齿形;某些重型货车和矿用车采用25°压力角,以提高齿轮强度。

(6)行星齿轮轴直径 d 及支承长度 L。

行星齿轮轴直径 d 可根据经验公式确定:

$$d = \sqrt{\frac{T_0 \times 10^3}{1.1[\sigma_c]nr_d}} \qquad (5\text{-}35)$$

式中:T_0——差速器传递的转矩,N·m;

　　　n——行星齿轮数;

　　　r_d——行星齿轮支承面中点到锥顶的距离,mm,约为半轴齿轮齿宽中点处平均直径的一半;

　　$[\sigma_c]$——支承面许用挤压应力,取98MPa。

行星齿轮在轴上的支承长度 L 为:

$$L = 1.1d \qquad (5\text{-}36)$$

2)差速器齿轮强度计算

差速器齿轮的尺寸受结构限制,而且承受的载荷较大,只在汽车转弯或左、右轮行驶不同的路程时,或一侧车轮打滑而滑转时,差速器齿轮才能有啮合传动的相对运动。因此,对于差速器齿轮主要应进行弯曲强度计算。轮齿弯曲应力为:

$$\sigma_w = \frac{2Tk_sk_m}{k_v m b_2 d_2 Jn} \times 10^3 \qquad (5\text{-}37)$$

式中:n——行星齿轮数;

　　　J——综合系数;

　　　b_2——半轴齿轮齿宽,mm;

　　　d_2——半轴齿轮大端分度圆直径,mm;

k_v、k_s、k_m——系数,按主减速器齿轮强度计算的有关数值选取;

　　　T——半轴齿轮计算转矩,N·m。

$$T = 0.6T_0 \qquad (5\text{-}38)$$

当 $T_0 = \min\{T_{ce}, T_{cs}\}$ 时,$[\sigma_w] = 980$MPa,当 $T_0 = T_{cf}$ 时,$[\sigma_w] = 210$MPa。

差速器齿轮与主减速器齿轮一样,基本上都是用渗碳合金钢制造,目前用于制造差速器锥齿轮的材料为 20CrMnTi、20CrMoTi、22CrMnMo 和 20CrMo 等。由于差速器齿轮轮齿要求的精度较低,所以差速器齿轮精锻工艺已被广泛采用。

三　黏性联轴器结构及在汽车上的应用

1)黏性联轴器结构和工作原理

黏性联轴器属于液体黏性传动装置,是依靠硅油的黏性阻力来传递动力,即通过内、外叶片间硅油的油膜剪切力来传递动力。一般在密封的壳体内填充了占其空间80%~90%的硅油(其余是空气),高黏度的硅油存在于内、外叶片的间隙内,如图5-22所示。当A轴与B轴之间有转速差时,内、外叶片间将产生剪切阻力使转矩由高速轴传递到低速轴。

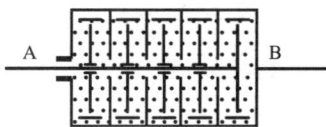

图5-22 黏性联轴器

黏性联轴器所传递的转矩与联轴器的结构、硅油黏度及输入轴与输出轴的转速差有关。

2)黏性联轴器在车上的应用

根据全轮驱动形式的不同,黏性联轴器在汽车上有不同的布置形式。

图5-23所示为黏性联轴器作为轴间差速器限动装置的简图。当前、后桥转速相近时,黏性联轴器内、外叶片转速相近,并不起限动作用,此时轴间差速器将转矩按固定比例分配给前、后桥。当某一车轮(如前轮)严重打滑时,前桥差速器壳的转速升高,联轴器的内、外叶片转速差增大,阻力矩增大,轴间差速器中与后桥相连的转速较低的齿轮就获得了较大的转矩,使附着条件较好的后轮产生足够的驱动力。

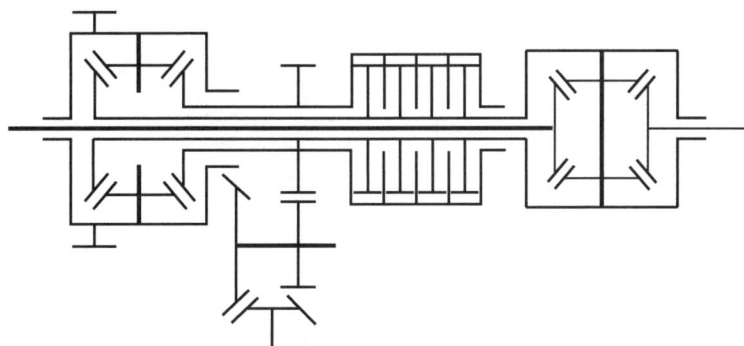

图5-23 黏性联轴器作轴间差速器的限动装置

有些汽车用黏性联轴器取代了轴间差速器。当汽车正常行驶时,前、后轮转速基本相等,黏性联轴器不工作,此时相当于前轮驱动。当汽车加速或爬坡时,汽车质心后移,前轮将出现打滑现象,转速升高,前、后轮出现转速差,黏性联轴器开始工作,将部分转矩传给后桥,使之产生足够驱动力帮助前轮恢复正常的附着状态,提高汽车的动力性。由于黏性传动不如机械传动可靠,所能传递的转矩较小,故黏性联轴器主要用于轿车和轻型汽车中。

第5节 车轮传动装置设计

车轮传动装置位于传动系统的末端,其功用是接受从差速器传来的

笔记区

转矩并将其传给车轮。

（1）对于非断开式驱动桥,车轮传动装置为半轴。

（2）对于断开式驱动桥和转向驱动桥,车轮传动装置为万向传动装置。

一　结构形式分析

半轴根据其车轮端的支承方式不同,可分为半浮式、3/4 浮式和全浮式三种形式。

（1）半浮式半轴的结构,如图 5-24 所示,半轴外端支承轴承位于半轴套管外端的内孔,车轮装在半轴上。半浮式半轴除传递转矩外,其外端还承受由路面对车轮的反力所引起的全部力和力矩。半浮式半轴结构简单,所受载荷较大,只用于轿车和轻型货车及轻型客车上。

（2）3/4 浮式半轴的结构,如图 5-25 所示,其特点是半轴外端仅有一个轴承并装在驱动桥壳半轴套管的端部,直接支承车轮轮毂,而半轴则以其端部凸缘与轮毂用螺钉连接。半轴受载情况与半浮式相似,只是载荷有所减轻,一般仅用在轿车和轻型货车上。

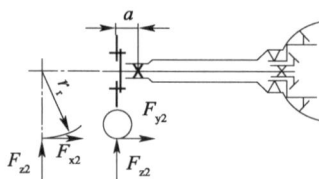

图 5-24　半浮式半轴

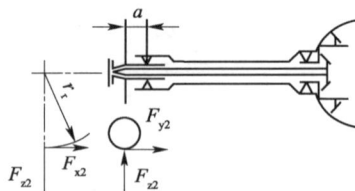

图 5-25　3/4 浮式半轴

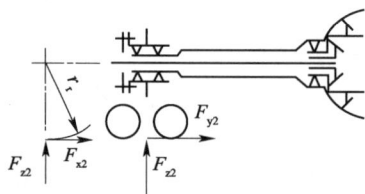

图 5-26　全浮式半轴

（3）全浮式半轴的结构,如图 5-26 所示,其特点是半轴外端的凸缘用螺钉与轮毂相连,而轮毂又借用两个圆锥滚子轴承支承在驱动桥壳的半轴套管上。理论上半轴只承受转矩,作用于驱动轮上的其他反力和弯矩全由桥壳来承受。但由于桥壳变形、轮毂与差速器半轴齿轮不同心、半轴凸缘平面相对其轴线不垂直等因素,会引起半轴的弯曲变形,由此引起的弯曲应力一般为 5 ~ 70MPa。全浮式半轴主要用于中、重型货车上。

二　半轴的强度与刚度计算

1）全浮式半轴

（1）全浮式半轴的计算载荷可按车轮附着力矩 M_φ 计算:

$$M_\varphi = \frac{1}{2} m_2' G_2 r_r \varphi \tag{5-39}$$

式中：G_2——驱动桥的最大静载荷，N；

r_r——车轮滚动半径，mm；

m_2'——负荷转移系数；

φ——附着系数，计算时 φ 取 0.8。

（2）半轴的扭转应力为：

$$\tau = \frac{16 M_\varphi}{\pi d^3} \tag{5-40}$$

式中：τ——半轴扭转切应力，MPa；

d——半轴直径，mm。

（3）半轴的扭转角为：

$$\theta = \frac{M_\varphi l}{G I_p} \times \frac{180}{\pi} \tag{5-41}$$

式中：θ——扭转角，（°）；

l——半轴长度，mm；

G——材料剪切弹性模量，MPa；

I_p——半轴断面极惯性矩，$I_p = \pi d^4 / 32$，mm^4。

半轴的扭转切应力宜为 500～700MPa，转角宜为每米长度 6°～15°。

2）半浮式半轴

半浮式半轴设计应考虑如下三种载荷工况：

（1）纵向力 F_{x2} 最大，侧向力 $F_{y2} = 0$。

此时垂向力 $F_{z2} = m_2' G_2 / 2$，纵向力最大值 $F_{x2} = F_{z2} \varphi = m_2' G_2 \varphi / 2$，计算时载荷转移系数 m_2' 取 1.2，φ 取 0.8。

半轴所受弯曲应力 σ 为：

$$\sigma = \frac{32a \sqrt{F_{x2}^2 + F_{z2}^2}}{\pi d^3} \tag{5-42}$$

半轴所受扭转切应力 τ 为：

$$\tau = \frac{16 F_{x2} r_r}{\pi d^3} \tag{5-43}$$

式中：a——轮毂支承轴承到车轮中心平面之间的距离，如图 5-25 所示。

合成应力为：

$$\sigma_h = \sqrt{\sigma^2 + 4\tau^2} \tag{5-44}$$

（2）侧向力 F_{y2} 最大，纵向力 $F_{x2} = 0$。

此时汽车发生侧滑，外轮上的垂直反力 F_{z2o} 和内轮上的垂直反力 F_{z2i} 分别为：

$$F_{z2o} = G_2 \left(0.5 + \frac{h_g}{B_2} \varphi_1 \right) \tag{5-45}$$

$$F_{z2i} = G_2 - F_{z2o} \tag{5-46}$$

式中：h_g——汽车质心高度，mm；

    B_2——轮距，mm；

    φ_1——侧滑附着系数，计算时 φ_1 可取 1.0。

内、外车轮上的总侧向力 F_{y2} 为 $G_2\varphi_1$，外轮上侧向力 F_{y2o} 和内轮上侧向力 F_{y2i} 分别为：

$$F_{y2o} = F_{z2o}\varphi_1 \tag{5-47}$$

$$F_{y2i} = F_{z2i}\varphi_1 \tag{5-48}$$

则外轮半轴的弯曲应力 σ_o 和内轮半轴的弯曲应力 σ_i 分别为

$$\sigma_o = \frac{32(F_{y2o}r_r + F_{z2o}a)}{\pi d^3} \tag{5-49}$$

$$\sigma_i = \frac{32(F_{y2i}r_r + F_{z2i}a)}{\pi d^3} \tag{5-50}$$

（3）汽车通过不平路面时，垂向力 F_{z2} 最大，纵向力 $F_{x2}=0$，侧向力 $F_{y2}=0$。此时汽车垂直力最大值 F_{z2}：

$$F_{z2} = \frac{1}{2}kG_2 \tag{5-51}$$

式中：k——动载系数，对于乘用车 $k=1.75$，对于货车 $k=2.0$，对于越野车 $k=2.5$。

半轴弯曲应力 σ 为：

$$\sigma = \frac{32F_{z2}a}{\pi d^3} = \frac{16kG_2a}{\pi d^3} \tag{5-52}$$

半浮式半轴的许用合成应力为 600～750MPa。

3）3/4 浮式半轴

3/4 浮式半轴计算与半浮式类似，只是半轴的危险断面不同，危险断面位于半轴与轮毂相配表面的内端。

半轴和半轴齿轮一般采用渐开线花键连接，对花键应进行挤压应力和键齿切应力验算。挤压应力不大于 200MPa，切应力不大于 73MPa。

三　半轴的结构设计

对半轴进行结构设计时，应注意如下几点。

（1）全浮式半轴杆部直径可按下式初步选取：

$$d = K\sqrt[3]{M_\varphi} \tag{5-53}$$

式中：d——半轴杆部直径，mm；

    M_φ——半轴计算转矩，N·mm；

    K——直径系数，取 0.205～0.218。

根据初选的 d 按前面的应力公式进行强度校核。

（2）半轴的杆部直径应小于或等于半轴花键的底径，使半轴各部分强度基本相等。

（3）半轴的破坏形式大多是扭转疲劳损坏，在结构设计时应尽可能增大各过渡部分的圆角半径，尤其是凸缘与杆部、花键与杆部的过渡部分，以减小应力集中。

（4）当杆部较粗且外端凸缘也较大时，可采用两端用花键连接的结构。

（5）设计全浮式半轴杆部的强度储备应低于驱动桥其他传力零件的强度储备，使半轴起到"熔丝"的作用；而半浮式半轴直接安装车轮，则应视为保安件。

第6节　驱动桥壳设计

一　驱动桥壳结构形式

驱动桥壳大致可分为可分式、整体式和组合式三种形式。

1）可分式桥壳

可分式桥壳如图5-27所示，由一个垂直接合面分为左右两部分，并通过螺栓连接成整体。两部分均由铸造壳体和压入其外端的半轴套管组成，轴管与壳体用铆钉连接。

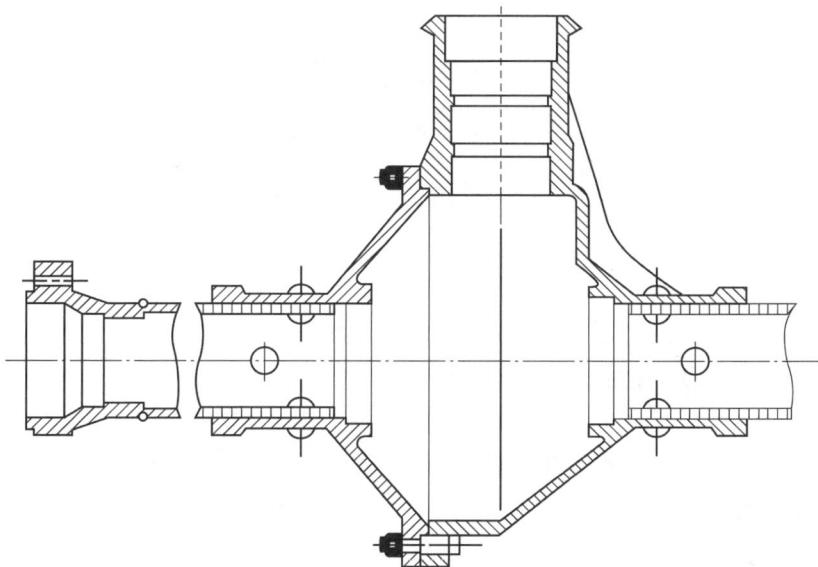

驱动桥壳功用

驱动桥壳类型

分段式驱动
桥壳结构

图5-27　可分式桥壳

123

可分式桥壳结构简单,制造工艺性好,主减速器支承刚度好。但拆装、调整、维修很不方便,桥壳的强度和刚度受到结构的限制,曾用于轻型汽车上,现已较少使用。

2)整体式桥壳

整体式桥壳如图5-28所示,整个桥壳是一根空心梁,桥壳和主减速器壳体分为两部分。整体式桥壳强度和刚度较大,主减速器拆装、调整比较方便。

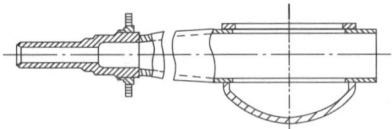

图5-28　整体式桥壳

按制造工艺不同,整体式桥壳可分为铸造式、钢板冲压焊接式和扩张成形式三种。铸造式桥壳的强度和刚度较大,但质量大,加工面多,制造工艺复杂,主要用于中、重型货车上。钢板冲压焊接式和扩张成形式桥壳质量小,材料利用率高,制造成本低,适于大量生产,广泛应用于轿车和中、小型货车及部分重型货车上。

3)组合式桥壳

组合式桥壳如图5-29所示,将主减速器壳与部分桥壳铸为一体,而后用无缝钢管分别压入壳体两端,两者再用塞焊或销钉固定。组合式桥壳的优点是从动齿轮轴承的支承刚度较好,主减速器的装配、调整比可分式桥壳方便,但是要求有较高的加工精度,常用于轿车、轻型货车中。

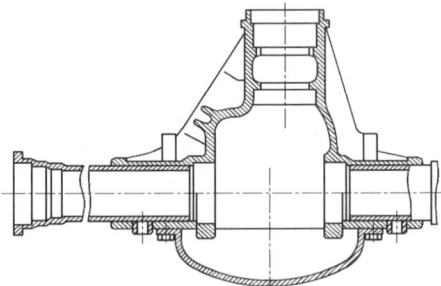

图5-29　组合式桥壳

二　驱动桥壳强度计算

对于具有全浮式半轴的驱动桥,强度计算的载荷与半轴计算的三种载荷工况相似。图5-30为驱动桥壳的受力图,桥壳的危险断面通常在钢板弹簧座内侧附近,桥壳端部的轮毂轴承座根部也应列为危险断面进行强度验算。

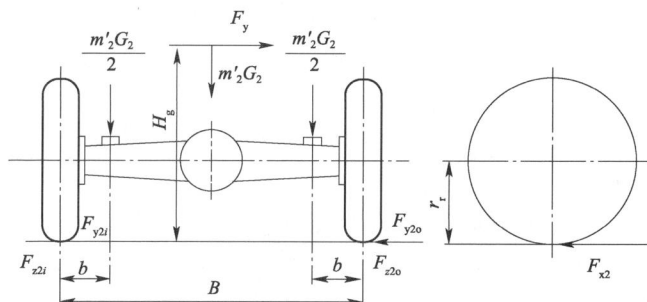

图 5-30 桥壳受力简图

1）牵引力或制动力最大时应力计算

（1）桥壳钢板弹簧座处危险断面的弯曲应力 σ：

$$\sigma = \frac{M_v}{W_v} + \frac{M_h}{W_h} \qquad (5\text{-}54)$$

式中：M_v——地面对车轮垂直反力在危险断面引起的垂直平面内的弯矩，$M_v = m_2' G_2 b / 2$；

b——轮胎中心平面到板簧座之间的横向距离，如图 5-30 所示；

M_h——一侧车轮上的牵引力或制动力 F_{x2} 在水平面内引起的弯矩，$M_h = F_{x2} b$；

W_v——危险断面垂直平面的抗弯截面系数；

W_h——危险断面水平面的抗弯截面系数。

（2）危险断面的扭转切应力 τ：

$$\tau = T_T / W_T \qquad (5\text{-}55)$$

式中：T_T——牵引或制动时危险断面所受转矩，$T_T = F_{x2} r_r$；

W_T——危险断面的抗扭截面系数。

2）当侧向力最大时应力计算

（1）桥壳内侧板簧座处断面的弯曲应力为：

$$\sigma_i = F_{z2i}(b - \varphi_1 r_r) / W_v \qquad (5\text{-}56)$$

（2）桥壳外侧板簧座处断面的弯曲应力为：

$$\sigma_o = F_{z2o}(b - \varphi_1 r_r) / W_v \qquad (5\text{-}57)$$

式中：F_{z2i}、F_{z2o}——分别为内、外侧车轮的地面垂直反力；

r_r——车轮滚动半径；

φ_1——侧滑时的附着系数；

W_v——危险断面的抗弯截面系数。

（3）当汽车通过不平路面时应力计算

危险断面的弯曲应力为：

$$\sigma = kGb / (2W_v) \qquad (5\text{-}58)$$

桥壳的许用弯曲应力为 300～500MPa，许用扭转切应力为 150～400MPa。可锻铸铁桥壳取较小值，钢板冲压焊接壳取较大值。

练习题

5-1 主减速器中,主、从动锥齿轮的齿数应当如何选择才能保证具有合理的传动特性和满足结构布置上的要求?

5-2 根据车轮端支承方式的不同,半轴可分为哪几种型式?简述各自特点。

5-3 对驱动桥壳进行强度计算时,图示其受力状况并指出危险断面的位置,验算工况有几种?各工况下强度验算的特点是什么?

5-4 汽车为典型布置方案,驱动桥采用单级主减速器,且从动齿轮布置在左侧。如果将其移动到右侧,试问传动系统的其他部分需要如何变动才能够满足使用要求?为什么?

5-5 现欲为某一重型货车设计驱动桥:

(1)驱动桥采用怎样的形式较为合理?

(2)选用哪种形式的主减速器较为合适?

(3)选用哪种形式的差速器较为合适?

(4)哪种半轴支承形式较为合适?若该汽车后轴的最大载荷为 13000kg,车轮滚动半径为 525mm,后轴负荷转移系数为 1.1,附着系数为 0.8,半轴的长度为 1124mm,材料的弹性模量为 2.1×10^5MPa,泊松比为 0.26,试确定半轴的直径?(要求半轴的扭转切应力小于 600MPa)

第 6 章

悬架结构设计

悬架是现代汽车上的重要总成之一,它把车架(或车身)与车轴(或车轮)弹性地连接起来。图 6-1 给出了两个典型汽车悬架结构。

a) 麦弗逊式前悬架总成　　　　　b) 双扭杆式独立后悬架总成

图 6-1　典型汽车悬架结构

一　悬架的主要作用

(1)传递车轮和车架(或车身)之间的一切力和力矩。

(2)缓和、抑制路面对车身的冲击和振动。

(3)保证车轮在路面不平和载荷变化时有理想的运动特性。

(4)保证汽车的操纵稳定性。

悬架功用

二　对悬架提出的设计要求

（1）保证汽车有良好的行驶平顺性。

（2）具有合适的衰减振动能力。

（3）保证汽车具有良好的操纵稳定性。

（4）汽车制动或加速时要保证车身稳定，减少车身纵倾；转弯时车身侧倾角要合适。

（5）有良好的隔声能力。

（6）结构紧凑、占用空间尺寸要小。

（7）可靠地传递车身与车轮之间的各种力和力矩，在满足零部件质量要小的同时，还要保证有足够的强度和寿命。

三　悬架的分类

悬架类型

独立悬架特点

根据汽车两侧车轮运动是否关联，汽车悬架可分为非独立悬架和独立悬架两种形式，如图6-2所示。

非独立悬架[图6-2a)]结构特点是汽车两侧车轮分别安装在一根整体式的车轴两端，车轴则通过弹性元件与车架相连接。这种悬架当一侧车轮因道路不平而跳动时，会影响另一侧车轮的运动，因此称为非独立悬架。独立悬架[图6-2b)]则是两侧车轮分别安装在断开式的车轴两端，每段车轴和车轮单独通过弹性元件与车架相连。这样当一侧车轮跳动时，对另一侧车轮运动不产

a) 非独立悬架

b) 独立悬架

图6-2　非独立悬架和独立悬架示意图

生影响，因此称为独立悬架。

第2节　悬架主要参数的确定

一　前后悬架静挠度、动挠度的选择

1）概念

静挠度：汽车满载静止时悬架上的载荷 F_w 与此时悬架刚度 c 之比，

即 $f_c = F_w/c$。

动挠度:从满载静平衡位置开始悬架压缩到结构允许的最大变形(通常指缓冲块压缩到其自由高度的 1/2 或 2/3)时,车轮中心相对车架(或车身)的垂直位移。图6-3 所示为悬架在汽车中的位置。

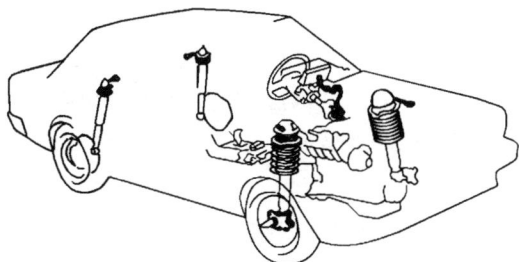

图6-3 悬架在汽车中的位置

2)选择要求及方法

(1)使悬架系统有较低的固有频率。

汽车前、后悬架与其簧上质量组成的振动系统的固有频率,是影响汽车行驶平顺性的主要参数之一。

因现代汽车的质量分配系数 ε 近似等于1,于是汽车前、后轴上方车身两点的振动不存在联系。

汽车前、后部分的车身的固有频率 n_1 和 n_2(亦称偏频)可用下式表示:

$$n_1 = \sqrt{c_1/m_1}/2\pi \qquad n_2 = \sqrt{c_2/m_2}/2\pi \qquad (6\text{-}1)$$

式中:c_1、c_2——前、后悬架的刚度,N/cm;

m_1、m_2——前后悬架的簧上质量,kg。

当采用弹性特性为线性变化的悬架时,前、后悬架的静挠度可表示为:

$$f_{c1} = m_1 g/c_1 \qquad f_{c2} = m_2 g/c_2 \qquad (6\text{-}2)$$

式中:g——重力加速度,g = 981cm/s^2。

将 f_{c1}、f_{c2} 代入上式得到:

$$n_1 = 5/\sqrt{f_{c1}} \qquad n_2 = 5/\sqrt{f_{c2}} \qquad (6\text{-}3)$$

(2)n_1 与 n_2 的匹配要合适。

希望 f_{c1} 与 f_{c2} 要接近,但不能相等(防止共振),希望 $f_{c1} > f_{c2}$(从加速性考虑,若 f_{c2} 大,车身的振动大)。若汽车以较高车速驶过单个路障时,$n_1/n_2 < 1$ 时的车身纵向角振动要比 $n_1/n_2 > 1$ 时小,故推荐取 $f_{c2} = (0.8 \sim 0.9)f_{c1}$。

考虑到货车前、后轴荷的差别和驾驶员的乘坐舒适性,取前悬架的静挠度值大于后悬架的静挠度值,推荐 $f_{c2} = (0.6 \sim 0.8)f_{c1}$。

为了改善微型轿车后排乘客的乘坐舒适性,有时取后悬架的偏频低于前悬架的偏频。

（3）f_c 要根据不同的车在不同路面条件选择。

以轿车对平顺性的要求最高，大型客车次之，载货汽车更次之。对于普通级以下轿车满载的情况，前悬架偏频要求 $1.00 \sim 1.45\text{Hz}$，后悬架则要求在 $1.17 \sim 1.58\text{Hz}$。

原则上轿车的级别越高，悬架的偏频越小。对于高级轿车满载的情况，前悬架偏频要求在 $0.80 \sim 1.15\text{Hz}$，后悬架则要求在 $0.98 \sim 1.30\text{Hz}$。

货车满载时，前悬架偏频要求在 $1.50 \sim 2.10\text{Hz}$，而后悬架则要求在 $1.70 \sim 2.17\text{Hz}$。

选定偏频以后，即可计算出悬架的静挠度。

（4）动挠度 f_d 的选择。

悬架动挠度指从满载静平衡位置开始悬架压缩到结构允许的最大变形。对于乘用车，f_d 取 $7 \sim 9\text{cm}$；对于客车，f_d 取 $5 \sim 8\text{cm}$；对于货车，f_d 取 $6 \sim 9\text{cm}$。

二　货车后悬主、副簧的刚度匹配

1）要求

车身从空载到满载时的振动频率变化要小，以保证汽车有良好的平顺性。副簧参加工作前、后的悬架振动频率变化不大。图 6-4 所示为货车后悬架的实体结构，图 6-5 所示为悬架的弹性特性曲线。

图 6-4　货车后悬架实体

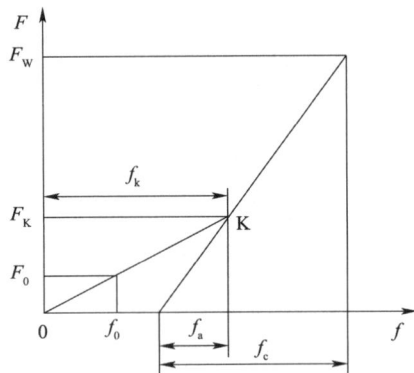

图 6-5　悬架的弹性特性曲线

2）确定方法

（1）使副簧开始起作用时的悬架挠度 f_a 等于汽车空载时悬架的挠度 f_0。

（2）使副簧开始起作用前一瞬间的挠度 f_K 等于满载时悬架的挠度 f_c。

（3）对应于空载时悬架载荷 F_0 与满载时悬架载荷 F_W，副簧、主簧的刚度比为：

$$c_a/c_m = \sqrt{\lambda - 1} \qquad \lambda = F_W/F_0 \tag{6-4}$$

(4)使副簧开始起作用时的载荷等于 F_0 与 F_W 的平均值,即:

$$F_K = 0.5(F_0 + F_W) \tag{6-5}$$

(5)使 F_0 和 F_K 间平均载荷对应的频率与 F_K 和 F_W 间平均载荷对应的频率相等。

(6)此时副簧与主簧的刚度比为 $c_a/c_m = (2\lambda - 2)(\lambda + 3)$。

三 悬架侧倾角刚度及其在前、后轴的分配

1)悬架侧倾角刚度

悬架侧倾角刚度指簧上质量产生单位侧倾角时悬架给车身的弹性恢复力矩。它对簧上质量的侧倾角有影响。

2)侧倾角取值范围

轿车车身侧倾角在 2.5°~4°,货车车身侧倾角不超过 6°~7°。

3)前、后轮侧倾角差别

要求汽车转弯行驶时,在 0.4g 的侧向加速度作用下,前、后轮侧倾角之差 $\delta_1 - \delta_2$ 应当在 1°~3°范围内。要使前悬架具有的侧倾角刚度略大于后悬架的侧倾角刚度。

对于轿车,前、后悬架侧倾角刚度比值一般为 1.4~2.6。

第 3 节　钢板弹簧的计算

一 钢板弹簧主要参数的确定

1)满载弧高 f_a

满载弧高 f_a 是指钢板弹簧装到车轴(桥)上,汽车装满载荷后,钢板弹簧主片上表面与两端(不包括卷耳半径)连线间的最大高度变化量(图 6-6)。

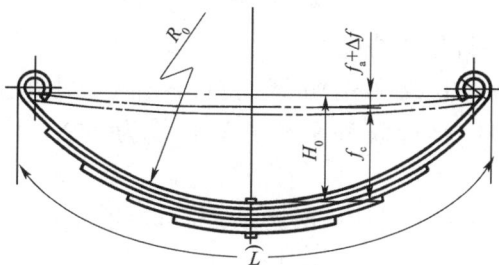

图 6-6　钢板弹簧自由状态下的弧高

当 $f_a = 0$ 时,钢板弹簧在对称位置上工作,为了在车架高度已限定时能得到足够的动挠度值,常取 $f_a = 10 \sim 20mm$。

2)钢板弹簧长度 L 的确定

推荐在下列范围内选用钢板弹簧的长度。

轿车: $L = (0.40 \sim 0.55)$ 轴距。

货车:前悬架 $L = (0.26 \sim 0.35)$ 轴距;后悬架 $L = (0.35 \sim 0.45)$ 轴距。

应尽可能将钢板弹簧取长些的原因是:

(1)增加钢板弹簧长度 L 能显著降低弹簧应力,提高使用寿命。

(2)降低弹簧刚度,改善汽车平顺性。

(3)在垂直刚度 c 给定的条件下,又能明显增加钢板弹簧的纵向角刚度(钢板弹簧的纵向角刚度指钢板弹簧产生单位纵向转角时,作用到钢板弹簧上的纵向力矩值)。

(4)增大钢板弹簧纵向角刚度的同时,能减少车轮扭转力矩所引起的弹簧变形。

3)钢板断面尺寸及片数的确定

根据修正后的简支梁公式计算钢板弹簧所需要的总惯性矩 J_0:

$$J_0 = \left[(L - ks)^3 c\delta / (48E) \right] \tag{6-6}$$

式中: s ——U 形螺栓中心距;

E ——材料的弹性模量;

k ——U 形螺栓夹紧弹簧后的无效长度系数(刚性夹紧, $k = 0.5$,挠性夹紧, $k = 0$);

c ——钢板弹簧垂直刚度, $c = F_W/f_c$,其中 F_W 为垂向弯曲载荷, f_c 为垂向挠度;

δ ——挠度增大系数,先确定与主片等长的重叠片数 n_1,再估计一个总片数 n_0,求得 $\eta = n_1/n_0$,然后用 $\delta = 1.5/[1.04(1 + 0.5\eta)]$ 初定 δ。

钢板弹簧总截面系数 W_0 用下式计算:

$$W_0 \geqslant \left[F_W(L - ks) \right] / (4[\sigma_W]) \tag{6-7}$$

式中: $[\sigma_W]$ ——许用弯曲应力。

对于 55SiMnVB 或 60Si$_2$Mn 等材料,表面经喷丸处理后,推荐 $[\sigma_W]$ 在下列范围内选取:前弹簧和平衡悬架弹簧为 $350 \sim 450MPa$;后副簧为 $220 \sim 250MPa$。

将式(6-7)代入下式计算钢板弹簧平均厚度 h_p:

$$h_p = 2J_0/W_0 = \frac{(L - ks)^2 \delta [\sigma_W]}{6Ef_c} \tag{6-8}$$

有了 h_p 以后，再选钢板弹簧的片宽 b。推荐片宽与片厚的比值 b/h_p 在 6 ～ 10 范围内选取。片宽 b 对汽车性能有以下影响：

（1）增大片宽，能增加卷耳强度，但当车身受侧向力作用倾斜时，弹簧的扭曲应力增大。

（2）前悬架用宽弹簧片，会影响转向轮的最大转角；片宽选取过窄，又得增加片数，从而增加片间摩擦弹簧的总厚。

4）片厚 h 的选择

钢板弹簧各片厚度可能有相同和不同两种情况。常将主片加厚，其余各片厚度稍薄。此时，要求一副钢板弹簧的厚度不宜超过三组。最厚片与最薄片厚度之比应小于 1.5，且应符合国产型材规格尺寸。

二 钢板弹簧各片长度的确定

片厚不变宽度连续变化的单片钢板弹簧是等强度梁，形状为菱形（两个三角形）。将由两个三角形钢板组成的钢板弹簧分割成宽度相同的若干片，然后按照长度大小不同依次排列、叠放到一起，就形成接近使用价值的钢板弹簧。

实际上的钢板弹簧不可能是三角形，因为为了将钢板弹簧的中部固定到车轴（桥）上和使卷耳处可靠地传力，必须使它们有一定的宽度。因此，应该用中部为矩形的双梯形钢板弹簧（图 6-7）替代三角形钢板弹簧才有真正的实用意义。

确定步骤如图 6-8 所示。

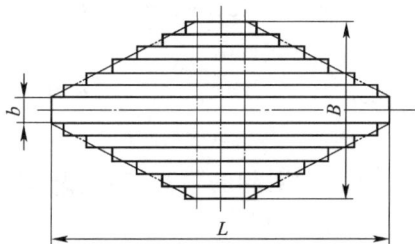

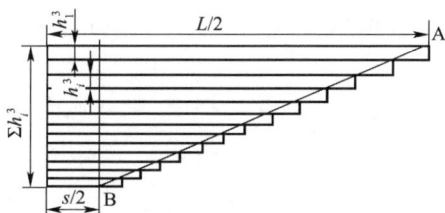

图 6-7 双梯形钢板弹簧　　图 6-8 确定钢板弹簧各片长度的作图法

（1）将各片厚度 h_i 的立方值 h_i^3 按同一比例尺沿纵坐标绘制在图上。

（2）沿横坐标量出主片长度的一半 $L/2$ 和 U 形螺栓中心距的一半 $s/2$，得到 A、B 两点，连接 A、B 即得到三角形的钢板弹簧展开图。

（3）AB 线与各簧片上侧边的交点即为各片长度，如果存在与主片等长的重叠片，就从 B 点到最后一个重叠片的上侧边端点连一直线，此直线与各片上侧边的交点即为各片长度。

（4）各片实际长度尺寸需经圆整后确定。

三 钢板弹簧刚度验算

用共同曲率法验算刚度的公式如下。

$$c = 6aE / \left[\sum_{k=1}^{n} a_{k+1}^3 (Y_k - Y_{k+1}) \right] \qquad (6\text{-}9)$$

$$a_{k+1} = (l_1 - l_{k+1}), \quad Y_k = 1 / \sum_{i=1}^{k} J_i, \quad Y_{k+1} = 1 / \sum_{i=1}^{k+1} J_i$$

式中：a—— 经验修正系数，$a = 0.90 \sim 0.94$；

l_1、l_{k+1}—— 分别为主片的一半长度、第$(k+1)$片的一半长度；

J_i——为第i片钢板弹簧的惯性矩。

用共同曲率法计算刚度的前提为：

（1）假定同一截面上各片曲率变化值相同；

（2）各片的承受的弯矩正比于其惯性矩；

（3）同时该截面上各片的弯矩之和等于外力所引起的弯矩。

四 钢板弹簧总成在自由状态下的弧高及曲率半径计算

1）钢板弹簧总成在自由状态下的弧高 H_0

弧高的定义：钢板弹簧各片装配后，在预压缩和 U 形螺栓夹紧前，其主片上表面与两端（不包括卷耳孔半径）连线间的最大高度差（图 6-6），称为钢板弹簧总成在自由状态下的弧高 H_0。用下式计算：

$$H_0 = (f_c + f_a + \Delta f) \qquad (6\text{-}10)$$

式中：f_c、f_a—— 静挠度、满载弧高；

Δf—— 钢板弹簧总成用 U 形螺栓夹紧后引起的弧高变化，$\Delta f = \dfrac{s(3L - s)(f_a + f_c)}{2L^2}$，$s$ 为 U 形螺栓中心距，L 为钢板弹簧主片长度。

钢板弹簧总成在自由状态下的曲率半径 $R_0 = L^2 / 8H_0$。

2）钢板弹簧各片自由状态下曲率半径的确定

因钢板弹簧各片在自由状态下和装配后的曲率半径不同，装配后各片产生预应力，其值确定了自由状态下各片板簧的曲率半径 R_i（图 6-9）。

各片自由状态下做成不同曲率半径的目的是使各片厚度相同的钢板弹簧装配后能很好地贴紧，减少主片工作应力，使各片寿命接近。

图6-9 钢板弹簧自由状态下的曲率半径

矩形断面钢板弹簧装配前各片曲率半径由下式确定:

$$R_i = R_0/[1 + (2\sigma_{0i}R_0)/Eh_i] \tag{6-11}$$

式中:R_i、R_0——第 i 片弹簧、钢板弹簧总成在自由状态下的曲率半径;

$\quad\quad\sigma_{0i}$——各片弹簧的预应力;

$\quad\quad E$——材料弹性模量,取 $E = 2.1 \times 10^5 N/mm^2$;

$\quad\quad h_i$——第 i 片的弹簧厚度。

五 各片弹簧预应力的选取及强度验算

1)基本要求

装配前各弹簧片间间隙相差不大,且装配后各片能很好贴和。为保证主片及其相邻的长片有足够的使用寿命,应适当降低主片及与其相邻的长片的应力。图6-10 为钢板弹簧受力的示意图。

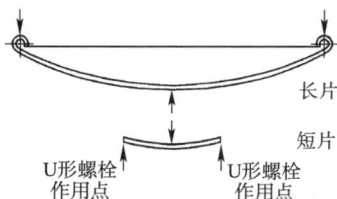

图6-10 钢板弹簧受力示意图

对于片厚相同的钢板弹簧,各片预应力值不宜选取过大;对于片厚不相同的钢板弹簧,厚片预应力可取大些。

2)推荐预应力

主片根部的工作应力与预应力叠加后的合成应力在 $300 \sim 350N/mm^2$。1~4 片长片叠加负的预应力,短片叠加正的预应力。预应力从长片到短片由负值逐渐递增至正值。

3)理论要求

各片弹簧在根部处预应力所造成的弯矩 M_i 的代数和等于零,即:

$$\sum_{i=1}^{n} M_i = 0 \text{ 或 } \sum_{i=1}^{n} \sigma_{0i}W_i = 0 \tag{6-12}$$

4)第 i 片弹簧的弧高

$$H_i = L_i^2/8R_i \tag{6-13}$$

式中:L_i——第 i 片的片长。

5)钢板弹簧强度验算

(1)紧急制动情况。

制动时,前钢板弹簧承受的载荷最大,如图6-11a)所示,在它的后半段出现最大应力。

对卷耳A端取矩,计算 F_{s2} 有 $F_{s2}(l_1 + l_2) = G_1 m_1' l_2(l_1 + \varphi c)$;

对支点 O 取矩,计算得到后半段最大弯矩 $M_{max} = F_{s2} l_2 = G_1 m_1' l_2(l_1 + \varphi c)/(l_1 + l_2)$。

后半段出现最大应力:

$$\sigma_{max} = [G_1 m_1' l_2(l_1 + \varphi c)]/[(l_1 + l_2)W_0] \tag{6-14}$$

式中:G_1——作用在前轮上的垂直静负荷;

m_1'——制动时前轴负荷转移系数,对于轿车 $m_1' = 1.2 \sim 1.4$,对于货车 $m_1' = 1.4 \sim 1.6$;

l_1、l_2——钢板弹簧前、后段长度;

φ——道路附着系数,取0.8;

W_0、c——钢板弹簧总截面系数、弹簧固定点到路面的距离。

(2)汽车驱动情况。

后钢板弹簧承受的载荷最大,在它的前半段出现最大应力,如图6-11b)所示。受力分析方法与制动情况一致。只是由于要计算后钢板弹簧前半段出现最大应力,首先是对吊耳B端取矩计算 F_{s1},然后对支点 O 取矩计算后钢板弹簧的前半段最大弯曲应力,并计算与摩擦阻力对应的拉伸应力,最后求其和。

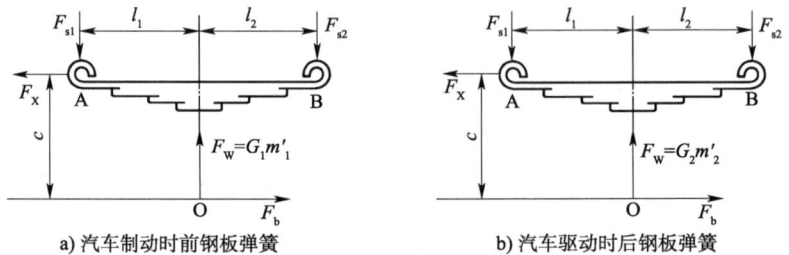

a)汽车制动时前钢板弹簧　　　　　b)汽车驱动时后钢板弹簧

图6-11　汽车制动和驱动时钢板弹簧的受力图

弯曲应力最大值:$\sigma_{wmax} = [G_2 m_2' l_1(l_2 + \varphi c)]/[(l_1 + l_2)W_0]$。

拉伸应力最大值:$\sigma_{1max} = G_2 m_2' \varphi / bh_1$。

后钢板弹簧的前半段最大应力为(弯曲应力 + 拉伸应力):

$$\sigma_{max} = [G_2 m_2' l_1(l_2 + \varphi c)]/[(l_1 + l_2)W_0] + G_2 m_2' \varphi / bh_1 \tag{6-15}$$

式中:G_2——作用在后轮上的垂直静负荷;

m_2'——驱动时后轴负荷转移系数,对于轿车 $m_2' = 1.25 \sim 1.30$,对于货车 $m_2' = 1.1 \sim 1.2$;

b、h_1——钢板弹簧片宽、钢板弹簧主片厚度。

（3）钢板弹簧卷耳和弹簧销的强度核算。

①主片卷耳。

钢板弹簧主片卷耳受力如图6-12所示。卷耳所受应力 σ 是由弯曲应力和拉（压）应力合成的应力：

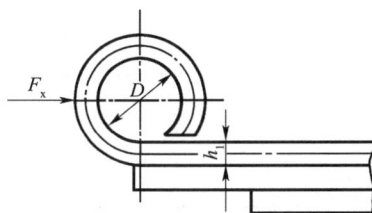

图6-12　钢板弹簧主片卷耳受力图

$$\sigma = [3F_x(D/2 + h_1)]/bh_1^2 + F_x/bh_1 \tag{6-16}$$

式中：F_x——沿弹簧纵向作用在卷耳中心线上力；

D、b、h_1——卷耳内径、钢板弹簧宽度、主片厚度。

许用应力 $[\sigma]$ 取为 350N/mm²。

②钢板弹簧销。

要验算钢板弹簧受静载荷时，钢板弹簧销受到挤压应力为：

$$\sigma_z = F_s/bd \tag{6-17}$$

式中：F_s——满载静止时钢板弹簧端部的载荷；

b、d——卷耳处叶片宽、钢板弹簧销直径。

（4）许用应力的选取。

用30钢或40钢经液体碳氮共渗处理时，弹簧销许用挤压应力 $[\sigma_z]$ 取为 3~4N/mm²。用20钢或20Cr钢经渗碳处理或用45钢经高频淬火后，其许用应力 $[\sigma_z] \leq 7~9$N/mm²。

（5）材料与方法。

钢板弹簧多数情况下采用 55SiMnVB 钢或 60Si₂Mn 钢制造。常采用表面喷丸处理工艺和减少表面脱碳层深度的措施来提高钢板弹簧的寿命。表面喷丸处理有一般喷丸和应力喷丸两种，后者可使钢板弹簧表面的残余应力比前者大很多。

六　少片弹簧设计计算

1）少片弹簧的特点

（1）叶片由等长、等宽、变截面的1~3片叶片组成（图6-13）。

（2）利用变厚断面来保持等强度特性。

（3）比多片弹簧减少20%~40%的质量。

（4）片间放有减摩作用的硬质塑料端垫，或做成只在端部接触，以减少片间摩擦。

在乘用车和部分商用车上得到越来越多的应用。

2）刚度与强度计算

图6-14所示单片变截面弹簧的端部 CD 段和中间夹紧部分 AB 段是

厚度为 h_1 和 h_2 的等截面形,BC 段为变厚截面。BC 段厚度可按抛物线形或线性变化。

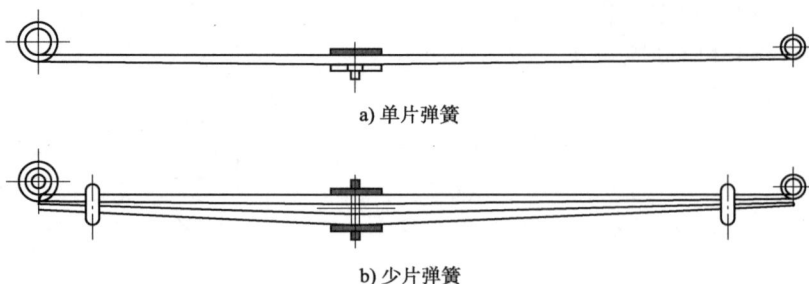

a) 单片弹簧

b) 少片弹簧

图 6-13　单片弹簧和少片弹簧

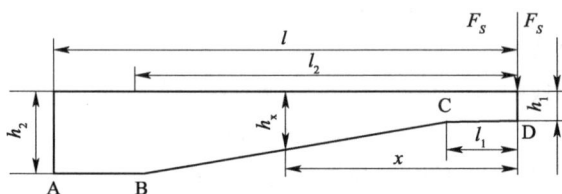

图 6-14　单片变截面弹簧的一半

（1）按抛物线形变化。

此时厚度 h_x 随长度的变化规律为 $h_x = h_2 (x/l_2)^{1/2}$,惯性矩为 $J_x = J_2 (x/l_2)^{3/2}$,单片刚度为

$$c = \frac{6EJ_2\xi}{l^3\left[1 + (l_2/l)^3 k\right]} \tag{6-18}$$

式中：E——材料弹性模量；

　　ξ——修正系数,取 0.92；

　　l、l_2——如图 6-14 所示；

　　J_2——$J_2 = (bh_2^3)/12$,其中 b 为钢板宽,$k = 1 - (h_1/h_2)^3$。

弹簧在抛物线区段内各点应力相等,其值为：

$$\sigma = \frac{6F_sl_2}{bh_2^2} \tag{6-19}$$

（2）按线性变化。

此时厚度 h_x 随长度的变化规律为：

$$h_x = A'x + B' \tag{6-20}$$

式中：$A' = (h_2 - h_1)/(l_2 - l_1)$,$B' = (h_1l_2 - h_2l_1)/(l_2 - l_1)$。

单片钢板弹簧的刚度仍用式（6-18）计算,但式中系数 k 用 k' 代入,即：

$$k' = \gamma^3 - \frac{3}{2}\left(\frac{1-\alpha}{1-\beta}\right)^3\left[2\ln\beta + \frac{4(1-\beta)(1-\gamma)}{1-\alpha} - \left(\frac{1-\gamma}{1-\alpha}\right)^2(1-\beta^2)\right] - 1 \tag{6-21}$$

式中 : $\alpha = l_1/l_2$; $\beta = h_1/h_2$; $\gamma = \alpha/\beta$。

当 $l_1 > l_2(2\beta - 1)$ 或 $2h_1 < h_2$ 时,弹簧最大应力点发生在 $x = B'/A'$ 处,此处 $h_x = A'x + B' = 2B'$,其应力值 $\sigma_{max} = 3F_s/2bA'B'$。

当 $l_1 \leq l_2(2\beta - 1)$ 时,最大应力点发生在 B 点,其应力值 $\sigma_{max} = 3F_s l_2/2bh_2^2$。$\sigma_{max}$ 应小于许用应力 $[\sigma]$。

由 n 片组成少片弹簧时,其总刚度为各片刚度之和,其应力则按各片所承受的载荷分量计算。少片弹簧的宽度,在布置允许的情况下尽可能取宽些,以增强横向刚度,常取 $75 \sim 100mm$。厚度 $h_1 > 8mm$,以保证足够的抗剪强度并防止太薄而淬裂。h_2 取 $12 \sim 20mm$。

第4节 扭杆弹簧设计计算

一 扭杆弹簧的特点及其分类

1)扭杆弹簧的特点

(1)扭杆弹簧是悬架弹性元件的一种,其两端分别与车架(车身)和导向臂连接。

(2)工作时,扭杆弹簧受扭转力矩的作用。

(3)扭杆弹簧在汽车上可以纵置、横置或介于上述两者之间。

(4)扭杆弹簧单位质量储能量比钢板弹簧大得多,所以扭杆弹簧悬架质量小(簧下质量得以减少)。

(5)扭杆弹簧工作可靠、维修容易。

目前在总长较短的客车和总质量较小的货车上,扭杆弹簧得到较广泛的应用。

2)扭杆弹簧的分类

扭杆弹簧可以按照断面形状或弹性元件数量不同来分类。

(1)按照断面形状不同,扭杆弹簧分为圆形、管形、片形等。

(2)按照弹性元件数量不同,扭杆可分为单杆式[图6-15a)、b)]和组合式两种。

不同断面形状的扭杆弹簧有不同的优缺点:端部做成花键的圆形断面扭杆,因工艺性良好和装配容易而得到广泛应用,与管形扭杆相比,其缺点是材料利用不够合理。管形断面扭杆有制造工艺比较复杂的缺点,但它也有材料利用合理和能够用来制作组合式扭杆的优点。片形断面扭杆在一片断了以后仍能工作,所以工作可靠性好,除此之外还有工艺性良好、弹性好、扭角大等优点,其缺点是材料利用不够合理。

组合式扭杆又有并联[图6-15c)、d)]和串联[图6-15e)]两种。组合式扭杆能缩短弹性元件的长度,有利于在汽车上的布置。采用圆断面组合式扭杆时,可以用2、4或6根组合形成的组合式扭杆。

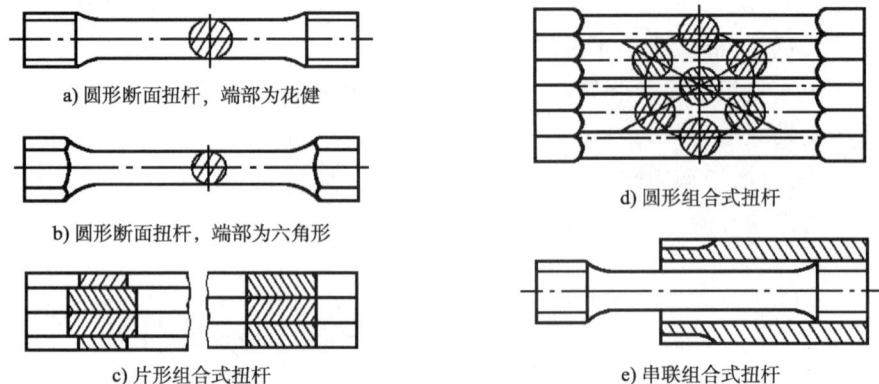

a) 圆形断面扭杆,端部为花健

b) 圆形断面扭杆,端部为六角形

c) 片形组合式扭杆

d) 圆形组合式扭杆

e) 串联组合式扭杆

图 6-15 扭杆断面形状及端部结构

二 扭杆弹簧设计计算

以汽车上常用的圆形断面扭杆为例介绍设计要点。

1)设计参数确认

根据对汽车平顺性的要求,选定悬架刚度 c。确定扭杆弹簧的主要尺寸,包括扭杆直径 d 和扭杆长度 L(图6-16)。

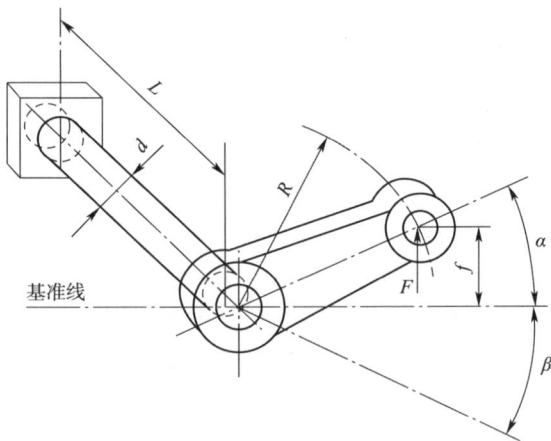

图 6-16 扭杆弹簧与臂

计算扭杆直径 d:

$$d = \sqrt[3]{16M_{max}/(\pi\tau)} \tag{6-22}$$

式中:M_{max}——扭杆承受的最大转矩;

τ——扭转切应力,可用需用允许扭转切应力代入计算。

扭杆的有效长度 L：

$$L = \pi d^4 G/(32c_n) \qquad (6\text{-}23)$$

式中：G——剪切模量，设计时取 $G = 7.7 \times 10^4 \mathrm{MPa}$；

c_n——扭杆的扭转刚度。

2）参数选择的辩证关系

分析式（6-23）可知：扭杆直径 d 和有效长度 L 对扭杆的扭转刚度 c_n 有影响。增加扭杆直径 d 会使扭杆的扭转刚度 c_n 增大，因悬架刚度与扭杆扭转刚度成正比，所以汽车平顺性变差；而扭杆直径 d 又必须满足式（6-22）的强度要求，不能随意减小。

增加扭杆有效长度 L 能减小扭杆的扭转刚度 c_n，使汽车平顺性获得改善；但过长的扭杆在汽车上布置有困难。此时宜采用组合式扭杆。

3）材料性能分析

常采用 45CrNiMoVA、40Cr、42CrMo、50CrV 等弹簧钢制造扭杆。为了提高疲劳强度，扭杆需要经过预扭和喷丸处理。经过预扭和喷丸处理的扭杆许用切应力 $[\tau]$ 可在 $800 \sim 900\mathrm{MPa}$ 范围内选取，乘用车可取上限，货车宜取下限。

4）端部和过渡段尺寸设计

扭杆弹簧可分为端部、杆部和过渡段三部分。圆形扭杆使用有花键的端部占多数，这种结构在端部直径较小时也能保证足够的强度。为使端部和杆部寿命一样，推荐端部直径 $D = (1.2 \sim 1.3)d$，其中 d 为扭杆直径；花键长度 $l = 0.4D$，端部花键一般采用渐开线花键。

从端部直径到杆部直径之间的一段称为过渡段。为了使这段的应力集中降到最小，过渡段的尺寸应该是逐渐变化的。比较常用的方法是采用一个30°夹角的椎体，把端部和杆部连接起来［图6-17a)］，过渡段长 $L_g = (D - d)/2\tan15°$，过渡圆角 $r = 1.5d$。

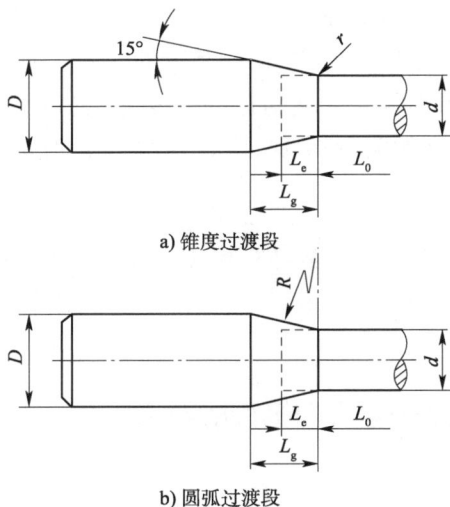

a) 锥度过渡段

b) 圆弧过渡段

图6-17　扭杆端部、杆部与过渡段

过渡段可以分为靠近直径为 D 的花键端部的非有效部分和靠近直径为 d 的杆部的有效部分,即这一部分可以看作扭杆工作长度的一部分,称为有效长度 L_e。对于如图 6-17a) 所示结构,有效长度 L_e 为:

$$L_e = \frac{L_g}{3}\left[\frac{d}{D} + \left(\frac{d}{D}\right)^2 + \left(\frac{d}{D}\right)^3\right] \qquad (6\text{-}24)$$

有效长度 L_e 也可以用图 6-18 所示线图求出。

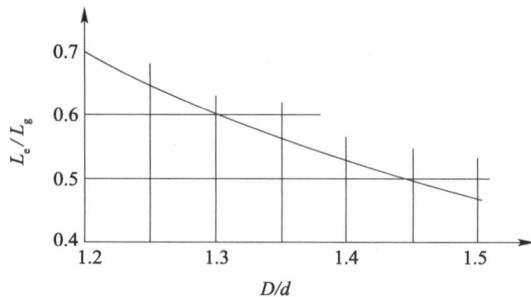

图 6-18 求过渡段有效长度的线图

对于如图 6-17b) 所示结构,有效长度 L_e 为

$$L_e = \frac{L_g}{48}\left[8\left(\frac{d}{D}\right)^3 + 10\left(\frac{d}{D}\right)^2 + 15\left(\frac{d}{D}\right) + 15\left(\frac{d}{D-d}\right)^{0.5}\arctan\left(\frac{D}{d}-1\right)^{0.5}\right] \qquad (6\text{-}25)$$

过渡圆弧半径 R 为:

$$R = \frac{L_g^2}{D-d} + \frac{D-d}{4} \qquad (6\text{-}26)$$

扭杆的工作长度 L 等于杆身长 L_0 再加有效长度 L_e 的两倍,即:

$$L = L_0 + 2L_e$$

与扭杆花键连接的支座上的内花键长度,要求比扭杆上的外花键长度长些,并且设计时还应保证内花键两端的长度都要超出扭杆花键长度。

有的扭杆端部采用直接锻造出六角形的结构。为了提高侧边的平直度,锻后再进行精压加工。六角对边的宽度 B 与扭杆直径 d 之间要求保持 $B = (1.2 \sim 1.4)d$ 的关系,以保证六角形的端部有足够的强度。

第5节 独立悬架导向机构的设计

一 对独立悬架导向机构的要求

1)对前轮独立悬架导向机构的要求
(1)悬架上载荷变化时,保证轮距变化不超过 ± 4mm。

（2）悬架上载荷变化时，前轮定位参数要有合理的变化特性，车轮不应产生纵向加速度。

（3）汽车转弯行驶时，应使车身侧倾角小。在 0.4g 侧向加速度作用下，车身侧倾角不大于 6°～7°，车轮与车身的倾斜要同向。

（4）汽车制动时，应使车身有抗前俯作用；加速时，有抗后仰作用。

2）对后轮独立悬架导向机构的要求

（1）悬架上的载荷变化时，轮距无显著变化。

（2）汽车转弯行驶时，应使车身侧倾角小，并使车轮与车身的倾斜反向，以减小过多转向效应。

（3）应有足够的强度、可靠地传递除垂直力以外的各种力和力矩。

二　导向机构的布置参数

1）侧倾中心 W

双横臂式悬架侧倾中心的计算公式如下：

$$h_W = \frac{B_1}{2} \frac{h_p}{k\cos\beta + d\tan\sigma + a} \tag{6-27}$$

式中：$k = c\dfrac{\sin(90 + \sigma - \alpha)}{\sin(\alpha + \beta)}$，$h_p = k\sin\beta + d$ [图 6-19a)]。

当上下横臂平行时，其交点趋于无穷远，则可画出其通过车轮接地点 N 的平行线与车对称轴线的交点，来确定侧倾中心 W，如图 6-19b) 所示。

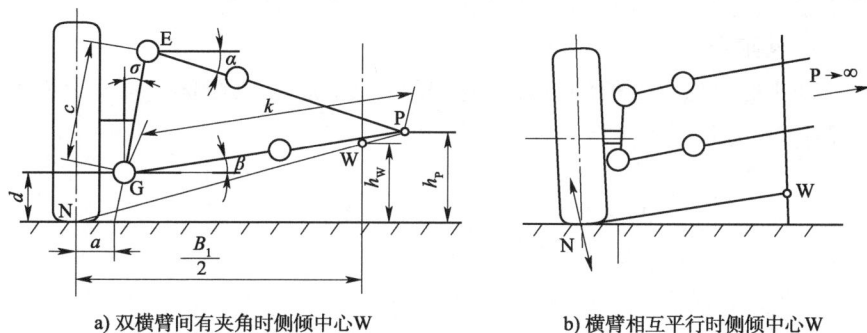

a) 双横臂间有夹角时侧倾中心 W　　　　b) 横臂相互平行时侧倾中心 W

图 6-19　双横臂式独立悬架侧倾中心 W 的确定

麦弗逊式悬架侧中心的计算公式如下：

$$h_W = \frac{B_1}{2} \frac{h_p}{k\cos\beta + d\tan\sigma + a} \tag{6-28}$$

式中：$k = \dfrac{c + o}{\sin(\alpha + \beta)}$，$h_p = k\sin\beta + d$（图 6-20）。

麦弗逊式独立悬架的特点：滑柱摆臂式悬架的弹簧减振器柱 EG 布置得越垂直、下横臂 GD 布置得越接近水平，则侧倾中心 W 就越接近地面,从而使得在车轮上跳时车轮外倾角的变化很不理想。如加长下横臂,则可改善运动学特性。

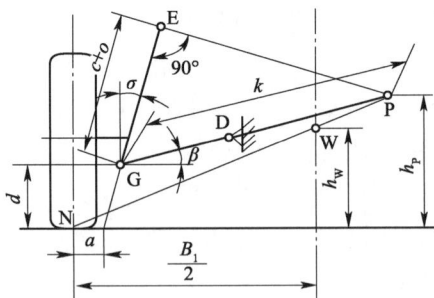

图 6-20　麦弗逊式独立悬架侧倾中心 W 的确定

2)侧倾轴线

(1)在独立悬架中,前后侧倾中心连线称为侧倾轴线。侧倾轴线应大致与地面平行,且尽可能离地面高些。

平行是为了使得在曲线行驶时前、后轴上的轮荷变化接近相等,从而保证中性转向特性;而尽可能高则是为了使车身的侧倾限制在允许范围内。

(2)独立悬架(纵臂式悬架除外)的侧倾中心高度:前悬架 0 ~ 120mm;后悬架 80 ~ 150mm。

(3)设计时首先要确定(与轮距变化有关的)前悬架侧倾中心高度,然后确定后悬架的侧倾中心高度。

当后悬架采用独立悬架时,其侧倾中心高度要稍大些。如果用钢板弹簧非独立悬架时,后悬架的侧倾中心高度要取得更大些。

3)纵倾中心

麦弗逊式独立悬架的纵倾中心如图 6-21 所示,双横臂式独立悬架的纵倾中心如图 6-22 所示。

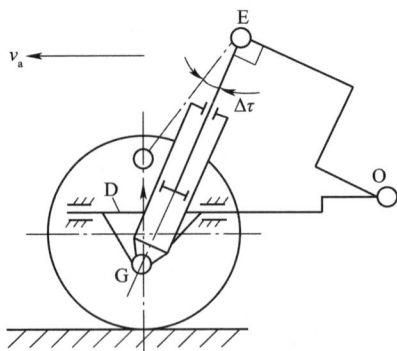

图 6-21　麦弗逊式独立悬架的纵倾中心

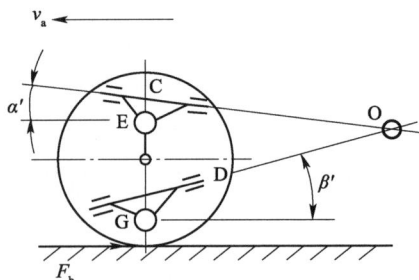

图 6-22　双横臂式独立悬架的纵倾中心

4)抗制动纵倾性(抗制动前俯角)

抗制动纵倾性使得制动过程中汽车车头的下沉量及车尾的抬高量减

小。只有当前、后悬架的纵倾中心位于两根车桥(轴)之间时,这一性能方可实现,如图 6-23 所示。

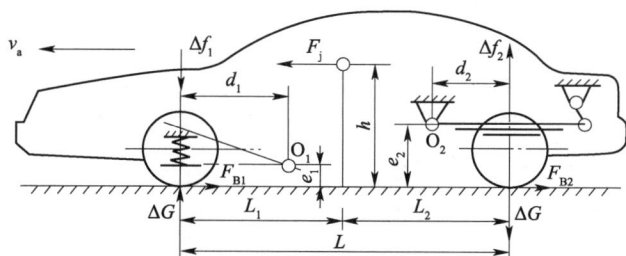

图 6-23   汽车抗制动纵倾性

5)抗驱动纵倾性(抗驱动后仰角)

抗驱动纵倾性可减小后轮驱动汽车车尾的下沉量或前轮驱动汽车车头的抬高量。对于独立悬架而言,当纵倾中心位置高于驱动桥车轮中心,这一性能方可实现。

6)悬架摆臂的定位角

独立悬架中的摆臂铰链轴大多为空间倾斜布置。摆臂空间定位角定义:摆臂的水平斜置角 α',悬架抗前俯角 β',悬架斜置初始角 θ',如图 6-24 所示。

图 6-24 α'、β'、θ' 的定义

三   双横臂式独立悬架导向机构设计

1)纵向平面内上、下横臂的布置

分别用 β'_1 和 β'_2 来表示下、上横臂与水平线的夹角,如图 6-25 所示。图中给出了 6 种可能布置方案的主销后倾角 γ 值随车轮跳动的曲线。横坐标为 γ 值,纵坐标为车轮接地中心的垂直位移量。各匹配方案中,β'_1、β'_2 角度的取值见图注,其正负号按右手定则确定。

希望的变化规律:在悬架弹簧压缩时后倾角增大;在悬架弹簧拉伸时

后倾角 γ 减小,用以造成制动时因主销后倾角变大而在控制臂支架上产生一个防止制动前俯的力矩。

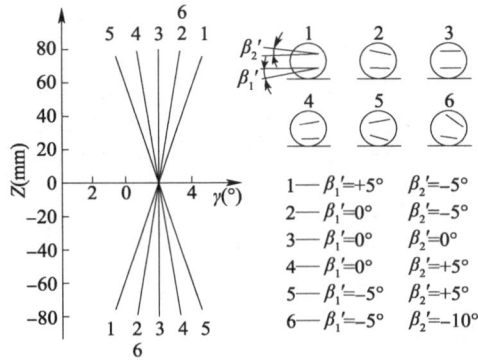

图 6-25 β'_1、β'_2 的匹配对 γ 的影响

图 6-25 中,1、2、6 三种方案的主销后倾角 γ 的变化规律是比较好的,被广泛采用。

2)横向平面内上、下横臂的布置方案

比较图 6-26 中 a)、b)、c)三图,可清楚地看到,上、下横臂布置不同,所得侧倾中心位置也不同,这样就可根据对侧倾中心位置的要求来设计上、下横臂在横向平面内的布置方案。

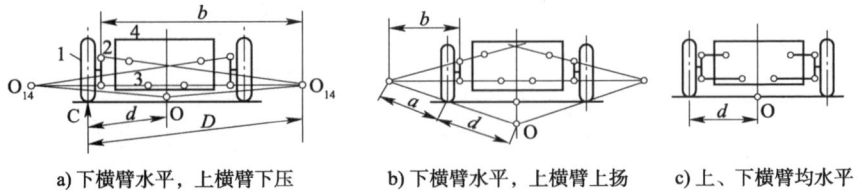

a)下横臂水平,上横臂下压   b)下横臂水平,上横臂上扬   c)上、下横臂均水平

图 6-26　横向平面内上、下横臂的布置方案

3)水平面内上、下横臂轴的布置方案

(1)上、下横臂轴线在水平面内的布置方案有三种,如图 6-27 所示。

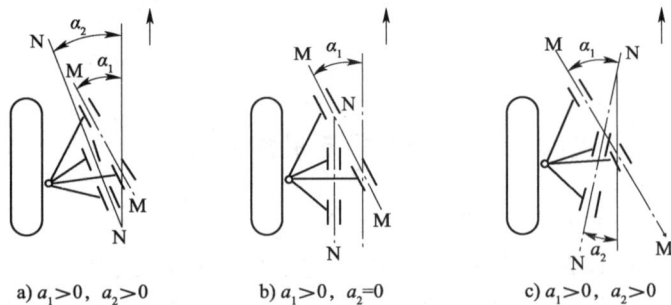

a) $a_1>0$, $a_2>0$ b) $a_1>0$, $a_2=0$ c) $a_1>0$, $a_2>0$

图 6-27　水平面内上、下横臂的布置方案

(2)下横臂轴 M-M 和上横臂轴 N-N 与纵轴线的夹角,分别用 α_1 和 α_2 来表示,称为导向机构上、下横臂轴的水平斜置角。

（3）一般规定,轴线前端远离汽车纵轴线的夹角为正,反之为负,与汽车纵轴线平行者,夹角为零。

采用上述布置方案的目的是:①为了使轮胎在遇到凸起路障时能够使轮胎一面上跳,一面向后退让;②减少传到车身上的冲击力;③便于布置发动机。

4）上、下横臂长度的确定

现代轿车所用的双横臂式前悬架,一般设计成上横臂短、下横臂长。这一方面是考虑到布置发动机方面,另一方面也是为了得到理想的悬架运动特性。

上、下横臂长度之比 l_2/l_1 改变时的悬架运动特性如图 6-28 所示。其中 Z 为车轮垂直位移,B_y 为 1/2 轮距,α 为车轮外倾角,β 主销内倾角。

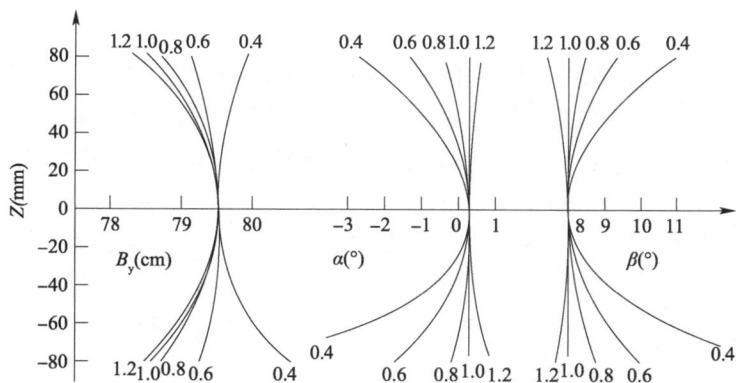

图 6-28　上、下横臂长度之比 l_2/l_1 改变时的悬架运动特性

四　麦弗逊式独立悬架导向机构设计

分析如图 6-29 所示的麦弗逊独立悬架受力见图可知,作用在导向套上的横向力:

$$F_3 = \frac{F_1 ad}{(c+d)(d-c)} \qquad (6-29)$$

式中:F_1——前轮上的静载荷 F_1' 减去前轴簧下质量的 1/2。

力 F_3 越大,则作用在导向套上的摩擦力 $F_3 f$ 越大（f 为摩擦因数）,这对汽车平顺性有不良影响。

希望减小摩擦力 $F_3 f$,在导向套和活塞表面应用了减磨材料和特殊工艺。

设计时要注意以下几点:

（1）为减小力 F_3,要求尺寸 $c+b$ 越大越好,或者减小尺寸 a。增大尺寸 $c+b$ 使悬架占用空间增加,在布置上有困难。

（2）若采用增加减振器轴线倾斜度的方法,可达到减小尺寸 a 的目的,但也存在布置困难的问题。

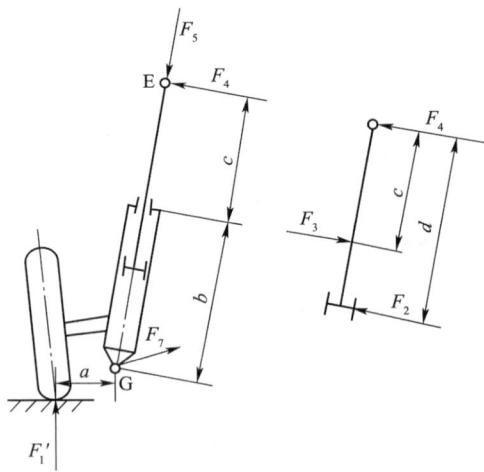

图 6-29　麦弗逊式独立悬架导向机构设计

（3）为此，在保持减振器轴线不变的条件下，常将图中的 G 点外伸至车轮内部，既可以达到缩短尺寸 a 的目的，又可获得较小的甚至是负的主销偏移距，提高制动稳定性。移动 G 点后的主销轴线不再与减振器轴线重合。

练习题

6-1　简述钢板弹簧各片长度的确定过程。

6-2　钢板弹簧叶片在自由状态下曲率半径为什么不同？

6-3　如何确定汽车前后悬架的静挠度？

6-4　为什么设计麦弗逊式悬架时，它的主销轴线、滑柱轴线和弹簧轴线三条线不在一条线上？

6-5　扭杆弹簧有什么特点？在双横臂中应用扭杆弹簧有怎样的优缺点？

第 7 章

转向器结构设计

第1节　转向器设计的基本要求

（1）按设计传动比增大转向盘传到转向传动机构的力和改变力的传递方向。

（2）传给转向盘的反力尽量小。

（3）传动效率高,具有较好的自动回正能力。

（4）工作平稳、可靠,使用寿命长。

图 7-1 所示为乘用车转向系统。

图 7-1　乘用车转向系统

第2节　机械式转向器方案分析与设计

一　机械式转向器类型

机械式转向器应用比较多,根据结构特点不同,可分为齿轮齿条式转向器、循环球式转

笔记区

机械转向
系统组成

机械转向
系统原理

向器、蜗杆滚轮式转向器和蜗杆指销式转向器等。

1) 齿轮齿条式转向器

齿轮齿条式转向器由转向齿轮和转向齿条构成,转向齿轮与转向轴做成一体,而转向齿条常与转向横拉杆做成一体。

(1) 齿轮齿条式转向器分类。

① 按轮齿形式分,转向器的齿轮有直齿轮和斜齿轮:

a. 采用直齿圆柱齿轮与直齿齿条啮合的转向器,运转平稳性降低,冲击大,工作噪声增加,而且齿轮轴线与齿条轴线之间的夹角只能是直角,不适应总体布置而已遭淘汰。

b. 采用斜齿圆柱齿轮与斜齿齿条啮合的齿轮齿条式转向器,重合度增加,运转平稳,冲击与工作噪声均下降,齿轮轴线与齿条轴线之间的夹角易于满足总体设计的要求。

② 按齿条断面分,齿条断面形状有圆形、V 形和 Y 形三种:

a. 圆形断面齿条制作工艺比较简单。

b. V 形和 Y 形断面齿条与圆形断面相比,消耗的材料少,约节省20%,故质量小。且 V 形和 Y 形断面齿条,齿背面的斜面与齿条托座接触,可以防止齿条绕轴线转动。

c. Y 形断面齿条的齿宽可以更宽些,因而强度得到增加。

(2) 齿轮齿条式转向器主要的优点。

① 结构简单、紧凑。

② 壳体采用铝合金或镁合金压铸而成。

③ 转向器的质量比较轻,占用的体积小。

④ 传动效率高达 90%。

⑤ 可自动消除齿间间隙,提高转向系统的刚度,防止工作时产生冲击和噪声。

⑥ 没有转向摇臂和直拉杆,所以转向轮可以获得更大的转角。

(3) 齿轮齿条式转向器的主要缺点。

① 因逆效率较高(60% ~ 70%),汽车在不平路面上行驶时,转向轮与路面之间的冲击力大部分能传至转向盘,使驾驶员精神紧张,并难以准确控制汽车行驶方向。

② 转向盘突然转动会造成打手,对驾驶员造成伤害。

2) 循环球式转向器

循环球式转向器由螺杆、螺母、传力钢球和齿扇组成。其中,螺杆、螺母和传力钢球构成螺旋运动副,而螺母和齿扇则构成齿扇齿条运动副。

(1) 循环球式转向器的优点。

① 在螺杆和螺母之间为滚动摩擦,因而传动效率可达到75% ~ 85%。

② 在结构和工艺上采取措施,可使转向器具有足够的硬度和耐磨性,

工作平稳可靠。

③转向器的传动比可以变化。

④齿条和齿扇之间的间隙调整方便。

⑤适合用来做整体式动力转向器。

(2)循环球式转向器的主要缺点。

逆效率高,结构复杂,制造精度要求高,制造困难。

3)蜗杆滚轮式转向器

蜗杆滚轮式转向器由蜗杆和滚轮啮合而成。

(1)蜗杆滚轮式转向器主要的优点。

①结构简单、制造容易。

②齿面和蜗杆为面接触,强度比较高,工作可靠,磨损小,寿命长。

③逆效率低。

(2)蜗杆滚轮式转向器的主要缺点。

①正效率低。

②工作齿面磨损以后,调整啮合间隙比较困难。

③转向器的传动比不能变化。

4)蜗杆指销式转向器

(1)蜗杆指销式转向器分类。

按照指销形式分为固定指销式和旋转指销式转向器,按照指销数量分为单销式和双销式转向器。

若指销不能自转,则称为固定指销式转向器,其工作部位基本保持不变,磨损快、传动效率低;若指销能绕自身轴线转动,则称为旋转指销式转向器,其传动效率较高、磨损慢,但结构比较复杂。

(2)蜗杆指销式转向器的优点。

①转向器的传动比可以做成不变的或者变化的。

②指销和蜗杆之间的工作面磨损后,调整间隙较为方便。

二 齿轮齿条式转向器形式

1)齿轮齿条式转向器自身形式

根据输入齿轮位置和输出特点不同,齿轮齿条式转向器有四种形式:中间输入,两端输出[图7-2a)];侧面输入,两端输出[图7-2b)];侧面输入,中间输出[图7-2c)];侧面输入,一端输出[图7-2d)]。

(1)采用侧面输入、中间输出方案时,与齿条相连的左、右拉杆延伸到接近汽车纵向对称平面附近。车轮跳动时拉杆摆角减小,有利于减少转向系统与悬架系统的运动干涉。拉杆与齿条用螺栓固定连接,两拉杆与齿条同时向左或右移动,为此在转向器壳体上开有轴向方向的长槽,降

齿轮齿条式
转向器结构

齿轮齿条式
转向器工作过程

低了壳体的强度。

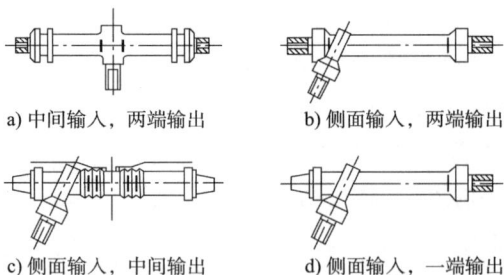

a) 中间输入，两端输出　　　　b) 侧面输入，两端输出

c) 侧面输入，中间输出　　　　d) 侧面输入，一端输出

图 7-2　齿轮齿条式转向器的形式

（2）采用两端输出方案时，由于转向拉杆长度受到限制，容易与悬架系统导向机构产生运动干涉。

（3）侧面输入、一端输出的齿轮齿条式转向器，常用在平头微型货车上。

2）齿轮齿条式转向器在汽车上的布置形式

根据齿轮齿条式转向器和转向梯形相对前轴位置的不同，齿轮齿条式转向器在汽车上有四种布置形式：转向器位于前轴后方，后置梯形[图 7-3a)]；转向器位于前轴后方，前置梯形[图 7-3b)]；转向器位于前轴前方，后置梯形[图 7-3c)]；转向器位于前轴前方，前置梯形[图 7-3d)]。

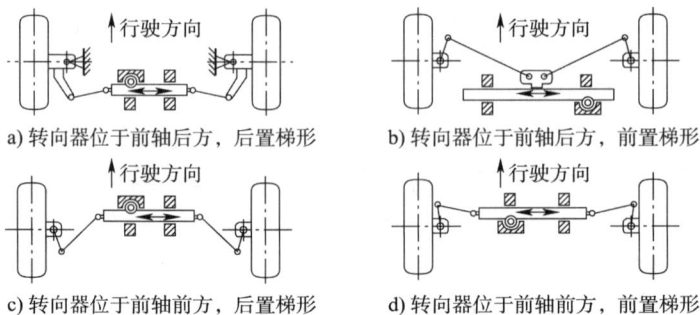

a) 转向器位于前轴后方，后置梯形　　　b) 转向器位于前轴后方，前置梯形

c) 转向器位于前轴前方，后置梯形　　　d) 转向器位于前轴前方，前置梯形

图 7-3　齿轮齿条式转向器的布置形式

齿轮齿条式转向器广泛应用于微型、普通级、中级和中高级轿车上，甚至在高级轿车上也有采用。装载量不大、前轮采用独立悬架的货车和客车有些也用齿轮齿条式转向器。

三　齿轮齿条式转向器的设计

（1）齿轮齿条式转向器的齿轮多数采用斜齿圆柱齿轮，齿轮螺旋角取值范围多在 9°～15°。

（2）主动小齿轮齿数多数在 5～7 个齿范围变化，压力角取 20°，齿轮模数取值范围多在 2～3mm 之间。

（3）齿条齿数应根据转向轮达到最大偏转角时，相应的齿条移动行程来确定。

（4）变传动比的齿条压力角，对现有结构在 $12°\sim35°$ 范围内变化。

（5）设计时应验算轮齿的抗弯强度和接触强度。

（6）主动小齿轮选用 16MnCr5 或 15CrNi6 材料制造，而齿条常采用 45 号钢制造。为减轻质量，壳体用铝合金压铸。

四　齿轮齿条变传动比转向器设计

1）变传动比转向器

（1）从轮胎接地面中心作用在两个转向轮上的合力 $2F_W$ 与作用在转向盘上的手力 F_h 之比，称为力传动比 $i_p = 2F_W/F_h$。可见，增大角传动比可以增加力传动比，当 F_W 一定时，增大 i_p 能减小作用在转向盘上的力 F_h，使操纵轻便。

（2）角传动比增加后，转向轮偏转角速度对转向盘角速度的响应变得迟钝，使转向操纵时间增长，汽车转向灵敏性降低，所以"轻"和"灵"构成一对矛盾。

为解决这对矛盾，可采用变传动比转向器。齿轮齿条式、循环球式、蜗杆指销式转向器都可以制成变传动比转向器。

2）变传动比齿轮齿条转向器

相互啮合的齿轮齿条，其齿轮基圆齿距表示为 $p_{b1} = \pi m_1 \cos\alpha_1$，齿条基圆齿距表示为 $p_{b2} = \pi m_2 \cos\alpha_2$。它们的基圆齿距必须相等，即 $p_{b1} = p_{b2}$。因此，当具有标准模数 m_1 和标准压力角 α_1 的齿轮与一个具有变模数 m_2 和变压力角 α_2 的齿条相啮合时，只需保持 $m_1\cos\alpha_1 = m_2\cos\alpha_2$，就可以啮合运转。

如果齿条中部（相当于汽车直线行驶位置）齿的压力角最大，向两端逐渐减小（模数也随之减小），则主动齿轮啮合半径也减小，转向盘转动相同角度增量时，齿条行程增量也随之减小。因此转向器的传动比是变化的。

图7-4 是根据上述原理设计的变传动比齿轮齿条式转向器示例。位于齿条中部位置处的齿有较大压力角、齿轮有较大的节圆半径，而齿条齿有宽的齿根和浅斜的齿侧面；位于齿条两端的齿，齿根减薄，齿有陡斜的侧面。

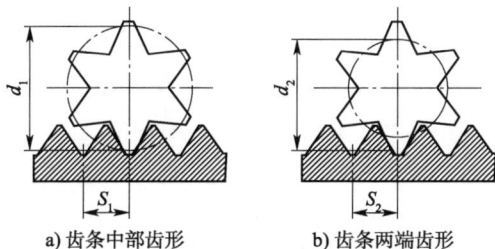

a) 齿条中部齿形　　　b) 齿条两端齿形

图7-4　变传动比齿轮齿条示意图

3）变传动比转向器的设计

随转向盘转角变化，转向器角传动比可以设计成减小、增大或保持不变的。影响选取角传动比变化规律的因素，主要是转向轴负荷大小和对汽车机动能力的要求。

（1）若转向轴负荷小，在转向盘全转角范围内，不存在转向过于沉重的问题，应取较小的转向器角传动比。

（2）装有动力转向器的汽车，因转向大部分阻力矩由动力装置克服，转向器应取较小的角传动比，减少转向盘转动的总圈数，以提高汽车的机动能力。

（3）转向轴负荷大且无动力转向的汽车，转向阻力矩大致与车轮偏转角度成正比，汽车低速急转弯行驶时的操纵轻便性问题突出，故转向器应选用较大的角传动比。

（4）汽车以较高车速转向行驶时，转向轮转角较小，转向阻力矩也小，此时要求转向轮反应灵敏，转向器角传动比应当小些。因此，转向器角传动比变化曲线应选用大致呈中间小两端大些的下凹形曲线，如图7-5所示。

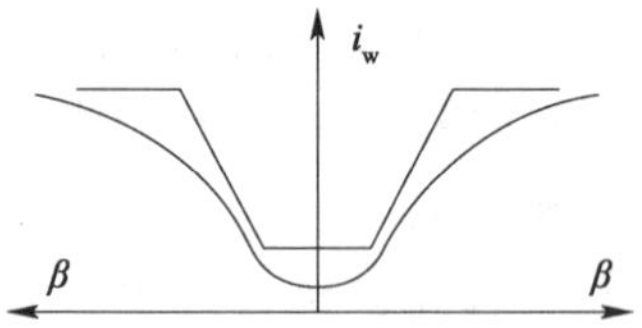

图7-5 转向器角传动比变化特性曲线

（5）转向盘在中间位置的转向器角传动比不宜过小。过小则在汽车高速直线行驶时，对转向盘转角过分敏感并使反冲效应加大，使驾驶员难以精确控制转向轮的运动。直行位置的转向器角传动比不宜低于15～16。

4）转向器的传动间隙 Δt

传动间隙是指转向器中传动副之间的间隙。传动间隙随转向盘转角的变化规律，称为转向器传动间隙特性，如图7-6所示。转向器传动间隙特性与直线行驶的稳定性和转向器的使用寿命有关。

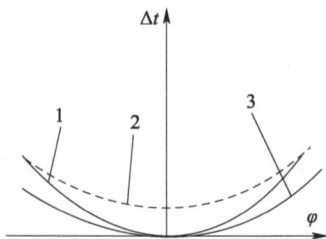

图7-6 转向器传动间隙特性

（1）汽车直线行驶时，转向器传动副若存在间隙，则转向轮受到侧向力作用时,可能造成车轮偏离原行驶方向,汽车失去稳定性。所以要求传动间隙在转向盘处于中间及其附近位置(一般是 10°~15°)时要极小,最好无间隙。

(2)转向器在中间及其附近位置因使用频繁,磨损速度要比两端快。当传动间隙大到无法确保直线行驶的稳定性时,必须经调整消除该处间隙。调整后,要求转向盘能圆滑地从中间位置转到两端,而无卡滞现象。因此,传动间隙应当设计成在离开中间位置以后呈图 7-6 所示逐渐加大的形状。

图 7-6 中曲线 1 表示转向器在磨损前的间隙变化特性,曲线 2 表示使用并磨损后的间隙变化特性,并且在中间位置处已出现较大间隙,曲线 3 表示调整并消除中间位置处间隙后的转向器传动间隙变化特性。

第3节　机械式转向器主要性能参数

一　转向器的效率

1)正效率与逆效率

功率 P_1 从转向轴输入经转向摇臂轴输出,所计算的效率称为转向器的正效率,用符号 η_+ 表示;反之称为逆效率,用符号 η_- 表示。

$$\eta_+ = (P_1 - P_2)/P_1 \tag{7-1}$$
$$\eta_- = (P_3 - P_2)/P_3 \tag{7-2}$$

式中:P_1——作用在转向轴上的功率;

P_2——转向器中的摩擦功率;

P_3——作用在转向摇臂轴上的功率。

(1)为了保证转向时驾驶员转动转向盘轻便,要求转向器正效率高。

(2)为了减轻在不平路面上行驶时驾驶员的疲劳,车轮与路面之间的作用力传至转向盘上要尽可能小,防止"打手",所以希望转向器逆效率尽可能低。

(3)为了保证转向后汽车能自动返回到直线行驶状态,转向器又需要有一定的逆效率。

2)转向器效率计算

(1)正效率 η_+。

影响转向器正效率的因素有转向器的类型、结构特点、结构参数和制造质量等。

只考虑啮合副的摩擦损失,对于蜗杆和螺杆类转向器,其效率可用下式计算：

$$\eta_+ = \tan\alpha_0 / \tan(\alpha_0 + \rho) \qquad (7\text{-}3)$$

式中：α_0——蜗杆（或螺杆）的螺线导程角；

ρ——摩擦角，$\rho = \arctan f$；

f——摩擦因数。

齿轮齿条式、循环球式转向器的正效率比较高，而蜗杆指销式特别是固定销和蜗杆滚轮式转向器的正效率要明显低些。

（2）逆效率 η_-。

只考虑啮合副的摩擦损失，转向器的逆效率可用下式计算：

$$\eta_- = \tan(\alpha_0 - \rho) / \tan\alpha_0 \qquad (7\text{-}4)$$

式（7-3）和式（7-4）表明：

①增加导程角 α_0 正逆效率均增大，所以 α_0 不宜取得过大。

②当导程角小于或等于摩擦角时，逆效率为负值或者为零，为不可逆式转向器。实际转向器的导程角必须大于摩擦角。通常螺线导程角选在 $8° \sim 10°$ 之间。

3）逆效率转向器分类

根据逆效率大小不同，转向器又有可逆式、极限可逆式和不可逆式之分。

（1）可逆式转向器。

路面作用在车轮上的力，经过转向系可大部分传递到转向盘，这种逆效率较高的转向器属于可逆式。可逆式转向器的特点：

①能保证转向后，转向轮和转向盘自动回正，减轻驾驶员的疲劳，提高行驶安全性。

②车轮受到的冲击力，能大部分传至转向盘，造成驾驶员"打手"，使之精神状态紧张，如果长时间在不平路面上行驶，易使驾驶员疲劳，影响安全驾驶。

属于可逆式的转向器有齿轮齿条式和循环球式转向器。

（2）不可逆式转向器。

不可逆式转向器是指车轮受到的冲击力不能传到转向盘的转向器。不可逆式转向器的特点：

①车轮受到的冲击力由转向传动机构的零件承受，因而这些零件容易损坏。

②不可逆式转向器既不能保证车轮自动回正，驾驶员又缺乏路面感觉。现代汽车不采用这种转向器。

（3）极限可逆式转向器。

极限可逆式转向器介于前两种转向器之间。在车轮受到冲击力作用时，此力只有较小一部分传至转向盘，其逆效率较低。极限可逆式转向器

的特点:

①在不平路面上行驶时,驾驶员并不十分紧张。

②转向传动机构的零件所承受的冲击力也比不可逆式转向器小。

二 转向系统传动比

1)转向系统传动比

转向系统的传动比包括转向系统的角传动比 $i_{\omega 0}$ 和转向系统的力传动比 i_p。

(1)从轮胎接地面中心作用在两个转向轮上的合力 $2F_W$ 与作用在转向盘上的手力 F_h 之比,称为转向系统力传动比:

$$i_p = 2F_W/F_h \tag{7-5}$$

(2)转向盘角速度 ω_w 与同侧转向节偏转角速度 ω_k 之比,称为转向系统角传动比:

$$i_{\omega 0} = \frac{\omega_w}{\omega_k} = \frac{\mathrm{d}\varphi/\mathrm{d}t}{\mathrm{d}\beta_k/\mathrm{d}t} = \frac{\mathrm{d}\varphi}{\mathrm{d}\beta_k} \tag{7-6}$$

式中:$\mathrm{d}\varphi$——转向盘转角增量;

$\mathrm{d}\beta_k$——转向节转角增量;

$\mathrm{d}t$——时间增量。

(3)转向系统的角传动比 $i_{\omega 0}$ 由转向器角传动比 i_ω 和转向传动机构角传动比 i'_ω 组成:

$$i_{\omega 0} = i_\omega i'_\omega \tag{7-7}$$

(4)转向盘角速度 ω_w 与摇臂轴角速度 ω_p 之比,称为转向器角传动比 i_ω:

$$i_\omega = \frac{\omega_w}{\omega_p} = \frac{\mathrm{d}\varphi/\mathrm{d}t}{\mathrm{d}-\beta_p/\mathrm{d}t} = \frac{\mathrm{d}\varphi}{\mathrm{d}\beta_p} \tag{7-8}$$

式中:$\mathrm{d}\beta_p$——摇臂轴转角增量。此定义适用于除齿轮齿条式之外的转向器。

(5)摇臂轴角速度 ω_p 与同侧转向节偏转角速度 ω_k 之比,称为转向传动机构的角传动比 i'_ω:

$$i'_\omega = \frac{\omega_p}{\omega_k} = \frac{\mathrm{d}\beta_p/\mathrm{d}t}{\mathrm{d}\beta_k/\mathrm{d}t} = \frac{\mathrm{d}\beta_p}{\mathrm{d}\beta_k} \tag{7-9}$$

2)转向系统力传动比与角传动比的关系

(1)轮胎与地面之间的转向阻力 F_W 和作用在转向节上的转向阻力矩 M_r 之间有如下关系:

$$F_W = M_r/a \tag{7-10}$$

式中:a——主销偏移距,指从转向节主销轴线的延长线与支承平面的交点至车轮中心平面与支承平面交线间的距离。

(2)作用在转向盘上的手力 F_h 与作用在转向盘上的力矩 M_h 的关系式:

$$F_h = 2M_h / D_{sw} \qquad (7\text{-}11)$$

式中:M_h——作用在转向盘上的力矩;

D_{sw}——转向盘直径。

(3)将式(7-10)、式(7-11)代入式(7-5)后得到:

$$i_p = \frac{M_r D_{sw}}{M_h a} \qquad (7\text{-}12)$$

通常轿车的 a 值在 0.4~0.6 倍轮胎的胎面宽度尺寸范围内选取,而货车的 a 值在 40~60mm 范围内选取。转向盘直径 D_{sw} 根据车型不同,在 380~550mm 转向盘尺寸标准中规定的系列内选取。

(4)如果忽略摩擦损失,根据能量守恒原理可得:

$$\frac{2M_r}{M_h} = \frac{d\varphi}{d\beta_k} = i_{\omega 0} \qquad (7\text{-}13)$$

(5)将式(7-13)代入式(7-12)后得到:

$$i_p = i_{\omega 0} D_{sw} / (2a) \qquad (7\text{-}14)$$

通过分析式(7-12)和式(7-14)可以得到以下结论:

①当主销偏移距 a 小时,力传动比 i_p 应取大些才能保证转向轻便。

②当主销偏移距 a 和转向盘直径 D_{sw} 不变时,力传动比 i_p 越大,虽然转向越轻,但 $i_{\omega 0}$ 也越大,表明转向不灵敏。

3)转向系统的角传动比 $i_{\omega 0}$

转向传动机构角传动比,除用 $i'_\omega = d\beta_p / d\beta_k$ 表示以外,还可以近似地用转向节臂臂长 L_2 与摇臂臂长 L_1 之比来表示,即:

$$i'_\omega = \frac{d\beta_p}{d\beta_k} \approx \frac{L_2}{L_1} \qquad (7\text{-}15)$$

现代汽车结构中,L_2 与 L_1 的比值在 0.85~1.1 之间,可近似认为其比值为 1,则:

$$i_{\omega 0} \approx i_\omega = \frac{d\varphi}{d\beta_p} \qquad (7\text{-}16)$$

可见,要研究转向系统的传动比特性,只需研究转向器的角传动比 i_ω 及其变化规律即可。

第4节 动力转向机构设计

汽车采用动力转向机构的目的是提高操纵的轻便性和行驶安全性。轿车、大部分商用车都采用或选装动力转向器。

一　对动力转向机构的要求

（1）保持转向轮转角和转向盘的转角之间有一定的比例关系。

（2）随转向轮阻力的增大（或减小），作用在转向盘上手力必须增大（或减小）。

（3）当作用在转向盘上的切向力 $F_h \geqslant 25 \sim 190\text{N}$ 时，动力转向器就应开始工作。

（4）转向盘应能自动回正。

（5）工作灵敏。

（6）动力转向失灵时，仍能用机械系统操纵车轮转向。

（7）密封性能好，内、外泄漏少。

二　动力转向机构布置方案分析

1）液压式动力转向机构

该型转向机构由分配阀、转向器、动力缸、液压泵、储油罐、油管等组成。根据分配阀、转向器和动力缸三者相互位置的不同，分为整体式［图7-7a）］和分置式两类。分置式按分配阀所在位置不同又分为：联阀式［图7-7b）］、连杆式［图7-7c）］、半分置式［图7-7d）］。

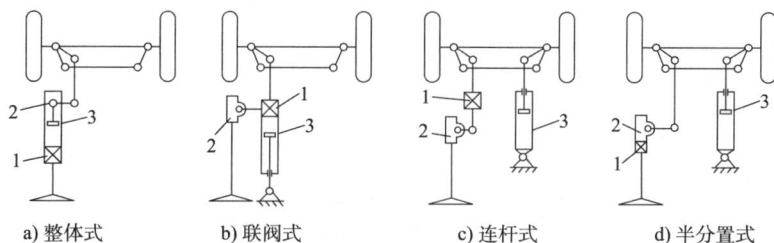

动力转向
系统类型

液压助力转向
系统组成

液压助力转向
系统原理

a) 整体式　　b) 联阀式　　c) 连杆式　　d) 半分置式

图7-7　动力转向机构布置方案

1-分配阀；2-转向器；3-动力缸

在分析比较动力转向机构布置方案时，要考虑如下因素：

(1)结构上是否紧凑。

(2)主要零件承受来自动力缸的载荷大小。

(3)拆装转向器是否容易。

(4)管路，特别是软管的管路长短。

(5)转向轮在侧向力作用下是否容易产生摆振。

(6)能不能采用典型转向器等。

2）电液助力转向机构

随着高速公路的增多，汽车行驶速度的变化范围也越来越宽，此时传

统的液压助力转向不能适应汽车行驶速度多变的要求,也不能同时实现既要求有足够的转向操纵轻便性又不能有转向发飘的感觉。为了满足在任何行驶工况下转向行驶都能保证良好的操纵轻便性和操纵稳定性,就必须采用车速感应型助力转向机构。

目前已有的车速感应型助力转向机构,有电液助力转向机构和电动助力转向机构两种。

电液助力转向机构是指以液压助力转向机构为基础,增加控制器和执行元件,同时通过车速传感器将车速信号传至电控单元,控制电液转换装置改变助力特性,达到在低速或急转弯行驶时驾驶员能以很小的手力转动转向盘,而在高速行驶时又能以稍重的手力进行转向操作。

根据控制元件的不同,电液助力转向机构可分为电控液压助力式和电动液压助力式两种典型形式。根据控制方式的不同,电液助力转向机构又可分为流量控制式、油压反馈式、助力缸分流控制式、阀特性控制式等类型。

电控液压助力转向机构基本原理如图7-8所示,电磁阀位于油泵的出油口,根据传感器感知的相关信息状态,电控单元对电磁阀的开度进行控制,并根据车速、转角大小、转动快慢来调节电磁阀开度,对油泵输出排量和压力进行调节,使转向响应速率和转向反力的大小在平衡点上达到平衡。

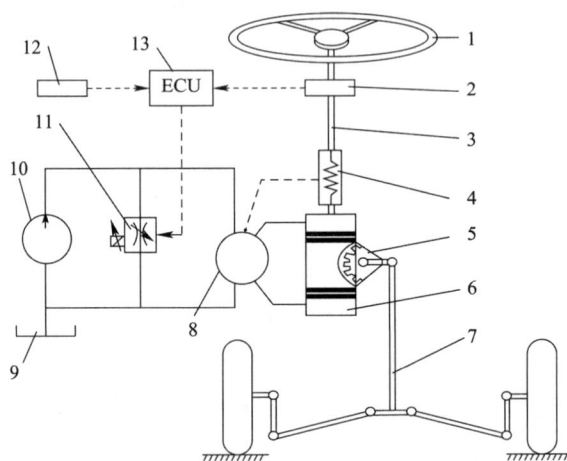

图7-8　电控液压助力转向原理示意图

1-转向盘;2-转角速率传感器(或转角传感器);3-转向轴;4-扭杆;5-转向器;6-助力缸;7-转向传动机构;8-转阀;9-转向油罐;10-油泵;11-电磁阀;12-转速传感器;13-电控单元

3)电动助力转向机构

驾驶员在操作转向时,传感器探测转向盘产生的转矩或转角的大小和方向,转化成数字信号输入电子控制单元(ECU)。电子控制单元运算后发出指令驱动电动机工作,输出转矩而产生助力。

目前用于乘用车的电动助力转向机构的转向器,大多采用齿轮齿条式转向器。该电动助力转向机构可分为转向轴助力式、齿轮助力式和齿条助力式三种,其主要区别在于电动机的布置位置不同,如图7-9所示。

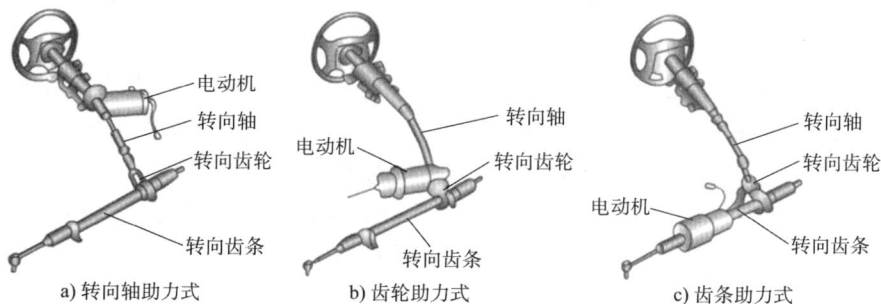

a) 转向轴助力式　　b) 齿轮助力式　　c) 齿条助力式

图7-9　电动助力转向机构的布置方案

转向轴助力式电动助力转向机构的电动机布置在靠近转向盘下方[图7-9a)],并经涡轮蜗杆机构与转向轴连接。这种布置方案电动机工作条件良好、电动机尺寸较小,可以采用通用的典型结构齿轮齿条式转向器。

齿轮助力式电动助力转向机构的电动机布置在与转向器主动齿轮相连的位置[图7-9b)],并通过驱动主动齿轮实现助力。这种布置方案电动机工作条件比较差、尺寸小、装拆困难、转向器不能通用。

齿条助力式电动助力转向机构的电动机和减速机构等布置在齿条处[图7-9c)],并直接驱动齿条实现助力。这种布置方案电动机的振动和噪声对驾驶员影响较小、电动机工作条件较差、尺寸大、转向器不能通用。

三　液压动力转向器评价指标

(1)动力转向器的作用效能。

用效能指标 $s = F_h/F_h'$ 来评价动力转向器的作用效能。式中 F_h 和 F_h' 分别为无动力转向器和有动力转向器时,转动转向轮作用在转向盘上的力。现有动力转向器的效能指标 $s = 1 \sim 15$。

(2)动力转向器的路感。

驾驶员转动转向盘,除了要克服转向器的摩擦阻力和复位弹簧的阻力外,还要克服反映路感的液压阻力。液压阻力 = 反作用阀面积×工作液压压强。驾驶员的路感就来自于转动转向盘时,所要克服的液压阻力。

在最大工作压力时,对于乘用车,换算以转向盘上的力增加 30 ~ 50N,对于货车,增加 80 ~ 100N。

(3)转向灵敏度。

转向灵敏度可以用转向盘行程与滑阀行程的比值 i 来评价,即:

$$i = \frac{D_{se}\varphi}{2\delta} \qquad (7\text{-}17)$$

式中：D_{se}、φ、δ——转向盘直径、转向盘转角、滑阀行程。

比值 i 越小，则动力转向作用的灵敏度越高。高档车的 i 值在 6.7 以下。

转向灵敏度也可以用接通动力转向时，作用到转向盘的手力和转角来评价，要求此力在 20～50N，转角在 10°～15°范围内。

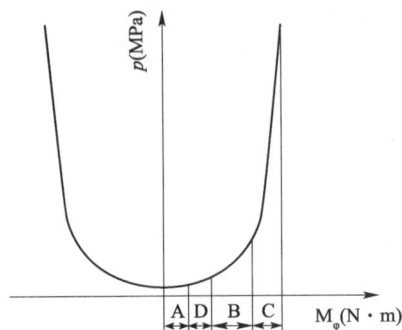

图 7-10　静特性曲线分段示意图

（4）动力转向器的静特性。

动力转向器的静特性是指输入转矩与输出转矩之间的变化关系曲线，是用来评价动力转向器的主要特性指标。可以用输入转矩 M_φ 与输出油压 p 之间的变化关系曲线来表示动力转向的静特性，如图 7-10 所示。

常将静特性曲线划分为四个区段：

A 段——输入转矩不大的时候；

D 段——一个较宽的平滑过渡区间；

B 段——属常用快速转向行驶区段；

C 段——汽车原地转向或调头时，输入转矩进入最大区段。

动力转向器向右转和向左转的静特性曲线应对称。对称性可以评价滑阀的加工和装配质量。要求对称性大于 0.85。

练习题

7-1　转向系统的性能参数包括哪些？各自是如何定义的？

7-2　齿轮齿条式转向器的传动比定义及变传动比工作原理是什么？

7-3　何谓汽车转向的"轻"与"灵"矛盾？如何解决这对矛盾？

第 8 章

制动系统设计

汽车制动系统是指对汽车某些部分(主要是车轮)施加一定的力,从而对其进行一定程度强制制动的一系列专门装置,如图 8-1 所示。

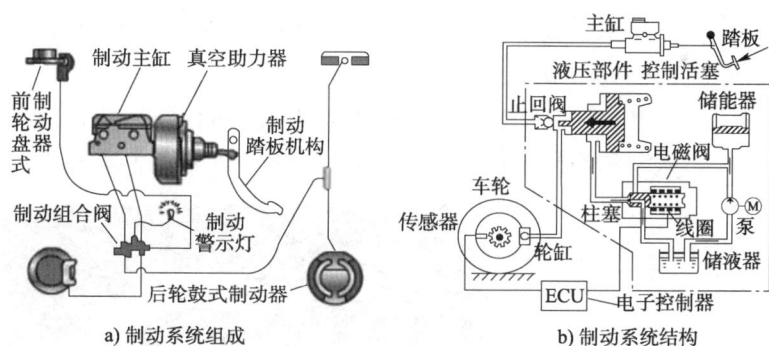

a) 制动系统组成　　　　　　　　b) 制动系统结构

图 8-1　汽车制动系统的一般结构

制动系统组成

制动系统基本原理

一　制动系统的作用

(1)使行驶中的汽车按照驾驶员的要求进行强制减速甚至停车。

(2)使已停驶的汽车在各种道路条件下(包括在坡道上)稳定驻车。

(3)使下坡行驶的汽车速度保持稳定。

二　对制动系统提出的设计要求

(1)符合《机动车运行安全技术条件》(GB 7258—2017)、《商用车辆和挂车制动系统技术要求及试验方法》(GB 12676—2014)、《机动车和挂车防抱制动性能和试验方法》(GB/T 13594—2003)等标准要求。

（2）产生足够的制动力。

（3）行车制动系统至少有两套相互独立的驱动制动器的管路。

（4）在任何速度和各种载荷条件下制动，汽车都不能丧失操纵稳定性。

（5）防止水和污物进入制动器工作表面，以免影响制动性能。

（6）制动器的热稳定性较好。

（7）操纵轻便。

（8）作用滞后性，包括产生制动和解除制动所需要的时间要尽可能短（气制动车型不得超过0.6s，汽车列车不超过0.8s）。

（9）当制动驱动装置的任何元件产生故障，应有报警装置。

第2节　制动器的结构方案分析

制动器有摩擦式、液力式和电磁式等种类。电磁式制动器虽有作用滞后小、易于连接且接头可靠等优点，但因成本高而只在一部分重型汽车上用作车轮制动器或缓速器。液力式制动器只用作缓速器。目前广泛使用的仍为摩擦式制动器。

摩擦式制动器按摩擦副结构形式不同，分为鼓式、盘式和带式三种。带式制动器只用作中央制动器。图8-2所示为制动器外形图。

图8-2　制动器外形图

一　鼓式制动器

鼓式制动器分为领从蹄式、双领蹄式、双向双领蹄式、双从蹄式、单向增力式、双向增力式等种类,如图 8-3 所示。鼓式制动器的机械式张开装置一般有 3 种,如图 8-4 所示。

a) 领从蹄式　　b) 单向双领蹄式　　c) 双向双领蹄式

d) 双从蹄式　　e) 单向自增力式　　f) 双向自增力式

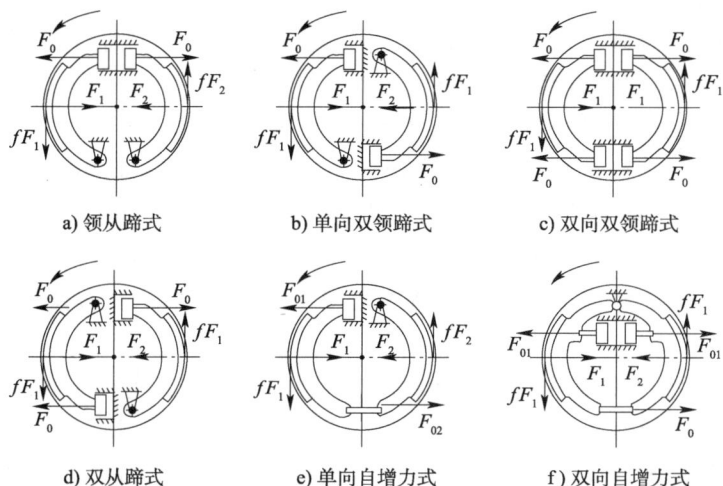

图 8-3　鼓式制动器示意图

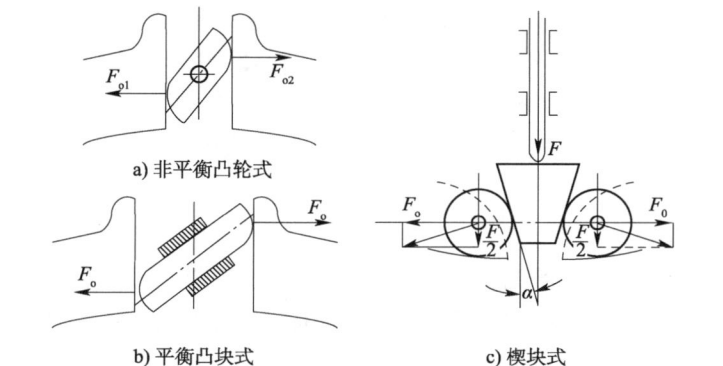

a) 非平衡凸轮式

b) 平衡凸块式　　c) 楔块式

图 8-4　机械式张开装置

不同形式鼓式制动器的主要区别有:

(1)蹄片固定支点的数量和位置不同。

(2)张开装置的形式与数量不同。

(3)制动时两块蹄片之间有无相互作用。

因蹄片的固定支点和张开力位置不同,不同形式鼓式制动器的领、从蹄数量有差别,并使制动效能不同。

制动器在单位输入压力或力的作用下所输出的力或力矩,称为制动器效能。在评比不同形式制动器的制动效能时,常用一种称为制动器效能因数的无因次指标。制动器效能因数的定义为,在制动鼓或制动盘的作用半径上所得到的摩擦力(M_p/R)与输入力 F_0 之比,即:

$$K = M_p/F_0R \qquad (8-1)$$

式中:K——制动器效能因数;

M_p——制动器输出的制动力矩。

制动器效能的稳定性是指其效能因数 K 对摩擦因数 f 的敏感性(dK/df)。使用中 f 随温度和湿滑程度变化。要求制动器的效能稳定性好,即是其效能对 f 的变化敏感性较低。

1)领从蹄式

领从蹄式制动器的每块蹄片都有自己的固定支点,而且两固定支点位于两蹄的同一端[图 8-3a)]。张开装置有两种形式。第一种用凸轮或楔块式张开装置(图 8-4)。其中,平衡凸块式[图 8-4b)]和楔块式[图 8-4c)]张开装置中的制动凸轮和制动楔块是浮动的,故能保证作用在两蹄上的张开力相等。非平衡式的制动凸轮[图 8-4a)]的中心是固定的,所以不能保证作用在两蹄上的张开力相等。第二种用两个活塞直径相等的轮缸(液压驱动),可保证作用在两蹄上的张开力相等。

领从蹄式制动器的制动效能和效能稳定性,在各式制动器中位居中游;前进、倒退行驶的制动效果不变;结构简单,成本低;便于附装驻车制动驱动机构;调整蹄片与制动鼓之间的间隙工作容易进行。但领从蹄式制动器也有两蹄片上的单位压力不等(在两蹄上摩擦衬片面积相同的条件下),故使两蹄衬片磨损不均匀、寿命不同的缺点。此外,因只有一个轮缸,两蹄必须在同一驱动回路作用下工作。

领从蹄式制动器得到广泛应用,特别是轿车和轻型货车、客车的后轮制动器中用得较多。

2)双领蹄式

双领蹄式制动器的两块蹄片各有自己的固定支点,而且两固定支点位于两蹄的不同端,如图 8-3b)所示,领蹄的固定端在下方,从蹄的固定端在上方。每块蹄片有各自独立的张开装置,且位于与固定支点相对应的一方。

汽车前进制动时,这种制动器的制动效能相当高。由于有两个轮缸,故可以用两个各自独立的回路分别驱动两蹄片。除此之外,这种制动器还有调整蹄片与制动鼓之间的间隙工作容易进行和两蹄片上的单位压力相等,使之磨损均匀、寿命相同等优点。双领蹄式制动器的制动效能稳定性,仅强于增力式制动器。当倒车制动时,由于两蹄片皆为双从蹄,使制动效能明显下降。与领从蹄式制动器比较,双领蹄式制动器由于多了一个轮缸,使结构略显复杂。

这种制动器适用于前进制动时前轴动轴荷及附着力大于后轴,而倒车制动时则相反的汽车前轮上。它之所以不用于后轮,还因为两个互相成中心对称的轮缸,难以附加驻车制动驱动机构。

3)双向双领蹄式

双向双领蹄式制动器的结构特点是两蹄片浮动,用各有两个活塞的两轮缸张开蹄片[图8-2c)]。

无论是前进或者是倒退制动时,这种制动器的两块蹄片始终为领蹄,所以制动效能相当高,而且不变。由于制动器内设有两个轮缸,所以适用于双回路驱动机构。当一套管路失效后,制动器转变为领从蹄式制动器。除此之外,双向双领蹄式制动器的两蹄片上单位压力相等,因而磨损均匀、寿命相同。双向双领蹄式制动器因有两个轮缸,故结构上复杂,且调整蹄片与制动鼓之间的间隙工作困难是它的缺点。

这种制动器得到比较广泛应用。如用于后轮,则需另设中央驻车制动器。

4)双从蹄式

双从蹄式制动器的两蹄片各有一个固定支点,而且两固定支点位于两蹄片的不同端,并用各有一个活塞的两轮缸张开蹄片[图8-3d)]。

双从蹄式制动器的制动器效能稳定性最好,但因制动器效能最低,所以很少采用。

5)单向增力式

单向增力式制动器的两蹄片只有一个固定支点,两蹄下端经推杆相互连接成一体,制动仅有一个轮缸用来产生推力张开蹄片[图8-3e)]。

汽车前进制动时,两蹄片皆为领蹄,次领蹄上不存在轮缸张开力,而且由于领蹄上的摩擦力经推杆作用到次领蹄,使制动器效能很高,居各式制动器之首。与双向增力式制动器相比,单向增力式制动器的结构比较简单。因两块蹄片都是领蹄,所以制动器效能稳定性相当差。倒车制动时,两蹄又皆为从蹄,结果制动器效能很低。因两蹄片上单位压力不等,造成蹄片磨损不均匀、寿命不一样。这种制动器只有一个轮缸,故不适合用于双回路驱动机构;另外由于两蹄片下部联动,使调整蹄片间隙工作变得困难。

少数轻、中型货车将单向增力式制动器用作前制动器。

6)双向增力式

双向增力式制动器的两蹄片端部各有一个制动时不同时使用的共用支点,支点下方有一轮缸,内装两个活塞用来同时驱动张开两蹄片,两蹄片下方经推杆连接成一体[图8-3f)]。

与单向增力式不同的是双向增力式制动器次领蹄上也作用有来自轮缸活塞推压的张开力,尽管这个张开力的作用效果较小,但因次领蹄下端受来自主领蹄经推杆作用的张开力很大,所以次领蹄上的制动力矩能达到主领蹄制动力矩的2~3倍。因此,采用这种制动器以后,即使制动驱动机构中不用伺服装置,也可以借助很小的踏板力得到很大的制动力矩。这种制动器前进与倒车的制动效果不变。

双向增力式制动器因两蹄片均为领蹄,所以制动器效能稳定性比较差。除此之外,两蹄片上单位压力不等,故磨损不均匀、寿命不同。调整间隙工作与单向增力式一样比较困难。因只有一个轮缸,故制动器不适合用于有的双回路驱动机构。

基本尺寸比例相同的各式鼓式制动器效能因数与摩擦因数的关系曲线,如图 8-5 所示。各类鼓式制动器性能对比见表 8-1。

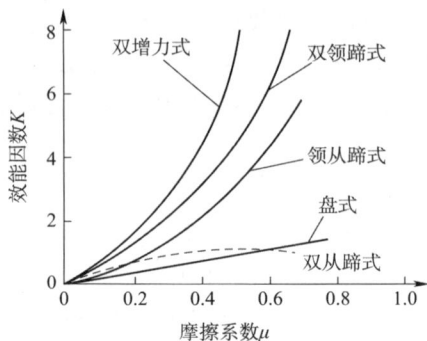

图 8-5　制动器效能因数与摩擦因数的关系

各类鼓式制动器性能对比　　　　　　　　　　　　　　　　表 8-1

性能	双从蹄式	领从蹄式	双领蹄式	双向双领蹄式	单向增力式	双向增力式
前进倒退制动效果	不同	不变	不同	不变	不同	不变
制动器效能稳定性	居第一位	居第二位	仅强于增力式	仅强于增力式	差	差
两蹄片上单位压力	相等	不等	相等	相等	不等	不等
磨损	均匀	不均匀	均匀	均匀	不均匀	不均匀
轮毂轴承受力	不受力	受力	不受力	不受力	受力	受力
结构	复杂	简单	复杂	复杂	简单	复杂
调整间隙	容易	容易	容易	困难	困难	困难
适用双回路	适用	不适用	适用	适用	不适用	不适用

由图 8-5 可见,制动器的效能因数由高至低的顺序为:增力式制动器,双领蹄式制动器,领从蹄式制动器和双从蹄式制动器。而制动器效能稳定性排序则恰好与上述情况相反。

应该指出,鼓式制动器的效能并非单纯取决于根据制动器的结构参数和摩擦因数计算出来的制动器效能因数值,而且还受蹄与鼓接触部位的影响。蹄与鼓仅在蹄的中部接触时,输出制动力矩就小,而在蹄的端部和根部接触时输出制动力矩就较大。制动器的效能因数越高,制动效能受接触情况的影响也越大,故正确的调整对高性能制动器尤为重要。

二　盘式制动器

按摩擦副中固定元件的结构不同,盘式制动器分为钳盘式和全盘式两类。钳盘式制动器外形如图8-6所示。

图8-6　盘式制动器外形图

盘式制动器
工作原理

盘式制动器
基本结构

钳盘式制动器(图8-7)的固定摩擦元件是制动块,装在与车轴连接且不能绕车轴轴线旋转的制动钳中。制动衬块与制动盘接触面很小,在盘上所占的中心角一般仅为 $30' \sim 50'$,故这种盘式制动器又称为点盘式制动器。

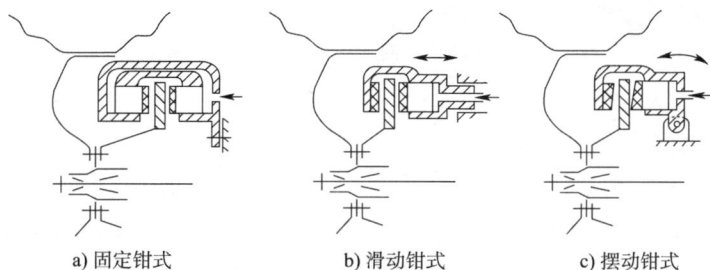

a) 固定钳式　　　　b) 滑动钳式　　　　c) 摆动钳式

图8-7　钳盘式制动器示意图

全盘式制动器中摩擦副的旋转元件及固定元件均为圆盘形,制动时各盘摩擦表面全部接触,作用原理如同离合器,故又称离合器式制动器。全盘式制动器中用得较多的是多片全盘式制动器。多片全盘式制动器既可用作车轮制动器,也可用作缓行器。

钳盘式制动器按制动钳的结构不同,有以下几种。

1) 固定钳式制动器

如图8-7a) 所示,制动钳固定不动,制动盘两侧均有液压缸。制动时仅两侧液压缸中的制动块向盘面移动。这种形式也称为对置活塞式或浮动活塞式。

2)浮动钳式制动器

(1)滑动钳式制动器。

如图 8-7b)所示,制动钳可以相对于制动盘做轴向滑动,其中只在制动盘的内侧置有液压缸,外侧的制动块固装在钳体上。制动时活塞在液压作用下使活动制动块压靠到制动盘,而反作用力则推动制动钳体连同固定制动块压向制动盘的另一侧,直到两制动块受力均等为止。

固定钳式制动器的优点有:除活塞和制动块以外无其他滑动件,易于保证钳的刚度;结构及制造工艺与一般的制动轮缸相差不多;容易实现从鼓式到盘式的改型;能适应不同回路驱动系统的要求(可采用三液压缸或四液压缸结构)。

固定钳式制动器的缺点有:至少有两个液压缸分置于制动盘两侧,因而必须用跨越制动盘的内部油道或外部油管来连通,这一方面使制动器的径向和轴向尺寸增大,增加了在汽车上的布置难度,另一方面增加了受热机会,使制动液温度过高而汽化;固定钳式制动器要兼作驻车制动器,必须在主制动钳上另外附装一套供驻车制动用的辅助制动钳,或是采用如图 8-8 所示的盘鼓结合式制动器。辅助制动钳结构比较简单,摩擦衬块面积小。盘鼓结合式制动器中,鼓式制动器直径尺寸较小,常采用双向增力式鼓式制动器。与辅助制动钳式比较,它能产生可靠的驻车制动力矩。

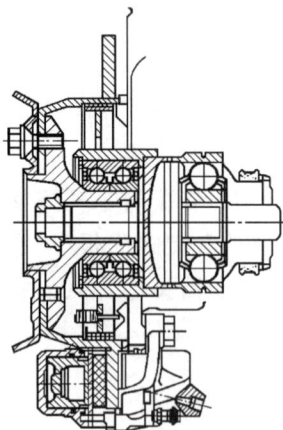

图 8-8　盘鼓结合式制动器

(2)摆动钳式制动器。

如图 8-7c)所示,摆动钳式制动器也是单侧液压缸结构,制动钳体与固定于车轴上的支座铰接。为实现制动,钳体不是滑动而是在与制动盘垂直的平面内摆动。显然,制动块不可能全面均匀地磨损。为此,有必要将衬块预先做成楔形(摩擦面对背面的倾斜角为 6°左右)。在使用过程中,衬块逐渐磨损到各处残存厚度均匀(一般为 1mm 左右)后即应更换。

浮动钳式制动器的优点有:仅在盘的内侧有液压缸,故轴向尺寸小,制动器能更进一步靠近轮毂;没有跨越制动盘的油道或油管,加之液压缸冷却条件好,所以制动液汽化可能性小;成本低;浮动钳的制动块可兼用于驻车制动。

制动钳的安装位置可以在车轴之前或之后,如图 8-9 所示。制动钳位于车轴后,能使制动时轮毂轴承的合成载荷 F 减小;制动钳位于车轴前,则可避免轮胎向钳内甩溅泥污。

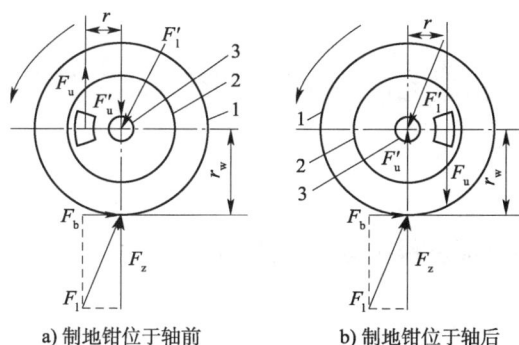

a) 制地钳位于轴前　　　　　b) 制地钳位于轴后

图 8-9　制动时车轮、制动盘及轮毂轴承的受力示意图

1-车轮;2-制动盘;3-轮毂;F_z-路面法向反力;F_b-制动力;F_1、F_1'-F_b 与 F_z 的合力相应的支反力;
F_u、F_u'-制动衬块对制动盘的摩擦力及相应的支反力

三　盘式制动器的优缺点

与鼓式制动器比较,盘式制动器有如下优点:

(1)热稳定性好。原因是一般无自行增力作用,衬块摩擦表面压力分布较鼓式中的衬片更为均匀。此外,制动鼓在受热膨胀后,工作半径增大,使其只能与蹄中部接触,从而降低了制动效能,这称为机械衰退。制动盘的轴向膨胀极小,径向膨胀根本与性能无关,故无机械衰退问题。因此,前轮采用盘式制动器,汽车制动时不易跑偏。

(2)水稳定性好。制动块对盘的单位压力高,易于将水挤出,因而浸水后效能降低不多;又由于离心力作用及衬块对盘的擦拭作用,出水后只需经一、二次制动即能恢复正常。鼓式制动器浸水后则需经十余次制动方能恢复制动效能。

(3)制动力矩与汽车运动方向无关。

(4)易于构成双回路制动系统,使系统有较高的可靠性和安全性。

(5)尺寸小、质量小、散热良好。

(6)压力在制动衬块上分布比较均匀,故衬块磨损也均匀。

(7)更换衬块工作简单容易。

(8)衬块与制动盘之间的间隙小(0.05～0.15mm),这就缩短了制动协调时间。

(9)易于实现间隙自动调整。

当然,盘式制动器也有缺点,主要缺点是:

(1)难以完全防止尘污和锈蚀(封闭的多片全盘式制动器除外)。

(2)兼作驻车制动器时,所需附加的手驱动机构比较复杂。

(3)在制动驱动机构中必须装用助力器。

(4)因为衬块工作面积小,所以磨损快、使用寿命低,需用高材质的衬块。盘式制动器在轿车前轮上得到广泛的应用。

第3节　制动器主要参数的确定

一　鼓式制动器主要参数的确定

1) 制动鼓内径 D

输入力 F_0 一定时,制动鼓内径越大,制动力矩越大,且散热能力也越强。但增大 D(图 8-10)受轮辋内径限制。制动鼓与轮辋之间应保持足够的间隙,通常要求该间隙不小于 20mm,否则不仅制动鼓散热条件太差,而且轮辋受热后可能粘住内胎或烤坏气门嘴。制动鼓应有足够的壁厚,用来保证有较大的刚度和热容量,以减小制动时的温升。制动鼓的直径小,刚度就大,并有利于保证制动鼓的加工精度。

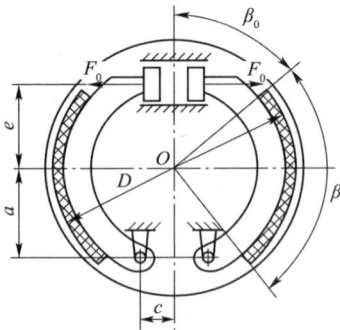

图 8-10　鼓式制动器主要几何参数

制动鼓直径与轮辋直径之比 D/D_r 的范围如下。

轿车: $D/D_r = 0.64 \sim 0.74$;

货车: $D/D_r = 0.70 \sim 0.83$。

制动鼓内径尺寸应参照国家标准《汽车制动鼓》(GB/T 37336—2019)选取。

2) 摩擦衬片宽度 b 和包角 β

摩擦衬片宽度尺寸 b 的选取对摩擦衬片的使用寿命有影响。若衬片宽度尺寸取窄些,则磨损速度快,衬片寿命短;若衬片宽度尺寸取宽些,则质量大,不易加工,并且增加了成本。

制动鼓半径 R 确定后,衬片的摩擦面积为 $A_p = R\beta b$。制动器各蹄衬片总的摩擦面积 $\sum A_p$ 越大,制动时所受单位面积的正压力和能量负荷越小,从而磨损特性越好。根据国外统计资料分析,单个车轮鼓式制动器的衬片面积随汽车总质量增大而增大。试验表明,摩擦衬片包角在 90° ~ 100° 时,磨损最小,制动鼓温度最低,且制动效能最高。β 角减小虽然有利于散热,但单位压力过高将加速磨损。实际上包角两端处单位压力最小,因此过分延伸衬片的两端以加大包角,对减小单位压力的作用不大,而且将使制动不平顺,容易使制动器发生自锁。因此,包角一般不宜大于120°。

衬片宽度 b 较大可以减少磨损,但过大将不易保证与制动鼓全面接触。制动衬片宽度尺寸系列见 GB/T 37336—2019。

3)摩擦衬片起始角 β_0

一般将摩擦衬片布置在制动蹄的中央,即令 $\beta_0 = 90° - \beta/2$。有时为了适应单位压力的分布情况,将摩擦衬片相对于最大压力点对称布置,以改善磨损均匀性和制动效能。

4)制动器中心到张开力 F_0 作用线的距离 e

在保证轮缸或制动凸轮能够布置于制动鼓内的条件下,应使距离 e(图8-10)尽可能大,以提高制动效能。初步设计时,可暂定 $e = 0.8R$ 左右。

5)制动蹄支承点位置坐标 a 和 c

应在保证两蹄支承端毛面不致互相干涉的条件下,使 a 尽可能大而 c 尽可能小(图8-10)。初步设计时,也可暂定 $a = 0.8R$ 左右。

二 盘式制动器主要参数的确定

1)制动盘直径 D

制动盘直径 D 应尽可能取大些,这时制动盘的有效半径得到增加,可以降低制动钳的夹紧力,从而减小衬块的单位压力和工作温度。受轮辋直径的限制,制动盘的直径通常选择为轮辋直径的 70% ~ 79%。总质量大于 2t 的汽车应取上限。

2)制动盘厚度 h

制动盘厚度 h 对制动盘质量和工作时的温升有影响。为使质量小些,制动盘厚度不宜取得很大;为了降低温度,制动盘厚度又不宜取得过小。制动盘可以做成实心的,或者为了散热通风的需要在制动盘中间铸出通风孔道。一般实心制动盘厚度可取 10 ~ 20mm,通风式制动盘厚度取 20 ~ 50mm,采用较多的是 20 ~ 30mm。

3)摩擦衬块外半径 R_2 与内半径 R_1

推荐摩擦衬块外半径 R_2 与内半径 R_1 的比值不大于 1.5。若此比值偏大,工作时衬块的外缘与内侧圆周速度相差较多,磨损不均匀,接触面积减少,最终导致制动力矩变化大。

4)制动衬块面积 A

对于盘式制动器衬块工作面积 A,推荐根据制动衬块单位面积占有的汽车质量在 1.6 ~ 3.5kg/cm² 范围内选用,见表8-2。

制动衬块面积取值范围 表8-2

汽车类型	汽车总质量 m_a(t)	单个制动器总的衬片摩擦面积 A_p(cm²)
轿车	0.9~1.5	100~200
	1.5~2.5	200~300
货车及客车	1.0~1.5	120~200
	1.5~2.5	150~250 （多为150~200）
	2.5~3.5	250~400
	3.5~7.0	300~650
	7.0~12.0	550~1000
	12.0~17.0	600~1500 （多为600~1200）

第4节　制动器的设计与计算

一　鼓式制动器的设计与计算

1）制动蹄的分类

制动蹄一般分两大类，再进一步，可分为4类，如图8-11所示。

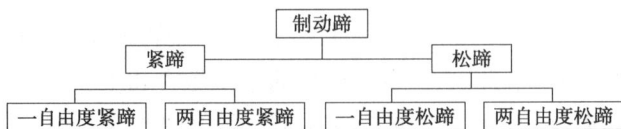

图8-11　制动蹄的分类

2）压力沿衬片长度方向的分布规律

假设衬片在径向方向有变形，鼓、蹄、支撑的变形忽略不计。

(1)两自由度紧蹄的压力沿衬片长度方向的分布规律。

两自由度紧蹄的压力沿衬片长度方向的分布规律如图8-12a)所示，坐标原点取在鼓心 O 点，y_1 坐标取在 OA_1 方向，其中 A_1 为蹄片瞬时转动中心。

制动瞬间蹄片移动特点是：在张开力作用下，蹄片绕 A_1 转动，蹄压到鼓上，衬片受压变形，结果蹄还要顺着摩擦力作用方向沿支撑面移动。蹄片中心移至 O_1 点，所以未变形时的衬片表面轮廓线 E_1E_1 线，沿 OO_1 方向进入制动鼓。并且，衬片表面上所有点在 OO_1 方向上的变形是相同的。

如 B_1 点在 OO_1 方向的变形为 B_1B_1'，则 B_1 点径向变形 δ_1 为：

$$\delta_1 = B_1C_1 = B_1B_1'\cos\varphi_1 \tag{8-2}$$

$$\because \psi_1 \approx (\varphi_1 + \alpha_1) - 90° \tag{8-3}$$

$$B_1 B_1' = OO_1 = \delta_{1\max} \tag{8-4}$$

$$\therefore \delta_1 = \delta_{1\max} \sin(\alpha_1 + \varphi_1) \tag{8-5}$$

$$p_1 = p_{\max} \sin(\alpha_1 + \varphi_1) \tag{8-6}$$

式中：α_1——OB_1 与 y_1 轴的夹角；

ψ_1——OB_1 与最大压力线 OO_1 之间的夹角；

φ_1——x_1 轴与最大压力线之间的夹角。

笔记区

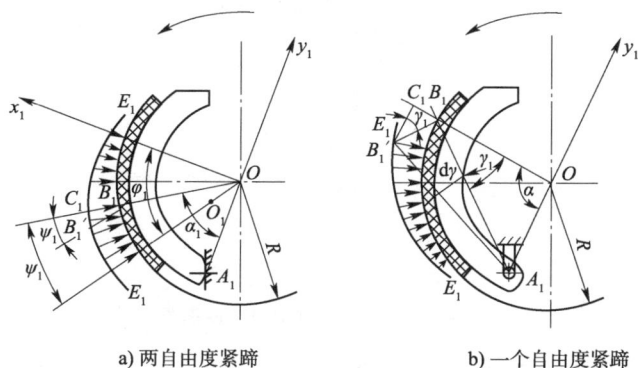

a) 两自由度紧蹄　　　　b) 一个自由度紧蹄

图 8-12　制动蹄的压力沿衬片长度方向的分布规律

因此，两自由度紧蹄压力沿衬片长度方向分布规律符合正弦分布规律。

（2）一个自由度紧蹄的压力沿衬片长度方向的分布规律。

如图 8-12b)所示，坐标原点取在 O 点，y_1 坐标在 OA_1 方向。衬片表面任意点 B_1，在张开力与摩擦力作用下，蹄片绕支承销 A_1 转动 $\mathrm{d}\gamma$ 角后，B_1 点沿蹄片转动切线方向的变形为线段 $B_1 B_1'$，其径向变形分量是这个线段在半径 OB_1 方向上的投影 $B_1 C_1$ 线段。因为 $\mathrm{d}\gamma$ 很小，所以认为：

$$\angle A_1 B_1 B_1' = 90° \tag{8-7}$$

则

$$\delta_1 = B_1 C_1 = B_1 B_1' \sin\gamma_1 = A_1 B_1 \sin\gamma_1 \mathrm{d}\gamma \tag{8-8}$$

考虑到

$$OA_1 \approx OB_1 = R \tag{8-9}$$

$$A_1 B_1 / \sin\alpha = R / \sin\gamma \tag{8-10}$$

所以衬片表面的径向变形和压力为：

$$\delta_1 = R\sin\alpha \mathrm{d}\gamma \tag{8-11}$$

$$p_1 = p_{\max} \sin\alpha \tag{8-12}$$

因此，一个自由度紧蹄压力沿衬片长度方向分布规律符合正弦分布规律。

（3）压力分布不均匀系数 Δ。

沿衬片长度方向，压力分布的不均匀程度用不均匀系数 Δ 来评价：

$$\Delta = p_{\max} / p_f \tag{8-13}$$

式中：p_f——同一制动力矩作用下，假想压力分布均匀时的平均压力；

$p_{\max}$——压力分布不均匀时蹄片上的最大压力。

(4)计算蹄片上的制动力矩。

首先应查明蹄片压紧到鼓上的力与产生的制动力矩之间的关系。计算一个自由度蹄片上的力矩,如图 8-13 所示。

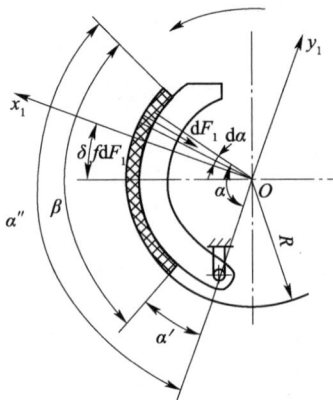

图 8-13　蹄片制动力矩计算原理图

①在衬片表面取微元面积 $bR\mathrm{d}\alpha$。

②鼓作用在 $bR\mathrm{d}\alpha$ 上的单位法向力为:

$$\mathrm{d}F_1 = pbR\mathrm{d}\alpha = p_{\max}bR\sin\alpha\mathrm{d}\alpha \tag{8-14}$$

③单位摩擦力为 $f\mathrm{d}F_1$。

④单位制动力矩为:

$$\mathrm{d}M_{\mu t1} = \mathrm{d}F_1 fR = p_{\max}bR^2 f\sin\alpha\mathrm{d}\alpha \tag{8-15}$$

⑤从 α' 到 α'' 区段积分上式得到:

$$M_{\mu t1} = p_{\max}bR^2 f(\cos\alpha' - \cos\alpha'') \tag{8-16}$$

⑥法向压力均匀分布时,单位法向力和制动力矩为:

$$\mathrm{d}F_1 = p_f bR\mathrm{d}\alpha \tag{8-17}$$

$$M_{\mu t1} = p_f bR^2 f(\alpha'' - \alpha') \tag{8-18}$$

则不均匀系数为:

$$\Delta = \frac{\alpha'' - \alpha'}{\cos\alpha' - \cos\alpha''} \tag{8-19}$$

(5)制动力矩 M_{ut1} 与张开力 F_0 的关系。

紧蹄制动力矩为:

$$M_{\mu t1} = fF_1 R_1 \tag{8-20}$$

式中:F_1——紧蹄的法向合力;

R_1——摩擦力 fF_1 的作用半径。

当已知 h、a、c 及法向压力值时,由图 8-14 可列出力平衡方程式:

$$\begin{cases} \sum X_1 = 0 \\ \sum M_0 = 0 \end{cases} \tag{8-21}$$

$$\begin{cases} F_{01}\cos\alpha_0 + F_x' - F_1\left(\cos\delta_1 + f\sin\delta_1\right) = 0 \\ F_{o1}a - F_x'c' + fR_1F_1 = 0 \end{cases} \quad (8\text{-}22)$$

式中:δ_1——x_1 轴和力 F_1 的作用线之间的夹角;

F_x'——支承反力在 x_1 轴上的投影。

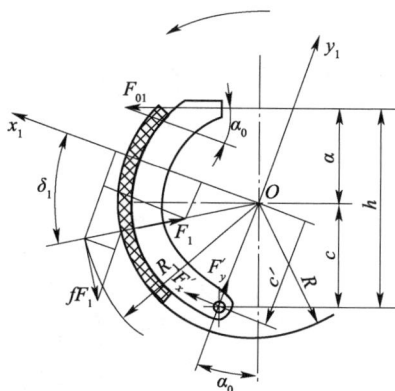

图8-14 蹄片制动力矩计算原理图

联立上述两方程求解得到:

$$F_1 = \frac{hF_{01}}{c'\left(\cos\delta_1 + f\sin\delta_1\right) - fR_1} \quad (8\text{-}23)$$

对于紧蹄:

$$M_{\mu t1} = \frac{F_{01}fhR_1}{c'\left(\cos\delta_1 + f\sin\delta_1\right) - fR_1} = F_{01}D_1 \quad (8\text{-}24)$$

对于松蹄:

$$M_{\mu t2} = \frac{F_{02}fhR_2}{c'\left(\cos\delta_2 - f\sin\delta_2\right) + fR_2} = F_{02}D_2 \quad (8\text{-}25)$$

结论:

$$M_{\mu r1} \propto F_{01} \quad (8\text{-}26)$$

$$M_{\mu r2} \propto F_{02} \quad (8\text{-}27)$$

(6)制动器上的制动力矩 M_μ。

$$M_\mu = M_{\mu t1} + M_{\mu t2} = F_{01}D_1 + F_{02}D_2 \quad (8\text{-}28)$$

对液压驱动 $F_{01} = F_{02}$。则张开力 F_0 为:

$$F_0 = \frac{M_\mu}{D_1 + D_2} \quad (8\text{-}29)$$

由式(8-16)与式(8-24)可计算的领蹄表面最大压力为:

$$p_{max1} = \frac{F_{01}hR_1}{bR^2\left(\cos\alpha' - \cos\alpha''\right)\left[c'\left(\cos\delta_1 + f\sin\delta_1\right) - fR_1\right]} \quad (8\text{-}30)$$

结论:

$$p_{max1} \propto F_{01} \quad (8\text{-}31)$$

$$p_{\max 1} \propto \frac{1}{R^2} \qquad (8-32)$$

二　盘式制动器的设计与计算

根据图 8-15，设衬块与盘之间的单位压力为 p，则微元面积 $R\mathrm{d}R\mathrm{d}\varphi$ 上的摩擦力 $fpR\mathrm{d}R\mathrm{d}\varphi$ 对中心 O 的力矩为：

$$M_O = fpR^2\mathrm{d}R\mathrm{d}\varphi \qquad (8-33)$$

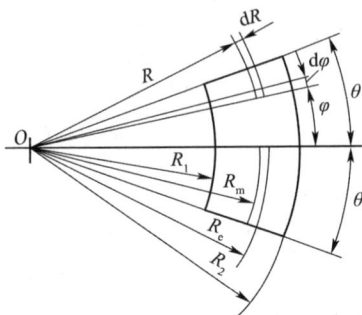

图 8-15　盘式制动器力矩计算原理图

单侧衬块在盘上产生的制动力矩为：

$$\frac{M_\mu}{2} = \int_{-\theta}^{\theta} \int_{R_1}^{R_2} fpR^2\mathrm{d}R\mathrm{d}\varphi = \frac{2}{3}fp(R_2^3 - R_1^3)\theta \qquad (8-34)$$

式中，当 p 是未知数时，计算不出 M_μ。因为 $M_\mu = 力 \times 力臂$，所以要求取力臂及作用半径 R（或有效半径 R_e）。

单侧衬块加于制动盘的总摩擦力为：

$$fF_O = \int_{-\theta}^{\theta} \int_{R_1}^{R_2} fpR\mathrm{d}R\mathrm{d}\varphi = fp(R_2^2 - R_1^2)\theta \qquad (8-35)$$

$$R_e = \frac{M_\mu}{2fF_O} = \frac{2}{3}\frac{(R_2^3 - R_1^3)}{(R_2^2 - R_1^2)} \qquad (8-36)$$

R_e 也可写成：

$$R_e = \frac{4}{3}\left[1 - \frac{m}{(1+m)^2}\right]R_m \qquad (8-37)$$

$$\because m = \frac{R_1}{R_2} \qquad (8-38)$$

$$R_1 < R_2 \qquad (8-39)$$

$$\therefore m < 1 \qquad (8-40)$$

$$\frac{m}{(1+m)^2} < \frac{1}{4} \qquad (8-41)$$

$$R_m = \frac{R_1 + R_2}{2} \qquad (8-42)$$

$$\therefore R_e > R_m \tag{8-43}$$

且 m 越小,两者差值越大,同时扇形径向宽度过大(R_2 与 R_1 相差得多),滑磨速度相差大,磨损不均匀,造成单位压分布不均匀,上述计算方法与实际相差多,所以要求 $m \geqslant 0.65$。

三 衬片磨损特性计算

1)比能量耗散率 e

汽车的动能、势能在制动时通过摩擦制动转换为热能,制动器吸收升温称之为制动器的能量负荷。能量负荷大的制动器表明磨损越严重。能量负荷的评价指标是比能量耗散率。比能量耗散率定义为"单位衬片摩擦面积在单位时间内耗散的能量",其单位为 W/mm^2。

双轴汽车单个前、后轮制动器的比能量耗散率 e_1、e_2 的计算:

$$e_1 = \frac{m_a V_1^2}{4tA_1}\beta \tag{8-44}$$

$$e_2 = \frac{m_a V_1^2}{4tA_2}(1-\beta) \tag{8-45}$$

式中:m_a——汽车总质量;

V_1——制动初速度;

t——制动时间;

A_1、A_2——前、后制动器衬片(衬块)的摩擦面积;

β——制动力分配系数。

几种车型的比能量耗散率见表 8-3。

比能量耗散率   表 8-3

车型及总质量		制动初速度 v_1 (m/s)	鼓式 $[e]$	盘式 $[e]$	备注
轿车		27.8		6.0	$[e]$ 单位 W/mm^2 $1t = 1000kg$
货车	<3.5t	22.2	1.8		
货车	≥3.5t	18	1.8		

2)比摩擦力 f_0

比摩擦力定义为单位衬片(块)摩擦面积占有的制动器摩擦力,表示为 f_0。f_0 越大,磨损越严重。

单个车轮制动器的比摩擦力的计算公式为:

$$f_0 = \frac{M_\mu}{RA} \tag{8-46}$$

式中：R——制动鼓半径（盘式用 R_m 或 R_e）；

A——单个制动器的衬片（衬块）面积。

在减速度 $j = 0.6g$ 时，$[f_0]$ 不大于 0.48N/mm^2。

四　前、后轮制动器制动力矩的确定

为保证汽车良好的制动效能，计算前、后轮制动力矩的比值为：

$$\frac{M_{\mu 1}}{M_{\mu 2}} = \frac{L_2 + \varphi_0 h_g}{L_1 - \varphi_0 h_g} \qquad (8\text{-}47)$$

式中：φ_0——同步附着系数，轿车的取值范围是 $0.55 \sim 0.8$，货车的取值
范围是 $0.45 \sim 0.7$；

L_1、L_2——质心至前轴和后轴的距离（由总布置给出）；

h_g——质心高度（由总布置给出）。

按良好路况、满载情况，紧急制动到前轮抱死并拖滑，算出 $M_{\mu 1}$ 的最
大值为：

$$M_{\mu 1\max} = \frac{1}{2} G_1 \varphi r_k \qquad (8\text{-}48)$$

式中：G_1——满载前轴静负荷。

计算 $M_{\mu 2}$ 的最大值为：

$$M_{\mu 2\max} = M_{\mu 1\max} \frac{L_1 - \varphi_0 h_g}{L_2 + \varphi_0 h_g} \qquad (8\text{-}49)$$

五　应急制动和驻车制动所需要的制动力矩

1）应急制动

应急制动用驻车制动器制动，如果控制的是后桥车轮制动器，则 $F_{B1} = 0$。
后轮抱死滑移（$F_{B2} = m_a g j$）。

$$F_{B2} = F_2 \varphi = \frac{m_a g L_1}{L + \varphi h_g} \varphi \qquad (8\text{-}50)$$

所需后桥制动力矩为：

$$F_{B2} r_e = \frac{m_a g L_1}{L + \varphi h_g} \varphi r_e \qquad (8\text{-}51)$$

式中：F_2——法向反力；

r_e——车轮有效半径。

2）驻车制动

驻车制动一般情况下是指在斜坡道驻车时的制动，如图 8-16 所示。
其对应的后桥附着率和极限道路倾角见表 8-4。

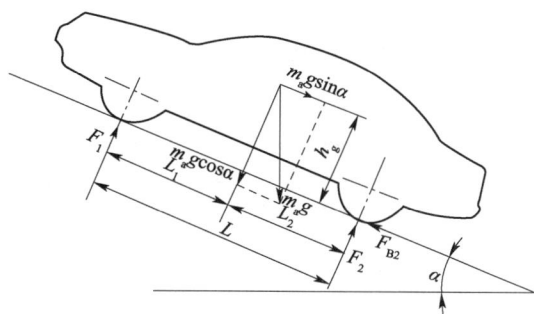

图 8-16　驻车制动受力分析图

坡道驻车制动力　　　　　　　　　　　　　　　　　表 8-4

工况	上坡路上停驻	下坡路上停驻
后桥 附着力	$F_{B2} = F_2\varphi = m_a g\varphi\left(\dfrac{L_1}{L}\cos\alpha + \dfrac{L_g}{L}\sin\alpha\right)$	$F_{B2}' = F_2'\varphi = m_a g\varphi\left(\dfrac{L_1}{L}\cos\alpha - \dfrac{L_g}{L}\sin\alpha\right)$
极限道路 倾角	$\alpha_1 = tg^{-1}\dfrac{\varphi L_1}{L - \varphi h_g}$	$\alpha_1' = tg^{-1}\dfrac{\varphi L_1}{L + \varphi h_g}$

　　分析表 8-4 中公式可知，影响汽车停坡角的主要因素有 φ、L 和汽车质心位置（L_1、h_g）。若 L、φ、h_g 相同，则 L_1 大的汽车的 α_1 和 α_1' 均增加，表明 4×2 汽车若是后轮驱动，其停坡角要大些。若 L、φ、L_1 相同，仅 h_g 不同，则 h_g 大的汽车其 α_1 变大，α_1' 变小。

第 5 节　制动驱动机构与制动力调节机构

一　制动驱动机构的形式

1）分类

制动驱动机构分简单制动、动力制动、伺服制动三大类，如图 8-17 所示。

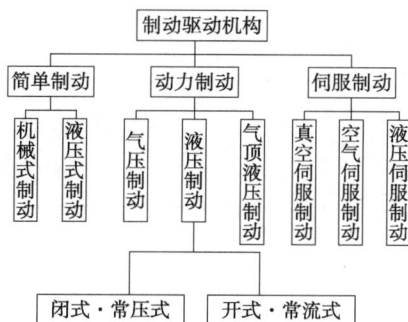

图 8-17　制动驱动机构分类

2）结构方案分析

简单制动与动力制动结构方案对比见表8-5。

制动方案对比　　　　　　　　表8-5

特点	简单制动	动力制动	备注
力与行程的关系	反比例	没有反比例	
踏板力	大	小	动力制动的踏板力仅用来操纵控制元件
结构	简单	复杂	
成本	低	高	

（1）简单制动。

简单制动中的机械式制动和液压式制动特点对比见表8-6。

简单制动对比　　　　　　表8-6

特点	机械式	液压式	备注
效率	低	高	
传动比	小	大	
润滑点	多	少	
结构	简单	复杂	与气压式相比，液压式结构简单
工作	可靠	差	汽化、漏油
成本	低	高	
保证前、后轴制动力比值	困难	容易	
保证左、右轮制动力相等	困难	容易	
用于驻车制动	可以	不可以	与气压式相比，液压式还有作用时间滞后短、工作压力高、轮缸尺寸小等优点

（2）动力制动。

动力制动是利用发动机的动力转化成气压或液压的势能进行制动。动力制动方案特点对比见表8-7。

力制动方案对比　　　　　　　　　表 8-7

特点	气压制动	液压制动	气顶液压制动	备注
对密封要求	稍差	严格	严格	
工作	可靠	可靠	可靠	
使用故障	少	稍多	稍多	
结构	复杂	复杂	复杂	
质量	大	小	大	
成本	高	中等	高	
制动作用滞后时间	长(0.3~0.95s)	短(0.1~0.35s)	短	
压力	低	高	高	0.5~0.7MPa
气室(轮缸)尺寸	大	小	小	
工作噪声	排气噪声	无	小	
应用	货、客、挂车	少用	重型	

（3）伺服制动。

伺服制动中工作压力由动力伺服机构产生,伺服机构失效用人力驱动液压系统。伺服制动方案对比见表8-8。

伺服制动方案对比　　　　　　　　表 8-8

特点	真空伺服	空气伺服	液压伺服	备注
真空度(负压)	0.05~0.07MPa			
气压		0.6~0.7MPa		
气室尺寸	大	小		
结构	简单	复杂	复杂	
应用	轿车,轻、中型货车	中、重型货车	高级轿车	

二　分路系统

采用分路系统的目的是提高工作可靠性。双轴汽车双回路方案有五种,见表8-9。

分路系统对比   表 8-9

		方案简图			
		a) II型	b) X型	c) HI型	d) LL型	e) HH型

		a) II型	b) X型	c) HI型	d) LL型	e) HH型
一套管路失效后制动效果	前、后轴制动比值	变	不变	变	不变	不变
	制动力变化	发动机前置前轮驱动汽车,前回路失效,剩余制动力小于正常值一半	50%	前半回路失效制动力失去不多,一轴半回路失效制动力失去得较多	50%	50%
	对过度、不足转向性的影响	无	转弯制动会产生过度或不足转向	无	转弯制动会产生过度或不足转向	无
	前、后轮抱死情况	后轴负荷小的汽车,若前回路失效,后轮易抱死甩尾。后回路失效前轮易抱死		前半回路失效,紧急制动则后轮易抱死甩尾		
管路布置		简单	简单	复杂	复杂	复杂
成本		低	低	高	高	高

三   液压制动驱动机构的计算

1)制动轮缸直径 d 的确定

制动系统示意图如图 8-18 所示。已知参数为液压缸作动力 F_0、液压缸内单位面积上的压力(压强)p,则:

$$\because F_0 = \frac{\pi}{4} d^2 p \tag{8-52}$$

$$\therefore d = \sqrt{4F_o/(\pi p)} \tag{8-53}$$

p 取值范围为鼓式 $10 \sim 12\text{MPa}$,盘式略高。

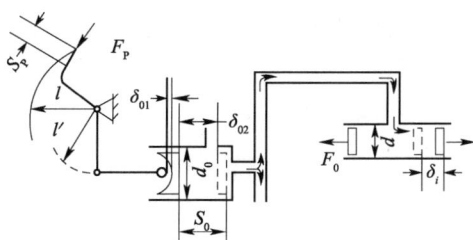

图8-18 制动系统示意图

2）制动主缸直径 d_0 的确定

（1）轮缸一次制动体积增量。

$$V_i = \frac{\pi}{4} \sum_1^n d_i^2 \delta_i \tag{8-54}$$

式中：d_i——第 i 个轮缸直径；

n——第 i 个轮缸中活塞的数目；

δ_i——完全制动时轮缸活塞行程，鼓式 $\delta_i = 2 \sim 2.5\mathrm{mm}$。

（2）全部轮缸一次制动体积增量。

$$V = \sum_1^m V_i \tag{8-55}$$

式中：m——轮缸数目。

（3）主缸工作容积。

$$V_0 = V + V'$$

式中：V'——软管的容积变形，$V_0 = 1.1V$（轿车），$V_0 = 1.3V$（货车）。

（4）d_0 的确定。

$$\because V_0 = \frac{\pi}{4} d_0^2 S_0 \tag{8-56}$$

$$\therefore d_0 = \sqrt{\frac{4V_0}{\pi S_0}} \tag{8-57}$$

式中：S_0——主缸活塞行程，$S_0 = (0.8 \sim 1.2)d_0$。

3）制动踏板力

制动踏板力按下式计算。

$$F_p = \frac{\pi}{4} d_0^2 p \frac{1}{i_p} \cdot \frac{1}{\eta} \tag{8-58}$$

式中：i_p——踏板机构传动比，$i_p = l'/l$；

η——踏板机构及主缸的机械效率，$\eta = 0.82 \sim 0.86$。

踏板制动力取值要求：轿车 $F_{pmax} = 500(\mathrm{N})$，货车 $F_{pmax} = 700(\mathrm{N})$。设计时初选 $F_p = 200 \sim 350\mathrm{N}$。

4）踏板行程 S_p

踏板行程按下式计算。

$$S_p = i_p(S_0 + \delta_{01} + \delta_{02}) \tag{8-59}$$

式中:δ_{01}——推杆与活塞间的间隙,$\delta_{01} = 1.5 \sim 2.0\text{mm}$;

δ_{02}——活塞空行程。

踏板行程设计的参考取值见表 8-10。

踏板行程取值　　　　　　　表 8-10

车型	S_{pmax}	S_p	备注
轿车	$\leqslant 100 \sim 150$	$(40\% \sim 60\%)S_{pmax}$	S_{pmax} 为衬片(块)磨损后的工作行程
货车	$\leqslant 180$		S_p 为新制动器踏板工作行程

四　制动力调节机构

制动时要求前轮先抱死,后轮后抱死,防止汽车甩尾,减少危险,提高行驶安全性。可供满足上述要求能采取的措施有多种:

(1)选择比较大的 φ_0。

(2)装用限压阀、比例阀、惯性阀。其中限压阀结构简单,适用于装载质量相差不大的汽车上。

(3)装 ABS。

1)限压阀工作原理

如图 8-19 所示,限压阀适用于轴距短且质心高,从而制动时轴荷转移较多的轻型汽车,特别是轻型和微型轿车。

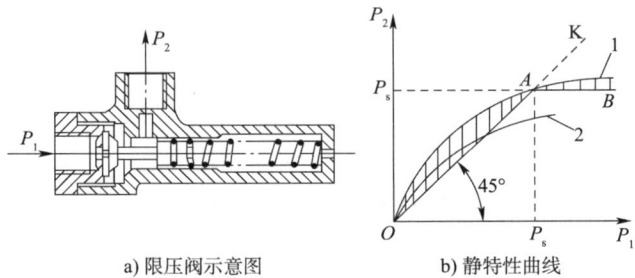

a) 限压阀示意图　　　　b) 静特性曲线

图 8-19　限压阀及其静特性

(1)制动初期。

如图 8-19a)所示,活塞位于图中左侧,在预紧弹簧作用下,紧靠到接头上。接头底部有孔,油液经此孔和活塞上缺口进入限压阀的右侧与车后轮制动管路相通。所以制动初期,前、后轮制动管路油压 $P_1 = P_2$,并且同步增压,如同曲线中 OA 段。

(2)制动后期。

因为活塞本身呈阶梯状,所以油压的压力 P 也作用到活塞中部工作面上,随 P 的增加,逐渐克服弹簧预紧力,并将活塞移向右侧直至关闭阀门。以后 P 增加,则 P_1 增加但 P_2 不变。如图 8-19b)特性线图上 AB 段所示。图中阴影线区域为前轮先抱死区域。

2)防抱死制动系统(ABS)

ABS 是附加于制动系统中防止车轮发生制动抱死的控制系统。有防止车轮发生制动抱死功能的制动系统称为防抱死制动系统。制动过程防止车轮抱死,能避免车轮在路面上滑移,提高汽车制动过程中的方向稳定性和转向操纵能力,并缩短制动距离保证了汽车行驶的主动安全性,目前 ABS 获得广泛的应用。

(1)ABS 的组成及工作原理。

ABS 的组成如图 8-20 所示。

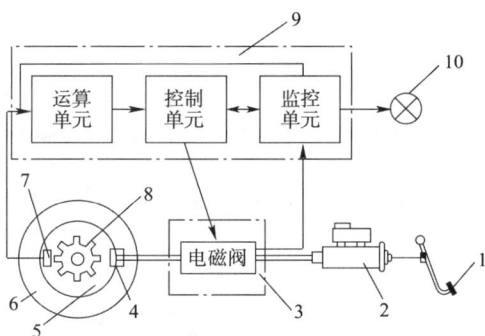

图 8-20　ABS 的组成

1-踏板;2-主缸;3-压力调节器;4-轮缸;5-制动盘;6-车轮;7-轮速传感器;8-回轮齿圈;9-电子控制器;10-报警灯

其中,电子控制器功能有:

①计算车轮速度、滑动率,车轮加、减速度。

②对压力调节器发出控制指令。

③压力调节器由电磁阀、油泵、电机组成,用来调节管路中压力的变化。

根据汽车理论,车轮的滑移率 S 保持在 0.2 左右时,纵向附着系数达到最大,制动效能最好。ABS 的工作原理即通过使趋于抱死车轮的制动压力反复地经过保持到减小到增大的过程,而将趋于抱死车轮的滑移率控制在峰值附着系数滑移率的附近范围内,直至汽车速度减小到很低或者制动主缸的输出压力不再使车轮趋于抱死状态为止。

(2)ABS 的控制方法。

目前,常见的 ABS 的控制方法有:

①逻辑门限制控制。

②最优控制。

③滑动模态变结构控制。

(3)ABS 构型及控制原则。

在 ABS 中,能够独立进行制动压力调节的制动管路称为控制通道。

因此,汽车 ABS 可以分为单通道、双通道、三通道和四通道四类,而根据通道的布置不同,又可以分为多种构型。

不同通道控制方案的特点见表 8-11。按控制原则,又可分为车轮独立控制和车轮一同控制。

不同控制通道 ABS 对比　　　　　　　　　　　表 8-11

<table>
<tr><td colspan="2">特点</td><td>四通道</td><td>三通道</td><td>双通道</td><td>单通道</td></tr>
<tr><td colspan="2">转速传感器</td><td>每轮一个</td><td>前轮各一个,或者后轮各一个,或共一个</td><td>前轮各一个,或一个后轮共一个、二个,或没有</td><td>后轮共一个</td></tr>
<tr><td colspan="2">制动压力调节装置</td><td>每轮一个</td><td>前轮两个后轮一个</td><td>前、后轴每轴各一个或前轮各一个</td><td>后轮一个共用</td></tr>
<tr><td colspan="2">结构</td><td>复杂</td><td>复杂</td><td>稍简单</td><td>简单</td></tr>
<tr><td colspan="2">成本</td><td>高</td><td>高</td><td>略低</td><td>低</td></tr>
<tr><td colspan="2">制动时附着利用率</td><td>最高</td><td>前轮附着利用率高,后轮按低选原则控制,附着利用率低</td><td>前轮高选控制,附着利用率高;后轮按低选原则,附着利用率低</td><td>后轮按低选原则控制,附着利用率低</td></tr>
<tr><td rowspan="3">左右轮附着力相近时</td><td>左右轮制动力</td><td>相等并等于附着力极限值</td><td>相等</td><td>相等</td><td></td></tr>
<tr><td>制动距离</td><td>短</td><td>后轮低选,略长</td><td>前、后低选略长;前高、后低选稍短</td><td></td></tr>
<tr><td>方向稳定性</td><td>良好</td><td>良好</td><td>良好</td><td></td></tr>
<tr><td rowspan="3">左右轮附着力相差较大时</td><td>左右轮制动力</td><td>差别大</td><td>前轮差别大,因为后轮低选差别小</td><td>表 8-9 分路系统中 a)、b)、c)形式前轮高选时制动力差别大 ★★★</td><td></td></tr>
<tr><td>制动距离</td><td>与前一工况相比增长</td><td>略长</td><td>长</td><td></td></tr>
<tr><td>方向稳定性</td><td>不好</td><td>因为两后轮制动力差别小,所以方向稳定性良好 ★★</td><td>不好</td><td></td></tr>
<tr><td colspan="2">应用</td><td>极少</td><td>四轮车用的多</td><td>少用</td><td>轻货、轿车</td></tr>
</table>

如果车轮的制动压力可以进行单独调节,称该车轮为独立控制。

如果两个(或两个以上)车轮的制动压力是一同进行调节的,则称该两车轮为一同控制。当两个车轮一同控制时,如果以保证附着力较大的车轮不发生制动抱死为原则进行制动压力调节,则称这两个车轮是按高选原则一同控制。当两个车轮一同控制时,如果以保证附着力较小的车轮不发生制动抱死为原则进行制动压力调节,则称这两个车轮是按低选原则一同控制。对两轮一同控制时可根据附着条件进行高选或低选的转换。

同时,需要说明的是:

①制动时前轮附着重量变大,前置前驱车制动时前轮附着力约占总附着力的 70% ~ 80% ,所以对前轮独立控制,可充分利用前轮附着力产生的制动力,缩短制动距离。因为后轮按低选原则控制,制动时后轮附着重量又小,所以制动力损失不大,制动距离增长不明显。因为前轮独立控制,所以制动力差别可能很大,对方向稳定性有影响,但影响较小,并可通过转向操纵予以修正。

②假设一侧车轮在附着系数低的道路上,另一侧在附着系数高的路面上,若前轮按高选原则一同控制,则位于低附着系数路面上的车轮会因管路压力高而抱死,且制动力不大,而位于高附着系数路面上的车轮不会抱死,附着力又得以充分利用,所以制动力会大许多,结果对汽车质心处产生的力矩不等,方向稳定性变差。

因为表 8-9 中,a)、b)、c)三种方式后轮按低选原则一同控制,所以后轮制动力相等。对反应灵敏的驾驶员,可通过转动转向轮,使车轮与地面之间产生一横向力,使之与不平衡的制动力抗衡,改善方向稳定性。当两轮都驶入良好路面瞬间,原制动力小的一侧车轮制动力突然增大,两前轮制动力相等。因驾驶员来不及回正转向盘,汽车仍按转向轮给定的方向行驶。高速行驶时这种状况属于非常危险的工况。

第6节　制动器的主要结构元件

一　制动鼓

1)制动鼓设计要求

(1)足够大的强度。

(2)足够大的刚度。

(3)足够大的热容量。

(4)耐磨损性能良好。

(5)较高的摩擦因数。

2)制动鼓分类

制动鼓分为铸造式和组合式两类,如图 8-21 所示。a) 为铸造式,b)圆柱部分用铸铁铸造加腹板部分用钢板冲压,c)主体用铝合金铸造加内镶灰铸铁,d)制动鼓用钢板冲压加内镶合金铸件。

3)方案分析

以上几种制动鼓方案特点见表 8-12。

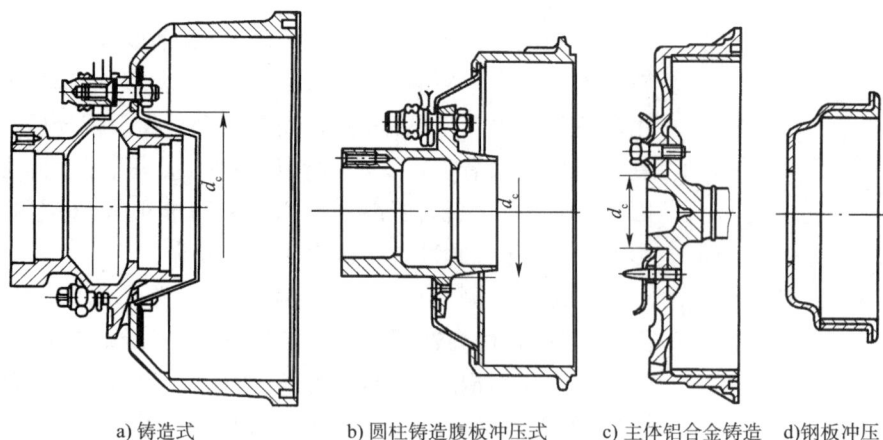

a) 铸造式　　　　b) 圆柱铸造腹板冲压式　　　　c) 主体铝合金铸造　　d) 钢板冲压

图 8-21　制动鼓

制动鼓方案对比　　　　　　　　　　　　表 8-12

特点	铸造式	组合式			备注
		b)	c)	d)	
工艺	容易	困难	困难	困难	
耐磨性	良好	良好	良好	良好	
摩擦因数	大	大	大	大	
热容量	大	小	小	小	
质量	大	小	小	小	
刚度	大	大	小	大	c) 没有加强筋
应用	各式汽车	轻型汽车	轿车	中、重型货车	

二　制动蹄

1) 设计要求

(1) 足够的刚度。

货车制动蹄刚度应足够大。

小型汽车用钢板制成的制动蹄,弯曲刚度可小些,以保证制动时蹄与鼓接触良好,并减少尖叫声。方法是腹板上开 1~2 条径向槽。

(2) 质量小。

(3) 足够的使用寿命。

(4) 效率高。

2）分类

制动蹄分钢板焊接、铸造（铸铁、铸钢）两类。

3）方案分析

不同制动蹄方案对比见表8-13。

不同制动蹄方案对比　　　　表8-13

特点	钢板焊接	铸造	备注
刚度	小	大	铸造蹄断面有 I、山、Ⅱ 字形，所以刚度大
质量	小	大	
效率	低	断面用滚轮的效率高	
寿命	低	断面用滚轮或镶垫片的寿命提高	
应用	轿车、轻型汽车	中、重型车	

三　摩擦衬片

1）摩擦衬片（块）的材料应满足的诸项要求

（1）有稳定的摩擦因数，即时间 t、压力 p、工作速度 v 变化时，摩擦因数 f 变化小。

（2）耐磨损性能良好。

（3）要求有尽可能小的压缩率和膨胀率。

压缩率大，则主缸排量大，踏板行程变大，制动灵敏度下降，热膨胀率大，衬块与盘会拖磨，鼓式制动器会"咬死"。

（4）无噪声污染。

（5）采用对人体无害的材料。

（6）较高的耐挤压强度和冲击强度，足够的抗剪切能力。

（7）摩擦衬块热传导率应控制在下述范围：

摩擦衬块在300℃加热板上作用30min后，背板温度不超过190℃，用来防止防尘罩、密封圈过早老化和制动液温度迅速升高。

2）摩擦衬片材料种类

（1）石棉摩阻材料：增强材料（石棉、其他纤维）加黏结剂加摩擦性能调节剂。

（2）半金属摩阻材料：金属纤维加黏结剂加摩擦性能调节剂。

（3）金属摩阻材料：粉末冶金无机质。

3）优缺点对比

不同材料摩擦衬片特性对比见表8-14。

不同材料摩擦衬片特性对比 表 8-14

特点	石棉摩阻材料	半金属摩阻材料	金属摩阻材料	备注
制造	容易	复杂	复杂	
成本	低	高	高	
刮伤对偶	困难	容易	容易	
耐热特性	差	良好	良好	
摩擦因数稳定性	差	良好	良好	$t\uparrow$、石棉 $f\downarrow$
磨损性能	差	良好	良好	$t\uparrow$ 石棉耐磨性能下降
对环境影响	有污	没有	没有	石棉致癌
应用	开始淘汰	前途广泛	目前不广泛	

练习题

8-1 鼓式制动器有哪几种形式？试分析它们的制动效能因数大小及制动效能稳定性的高低。

8-2 与鼓式制动器相比,盘式制动器的优点有哪些？

8-3 制动鼓内径该如何选择？

8-4 双轴汽车的双回路制动系统有哪几种分路形式？其结构特点如何？

8-5 有轴距 L 和质心高度 h_g 均相同的两辆轿车,仅质心到前轴的距离 L_1 不同,问这两辆轿车在上坡或下坡的路段上停驻时,哪一辆轿车可以停在坡度较大的路上？为什么？

8-6 已知某货车的总质量为 2500kg,轴距为 3600mm,质心距前轴为 2100mm,质心高度为 1200mm,车轮有效半径为 500mm,地面附着系数为 0.6。试求:驻车制动时所需的单个车轮制动器的制动力矩及汽车的极限坡路停驻角。

第9章

动力蓄电池系统结构设计

第1节 概　　述

动力蓄电池作为纯电动汽车电源系统的核心,主要为整车行驶提供能量,其相关研发制造技术产业是我国新能源汽车产业链中的重要一环。自19世纪可充电电池出现以来,动力蓄电池技术不断革新,种类也日益繁多。常见的储能电池主要有铅酸蓄电池、镍氢蓄电池和锂离子蓄电池,此外还有镍铬蓄电池、金属-空气蓄电池等。锂离子蓄电池是一种高容量可充电电池,以工作电压高、能量密度大、功率密度高、质量轻、体积小、循环寿命长、无记忆效应、自放电率低、绿色环保等优点而被广泛关注。根据锂离子蓄电池正极材料的不同,动力蓄电池可分为钴酸锂电池、锰酸锂电池、磷酸铁锂电池、镍钴铝酸锂三元锂电池和镍钴锰酸锂三元锂电池等。目前,钴酸锂电池和锰酸锂电池的热稳定性能较差,很少被应用于电动汽车领域。相比之下,磷酸铁锂电池和三元锂电池具有更好的安全性能,在电动汽车领域被广泛应用。

为了满足电动汽车动力性、安全性和经济性的要求,车用动力蓄电池系统应当:

(1)能量密度高,满足行驶里程要求。

(2)功率密度大,满足汽车的起动、爬坡、加速特性和效率特性等。

(3)使用寿命长,目前常用的磷酸铁锂电池的循环寿命为800～2000次,三元锂电池的循环寿命为500～1500次。

(4)安全性高,降低因漏液、短路、碰撞等引起的车辆起火爆炸等危险事故的发生概率,保障用户的生命安全,降低财产损失。

(5)可靠性高,提升动力蓄电池系统应对车辆复杂工况的适应能力。

(6)高低温性能好,以便在较宽的温度变化区间内正常工作。

(7)系统自放电率低。

(8)价格低廉。

第2节 动力蓄电池结构

一 系统组成

按照结构组成划分,纯电动汽车电源系统由蓄电池模块、电池箱体结构组件、电子电气组件、热管理系统组件、功能辅助组件等组成,部分纯电动汽车中还包括车载充电机。图9-1所示为某款纯电动汽车动力蓄电池系统的示意图。

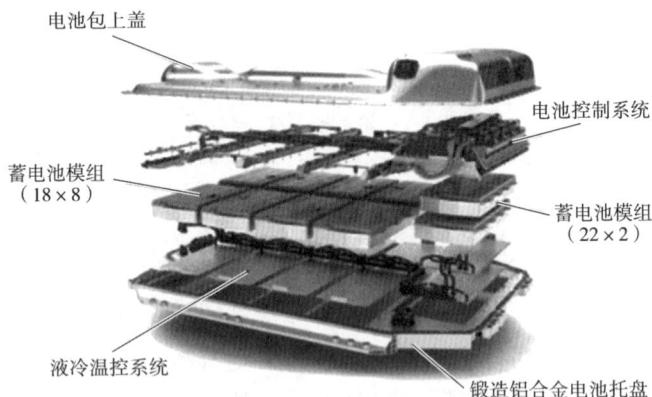

图9-1 某款纯电动汽车动力蓄电池系统的示意图

(1)电芯及动力蓄电池模块。

电芯(也称为单体蓄电池)是组成蓄电池模块和蓄电池系统的基本单元。蓄电池模块由复杂串并联方式排布的电芯、模块结构件(如端板、侧板、底板、盖板、绝缘、导热部件等)、电池参数检测传感器(如温度、电压采样传感器及线束等)、电气连接部件(如电芯串并联汇流排、模块输出极等)等组件构成。

(2)电池箱体结构组件。

电池箱体由动力蓄电池箱体(上盖、下壳体)、固定/支撑结构部件(支架、压板/压条等)、密封组件(如密封条)、平衡阀(具有防爆功能)、标准件(如螺栓、螺母、垫片等)等组件构成。

(3)电子电气组件。

电子电气组件由蓄电池管理系统、继电器、熔断丝、电流传感器、预充电阻、高/低压线束、插接器等组件构成。

(4)热管理系统组件。

热管理系统组件由冷板、软管、管接头、弹性支撑、电阻丝/加热膜等组件构成。

（5）功能辅助组件。

功能辅助组件由卡扣、扎带、密封圈/垫、密封胶、导热胶等组件构成。

二　电池模块设计

1. 圆柱形电池模块设计

（1）电芯固定方式。

在圆柱形电池模块中，固定电芯时需要考虑电芯的自转问题，主要使用有圆柱形凹槽的电芯固定架将电芯包裹固定，一般凹槽的尺寸略大于电芯尺寸，并使用结构胶固定。图9-2所示为圆柱形电池模块工艺示例。

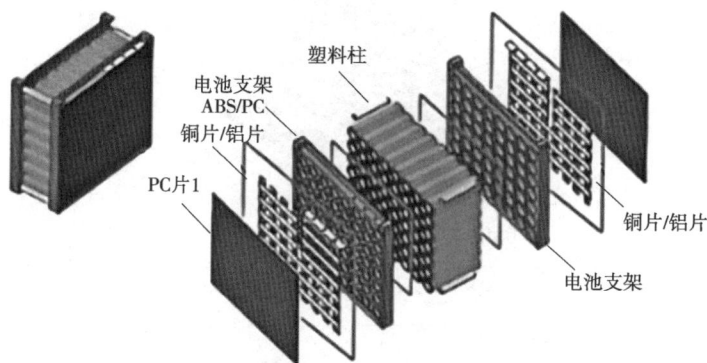

图9-2　圆柱形电池模块工艺示例

（2）电芯连接方式。

圆柱形电池模块的电芯连接方式主要有两种：一种是比较常见的电阻焊；另一种是比较新颖的铝丝键合焊。电阻焊设备成本低，工艺成熟，设计技术完善，但成本较高。铝丝键合焊是近年来兴起的加工工艺，通过铝丝超声焊接的方式连接电芯正/负极与连接排，这种工艺加工效率高，自动化程度高，用料少，成本低，但利用铝丝键合焊形成的电路连接强度弱于电阻焊，失效率较高，工艺水平还有待提高。

（3）热管理方式。

圆柱形电池模块的热管理方式主要是使用波纹状冷却管路围绕在电芯中，相比于方形和软包模块的冷却方式，冷管加工的工艺复杂，成本高，空间占用大。

（4）电池模块固定方式。

圆柱形电池模块在电池箱中的固定方式有两种：一类是在电芯固定架上设计螺栓固定点，直接用螺栓将电芯固定架固定在箱体上，可以有效减少零部件数量，减轻重量，但是对电芯固定架的强度要求较高；另一类是通过框架、夹板或其他固定机构，把电芯固定架固定在箱体上，使紧固力通过外接结构分散开,避免电芯固定架的载荷集中。

2.方形电池模块设计

(1)电芯固定方式。

方形电池有外部铝壳作为容器,同时也提供一定机械强度保护内部极片,使得方形电池模块的结构强度较高。电芯固定主要通过外部框架实现,电芯之间通过胶或带黏性的材料相互黏结在一起,并用相同的方式把电芯固定在框架上。由于方形电芯形状规整,模块框架设计相对简单,所以将电芯逐个装入固定即可。考虑到电芯鼓胀问题,需要在电芯之间增加间隙来吸收鼓胀形变,从而提高安全性和循环寿命。图9-3 所示为方形电池模块工艺示例。

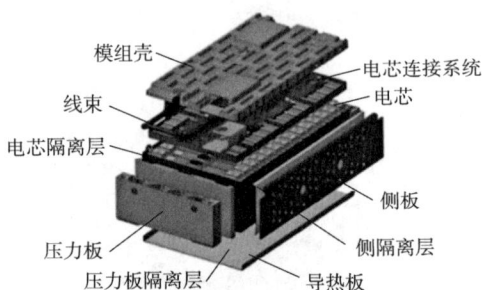

图9-3 方形电池模块工艺示例

(2)电芯连接方式。

方形电池模块的电芯连接方式主要有两种:螺栓连接和焊接。螺栓连接常见于早期的电芯产品,在电芯极柱上自带螺栓或螺纹孔,通过连接片和电芯连接。这种连接方式对设备要求低,操作简单;但是可靠性较差,成本高,生产效率低,接触电阻大,目前已逐步被淘汰。

(3)热管理方式。

方形电芯模块的热管理方式主要是使用平板贴于模块预留的电芯外露区域,结构简单,安装方便。可以使用口琴管、预埋管、冷却板、吹胀板等诸多形式实现,成本较低。

(4)电池模块固定方式。

方形电池模块与电池箱的固定方式比较容易设计。由于电池模块的框架强度较大,一般在模块四个角设计固定点,通过螺栓与电池箱连接。如果模块较大或较重,则可以在模块中间适当增加固定点,提高连接强度。

3.软包电池模块设计

软包电池模块在结构上可以视作简化版的方形电池模块:将方形电池模块的铝壳替换成铝塑膜,将极柱改为极片,减少防爆阀等非必需结构。结构的简化大大提高了电池模块的能量密度,降低了整体重量与成本,但电池模块本身的强度会相应降低。因此,在系统设计中需要在模块结构中增加防护强度。软包电池模块的设计难度相比于方形电池模块有所提高。

（1）电芯固定方式。

在电芯固定上，由于电池表面不规整、自身强度低，需要结合外部保护壳将一个或多个电芯保护起来。保护外壳也可以作为热传递的路径。通常将两个电芯组成一个电芯单元，这样一个单元的两个大面分别就是两个电芯的散热面，可以将这样一个小单元视为一个方形电芯进行模块设计。因此，软包电池模块通常只有偶数并联的方式。

（2）电芯连接方式。

软包电池模块的电芯连接主要通过焊接的形式实现。由于电芯的极耳多为铝片或铜片，通常采用折弯的方式贴合在连接片上，再通过焊接形式固定在一起。极耳厚度较薄，对焊接设备稳定性的要求较高，需要优化焊接工艺，提高良品率。

（3）热管理方式。

软包电池模块的热管理方式主要是通过电芯之间的导热板将热量导出，再通过热交换系统把热量交换出去。该方式设计简单，不易漏水，冷却效果好。

（4）电池模块固定方式。

软包电池模块与电池箱的连接与方形电池模块类似，比较容易设计，可以在每一个小单元的保护壳上设计安装孔进行安装，也可以将多个小单元先固定在一起形成大模块，然后在端板或者外壳上设计固定孔进行固定。

三　电池箱体设计

1. 箱体结构设计

电池箱体是电池系统总成的骨架，电池箱体的作用就是为电池系统提供一个保证电池系统能够安全可靠运行的环境。电池箱体对产品的安全运行和防护起着关键作用，直接影响整车的安全性。电池箱体的结构设计主要包括电池箱上、下壳体等部件壳体材料的选择、制造工艺方案的选择等。电池箱的外观主要从材质、颜色、表面防腐蚀处理、产品标志、标识等方面进行设计。电池箱体的设计目标要满足强度、刚度要求和电气设备外壳防护等级 IP67 的设计要求，并且整车需提供碰撞保护，电池箱内的电池模块在底板固定，线束走向合理、美观且固定可靠。

设计电池系统外壳时，首先要保证其结构牢固，可抵抗车辆振动、冲击、撞击的需求；其次要满足防尘防水等级（IP 等级）要求，满足轻量化要求,耐腐蚀、抗石击、抗火烧等;电池箱体还要设置有可靠的等电势点,保证与车底盘可靠的电连接。

电池系统设计开发过程中,电池包的容量和电量是整车动力性和经济性的重要参数,而电池箱的体积和重量与电池包的电量有着密切的联系。同时,箱体的重量与电池包的能量密度相关联。能量密度是目前衡量电池系统设计水平的一个重要指标。

通常,电池箱体空间布置设计分为三个阶段:

(1)第一阶段为概念设计阶段,整车总布置部门需要确定整体系统体积参数,并转给电池系统设计部门。设计数据必须满足整车离地间隙及周边件的间隙要求。初步方案设计需要满足整车动力性和经济性的设计目标,并得到电池研发部门的认可。

(2)第二阶段为数据设计定稿阶段。在这个阶段设计的系统参数需要尽量详细,设计过程中进行数据变更的登记管理,设计由供应商、电池研发部门、总布置共同完成,经过整车的数据装配检查、工艺工装检查、样件装车适配检查,最终完成数据发布。

(3)第三阶段为数据的扩展延伸阶段。由于市场环境的模块化和平台化,电池箱体数据需要微调以满足不同项目的需求。这个阶段电池箱体数据的扩展延伸必须通过设计变更审批流程,最终落实。

2. 电源系统与整车的连接

电源系统与整车的机械装配有两种方式:固定式和快换式。

(1)固定式。

固定式是指电源系统通过螺栓等紧固件固定在整车上的装配方式。

对于采用固定式装配方式的车辆,电池系统的高压和低压分别与整车的高压和低压通过插接器建立连接。插接器的插头和插座带有防错设计及限位设计(卡位、限位)。当插头与插座对插到位后,插接器的插头与插座不再发生相互运动。

(2)快换式。

快换式是指电源系统与整车不建立固定装配,双方通过锁止机构建立联系,通过锁止机构的锁止和解锁实现电池更换的装配方式。快换式的锁止机构和快换插接器是设计开发过程中的重要任务。

对于采用快换式装配方式的换电车辆,锁止机构的开发需要考虑锁止机构的工作原理、对车身离地间隙的影响、安全可靠性、与人的交互、使用寿命等。电池系统的高压和低压接口集成在一个快换插接器上,并且设计开发对应的用于整车端的快换插接器。

国家标准规定,固定不动端为插座,运动端为插头。快换插件的插座与插头具有防错设计,但是没有限位设计。在换电过程中,插座与插头伴随着锁止机构的锁止和解锁,发生相对运动。因此,快换插接器的设计需要考虑安全防护(IP)、高压安全(绝缘、爬电距离等)、使用寿命、温升等。锁止机构和快换插接器的开发是目前换电方式开发的重点和难点。

为满足对换电车辆锁止机构的控制,快换式装配方式整车控制或者单独通道的控制系统相对于固定式装配方式的控制方式,要更加复杂、更加精细。

第3节 动力蓄电池的基本性能参数

纯电动汽车电源系统的核心部分为蓄电池系统:首先由电芯组成动力蓄电池模块,然后由动力蓄电池模块形成整个动力蓄电池系统。动力蓄电池为电动汽车提供功率,是电动汽车的能量存储装置,其性能直接影响电动汽车的整体性能。动力蓄电池的性能参数主要包括电池电压、容量、内阻、能量、功率、输出效率、自放电率、使用寿命等。

1. 电池电压

对于动力蓄电池而言,电压可分为端电压、开路电压、额定电压(平台电压)和充电/放电截止电压。

(1)端电压:正极和负极之间的电位差称为端电压。

(2)开路电压:没有负载情况下的端电压称为开路电压。

(3)额定电压:动力蓄电池工作输出的标准电压称为额定电压,也称为平台电压。

(4)充电/放电截止电压:电池充电/放电时,电压上升/下降到电池不宜再继续充电/放电时的最高/低工作电压值,即为电池的充电/放电截止电压。不同类型及不同充电/放电条件的电池,其截止电压不同。

2. 容量

容量单位一般为A·h(安时),在实际应用中又有额定容量和实际可用容量的区别。额定容量是指充满电的动力蓄电池在实验室条件下(较理想的温度、湿度环境),以某一特定的放电倍率放电到截止电压时,所能够提供的总电量。在通常情况下,实际可用容量不等于额定容量,它与温度、湿度、充电/放电倍率等因素有关,某些情况下甚至比额定容量小很多(低温下);同时,随着充电/放电循环次数的增加,实际可用容量逐渐减小。图9-4所示为不同放电倍率条件下某3.0A·h锂离子动力蓄电池的容量衰减特性。

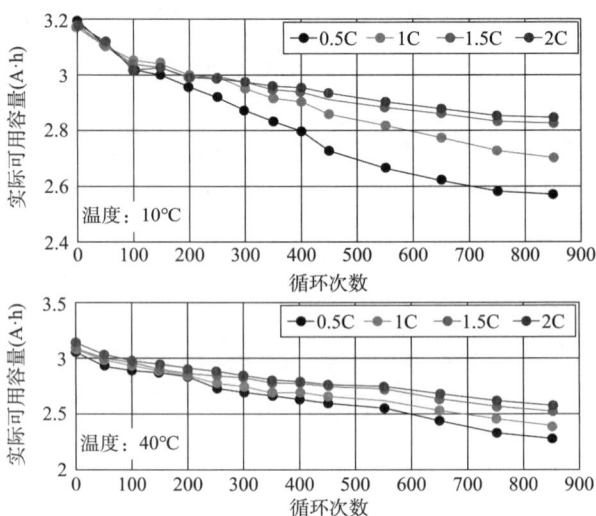

图 9-4　不同放电倍率条件下某 3.0A·h 锂离子动力蓄电池的容量衰减特性

3. 荷电状态

荷电状态(State of Charge,SOC)是用来表示电池内部剩余电量的参数。此参数与电池的充电/放电历史和充电/放电电流的大小有关。荷电状态一般以百分比的方式来表示,取值为 0 ~ 100% ,对于以额定电流充满电的电池,电池荷电状态值可表示为

$$SOC = \frac{C}{C_r} \times 100\% \qquad (9-1)$$

式中:C——电池剩余的可用容量,A·h;

　　　C_r——电池的额定容量,A·h。

4. 充电/放电倍率

电池充电/放电倍率常用 C(C-rate 的简写)表示,例如 1/5C、1C、5C、10C 等。假设某动力蓄电池的额定容量 C 是 20A·h,如果将其充/放电倍率设置为 0.5C,那么此型号的电池将以 10A 的电流进行充电/放电。如果其最大放电倍率是 3C(10s),则表示该电池能够以 60A 的电流持续放电 10s。

5. 能量密度

能量密度指单位体积或单位质量的动力蓄电池能够存储或释放的电量。能量密度有质量能量密度和体积能量密度之分,其单位分别为 W·h/kg 和 W·h/L。在电动汽车上,动力蓄电池的质量能量密度指标比体积能量密度指标更为重要,因为动力蓄电池质量能量密度影响电动汽车的整车质量和可行驶里程,而体积能量密度只影响动力蓄电池的布置空间。质量能量密度是评价电动汽车的能量源能否满足预定续驶里程的重要指标。目前,车用动力蓄电池的能量密度与传统燃油汽车的能量密度相比,差距明显。

6. 放电深度

放电深度(Depth of Discharge, DOD)是指在动力蓄电池充满电的情况下,以一定的放电电流对动力蓄电池进行放电,放出的电量占总容量的百分比。例如30% DOD放电,表示充满电后放出30%的容量。与SOC的定义不同,SOC的计量起点为动力蓄电池电量空态,DOD的计量起点为满态。

7. 功率密度

充电/放电功率是指在一定的充电/放电条件下,单位时间内动力蓄电池输入/输出的能量,单位为W或kW。质量功率密度是指单位质量的动力蓄电池输入/输出的功率,也称比功率,单位为W/kg;体积功率密度是指单位体积的动力蓄电池输入/输出的功率,单位为W/L。功率密度是评价动力蓄电池系统是否满足电动汽车加速和爬坡能力的重要指标。常见的磷酸铁锂电池或三元锂电池均为电化学电池,其功率密度与电池的放电深度密切相关。

8. 电池的自放电率

动力蓄电池的自放电率是指动力蓄电池在存放或静置期间存储电量的衰减率,即动力蓄电池无负荷时自身放电使容量损失的速度。自放电率用单位时间内容量下降的百分数表示。影响锂离子动力蓄电池自放电率的原因有两个:物理微短路和化学反应。物理微短路时电池表现为在常温、高温存储一段时间后,电池电压低于正常截止电压。与化学反应引起的自放电相比,物理微短路引起的自放电不会造成锂离子蓄电池不可逆的容量损失。

9. 循环使用寿命

动力蓄电池随着充电/放电循环次数的增加而逐渐老化、容量降低,循环使用寿命(State of Health, SOH)即表征动力蓄电池在衰减到最低可用容量的使用次数。动力蓄电池的寿命分为循环寿命和日历寿命。

(1)循环寿命一般以"次"为单位,表征动力蓄电池可以循环充电/放电的次数。动力蓄电池的循环使用寿命通常是在理想的温度/湿度下,以额定充电/放电电流进行深度的充电/放电(满充、满放或80%容量的充电/放电),计算容量衰减到额定容量80%时所经历的循环次数。

(2)日历寿命是从生产日期至到期日期的时间,以年为计量单位。该期间包括搁置、老化、高低温、循环、工况模拟等不同测试环节。

第4节 动力蓄电池选型和系统参数匹配

一 动力蓄电池选型

与铅酸蓄电池、镍氢蓄电池相比,锂离子蓄电池具有工作电压高、能量密度大、功率密度高、质量轻、体积小、循环寿命长、无记忆效应、自放电率低等优点,是目前公认的比较适用于电动汽车的动力蓄电池类型。由于电动汽车产品需求的不断提升和技术进步,现有的锂离子动力蓄电池产品的技术水平仍存在较大的限制,不仅是在产品性能和安全性方面,还包括产品的成本因素等。因此,提高锂离子动力蓄电池的能量密度、使用寿命和安全性,降低成本,既是动力蓄电池研究的热点,也是选型考虑和设计优化的重点。

在动力蓄电池包产品的设计中,电芯的设计或选型最为关键。在锂离子动力蓄电池选型过程中,需要重点关注动力蓄电池特点的差异性,包括不同正负极材料体系和结构形式的动力蓄电池产品,它对应不同的产品性能、安全性、产品技术和工艺成熟度、产品价格、产能保证能力以及环保因素等方面。锂离子动力蓄电池的分类有多种形式,通过不同形式的分类,可以对比得到适合于系统应用的动力蓄电池类型。

根据锂离子动力蓄电池电芯结构形式的不同,可以分为圆柱形、铝塑膜软包、方形硬壳电池,常见电芯的结构形式见表9-1。典型锂离子动力蓄电池的结构类型及其优缺点见表9-2。圆柱形电池根据结构尺寸的不同又可分为18650、21700、26650等型号。其中,18表示直径为18mm,65表示长度为65mm,0表示为圆柱形电池。铝塑膜软包、方形硬壳电池两种形式的电芯,通常根据容量大小再进行细分。

常见电芯的结构形式   表9-1

圆柱形结构外观	铝塑膜软包结构外观	方形硬壳结构外观

典型的锂离子动力蓄电池的结构类型及其优缺点　　　　　表9-2

电池结构	优点	缺点	应用建议
圆柱形	壳体以钢为主,结构成熟,工艺制造成本低。 自动化生产工艺成熟度高、生产效率高。 成品率及电芯一致性高	一个电池包中所需要的电芯量非常大,达到上万只,成组成本相对较高。 圆柱电芯的循环寿命较短,三元锂电芯寿命为 800～1200 次。 能量密度相对较低。 机械结构的高功率限制	纯电动汽车应用,适用于中低端乘用车、物流车、微型车、低速车。 纯电续驶里程 150～200km,适用于个人用户,不推荐应用于出租汽车。 成组设计应避免汇流排上电流密度分布不均匀,以改善散热路径
铝塑膜软包	重量轻,软包电池重量较同等容量的钢壳电池轻 40%,较铝壳电池轻 20%。 体积能量密度高,采用软包装电芯可节约体积 20%以上。 可根据客户的需求定制,开发新的电芯型号	电芯壳体力学性能较弱,容易发生漏液。 配套设备还未完全形成自动化,对外部模组保护结构的要求较高,成组工艺相对复杂。 封口工艺难度高,易漏液	纯电动汽车应用为主,少量可满足插电式混合动力电动汽车,适用于中高端乘用车、商用车等。 需要配合成熟可靠的模组和电池包设计。 应改善散热路径。 改善绝缘防护设计
方形硬壳	壳体以铝合金为主,结构可靠性高。 电芯循环寿命较长,三元锂电芯寿命为 3000～4000 次,磷酸铁锂电芯寿命已经有超过 6000 次产品	壳体较重,导致电池组能量密度有限,自动化生产程度低导致生产效率较低。 配套设备还未完全形成自动化,机械结构组件成本较高	应用于纯电动和混合动力电动汽车,适用于中高端乘用车、商用车等。 电池成组应用需要重点考虑电芯的膨胀

动力蓄电池系统应用温度范围的设定主要考虑温度对电池充电/放电功率和能量的影响,高温条件下则主要考虑对电池寿命和安全特性的影响。为避免由于温度过高引起电池寿命的快速衰减和出现热失控,根据电池的温度特性及动力蓄电池系统产品的使用经验,需要确定应用温度范围上限值。

三元锂离子动力蓄电池被广泛应用于纯电动乘用车领域,而磷酸铁锂电池被广泛应用在纯电动商用车和部分纯电动乘用车中。三元锂离子动力蓄电池在纯电动乘用车的部分应用见表9-3。磷酸铁锂动力蓄电池在纯电动乘用车的部分应用见表9-4。

📑 笔记区

三元锂离子动力蓄电池在纯电动乘用车的部分应用　　　　　表9-3

生产厂商	车型名称	电池容量(kW·h)	续驶里程(km)
北汽新能源	EU5	53.6	570
	EU400	54.4	360
	EX360	48	390
	EC200	20.5	200

生产厂商	车型名称	电池容量(kW·h)	续驶里程(km)
长安汽车	逸 EV300	45	360
	CS15EV	45	360
广汽新能源	传祺 GE3	47	475
吉利新能源	帝豪 GSe	52	460
	帝豪 EV	52	450
上汽乘用车	荣威 ei5	35	401
	荣威 ERX5	48.3	425
特斯拉汽车	Model S 100D	100	632
	Model X 100D	100	565

磷酸铁锂动力蓄电池在纯电动乘用车的部分应用　　　　　表9-4

生产厂商	车型名称	电池容量(kW·h)	续驶里程(km)
北汽新能源	EC180	20.3	202
比亚迪	e5	43	360
	c6	82	400
	秦 EV300	47	300
江淮汽车	iEV40	23	260
	iEVA50 豪华	46.5	390
	iEV6E 豪华	29.2	310
	iEV7	24	250
众泰汽车	5008EVL	32	200
	M300EV	32	200

笔记区

根据整车质保时间和质保里程的要求,基于大数据统计分析不同用途车型的运行工况,其中包括每月搁置时间、每月充电时长、每月行驶时长、每月搁置温度分布,通过动力蓄电池日历寿命模型估算车辆质保期内存储容量的损失。动力蓄电池日历寿命模型如图9-5所示。

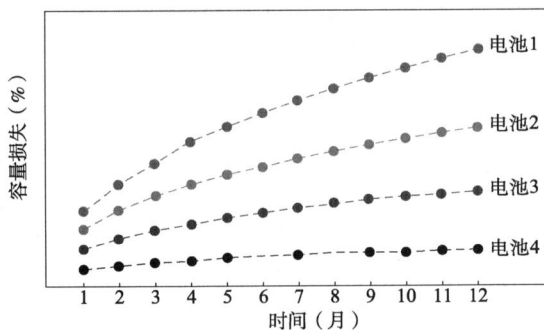

图9-5　动力蓄电池日历寿命模型

由于寿命期间总容量损失由日历损失和动力蓄电池循环使用寿命损失共同决定,结合整车质保里程,动力蓄电池系统循环次数 = 质保里程/续驶里程,预选动力蓄电池的循环寿命应除以经验转换系数,如 24 万 km 质保里程,续驶里程为 300km,则循环寿命为 800 次,预选动力蓄电池的循环寿命应不低于 1000 次。

二　动力蓄电池成组方式

动力蓄电池系统成组方式有多种,不同的成组方式可以满足不同的用电需求。电芯串联成组可以提高动力蓄电池组的工作电压,满足电动汽车对高工作电压的需求;并联成组可以提高动力蓄电池组容量,满足电动汽车的大容量需求;由串联和并联结合的混联方式可以同时兼顾电动汽车对高电压和高容量的双重需求。在实际应用中,电池模块的串并联数量可以记作 XPXS,P 代表并联数(Parallel),S 代表串联数(Series),X 为数量。

考虑到动力蓄电池工作电压和电流的一致性,不同并联数的模块之间无法串联,不同串联数的模块之间无法并联。动力蓄电池组多种成组方式见表 9-5,包括直接串联、先串后并、先并后串等形式。通常情况下,先将数量较少的电芯通过一定的串/并联方式组成模块(方形、软包电芯常见数量为 4 ~ 16 个),一定数量的模块再通过一定的串/并联方式组成电池包,形成动力蓄电池包的并联数为:模块内并联数 × 并联模块数量,串联数为:模块内串联数 × 串联模块数量。

动力蓄电池组多种成组方式　　　　　　　　表 9-5

直接串联连接示意图	先串后并连接示意图	先并后串连接示意图

1. 直接串联

直接串联的成组方式,具有连接方便、形式简单、易于设计的优点。在实际设计过程中,可以根据空间排布需求,设计不同串数模块,最终再将所有模块串联成电池包,空间利用率较高。在这种成组方式下,模块内的连接片最多只连接两个电芯极柱,在激光焊接极柱的时候,由于极柱高度差导致的焊接不良率大大降低,良品率较高。但是,由于所有电芯均为直接串联成组,某个电芯发生脱焊时,电池包回路会因此断开而彻底失效。同时成组容量受单个电芯制约,无法满足特定容量需求。

以大容量方形电芯为例:常见大容量方形电芯规格有 100A·h、120A·h、150A·h 等,某个动力蓄电池包的需求容量 120A·h、额定电压 345.6V,因此可以选用 120A·h 方形三元电芯(额定电压为 3.6V)直接串联的方式进行成组。一般先将四个电芯串联成 1P4S 的模块,然后将 24 个相同的模块再次进行串联,最终形成 1P96S 的动力蓄电池包。但是,当需求动力蓄电池包容量达到 180A·h 以上时,一般不使用该方式进行成组。

2. 先并后串

先并后串是目前最为常用的成组方式,其结构形式见表 9-5。此形式模块组成方式为:首先将多个电芯正、负极分别相连,形成 XP1S 的模块,然后将若干个该类型模块进行串联,形成动力蓄电池包。并联模块端电压相等,只需监测一个电芯的端电压,不需要增加复杂开关或电压监测电路模块,因此经济性较好。各并联模块相互独立,利于电芯之间的自均衡,对电芯可用容量及内阻的不一致性协调度较高。同时,并联模块是电芯直接并联,端电压低,即使电芯的端电压有偏差,并联时影响也较小,安全性较高。由于模块之间是从头到尾串联而成的,连接方式简单,走线容易,可以衍生出各种串并联方式的方案。另外适用范围广,常见的圆柱形、方形、软包电芯均可以使用这种成组方式。

以软包电芯为例:某个动力蓄电池包需求容量 120A·h,额定电压 345.6V,可以选用 30A·h 软包三元电芯(额定电压 3.6V)先并后串的方式进行成组。先将四个电芯进行并联成 4P1S 的模块,然后将 96 个该类型模块进行串联,形成 4P96S 的动力蓄电池包。此外,还可将该方案进一步优化,由于软包电芯厚度较薄,先将 24 个电芯组成 4P6S 的模块,然后将 16 个该类型模块进行串联,形成 4P96S 的动力蓄电池包。

不过,此结构形式的模块内并数较多,往往一个连接片需要与 4~8 个电芯进行焊接。焊接质量受极柱高度差影响较大,合格率较低,在模块设计上需要通过工艺优化提高良品率,通过减少模块和结构件的数量来提高成组率。

3. 先串后并

先串后并的结构形式见表 9-5。此结构形式为:首先将多个电芯的正负极依次相连,形成 1PXS 的模块,然后将若干个该类型模块进行并联,形成动力蓄电池包。此方案一般用于设计大模块场景,如一个动力蓄电池包只用 2~4 个大模块成组。

先串后并的单个模块均是并联在电路中,当某个电芯或某一并联的电芯与电池回路脱开时,其他并联模块依旧可以正常工作,提供电流,并且工作电压不变,只是容量降低,可以继续使用。由于每个串联模块中电芯的数目一般较多,在串联模块并联前需对各模块电压进行有效均衡,否则即使较小的电芯端电压差异,成组后也会产生较大的并联支路间的电压偏差,可能引发安全事故。此外,由于先串后并的成组方式中每一个模块必须由相同数量的电芯组成,所有模块尺寸大小相同,无法设计成不同串数的模块进行排布,所以空间利用率低。先串后并的方式在实际生产中使用较少。

三 电池不一致性筛选

电动汽车用动力蓄电池组由大量的电芯组成,由于制造工艺和使用环境的差别,它们在工作过程中不可避免地会存在电池容量、内阻、开路电压的不一致。不同内阻的电池发热量和工作电压均有差别,造成功率输出和寿命衰减速率不一致。相关数据表明,对于同一种型号(同一种封装)的标准电池,其容量差异最大可达 10% ~ 20%,而串并联大量电芯的动力蓄电池系统存在"木桶效应",性能较差的电芯会严重影响动力蓄电池包的性能。因此,动力蓄电池的不一致性也会影响电动汽车的性能,给动力蓄电池生产工艺、筛选、BMS(电池管理系统)性能提出了较高的要求。

在动力蓄电池系统设计中,主要考虑电池的一次不一致性,这主要由其生产制造过程中工艺误差等不可控因素造成,因此难以避免。电动汽车复杂的使用环境和电芯存在的不一致性,严重制约了动力蓄电池组的能量/容量利用率,会极大降低动力蓄电池组的可靠性,也会加速动力蓄电池的老化。

作为提高动力蓄电池系统在电动汽车上工作效率和可靠性的主要方法,电池的筛选聚类技术可以有效降低组内电芯间的一次不一致性,减少因一次不一致性引起的动力蓄电池性能退化。常用的筛选方法依据不同的筛选参数或特征曲线信息可以分为单参数分选法、多参数分选法、曲线特征分选法和电化学阻抗谱分选法。四种电池筛选方法的分析对比见表 9-6。电芯筛选可以选用作为表征其不一致特性的开路电压、可用容量、内阻等参数。《便携式电子产品用锂离子电池和电池组 安全要求》(GB 31241—2014)给出了简化的电池筛选的标准。

四种电池筛选方法的分析对比　　　　　　　　表 9-6

筛选方法	优势	局限性
单参数分选	方法简易,数据量低,挑选效率高	信息单一,对使用环境局限性高
多参数分选	参数信息全面,数据处理手段成熟	不能反映动态特性变化,需要进行多次测量获取筛选量
曲线特征分选	反映信息全面	曲线识别数据量大,聚类繁杂,工作量大
电化学阻抗谱分选	物理意义强	测试设备要求高,条件苛刻,批量检测可操作性差

四　系统参数匹配

1.系统额定电压

动力蓄电池系统的额定电压及实际电压工作范围必须与整车所选用的电机和电机控制器的工作电压相匹配。为保证整车动力系统的可靠运行,需要根据电动汽车电机的电压等级及工作电压范围要求,选择合适的动力蓄电池类型(如化学体系、额定电压、容量规格等)并确定电芯的串并联数量、系统额定电压及工作电压范围。对于纯电动汽车动力蓄电池系统的额定电压等级,参照《电动汽车高压系统电压等级》(GB/T 31466—2015)可选择144V、288V、320V、346V、400V、576V等。微型低速电动汽车动力蓄电池系统的电压等级,100V以下主要包括48V、60V、72V和96V等。动力蓄电池系统的电压范围一定要大于用电部件的工作电压范围。

2.系统与电芯容量

从车辆的额定质量、最大质量和预先设定的典型工况出发,根据综合工况条件下纯电续驶里程目标、整车动力性能(最高车速、爬坡度、加速时间等)要求,可计算出纯电动汽车行驶所需搭载的系统总能量。根据整车选用的电机和电机控制器的额定工作电压,可知电源系统的总容量为:

$$系统容量 = \frac{总能量}{系统额定电压} \tag{9-2}$$

基于系统并联数计算电芯容量:

$$电芯容量 = \frac{系统容量}{电池并联数} \div CTP 系数 \tag{9-3}$$

由于系统存在电芯一致性、温度分布、放电工况等问题,电芯容量与蓄电池系统容量存在一定差别,应该除以电芯到模组(CTP)的经验系数。另根据《电动汽车用动力蓄电池电性能要求及试验方法》(GB/T 31486—2015),容量应不低于额定容量,并且不超过额定容量的11%,所有电芯测试对象初始容量极差不大于初始容量平均值的5%。

基于动力蓄电池系统设定的额定电压和不同材料体系电芯的额定电压,可以确定系统的电芯串联数量 n 为:

$$电芯串联数 \ n = \frac{电池系统额定电压}{电芯标定电压} \tag{9-4}$$

3.峰值功率

根据整车在不同温度、不同SOC下加速和回馈功率的需求,电芯的峰值功率为:

$$电芯放电峰值功率 \ P_{\max-}(T, SOC, t) = \frac{整车加速功率}{电芯数量} \tag{9-5}$$

$$电芯充电峰值功率 P_{max+}(T, SOC, t) = \frac{整车回馈功率}{电芯数量} \qquad (9\text{-}6)$$

其中,整车指定的温度、SOC 和加速时间分别对应电芯峰值功率测试时的温度 $T(℃)$、SOC 和脉冲时间 $t(s)$ 要求。因为动力蓄电池在高、低温状态下具有相对较差的工作状态,所以需要基于具体类型的电芯温度和功率特性,结合温度区间对在低温、低 SOC 状态下动力蓄电池放电功率能力和高温、高 SOC 状态下的充电功率能力进行限制。

基于动力蓄电池系统的能量密度要求以及现有系统成组的效率水平(75% ~ 80%),电芯能量密度应不低于系统能量密度与成组效率之比:

$$电芯能量密度 \geqslant \frac{系统能量密度}{系统成组效率} \qquad (9\text{-}7)$$

4. 充电/放电倍率

在指定温度下,根据蓄电池系统充电时间(min)和充电过程中需求的 SOC 范围 $SOC_1 \sim SOC_2$(如未指定,充电 SOC 范围定义为 5% ~ 80%),电芯等效充电倍率为:

$$电芯充电倍率 = 60 \div \frac{充电时间}{\Delta SOC} \qquad (9\text{-}8)$$

此外,充电过程中电池正负极极耳、电池侧面的温度应不超过 65℃。

在指定温度下,当 SOC > 10% 时,纯电动汽车需满足 30min 内以最高车速匀速行驶、一定车速持续爬坡等多种恒流放电工况要求;当 SOC ≤ 10% 时,整车持续放电功率需满足 NEDC(新欧洲驾驶循环周期)峰值恒流放电功率要求。电芯允许的最大放电倍率为:

$$电新放电倍率 = \frac{最大恒流放电功率 \times 单位时间}{3600 \times 电池系统电量} \qquad (9\text{-}9)$$

5. 直流内阻

参考美国《Freedom CAR 电池测试手册》中混合动力脉冲能力特性(Hybrid PulsePouer Characteristic, HPPC)测试中峰值功率计算公式,基于指定温度 T、SOC 和脉冲时间 t 电芯峰值功率的要求,电芯的直流内阻为:

$$放电直流内阻 \ R_{in-}(T, SOC, t, C) = V_{min}(OCV - V_{min})/P_{max-} \quad (9\text{-}10)$$

$$充电直流内阻 \ R_{in+}(T, SOC, t, C) = V_{max}(V_{max} - OCV)/P_{max+} \quad (9\text{-}11)$$

式中:C——脉冲倍率;

V_{min}——电机加速过程要求最低电压和电池系统规定的下限电压的较大值;

V_{max}——电池系统规定的上限电压。

6. 电池系统 SOC 的应用范围

动力蓄电池系统 SOC 的应用范围会使系统可用总能量发生变化,直接影响到产品设计过程中电芯的选型及数量要求,也会对动力蓄电池箱体的包络尺寸设计、内部布置及安装空间间隙及总体成本等方面产生最直接的影响。动力蓄电池系统 SOC 应用范围的选择首先要考虑整车对充电/放电功率和可用能量等方面的需求,同时结合电芯在不同温度条件下的充电/放电能力(功率和能量)、存储性能(自放电率)、寿命、安全特性,以及动力蓄电池管理系统的 SOC 估算精度等影响因素来确定。在低温、低 SOC 条件下,动力蓄电池的放电功率会受到限制;在低温、高 SOC 条件下,电芯的充电/制动回收功率会受到限制。

动力蓄电池系统在其 SOC 应用范围内必须满足负载的峰值放电功率要求,保证动力蓄电池系统的峰值放电能力大于负载的最大功率需求;同时,为了尽可能多地回收车辆制动的能量,应满足所设定的系统峰值充电功率/制动回收功率要求。因此,需要结合整车动力系统峰值(充电/放电)功率需求,定义 SOC 可用范围。

为了更好地保护动力蓄电池系统,并延长其使用寿命,通常充电时不能将其充满电(充至 100% SOC),放电时也不能完全放电(例如放至不低于 15% SOC),否则可能会缩短其使用寿命甚至损坏电池。如果仅仅为了延长动力蓄电池的使用寿命而减小 SOC 使用区间,则会增加动力蓄电池系统设计总能量,对系统成本和空间布置都会产生不利影响。由于动力蓄电池均存在一定程度的自放电,为避免因自放电导致电芯过放电的情况,所以通常动力蓄电池系统 SOC 的设计下限应不低于 10% ~ 15%。综上所述,应该综合权衡以上各因素,确定动力蓄电池系统 SOC 使用区间的最佳方案。

第5节　系统热管理设计

一　概述

一般情况下,电池系统要求在 −20 ~ 60℃外部环境温度中能正常工作。在低温条件下,电池系统由于受到电池功率特性的限制,很难满足整车正常条件下的峰值放电或峰值回馈充电的功率需求。在高温条件下,电池系统由于受到电芯温升特性、安全及可靠性、应用温度范围等因素的限制,不能按峰值放电或峰值回馈充电功率进行工作。

电池系统所处环境及自身温度直接影响其正常运行、循环寿命、输出功率、可用能量、安全性和可靠性。为了使电池系统达到最佳的性能和寿命,需要引入热管理系统对电池包进行低温加热、高温散热以及保温管理。动力蓄电池热管理通过结构和电气设计,对电池系统进行散热和加热控制,使电池包始终处于一个合适的工作温度区间,并且控制电池包温

差不超过限值,保证电池包的性能和寿命。详细来讲:

(1)性能影响。

在电池充电/放电过程中,由于阻抗的存在,电芯内部会产生热量;此外,电芯内部的电化学反应也会产生一定的热量。电池系统温度的上升会影响电池包的工作特性参数,如内阻、电压、SOC、可用容量、充电/放电效率。另外,电池包充电也会受到温度影响,低温下充电速度较慢。

(2)寿命影响。

环境温度对电池包的循环寿命具有明显的影响,图9-6所示为温度对电芯循环寿命的影响。从图中可以看出:环境温度越高,电芯最大可用容量衰减越快。为了使电池包性能最优化,需要设计热管理系统确保各电芯工作在一个合理的温度范围内。电池系统在低温下功率也会下降,尤其影响到电能回收制动效果,放电容量变小,充电电流小,充电时间长,充入电量少。

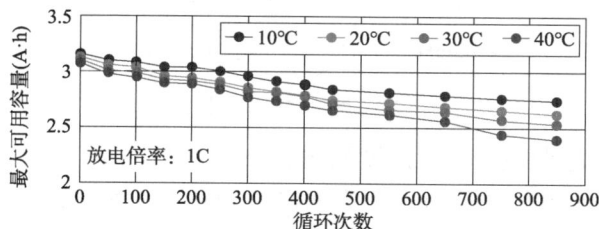

图9-6 温度对电芯循环次数的影响

(3)安全性影响。

电芯的温度直接影响了电池包的安全性,温度过高时容易发生热失控。必须严格按照电池包的热管理设计流程、系统及零部件类型、零部件选型及系统的性能评估等多个方面进行电池系统热管理的设计和验证,才能保证电池包的安全性。因此,良好的热管理设计对电池包的性能、寿命甚至整车行驶里程都十分重要。

二 热管理开发流程

动力蓄电池包热管理系统(简称电池热管理系统)的开发流程应与电池包的开发流程保持一致。热管理系统的设计贯穿于整个电池包的设计过程中,参与整车开发每个阶段的设计、更改、试制以及验证。要设计性能良好的电池热管理系统,应采用系统化的设计方法。电池热管理系统设计的过程包括如下步骤。

(1)确定电池包最优工作温度范围。

根据不同销售地区环境温度变化范围、整车高温最严苛工况、低温充电工况,结合所使用电池的高温及低温性能,提取出电池组热管理需求数据,如电池包内电芯温度最高限额、电芯间温差范围以及冷却速率或加热速率等。例如,根据锂离子蓄电池出厂规格标准,确定某电池包最佳工作温度为 20~35℃,充电在 0℃以上。

(2)建模仿真流程确定。

通过数学模型仿真计算电池包内部的温度场,预测电芯的热行为,对于设计电池热管理系统是不可或缺的环节。目前仿真方式主要分为一维和三维两种,产品开发过程中需要两种仿真方式结合,共同完成性能评估。两种建模仿真流程如图 9-7 所示。

一维仿真流	三维仿真流
●抽象物理模型	●模型前处理
●搭建模型	●网络划分
●仿真计算	●仿真计算
●结果分析	●结果分析

图 9-7 两种建模仿真流程

(3)电池包热场计算及温度预测。

电芯不是热的良导体,电芯表面温度分布不能充分说明电芯内部的热状态。通过数学模型计算电芯内部的温度场,预测电芯的热行为,这对于设计电池热管理系统是不可或缺的环节。电芯温度预测通常使用如下公式进行计算:

$$\rho C_{\mathrm{p}} \frac{\partial T}{\partial t} = k_{\mathrm{x}} \frac{\partial^2 T}{\partial x^2} + k_{\mathrm{y}} \frac{\partial^2 T}{\partial y^2} + k_{\mathrm{z}} \frac{\partial^2 T}{\partial z^2} + q \tag{9-12}$$

式中: T——温度;

ρ——电芯平均密度;

C_{p}——电芯比热容;

k_{x}、k_{y}、k_{z}——电芯在 x、y、z 方向上的热导率;

q——电芯单位体积的生热速率。

(4)散热结构设计。

一般情况下,在电池箱内或模块内中间位置的电池散热性能较差,边缘电池的散热较好。在进行电池模块结构布置和散热设计时,要尽量保证电池模块散热的均匀性。以空冷散热为例,通风方式一般有串行和并行两种,如图 9-8 所示。

串行通风方式下,冷空气从左侧吹入右侧吹出。空气在流动过程中不断地被加热,系统右侧的冷却效果比左侧差,电池箱内电池的温度从左到右依次升高。

并行通风方式使得空气流量在电池模块间分布得更均匀。在并行通风道设计中,楔形的进排气通道使得不同模块间缝隙上下的压力差基本保持一致,吹过不同电池模块的空气流量近似相同,从而保证了电池包温度场分布的一致性。

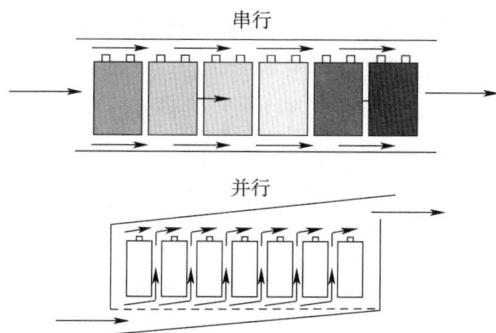

图9-8　散热通风方式示意图

(5)测温点选择。

设计风冷散热系统时,在保证一定散热效果的情况下,应该尽量减小流动阻力,降低风机噪声和功率消耗,提高整个系统的效率。可以用试验、理论计算和流体力学 CFD 仿真(例如采用 FloEFD 软件)的方法,通过估计压降、流量来估算风机的功率消耗。当流动阻力小时,建议选用轴向流动风扇;当流动阻力大时,建议选用离心式风扇。当然也要考虑到风机占用空间的大小和成本的高低。寻找最优的风机控制策略也是热管理系统的功能之一。

电池箱内电池模块的温度分布一般是不均匀的,因此需要根据不同条件下电池模块热场分布以确定危险的温度点。利用有限元分析、红外热成像或实时的多点温度监控的方法可以分析和测量电池包、电池模块和电芯的热场分布,决定测温点的个数,找到不同区域合适的测温点。一般的设计应该保证温度传感器不被冷却风吹到,以提高温度测量的准确性和稳定性。同时,温度传感器也不能紧邻加热器件或液冷板,避免测量结果受到干扰。在设计电池模块时,要预留测温传感器空间,例如可以在适当的位置设计合适的孔穴。

(6)热管理系统性能评估。

通过仿真计算与试验测试数据结合,评估目前采用的热管理方式能否满足需要的加热、冷却速率,电池包最高温度、温差是否在要求范围内,以及电池包保温性能能否满足设计要求。根据目前已有的风冷和水冷项目经验,仿真可以完成如下工作:

①水冷系统冷却板的压降计算以及冷却水流动一致性的计算。

②电池包热性能评估计算。

③空气冷却系统优化计算。

三 冷却系统设计

按照冷却介质的不同,现阶段已经有实际应用的冷却系统,主要有空气冷却、液体冷却和相变材料冷却。这三种冷却系统的散热能力依次增强,但结构复杂度也依次增加。按照冷却方式分类,主要有自然冷却、强制风冷、液冷和直冷。这四种冷却方式的冷却效率依次增强。冷却效率主要是通过对流换热系数来表征,一般情况下根据整车使用环境、整车工况和电芯特性确定系统所需要的对流换热系数,然后综合质量、空间和成本等因素确定冷却方式。不同冷却方式的特点对比见表9-7。

不同冷却方式的特点对比 表9-7

冷却方式	换热系数[W/(m^2·K)]	系统复杂性	成本
自然冷却	5~25	低	低
强制风冷	20~100	一般	较低
液冷	500~1500	高	较高
直冷	2500~25000	高	较高

(1)直接空气冷却系统。

自然冷却散热是典型的以空气作为传热介质的被动散热方案,即直接让电池箱体内部的空气穿过电池模块,通过空气与电池、电池箱体等导热部件之间的对流换热实现对电池进行冷却的目的。空气自然冷却系统具有系统简单、空气温度可控以及成本低等优点。空气自然冷却系统原理如图9-9所示。

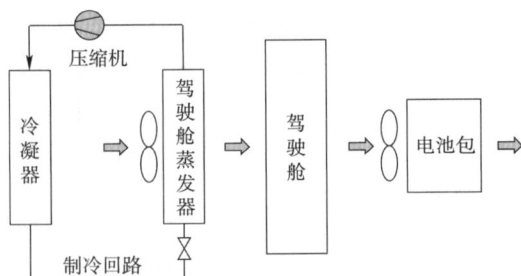

图9-9 空气自然冷却系统原理

(2)低温散热器冷却系统。

低温散热器冷却系统是电池系统的一个单独系统,由散热器、水泵和加热器组成。低温散热器冷却系统的原理如图9-10所示。该冷却系统具有结构简单、成本低、低温环境下经济节能等优点;但该系统也有冷却性能低、夏天冷却液温度高、使用易受天气环境限制等缺点。

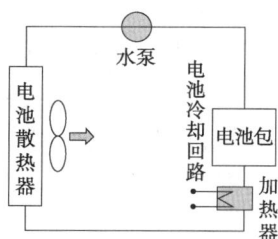

图 9-10　低温散热器冷却系统的原理

（3）直接冷却液冷却系统。

直接冷却液冷却系统的原理如图 9-11 所示。该系统具有结构紧凑、冷却性能好以及工业应用范围广等优点；但该系统零部件比直冷系统多、系统复杂，燃料经济性差且压缩机负荷高。此类型的冷却系统是目前最常用的电池热管理系统之一。

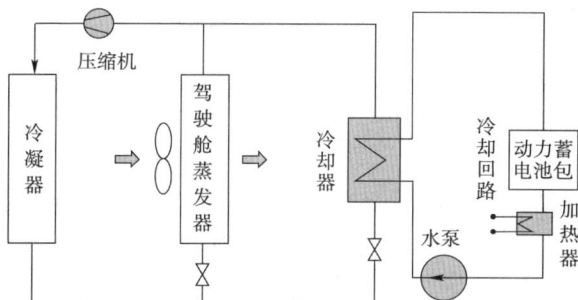

图 9-11　直接冷却液冷却系统的原理

（4）空冷/水冷混合冷却系统。

空冷/水冷混合冷却系统如图 9-12 所示。空冷/水冷混合冷却系统具有结构紧凑、性能好且低温环境下经济节能等优点；但该系统控制复杂、成本高且可靠性要求高。

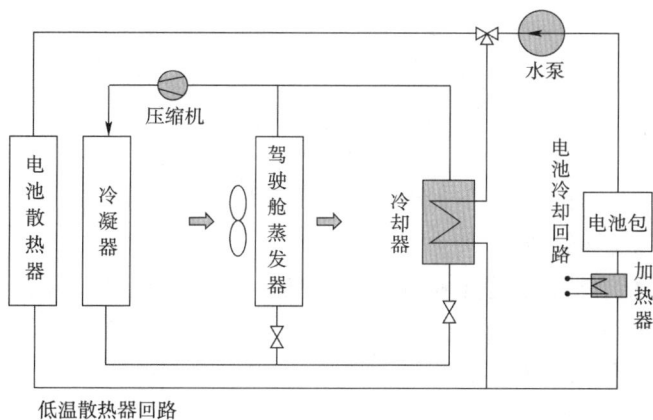

图 9-12　空冷/水冷混合冷却系统

（5）直冷系统。

直冷系统是将空调冷凝器直接通入电池箱内冷却电池。直冷系统工作原理如图 9-13 所示。直冷系统具有结构紧凑、重量轻、性能好的优点；但该系统是一个双蒸发器系统，无电池制热和冷凝水保护功能，制冷剂温度不易控制且制冷蒸发器寿命短。

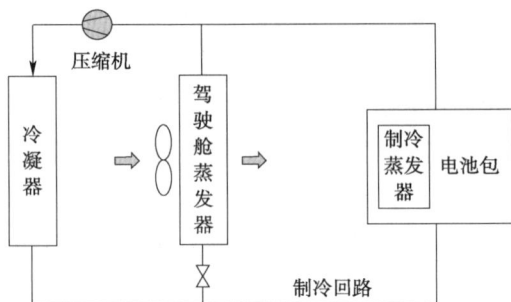

图 9-13　直冷系统工作原理

四　加热系统设计

国内外对动力蓄电池低温加热的研究主要分为两类：内部加热和外部加热。其中，外部加热方法主要有空气加热法、电加热膜加热法（如宽线金属膜加热法）以及其他的外部加热方式；内部加热方法主要有交流电加热法和内部自加热法。低温加热方法分类如图 9-14 所示。

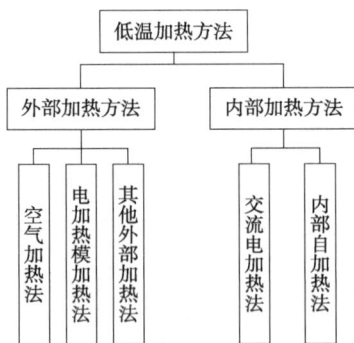

图 9-14　低温加热方法分类

（1）空气加热法。

该方法通过车内空气调节系统对空气进行加热，再利用热空气对电池组进行加热。在低温情况下，外界空气经由车载加热器进行加热，在车内流动后再与电池组之间产生热交换，实现对电池组的加热。

（2）电加热膜加热法。

该方法利用电阻丝产热的原理，将宽线金属膜产生的热量对电池进行加热。例如使用铜线制作的宽线金属膜,由于铜线具有电阻,电流通过铜线时,铜线发热,产生的热量通过另一侧的铜膜平面均匀地传给电池,从而实现对电池的加热。

(3)交流电加热法。

该方法是通过交流电直接对电芯内部进行加热。在低温情况下,交流电源输出交流电,使得电流不断流经电芯内部因内阻而生热,从而实现对电池内部的加热。交流加热法有较长的发展历史,目前采用交流加热的温升速率可以达到3℃/min,是一种重要的电池低温快速加热方法。

(4)内部自加热法。

该方法是通过电流流经电芯内部加设的镍片产生欧姆热来实现对电芯自身加热。采用在电芯内部加装一片镍片的结构,当温度低于设定温度时,开关断开,电流流经镍片产生热量;当温度高于设定值时,开关闭合,停止加热。内部自加热法实现了对电芯低温加热的可控性。

练习题

9-1 电池模块可分为哪几种?每种电池模块设计如何进行设计?

9-2 动力蓄电池的基本性能参数有哪些?这些参数的定义是什么?

9-3 请简述如何进行系统参数匹配。

9-4 为什么动力蓄电池需要热管理系统?

第 10 章

新能源汽车底盘

新能源汽车中,电动汽车占较大比例。电动汽车是由一个或者多个电机驱动或参与驱动的汽车。电机所需电能可以通过可充电电池、燃料电池或者将太阳能转换为电能的光伏太阳能电池以及发动机发电机系统提供,可分为纯电动汽车和混合动力电动汽车,前者主要指的是蓄电池电动汽车,后者又可分为油电混合和电-电混合动力电动汽车,传统意义上混合动力主要指的是油电混合动力电动汽车。需要指出的是,早期公布新能源汽车规划时,把混合动力电动汽车归入新能源汽车管理范围,但是,国家发布的节能与新能源发展规划中,则把混合动力电动汽车剔除在新能源汽车范围之外了,这些混合动力电动汽车指的是传统混合动力,汽车行驶过程还是主要依靠燃油,汽车配置动力蓄电池无须外部充电,混合动力更多的是一种节能方案。而新能源汽车中也有混合动力,则主要指的是插电式混合动力电动汽车。电动汽车相对于传统内燃机汽车在底盘系统的改变主要体现在其动力传动系统及其能源系统的改变上。

第 1 节　纯电动汽车动力与传动系统匹配

一　纯电动汽车动力与传动系统结构

纯电动汽车又称蓄电池电动汽车(Battery Electric Vehicles,BEV)。其驱动系统和内燃机(Internal Combustion Engine,ICE)汽车有很大不同,如图 10-1 所示。可分为三个子系统。

(1)电力驱动子系统,由电控单元、功率转换器、电机、机械传动装置和驱动车轮组成。

(2)主能源子系统,由主电源、能量管理系统和充电系统构成。

(3)辅助控制子系统,具有动力转向、温度控制和辅助动力供给等功能。

相较于传统 ICE 汽车,蓄电池电动汽车的动力传动系统结构布置比较灵活,可以有多种形式,如图 10-2 所示。其中,采用两电机或四电机分别驱动车轮,无机械差速器,采用电子差速器的原理是:直线行驶时,转向盘保持不动,两轮转速传感器将左右两侧车轮的转速、地面传感器将地面情况信号一起送入中央处理器,处理器经过计算,就当时路面情况,指令两侧电机的控制器通过两电机的转速差异,保证汽车直线行驶。当汽车转弯时,根据转向盘给定的转角、左右两侧车轮的转速、地面情况信号等,中央处理器经过计算,指令两侧电机控制器,对两电机进行差速调节。而采用电动车轮驱动主要依赖以下技术:一是高功率密度的驱动电机(主要是交流感应电机),其功率密度都在 1kW/kg 以上;二是高效宽频带变频调速技术,使逆变器的效率大于 97%,电机效率大于90%,整个驱动系统效率大于 87%;三是可靠的电子差速器。

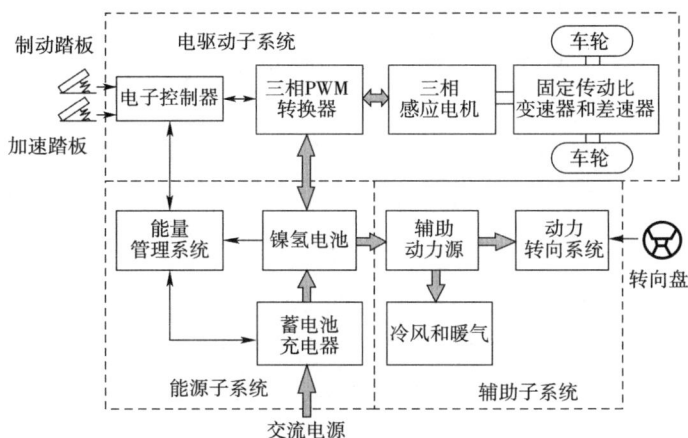

图 10-1　纯电动汽车驱动系统结构

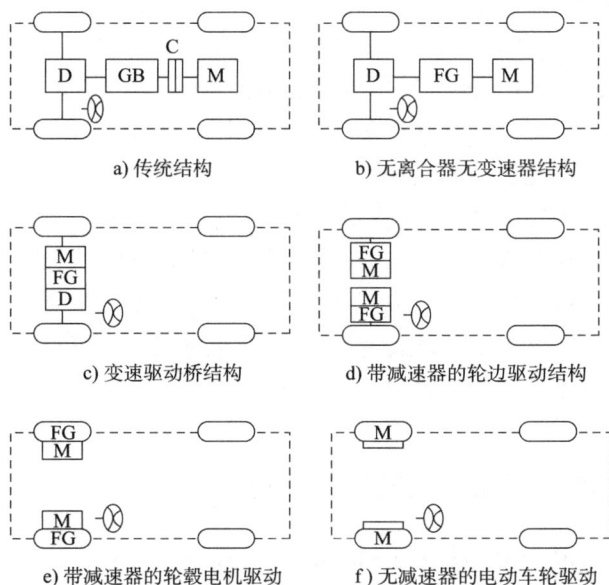

图 10-2　电动汽车动力传动系统结构
C-离合器;D-差速器;FG-固定传动比变速器;GB-变速器;M-电机

而基于目前车用电动力储能系统的不同特性,能源子系统也有多种组合形式,如图 10-3 所示的能源系统应该能提供足够高的比能量和比功率,满足电动汽车的加速和爬坡需求,并且在车辆制动时能回收再生制动能量。

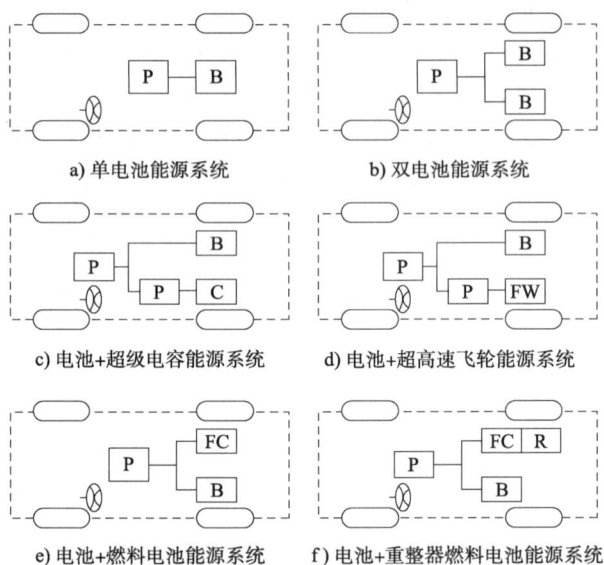

a) 单电池能源系统　　　　　　b) 双电池能源系统

c) 电池+超级电容能源系统　　　d) 电池+超高速飞轮能源系统

e) 电池+燃料电池能源系统　　　f) 电池+重整器燃料电池能源系统

图 10-3　电动汽车的能源子系统组合形式

B-蓄电池;C-超级电容器;FC-燃料电池;FW-超高速飞轮;P-功率转换器;R-重整器

对图 10-3 中各个分图解释如下:a)所示的单电池能源系统中电池应满足高比功率和比能量需求;b)所示的双电池能源系统中的两种不同的蓄电池,一种能提供高比能量,另外一种提供高比功率;c)所示的电池+超级电容能源系统中,所选的蓄电池必须能提供高比能量,因为电容器本身比蓄电池具有更高的比功率和更高效的回收制动能量能力;d)所示的电池+超高速飞轮能源系统中,超高速飞轮是具有高比功率和高效制动能量回收能力的储能器,电池提供高比能量;e)所示的电池+燃料电池能源系统中,燃料电池能提供高的比能量但不能回收再生制动能量,因此最好与高比功率且能高效回收制动能量的蓄电池结合在一起使用;f)所示的电池+重整器燃料电池能源系统中燃料电池带小型重整器,燃料电池所需的氢气由重整器随车产生。

二　动力传动系统的匹配设计

1)典型工况与电动汽车性能指标的匹配

(1)在城市高等级快速公路上行驶时,道路设施完善,路面为混凝土路和水泥路,由于广泛采用立体交通,立交桥的路面坡度一般为 4% ~

5%。电动汽车在这种路面上行驶时,车速一般为 60 ~ 100km/h。目前电动汽车的比功率均低于燃油汽车,相应地,电动汽车的最高车速略低一些。电动轿车的最高车速一般选为 80 ~ 100km/h,电动大型客车的最高车速一般为 75 ~ 90km/h。

(2)应考虑到电动汽车在立交桥坡道上原地起步的工况。因此,在这种路面上电动汽车能克服的坡度不应低于 15%。对于在市区运行的电动公共汽车,车站与车站之间的距离通常为 1km 左右,车辆需要经常起步和停车,乘客时多时少,高峰时电动公共汽车的超载能力为设计载荷能力的 1.4 ~ 1.8 倍。尤其在夏天,电动公共汽车长时间在高温、高负荷状态下工作,因此应考虑合理的过热和过载保护。

(3)最大坡度行驶工况,我国某些沿海港口、旅游观光胜地以及内地山城的城区郊区的坡度较大,坡度在 15% 左右。考虑到在坡道上起步的能力,根据电动汽车的不同用途,电动汽车能克服的最大坡度一般选 18% ~ 27% 比较合适(有特殊要求的除外)。

(4)汽油机轿车的加速性能很高,高级轿车的超车加速性能要求更高,因此轿车的后备功率很大,最大功率在 100kW 以上。纯电动轿车由于受到电动机功率和动力蓄电池重量与尺寸的限制,要达到同类汽油机轿车的加速性,目前还比较困难。

2)选型与匹配设计

从图 10-2 可以看出电动汽车动力传动系统结构形式有多种。

电动机的力矩变化范围若不能满足电动汽车行驶性能的要求,在电动机和驱动轮之间需要安装一个机械减速器或变速器,电动汽车传动装置的作用是将电动机的驱动转矩传给汽车的驱动轴,使电动机经常保持在高效率的工作范围内工作,减轻电动机和动力蓄电池组的负荷。由于电动机具有良好的调速特性,通常采用一个两挡变速器即可满足电动汽车行驶阻力变化范围的要求,传动装置的结构也不复杂。

当采用电动车轮驱动时,传动装置的多数部件常常可以忽略。因为电动机可以带负载启动,所以电动汽车上可以不安装传统内燃机汽车的离合器。因为驱动电机的旋向可以通过电路控制实现变换,所以电动汽车无须使用内燃机汽车变速器中的倒挡。

当采用电动机无级调速控制时,电动汽车可以忽略传统汽车的变速器。在采用电动车轮驱动时,电动汽车也可以省略传统内燃机汽车传动系统的差速器。同时,考虑到电传动系统的特性,传动系统的集成化设计是必然趋势,图 10-2c)采用的就是两挡变速器和差速器一体化设计的变速驱动桥。

纯电动汽车的动力传动系统要根据确定的底盘驱动系统形式和能源子系统形式、整车动力性、经济性或者续驶里程来设计性能需求,最终确

定电机、传动比和电储能装置的选型设计。具体匹配方法通常满足三个平衡:功率平衡、力平衡和能量平衡。匹配设计步骤如下:

(1)蓄电池电动汽车的动力部件选择依据是汽车驱动力平衡方程式和功率平衡方程式。汽车的动力性是由汽车纵向受力条件所决定的。在汽车行驶纵向作用有各种外力,包括驱动力和其他行驶阻力。通过汽车行驶驱动力平衡方程式,就可利用受力关系,确定汽车的加速度、最高车速和最大爬坡度,如图 10-4 所示。

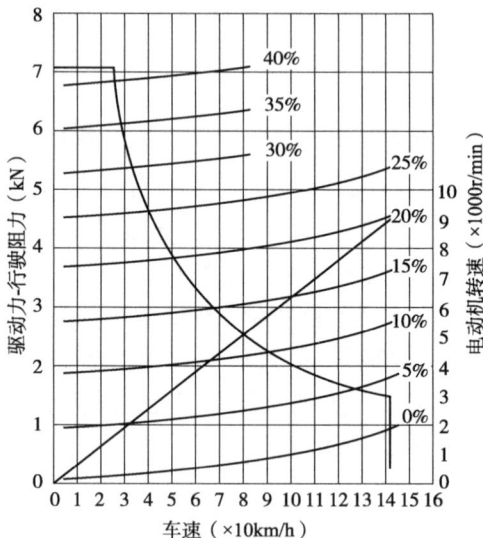

图 10-4　驱动力行驶阻力与电动机转速及车速的关系

(2)最高车速与电动机(蓄电池)功率的关系。

利用驱动力平衡图可分析汽车动力性。绘制力平衡图需要以下数据:电动机转矩特性、汽车总质量、传动系统的传动比、传动效率、车轮半径、汽车空气阻力系数和迎风面积。

电动机转速 n 与车速 v_a 的关系如下式所示。

$$v_a = 0.377 \frac{nr}{i_g i_0} \tag{10-1}$$

式中:r——车轮滚动半径,m;

　　i_g、i_0——变速器传动比和主减速比。

绘制硬路面上不同车速下的行驶阻力与电动机驱动特性,电机驱动力曲线与滚动阻力与空气阻力($F_f + F_w$)曲线的交点即汽车的最高车速。应注意,该交点必须处于电动机的连续工作区。

(3)最大爬坡度与电动机(蓄电池组)功率的关系。

根据汽车行驶方程式确定汽车的爬坡能力,如下式所示。

$$a_{max} = \arcsin\left[(F_t - F_f - F_w)/mg \right] \tag{10-2}$$

电机功率计算如下式所示。

$$P_m = (P_t - P_f - P_w)/\eta \qquad\qquad (10\text{-}3)$$

式中：P_t——汽车驱动功率，kW；

$\quad P_f$——滚动阻力功率，kW；

$\quad P_w$——空气阻力功率，kW。

（4）加速时间与电动机（蓄电池组）功率的关系。

加速度计算见下式。

$$du/dt = g(F_t - F_f - F_w)/\delta M \qquad\qquad (10\text{-}4)$$

式中：$\quad u$——车速，m/s；

F_t、F_f、F_w——分别为驱动力、滚动阻力和空气阻力，N；

$\quad\quad \delta$——质量换算系数；

$\quad\quad M$——整车质量，kg。

利用上式，再经过数学处理后，由计算机编程可算出汽车的加速性能。在驱动力平衡图上也可求出汽车的加速性能。

（5）电动机的选择。

P_f 和 P_w 是长时负载，因而最高车速时的 $(P_f + P_w)$，一般对应于电动机的额定功率 P_N。

爬坡功率 P_i 和加速功率 P_j 是短时负载，因而 P_i 和 P_j 中的较大者一般对应于电动机的最大功率 P_{max}。

（6）电动汽车蓄电池组参数的选择。

不同的电动汽车在不同的行驶状况下单位行驶里程的能量消耗有显著差别，因而同样的蓄电池组其续驶里程也有显著差别。且难以用统一的公式计算。

用实验和统计的方法可知，在城市交通道路行驶，轻型电动汽车的单位行驶里程能量消耗 e_0 约为 $100W \cdot h/(km \cdot t)$，重型电动汽车的单位行驶里程能量消耗 e_0 约为 $50W \cdot h/(km \cdot t)$。

电动汽车的续驶里程 S 可以表示为下式：

$$S = \frac{ED}{e_0 M} = \frac{U_N QD}{e_0 M} \qquad\qquad (10\text{-}5)$$

式中：E——蓄电池组额定总能量，$W \cdot h$；

$\quad U_N$——蓄电池组额定电压，V；

$\quad Q$——蓄电池组额定容量，$A \cdot h$；

$\quad D$——蓄电池的允许放电深度；

$\quad M$——电动汽车总质量，t。

反过来，根据电动汽车的续驶里程要求和汽车的总质量就可推算出该电动汽车所需的蓄电池组的总能量与容量。

总能量为：

$$E = S_{e0} M/D \qquad\qquad (10\text{-}6)$$

容量为：

$$Q = E/U_N = S_{e0}M/DU_N \qquad (10\text{-}7)$$

（7）蓄电池组的功率校核。

在根据电动汽车的续驶里程要求选择了其总能量与容量后，还要校核其最大功率是否满足爬坡能力和加速能力的设计要求。根据蓄电池组的总能量和所选电池的比能量 $e(\text{W} \cdot \text{h}/\text{kg})$ 值算出蓄电池组的总质量 $M_B(\text{kg})$：

$$M_B = E/e \qquad (10\text{-}8)$$

再由所选电池的比功率 $p(\text{W}/\text{kg})$ 值算出蓄电池组的输出功率 P_B。

注意，这个输出功率 P_B 仅仅是估算值，满足爬坡能力和加速能力设计要求的蓄电池组的最大功率还要用下式验算。

$$P_{B\max} = U^2/(4R_B) \qquad (10\text{-}9)$$

式中：R_B——蓄电池组串联总内阻值。

第2节　混合动力电动汽车动力与传动系统匹配布局

一　混合动力定义

广义上说，混合动力汽车（Hybrid Vehicle）是指车辆驱动系统由两个或多个能同时运转的单个驱动系统联合组成的车辆，车辆的行驶功率依据实际的车辆行驶状态由单个驱动系统单独或共同提供。图10-5所示为混合动力电动汽车的驱动系统结构。

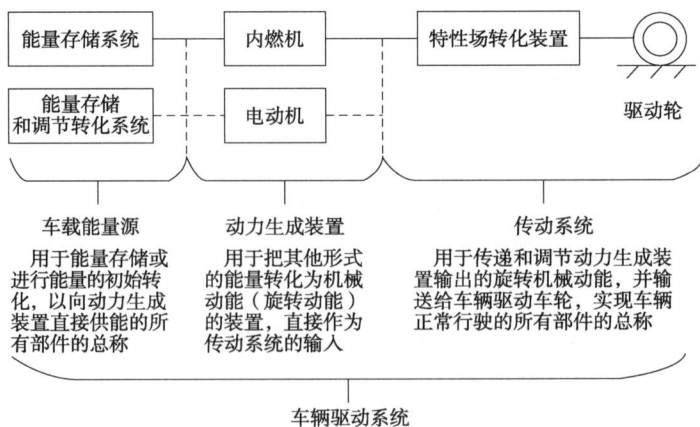

图10-5　混合动力电动汽车驱动系结构

通常所说的混合动力汽车，一般是指油电混合动力电动汽车（Hybrid Electric Vehicle，HEV），即采用传统的内燃机（柴油机或汽油机）和电动机作为动力源,也有的发动机经过改造使用其他替代燃料,例如压缩天然气、丙烷和乙醇燃料等。

根据混合动力驱动的联结方式,一般把混合动力电动汽车分为三类:串联式混合动力电动汽车(SHEV)、并联式混合动力电动汽车(PHEV)和混联式混合动力电动汽车(PSHEV)。根据在混合动力系统中混合度的不同,传统混合动力系统还可以分为微混合动力系统(混合度低于10%)、轻混合动力系统(混合度一般在20%以下)、中混合动力系统(混合程度在30%左右)和完全混合动力系统(混合度可以达到甚至超过50%)。

二 串联式混合动力电动汽车

如图 10-6 所示,串联式混合动力是混合动力电动汽车的一种基本结构,其单个驱动系统间的联合是车载能源环节的联合,即非直接用于驱动车辆的能量联合,并同时向动力生成装置供能。其特点是:车载能源环节的混合、单一的动力生成装置、车载能源的多样化。

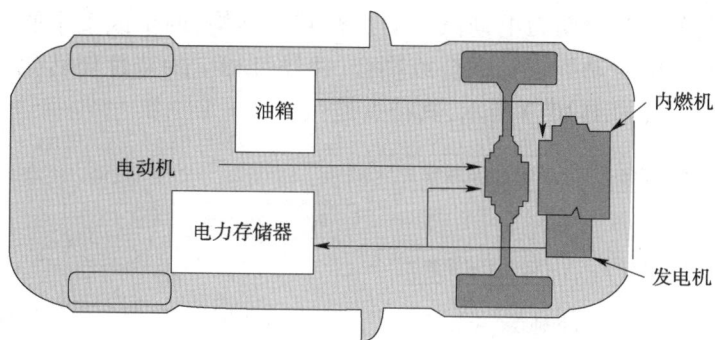

图 10-6 典型的串联式混合动力电动汽车配置

串联式混合动力电动汽车的主要工作模式如图 10-7 所示。由于串联式混合动力电动汽车是一种能源环节的耦合,所以其耦合系统是电压/电流/功率的耦合匹配。整车行驶由电动机提供驱动力,因此电机及其后传动系统的结构及匹配与纯电动汽车类同,最大的不同在于串联式混合动力电动汽车的发动机发电机系统与动力蓄电池组的匹配与控制,选型配置主要取决于整车的初始设计目标,主要包括燃油经济性、排放性能、预期系统成本和驱动性能等。而其控制则是通过负载计算和电池组荷电状态 SOC 计算获得辅助功率装置(APU)的输出功率控制目标值,按照发动机最低燃油消耗率曲线,利用查表法求得与 APU 功率值对应的发动机转速控制目标值,实施对发电机和发动机的综合控制。控制流程框图如图 10-8 所示。

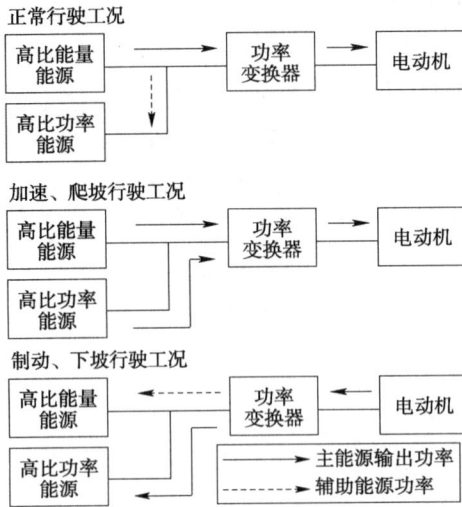

图 10-7 串联式混合动力电动汽车的主要工作模式

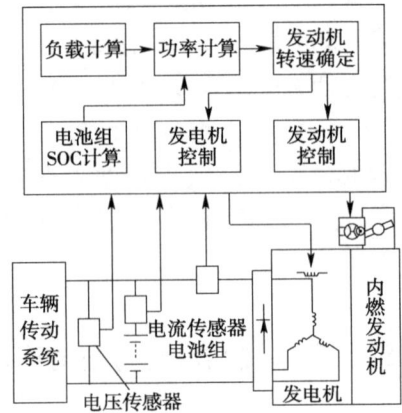

图 10-8 串联式混合动力电动汽车控制框图

三 并联式混合动力电动汽车

并联式混合动力电动汽车是混合动力电动汽车的一种基本结构,两个或多个驱动系统通过对不同的动力生成装置输出的动能进行联合或耦合,并经过相应的特性场转化装置输出到驱动轮,满足车辆行驶要求,如图 10-9 所示,其特点是:

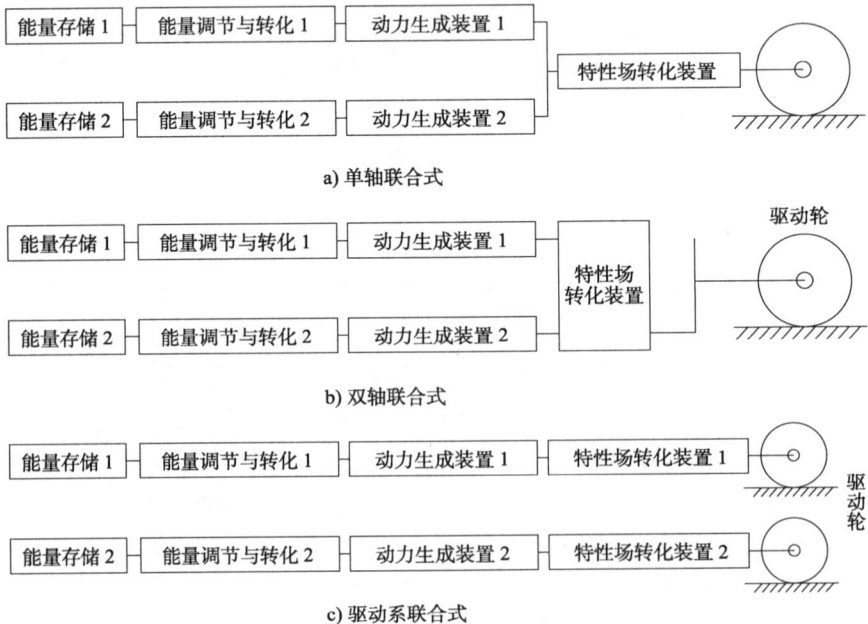

a) 单轴联合式

b) 双轴联合式

c) 驱动系联合式

图 10-9 并联式混合动力电动汽车的驱动系统形式

(1)机械动能的混合。

（2）具有两个或多个动力生成装置。

（3）每一个动力生成装置都有自己单独的车载能源。

根据并联式混合动力电动汽车的系统配置特点，其不同工作模式下的功率流状态如图 10-10 所示。

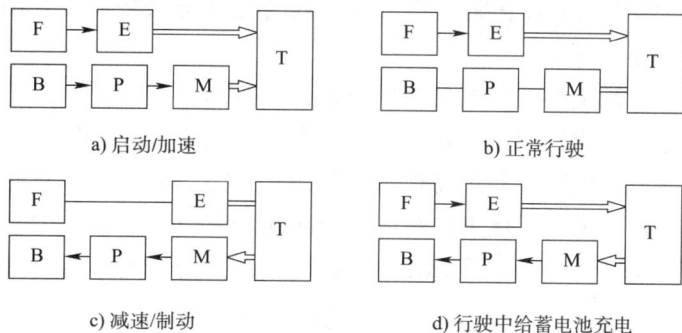

图 10-10　并联式混合动力电动汽车不同工作模式下的功率流状态

F-油箱；E-发动机；B-动力蓄电池；P-功率转换装置；M-电机；T-变速装置

四　混联式混合动力电动汽车

为优化驱动系统的综合效率和充分发挥车辆的节能、低排放潜力，在实际的应用中，混合动力车辆驱动系统并非单纯是简单的串联式结构或并联式结构，而是由串联式结构和并联式结构复合组成的串并联综合式结构，即所谓的混联式结构。其不同工作模式下的功率流状态如图 10-11 所示。

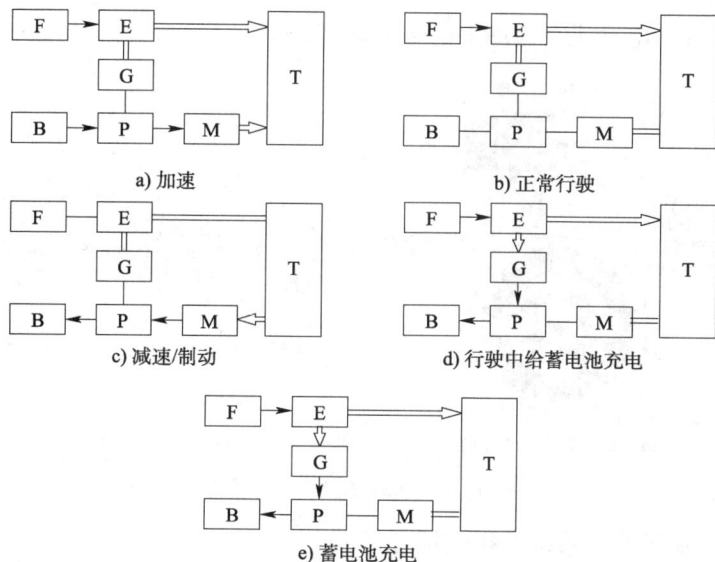

图 10-11　混联式混合动力电动汽车的工作模式

F-油箱；E-发动机；G-发电机；B-动力蓄电池；P-功率转换装置；M-电机；T-变速装置

五　动力耦合装置

串联式混合动力汽车是电耦合系统,而并联和混联系统都属于机电耦合系统,需要动力耦合装置进行动力的合成和分流控制。目前有如下几种动力耦合方式:

(1)基于行星排的机电动力耦合方案(速度合成式)。

最典型的应用是丰田 Prius 混合动力电动汽车的 TH Ⅱ 系统,采用单行星排结构,虽然发展了几代有所变化,但基本结构没变,基本连接关系如图 10-12a)所示。行星齿轮结构同样也可以用作并联式混合动力电动汽车的动力耦合装置,如图 10-12b)所示,其动力传动关系见式(10-10)。

$$\begin{cases} T_e = -\dfrac{1}{\alpha + 1}T \\ T_m = -\dfrac{\alpha}{\alpha + 1}T \\ \omega = \dfrac{1}{1 + \alpha}\omega_e + \dfrac{\alpha}{1 + \alpha}\omega_m \end{cases} \quad (10\text{-}10)$$

式中:T_e——发动机输出转矩;

　　T——行星架输出力矩,N·m;

　　α——齿圈与太阳轮的齿数比;

　　T_m——电机转矩;

　　ω——行星架输出转速;

　　ω_e——发动机转速;

　　ω_m——电动机在齿圈上的输入转速,rad/s。

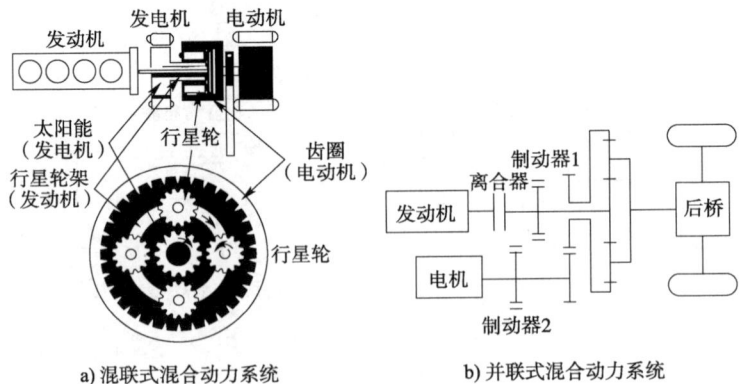

a)混联式混合动力系统　　　　　　b)并联式混合动力系统

图 10-12　行星齿轮动力耦合系统

(2)基于传动系统的机电耦合。

基于传动系统的动力耦合方式有多种,如大众 GOLF HYBRID 的分动器式动力耦合器,如图 10-13 所示。离合器 K1 与分动器主动齿轮连接,分动器的从动齿轮带动变速器。分动器的主动齿轮后面,用副离合器 K2 与电动机相连。车辆起动时,K1 分离,K2 接合,电动机独立驱动车辆起步。发动机起动后,K1 接合,K2 分离,发动机独立驱动车辆行驶。K1、K2 同时接合时,发动机在独立驱动车辆行驶的同时,通过 K2 带动电动机发电。当车辆加速和爬坡时,K1、K2 也是同时接合,发动机和电动机同时输出转矩,共同驱动车辆行驶。也可以通过同轴 ISG 电机(集成起动机/发电机系统)或 IMA 电机(集成电机辅助系统)的形式进行单轴式动力输出结构,结构形式如图 10-14 所示,如本田的 IMA 系统等。若电机选型再大,通常采用两轴式动力输出结构,如可以通过变速器输入输出轴甚至中间轴进行动力的耦合。如图 10-15 所示,在变速器输入轴端电动机与发动机进行动力合成后进入变速器进行变速调矩。

笔记区

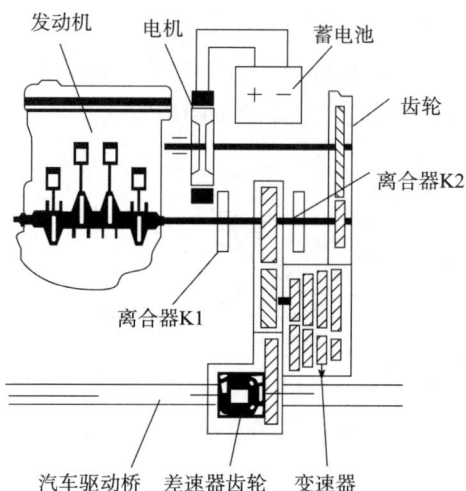

图 10-13　图大众 GOLF HYBRID 的分动器式动力耦合器(分动器装在变速器前)

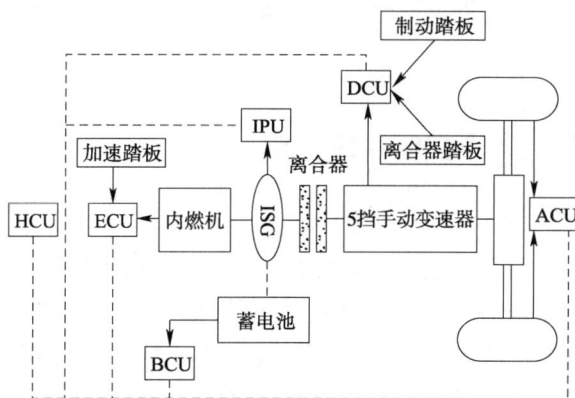

图 10-14　同轴电机动力耦合形式

DCU-双离合器控制单元;HCU-ABS 执行机构;ECU-内燃机控制单元;BCU-电池控制单元;ACU-安全气囊控制器;IPU-集成动力控制单元

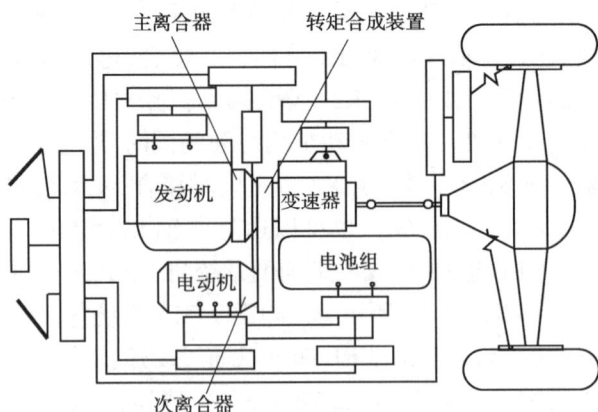

图 10-15　变速器输入端的动力耦合形式

（3）双桥式动力复合方式。

双桥式动力复合方式都可以用于并联式和混联式混合动力电动汽车上，可实现四轮驱动，动力强劲，如图 10-16 所示。

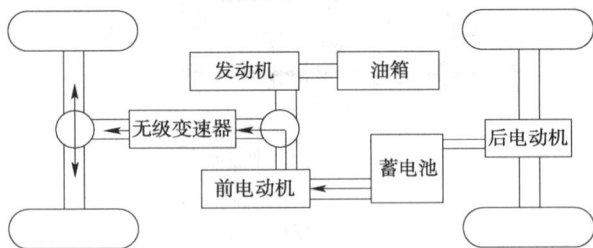

图 10-16　双桥式混联 HEV 结构

第3节　智能车辆控制系统布局设计

一　智能车辆控制系统介绍

1）预警提醒

汽车预警提醒系统主要是为解决汽车周围环境的安全距离问题。智能预警系统主要是通过一些传感器检测汽车前、后与其他交通车辆或障碍物之间的位置距离，一旦小于安全距离，系统判断出危险状况后将给驾驶员发出警报，并自动操作制动、转向系统和发动机等，以避免发生碰撞事故。

汽车预警提醒系统主要包括：车胎异常预警、防盗报警、倒车测距预警、车道偏离预警、驾驶员疲劳预警、前车防撞预警和行人避撞预警等。

如图 10-17 所示为典型的汽车防撞预警系统。

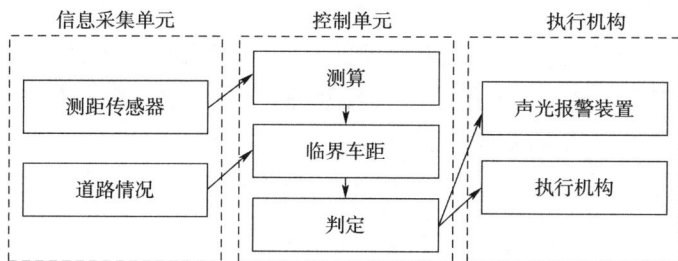

图 10-17　典型的汽车防撞预警系统

2）辅助驾驶

辅助驾驶是利用安装在车上的各式各样传感器,在汽车行驶过程中随时感应周围的环境,收集数据,进行静态、动态物体的辨识、侦测与追踪,并结合导航仪地图数据,进行系统的运算与分析,从而为驾驶员提供决策和预警信息。驾驶员控制车辆,相关无人驾驶技术只提供辅助作用。

辅助驾驶系统有车道保持辅助系统、自动泊车辅助系统、制动辅助系统、倒车辅助系统和行车辅助系统。而行车辅助系统包括上坡辅助、并线辅助和自动巡航系统。图 10-18 所示为自适应巡航控制系统（Adaptive Cruise Control,ACC）。

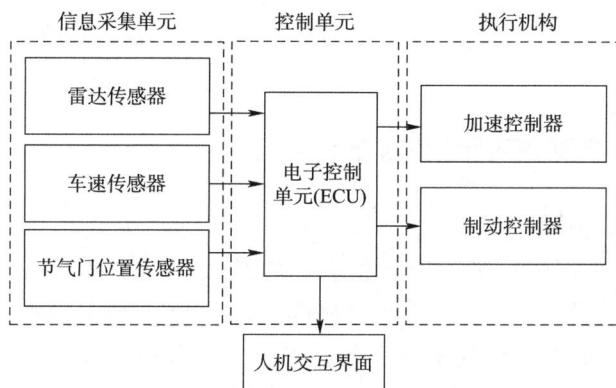

图 10-18　自适应巡航控制系统（ACC）

3）半主动驾驶

半主动驾驶也可称有条件的主动驾驶,它是指驾驶员干预和纠正车辆的自动驾驶。由自动驾驶系统完成所有的驾驶操作,根据系统要求,驾驶员提供适当的应答。这样是以车辆自动驾驶为主、人工干预驾驶为辅助,在特殊情况下依靠人来完成驾驶任务。

4）全主动驾驶

全主动驾驶是高度自动化的驾驶模式,人只提供辅助驾驶,不干预车辆自动驾驶。它是由自动驾驶系统完成所有的驾驶操作,在可能的情况下由驾驶员接管,且没有道路和环境条件的限制。

5)自主驾驶

自主驾驶也可以称作无人驾驶,它是不需要驾驶员的,完全由电脑系统控制,即使在紧急情况下也能自行处理,完成驾驶任务。如图 10-19 所示为自动驾驶汽车的智能控制过程。

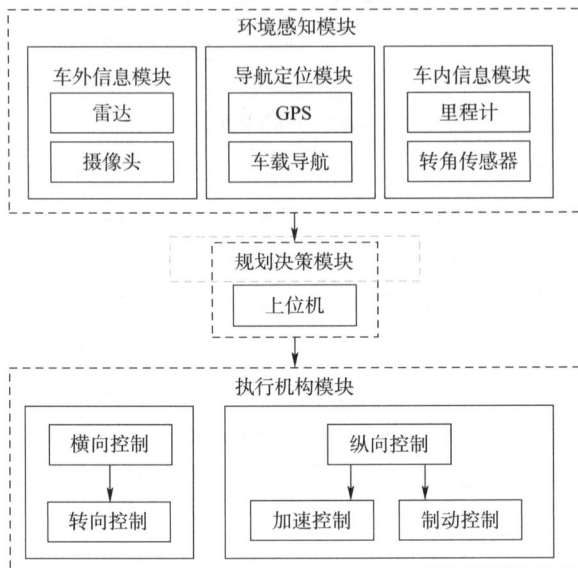

图 10-19　自动驾驶汽车的智能控制过程

二　智能车辆传感器布局简介

1)车用传感器分类

不同类别传感器在实际应用过程中,应使驾驶员在进入汽车内部空间之后,能够对车辆各个部件位置精确了解,了解车辆不同系统实际运行情况,保证驾驶员在驾驶车辆之前就对车辆有着初步性认识。车辆传感器在实际应用过程中,主要体现在汽车显示系统、电子控制系统两个方面。

按照测量理化参数的类型来区分,车辆传感器主要分为两种:①测量物理参数的物理测量传感器;②测量参数数据的化学测量传感器。

根据传感器用途来区分,传感器主要可以分为三种:①底盘控制系统传感器;②发动机系统传感器;③多功能显示系统传感器。

根据传感器主要应用材料来区分,传感器可以划分为四种类别:①精细陶瓷传感器;②半导体传感器;③光导纤维传感器;④高分子薄膜传感器。

根据传感器结构原理来分,传感器可以划分为三种类别:①韧性传感器;②复合型传感器;③结构型传感器。

2)汽车常用传感器

图 10-20 所示为汽车常用的传感器布局图。

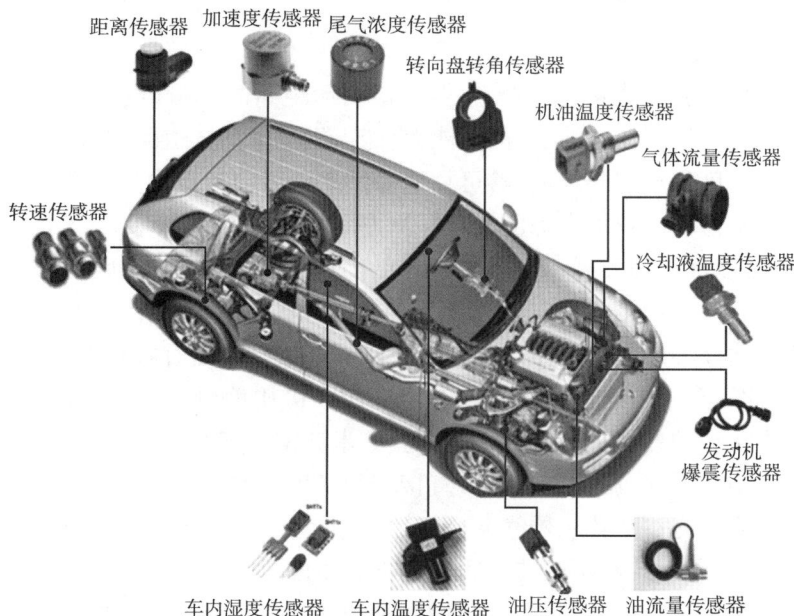

图 10-20 汽车常用的传感器布局

3)汽车智能驾驶传感器

在智能驾驶汽车中,除了配备有以上介绍的汽车常用传感器以外,主要增加了环境感知传感器。智能驾驶汽车环境感知传感器主要有单/双/三目摄像头、GPS、环视摄像头、超声波雷达、毫米波雷达、激光雷达以及夜视设备等。各传感器安装位置如图 10-21 所示。

图 10-21 传感器安装位置

(1)摄像头(机器视觉传感器)。

虽然机器视觉受天气状况和光照条件变化的影响很大,并且无法直接得到检测对象的深度信息,但是它具有检测范围广、信息容量大、成本低等优点,并且通过对其所得的图像进行处理可以识别、检测对象,所以越来越多的人对利用机器视觉感知车辆行驶环境产生了很大的兴趣,以致使机器视觉在智能车辆研究领域得到广泛的应用,成为最受欢迎的传感器之一。机器视觉主要用于车道线的识别、障碍物的检测与跟踪,以及驾驶员状态监测等。

(2)雷达。

虽然到目前为止,雷达传感器在检测远距离的小障碍物时有一些不足之处,但是它具有远距离测距能力,能提供本车前方道路和目标车辆的方位和速度信息,同时还能够可靠地提供本车周围障碍物的深度信息,易于解决机器视觉技术在深度信息探测方面的难题,而且不受天气、阳光等影响,可以准确地发现本车周围存在的障碍物以及前方车辆和行人。雷达的安装位置通常根据实际需要安装在车顶、前/后保险杠或侧向位置。由于雷达在准确提供远距离的车辆和障碍物信息方面有着得天独厚的优势,因此在车辆的防碰撞系统中有着广阔的应用前景。目前应用于环境感知模块中的雷达主要有:微波雷达、毫米波雷达、激光雷达、电波雷达。

①微波雷达:微波雷达能够直接获得被测物体的距离、速度信息,比红外线或激光雷达传感器气象适应性好,并且具有探测距离远、技术成熟等优点,一些系统利用微波雷达实现车辆和盲区的检测。

②毫米波雷达:与微波雷达相比,毫米波雷达波束窄、分辨率高、抗干扰能力强,具有较好的环境适应性,下雨、大雾或黑夜等天气状况对毫米波的传输几乎没有影响,因此可在各种环境下可靠地工作。毫米波雷达的不足是进行目标识别时,一般不能识别出正在转弯与正在换道的车辆。

③激光雷达:与机器视觉相比,激光雷达能解决图像模糊问题,通过激光雷达技术可以跟踪目标,获得周围环境的深度信息;并且激光雷达方向性好、波束窄、无电磁干扰、获得距离及位置探测精度高,因此它广泛应用于障碍物检测、环境三维信息的获取、车距保持、车辆避障中。

④电波雷达:电波雷达兼有超声波传感器的波动特征和激光雷达的快速传输特性,并且与激光雷达一样,与障碍物之间的距离可以用反射时间进行计算。由于电波雷达的波长在几毫米左右,因此不容易受到雾等反射的影响。另外,它不以空气作为传播媒体,所以不太受风的影响,这一点比激光雷达和超声波传感器都优越。再者,它利用从反射接收波到发送波之间的频率差能直接测定相对速度,这是电波雷达的一个很大优点。因为树脂等难以反射电波,所以电波雷达对由树脂等构成的对象物不能检测,这也是电波雷达的缺点。但由于电波雷达受环境影响小,距离信息和相对速度信息能同时测出,结合上述优点,价格低廉的电波雷达传感器的开发对智能车辆系统的研究有着重要的意义。

(3)超声波传感器。

超声波传感器的数据处理简单、快速,主要用于近距离障碍物检测,一般能检测到的距离在 1～5m,但检测不出来详细的位置信息。超声波停车装置已经在许多汽车上使用,这种系统利用一片单片机进行控制,在车的前、后保险杠上安装有超声波传感器,前部传感器的探测距离为0.6m,后部的探测距离达到1.5m,当倒车进入要停放的位置时,在后方汽车约1.5m时,停车装置将会发出连续而缓慢的警告声,倒车越接近停放的车辆,警告声就越急促,当距离为几厘米时,警告声变为沉稳,此时向前驾车时警告声会变得急促。

(4)红外线传感器。

红外线传感器的情况与超声波传感器相仿,只是红外线传感器不受黑暗、风、沙、雨、雪、雾的阻挡,因此它的环境适应性好,且功耗低,与超声波传感器相比,其探测视角小,方向性和测量精度有所提高。红外线传感器可以增强机器视觉识别的可靠性,因此常被用于智能汽车中的夜视系统中。

三 智能驾驶车辆执行机构布局简介

当前智能驾驶车辆技术还在研究阶段,各项技术的最终阶段都会指向车辆的执行机构。因此执行机构作为智能驾驶系统决策给出的目标控制量的最终执行者,其执行效果直接影响整体性能。智能驾驶技术要求执行机构应具备以下功能:高效率、高性能、人机协调、接口开放、系统独立和安全可靠。一般情况下,基于以上的功能需求,智能驾驶车辆的执行机构总体布局方案如图 10-22 所示。

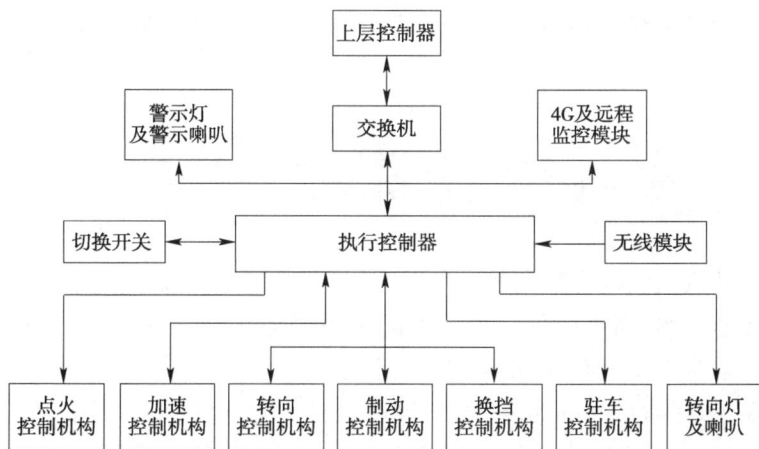

图 10-22 执行机构总体布局

各个执行系统分别通过电机或电路实现控制,另外为保证智能驾驶车辆能在未来自主驾驶,整个系统中加入了 4G 模块和远程监控模块,通过互联网和中心服务器,这样就可以实现远程实时监控车辆。且执行机构也拥有模式切换功能,提供了驾驶员手动驾驶、自主驾驶、遥控驾驶、监控平台远程控制 4 种模式,可以随时切换到其他驾驶模式,以保证安全。

1)转向执行机构

转向执行机构是实施对车辆的方向控制。因此要求转向执行机构可以快速、精确地响应目标指令,特别是智能驾驶汽车对机构响应速度和控制精度要求相当高。

2)制动执行机构

制动执行机构对于保证安全起关键作用。因此要求制动执行机构可靠性高,系统能提供最大的制动力满足紧急制动的需求,加装的执行机构不能影响原车制动系统性能,且要保证驾驶员可随时介入对制动系统的控制,实现紧急停车。

3)加速执行机构

加速执行机构通过控制发动机进而控制汽车的动力。现在智能驾驶车辆使用是电控节气门,它传给发动机的信号是与踏板位移呈线性关系的两路模拟电压信号。据此特性,当加速执行电路的切换器切换到执行控制器模拟电压输出端口,只要能提供适当模拟电压给发动机 ECU 即可实现对节气门的控制,因此可实现自主驾驶。另外,当执行机构不工作时,切换器切换到加速踏板输出端,又可变为手动驾驶模式。

4)辅助操控机构

辅助操控机构包括无钥匙起动系统、电子驻车等方便驾驶员操作的机构,这些操作机构只是简单的开关机构,由执行控制器通过 DO 信号即可实现对点火和驻车制动的控制。同理,智能驾驶车辆的转向灯、喇叭和灯光的控制也都是通过类似的方式在控制电路上关联继电器实现无人控制。

第 4 节　行 驶 系 统

电动机虽然拥有很宽的工作转速范围,但和发动机一样,它也有最佳工作转速区间,高于或低于这一区间效率就会下降。一台 40kW 电动机在刚起动时效率仅有 60% ~ 70%,但随着转速提高效率也逐步提高,当转速在 3300 ~6000r/min 区间时,效率能够达到 94% 以上;当接近极限转速 100000r/min 时,效率又降到 70% 左右。由此可见,合理利用变速装置,让电动机工作在最佳转速区,对于提高效率十分有意义。

从目前电动车的发展情况来看,影响电动车进入市场的最大障碍是电池性能的局限性。尽管电池技术经历了一系列技术进步,但目前电池的能量密度、单位容量和价格都达不到大规模商业化的要求。每个研发电动汽车的企业都在竭尽全力降低电池成本和增加车辆单次充电的续驶里程,如果能够通过使用适合的变速装置,并对标定加以优化让效率提高,就意味着在同样行驶里程时,电池耗电量更少,车辆自重更轻,行驶性能更高,车辆成本更低。

电动汽车上变速装置只需要 3 挡、2 挡或 1 挡,一定程度上被简化了,但电动汽车对传动系统的要求反而更高,变速器优化设计有利于提升电动汽车效率。

1 挡变速器多为两级减速比,总传动比为两个传动比之积,多在低档小型电动汽车上使用。电动机集成变速器如图 10-23 所示。

图 10-23 电动机集成变速器

1-电动机;2-电动机轴齿轮;3-中间轴齿轮;4-主减速器主动齿轮;5-主减速器从动齿轮

差速器是传统车辆的标准组件,单桥电动机汽车也采用了这个装置。汽车转弯时,外侧车轮的转弯半径比内侧车轮大,必须利用差速器来调整两侧车轮的转速,否则会产生滑移使轮胎磨损加剧、转向困难和道路附着性能变差等。

由于电动机的低速转矩大、工作转速范围宽的特点,可不设计倒挡,只需电动机反转即可。

高档轿车多采用图 10-24 所示的电动驱动系统,该系统把电动机、减速器、差速器、功率控制器集成在一起,外部只有强电、弱电线束和冷却水管。若前后轴各采用一台这样的动力驱动系统,即可实现很好的四轮驱动。

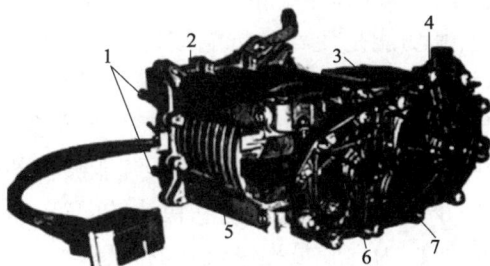

图 10-24 电动汽车电动驱动系统

1-冷却水管;2-标志;3-功率控制器;4-主减速器及差速器;5-电动机;6-电动机轴;7-中间轴

纯电动客车相比传统燃油客车，其变速器发生了巨大变化。如今传统变速器正逐渐被取代或者被弱化，如国内一些企业展出的纯电动客车，都是直接使用电动机控制变速，即通过电子转矩控制技术直接控制车轮转速，实现对车辆速度的控制。

在电动客车上配装变速器，主要是为解决电动机驱动力不足的问题，还可以改变电动机输出转矩，提升电动机动力。纯电动客车配装的变速器与燃油车型上的变速器相比，最突出的特点是变速器挡位数由传统 5 挡、6 挡简化成 2 挡、3 挡。变速器的作用被弱化已是行业公认，但目前电动客车应用的机械变速装置，还是有着成本优势。

客车变速器为节省成本，同时考虑无离合器的自动换挡，可首选电控的无同步器自动换挡变速器。无同步器自动换挡动力总成如图 10-25 所示。

换挡动力缸　拨叉轴位置传感器　　变频调速三相电动机

图 10-25　无同步器自动换挡动力总成

电控自动变速器 ECU 接收变速器输出轴转速传感器信号，同时也接收电动机转速信号，在换挡前先调节电动机转速与从动齿轮转速相同，当电动机转速降/升至与要换挡的从动齿轮同步时，可采用电控气动、液动或电动三种装置之一推动拨叉，拨叉推接合套直接挂入相应齿轮。

第5节　转向系统

汽车转向系统是汽车底盘系统的一个重要组成，是汽车驾驶非常重要的安全保障装置，其功能是使驾驶员能按自己的意图来正确控制汽车的行驶方向，直接关系到汽车的整体操纵性和行驶稳定性。因此，在设计汽车的转向系统时，一方面要求该转向系统工作要安全可靠、操作轻便、高效节能和机动性良好等；另一方面要求该系统能够在各种工况（其中常见的包括直线行驶、正常转向、原地转向和快速转向等）条件下，根据不同的路面状况和行驶速度，为驾驶员提供较好的路感。

汽车转向系统的发展经历了纯机械式转向系统、液压助力转向系统、电动液压助力转向系统和电动助力转向系统 4 个基本发展阶段。

一 电动助力转向系统

对于电动汽车来说,采用图 10-26 所示的电动助力转向系统(Electric Power Steering System,EPS)技术是必然选择,因为车辆本身不用内燃机,助力转向系统动力的来源只能是电动机。因此,在未来汽车设计中,电动助力转向将成为汽车动力转向系统的主流技术,对该系统进行开发和研究已经成为各汽车企业和科研机构的工作重点。

图 10-26　电动助力转向系统(EPS)

EPS 自从研究开始,就作为一种高新技术应用在电动汽车上,具有良好的发展前景。这个系统的基本工作原理是应用转矩传感器和车速传感器分别测出汽车驾驶员施加在车辆转向盘上的操纵力矩和车辆当前的行驶速度(回正时还要用到角度传感器),然后将这两个信号传递到电子控制单元,电子控制单元的微处理器根据所设计好的控制策略和算法,计算出此时车辆所需要的理想助力力矩,再换算为相应的电流,驱动助力电机按该电流运行;该电机产生的助力力矩再经过蜗轮蜗杆减速机构减速增矩后传送到汽车机械式转向系统上,与车辆驾驶者的操纵力矩叠加在一起去克服转向阻力矩,最终实现车辆的正确转向。EPS 弥补了液压助力转向和电动液压助力转向的缺点,具有节能、环保、高效和安全等诸多优点,是未来汽车动力转向系统的发展方向,目前多装置在前轴荷 900kg 以下的中小型汽车上。

随着汽车电子技术的不断发展,对汽车设计及控制水平的要求也在不断提高,特别是对汽车的节能性能和环保性能的要求越来越高。比较而言,传统车辆液压助力转向系统存在的消耗能源和环境污染等缺点已变得越来越明显,已经不能完全满足科技和经济发展的需求。而电动助力转向系统将最新的电力电子技术和高性能的电机控制集成技术应用于汽车转向系统,能比较明显地改善车辆行驶的安全性能和操纵稳定性能,有效提高驾驶员驾驶车辆的便捷性和安全性,同时也更加节能和环保。

EPS 与其他助力转向系统相比,其优点体现在以下几方面:

(1)提高了汽车的燃油经济性与环保性。EPS 由于没有液压传动装置,属于典型的"按需供能型"系统,仅仅在转向操作时才需要电机提供能量,而在车辆静止时或直线行驶时不消耗多余的能量。与传统的液压助力转向系统相比,装有 EPS 的车辆在各种行驶工况下均可节能 80% ~ 90%。试验表明,装有 EPS 的车辆在不转向情况下,燃油消耗将降低 2.5%;在使用转向情况下,则降低 5.5%。同时,在 -40℃ 的低温下,EPS 由于不需要预热过程也能够正常地、很好地工作,而传统的液压助力转向系统要等到液压油预热后才能正常工作,所以也节省了能量。EPS 由于没有液压回路,不存在传统液压助力转向系统中液态油的泄漏问题,从而也减少了对环境的污染,完全符合环保的时代要求。

(2)提高了车辆的助力性。EPS 可以根据车辆行驶的不同工况,通过改进助力特性曲线,使助力效果更加精确和理想。另外,EPS 还可以通过阻尼控制减少由于路面不平度产生的对车辆转向系统的干扰,保障汽车低速行驶时的转向轻便性,提高汽车高速行驶时的转向稳定性,从而提高车辆行驶的主动安全性。

(3)使车身质量减轻。与传统的液压助力转向系统相比,EPS 的结构更加简单,零件数目也相应减少,因而使车辆质量相对减轻,方便了零件的布置与安装,也降低了车辆行驶时的噪声。

(4)提高了车辆行驶的安全性。与传统的液压助力转向系统比较,当 EPS 出现故障时,该系统可通过电磁离合器立即切断电动机与减速传动机构的动力传送,并且快速转入纯机械转向系统状态。由于车辆由电动机直接提供助力,EPS 独立于车辆的驱动系统进行工作,因此只要电动汽车的 DC/DC 变换器不发生故障,即使在车辆未起动或出现其他故障时也能提供助力。另外,EPS 还有各种安全保护措施和故障自诊断功能,且使用更可靠,维修更方便。

(5)缩短了研发和生产的周期。EPS 的前期研发时间虽然较长,但完成设计后,只要修改相应的程序即可实现与特定车型的匹配,因而能减少针对不同车型的研发时间。

(6)改善了转向系统的回正特性。车辆在一定的行驶速度下,当驾驶员转动转向盘一个角度后松开,车辆本身具有回到直线行驶的能力,这是车辆本身的固有结构所决定的。EPS 可以对该回正过程进行控制,利用软件在可能的限度内调整设计参数以使车辆的回正特性达到最佳状态。而在传统的液压助转向系统中,汽车设计完成后,其回正特性就已确定,只有改造底盘的机械结构才能改变。

（7）EPS效率更高,使用车辆范围更广,尤其适用于纯电动汽车或燃料电池电动汽车。EPS自提出以来,就成为今后汽车动力转向系统的发展方向,必将逐步取代现有的机械转向系统、液压助力转向系统和电动液压助力转向系统。

二　电动线控转向系统

1）电动线控转向系统的结构

电动线控转向系统由转向盘总成、转向执行总成和主控制器（ECU）3个主要部分以及自动防故障系统、电源等辅助系统组成,如图10-27所示。

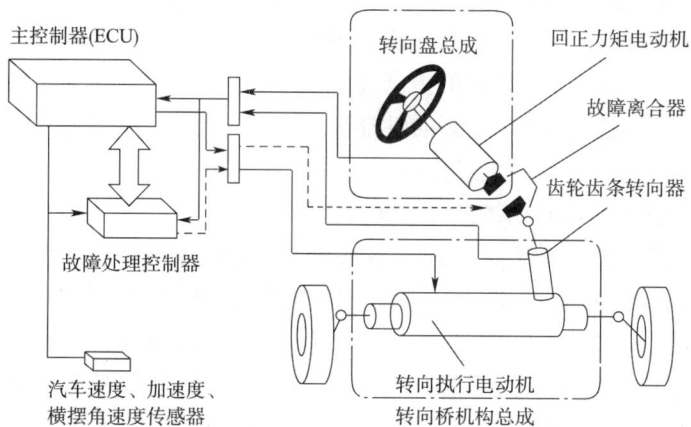

图10-27　电动线控转向系统

（1）转向盘总成。

转向盘总成包括转向盘、转向盘转角传感器、力矩传感器和转向盘回正力矩电动机,其主要功能是将驾驶员的转向意图（通过测量转向盘转角）转换成数字信号,并传递给主控制器,同时接收主控制器送来的力矩信号,产生转向盘回正力矩,以提供给驾驶员相应的路感信息。

（2）转向执行总成。

转向执行总成包括前轮转角传感器、转向执行电动机、转向电动机控制器和前轮转向组件等,其功能是接收主控制器的命令,通过转向电动机控制器控制转向车轮转动,实现驾驶员的转向意图。

（3）主控制器。

主控制器的功能是对采集的信号进行分析处理,判断汽车的运动状态,向转向盘回正电动机和转向电动机发送指令控制其工作,保证各种工况下都具有理想的车辆响应,以减少驾驶员对汽车转向特性随车速变化的补偿任务,减轻驾驶员负担。同时,主控制器还可以对驾驶员的操作指令进行识别,判定在当前状态下驾驶员的转向操作是否合理。当汽车处于非稳定状态或驾驶员发出错误指令时,电动线控转向系统会将驾驶员错误的转向操作屏蔽,而自动进行稳定控制,使汽车尽快地恢复到稳定状态。

(4)自动防故障系统。

自动防故障系统是电动线控转向系统的重要模块,它包括一系列的监控和实施算法,针对不同的故障形式和故障等级做出相应的处理,以求最大限度地保持汽车的正常行驶。作为应用最广泛的交通工具之一,汽车的安全性是首先要考虑的因素,也是一切研究的基础,因而故障的自动检测和自动处理是电动线控转向系统最重要的组成系统之一。

(5)电源系统。

电源系统承担着控制器、两个执行电动机以及其他车用电器的供电任务,其中仅前轮转角执行电动机的最大功率就有 500~800W,加上汽车上的其他电子设备,电源的负担已经相当沉重。因此,要保证电源总线在大负荷下能够稳定工作,电源的性能就显得十分重要,可采用 42V 供电系统加以解决。

2)电动线控转向系统的工作原理

传统汽车转向系统是一种机械系统,汽车的转向运动是由驾驶员操纵转向盘,通过转向器和一系列的杆件传递到转向车轮而实现的。电动线控转向系统取消了转向盘与转向车轮之间的机械连接,完全由电能实现转向,摆脱了传统转向系统的各种限制。采用电动线控转向系统不但可以自由设计汽车转向的力传递特性,而且可以设计汽车转向的角传递特性。

电动线控转向系统的工作原理是利用传感器检测驾驶员的转向意图,然后通过数据总线将信号传递给 ECU,并获得反馈命令;同时也从转向操纵机构获得驾驶员的转向指令,并从转向系统获得车轮情况,从而指挥整个转向系统的运动。电动线控转向系统控制车轮转到需要的角度,并将车轮的转角和转动转矩反馈到系统的其余部分,如转向操纵机构,以使驾驶员获得路感。这种路感的大小可以根据不同的情况由电动线控转向系统控制,将驾驶员的转向意图(通过转向柱上的转向盘角位移传感器输出转向盘的转角信号)转换成数字信号并传递给转向控制器,在转向拉杆上安装一个线位移传感器,利用转向拉杆左右移动的位移量来反映转向车轮转角的大小,即转向控制器根据转向盘转角计算出拉杆的位移量,当转向拉杆的位移量达到所需值时,转向控制器切断转向电动机的电源,转向轮的偏转角不再改变。

由于所选用的转向电动机是蜗轮蜗杆式减速电动机,其不能逆向传动,因此转向轮可保持所设定的偏转角不变。为防止电机故障导致不能转向,电动线控转向系统里还需设计行星传动装置,即使是电机发生故障仍能依靠人力实现转向。

三　基于分布式驱动的转向形式

传统汽车转向时,驾驶员旋转转向盘产生转矩,通过转向助力系统放大后传递给转向机,转向机将转向盘的旋转运动转变为转向齿条的直线运动,继而带动与车轮固连的转向节旋转,使转向轮的运动轨迹发生改变完成转向。在此基础上,汽车及一些轮式运输工具发展出多种转向方式,主要包括前轮转向、四轮转向、斜向行驶以及原地转向等,如图 10-28所示。

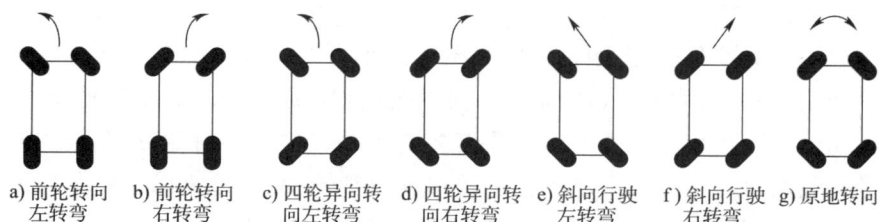

a) 前轮转向
左转弯　b) 前轮转向
右转弯　c) 四轮异向转
向左转弯　d) 四轮异向转
向右转弯　e) 斜向行驶
左转弯　f) 斜向行驶
右转弯　g) 原地转向

图 10-28　转向方式

1)前轮阿克曼转向

前轮转向是目前绝大多数轮式车辆采用的转向方式,采用前轮转向虽然转向半径较大,但是转向过程中车辆的动态变化大部分都在驾驶员的正向视野范围内,同时前轮转向相较后轮转向具有更好的高速稳定性和行驶安全性。阿克曼转向几何是由德国工程师提出,用以在车辆转弯时协调转向轮转向角度关系,使车轮绕同一转动中心进行纯滚动运动,避免侧向滑动的几何学。

传统前轮转向车辆的转向梯形为机械连接的四连杆,无法在整个转向过程中均满足阿克曼转向几何,大部分时间轮胎都会与地面之间存在侧向力作用产生侧向变形。而四轮毂电机电动汽车可以完全摒弃传统的机械式转向结构,即不用齿轮齿条式转向机带动转向节进行转向,而是采用线控转向,独立地控制每一个车轮的转向角度,从而实现在整个转向过程中一直满足理想的阿克曼转向几何。

2)异向转向

异向转向是指低速时四轮车辆的前轮与后轮分别向相反方向偏转相同角度,同时 4 个转向轮仍满足阿克曼转向几何,保证车轮在地面做纯滚动运动。异向转向方式可以获得比两轮转向更小的转向半径,提高车辆在低速时的灵活性,方便汽车驶入车库以及在狭窄的拐角处转向。异向转向应用于车身较长的货车或导弹运载车,可使它们获得如同小型汽车的操控及泊车敏捷性。

3)斜向行驶

类比异向转向,当四轮转向车辆前轮与后轮同时向同一侧偏转相同角度来实现转向的方式为车辆的斜向行驶。斜向行驶减小了转向时车身与行驶方向的偏转角,可使车辆实现干净利落的变道动作和快速停靠,同时基本保持车辆质心偏角为零,有效降低出现侧滑事故的概率,提高车辆操纵稳定性的同时也提升了车辆的主动安全性能。

汽车斜向行驶时,如果车轮偏转角度达到90°则可以实现横向行驶。横向行驶的主要目的是方便车辆在狭小的空间完成侧方位停车,提高车辆侧方停车动作操作便利性的同时缓解了城市停车位紧张的问题。

4)原地转向

传统前轮转向车辆在进行一次完整的掉头操作时,往往需要占用3个或4个标准车道,而四轮毂电机电动汽车可以实现传统车辆无法实现的转向方式,其中原地转向是最为典型的代表。原地转向的原理是:车辆最初保持静止状态,4个车轮分别绕各自主轴转过一定角度后,车身两侧的轮毂电机分别按照设定的相等转速反向旋转,使得整车以一定角速度原地转向,此时整车回转中心与车辆几何中心重合,车辆的理论回转半径为0。通过原地转向,车辆仅需要非常小的空间便可以实现转向和掉头,从而提高了车辆在停车场或狭窄路段的灵活性和通过性。

第6节　制动系统以及制动能量回收

目前大多数电动汽车是对原来的燃油汽车进行改装后投入使用,因此有很多地方并不能很好地实现对能量的控制。在燃油汽车中,因为不需要考虑汽车能量的问题,真空泵一直处于运行状态。但是在电动汽车中由于电池电量的限制,不希望真空泵一直处于运转状态。因此,如果在保证安全性的基础上,同时又做到节约能源,就要考虑到电动汽车的真空助力制动系统。在制动过程中,驾驶员踩下制动踏板,起动真空助力装置,这时候需要使用在真空罐中所储存的真空;在制动过程结束之后,检测到真空罐中的真空度不能满足要求的时候,起动真空泵将储气罐中的气体抽出,加大真空度以满足下一次的使用。

在汽车的行驶中,频繁的制动所消耗的能量通常占到汽车总能量的20%～30%,如果能把这些能量部分回收至电池,将大大提升电动汽车的行驶里程数。在燃油汽车中,这种能量回收的意义不大,且需另外增加装置,因此不予考虑。但是在电动汽车中,电机的状态可以由电动机转换成发电机,这就给能量反馈提供了可能性。如何做好能量的回收工作,主要取决于汽车行驶时的驱动力、阻力,以及汽车的质量和电池组的电压等一系列因素。

一　电动真空助力制动系统

传统内燃机汽车制动系统真空助力装置的真空源来自发动机进气歧管,真空负压一般可达到 0.05 ~ 0.07MPa。对于由传统内燃机汽车改装成的纯电动汽车或燃料电池电动汽车,发动机总成被拆除后,制动系统由于没有真空动力源而丧失真空助力功能,仅由人力所产生的制动力无法满足行车制动的需要,因此需要对制动系统的真空助力装置进行改进,而改进的核心问题是具有能够产生足够压力的真空源。为了产生足够的真空,并考虑节能和可靠性,在配备一个具有足够排气量的电动真空泵外,还要为电动真空泵电机设计合适的工作时间。一般燃油汽车会在 4 ~ 5s 内产生 - 50kPa 以上的真空度,所以电动真空泵也需在 4 ~ 5s 可产生 -50kPa以上的真空度。

汽车制动系统通常采用真空助力或气压助力,真空泵产生的真空度越大,制动性能越好,驾驶员踩制动踏板也越省力。因此,在对电动真空助力制动系统电动真空泵的设计或选择上,应尽量使真空度满足制动性能的要求。

真空助力器安装于制动踏板和制动主缸之间,由踏板通过推杆直接操纵。助力器与踏板产生的力叠加在一起作用在制动主缸推杆上,以提高制动主缸的输出压力。真空助力器由带有橡胶膜片的活塞分为常压室与变压室(大气阀打开时可与大气相通),一般常压室的真空度为 60 ~ 80kPa。真空助力器所能提供助力大小取决于其常压室与变压室气压差值的大小,当变压室的真空度达到外界大气压时,真空助力器可以提供最大的制动助力。真空泵所产生的真空度大小及速度关系到真空助力器的工作状态,真空泵的容量大小关系到真空助力器的性能,进而影响到制动系统在各种工况下能否正常工作。图 10-29 为电动真空助力制动系统的基本构成。

电动真空助力制动系统的工作原理如下:

(1)接通汽车 12V 电源,压力延时开关闭合,真空泵工作大约 30s 后开关断开,此时真空罐内压力大约为 - 80kPa。

(2)当真空罐内压力增加到 - 55kPa 时,压力延时开关再次闭合。

(3)当真空罐内压力增加到大约 - 34kPa 时,压力报警器发出信号。

如果真空泵控制开关有很明显的短时间开启和关闭,说明发生了泄漏。依据电动真空助力制动系统的工作原理,设计间歇性真空发生系统,其基本工作原理为：当驾驶员起动汽车时，12V电源接通，压力延时开关和压力报警器开始压力自检，如果真空罐内的真空度小于55kPa，压力膜片将会挤压触点，从而接通电源，真空泵开始工作；当真空度增加到55kPa时，压力延时开关断开，然后通过延时继电器使真空泵继续工作大约30s后停止；每次驾驶员有制动动作时，压力延时开关都会自检，从而判断电动真空泵是否应该工作；如果真空罐内的真空度低于34kPa时，真空助力器不能提供有效的真空助力，此时压力报警器将会发出信号，提醒驾驶员注意行车速度。

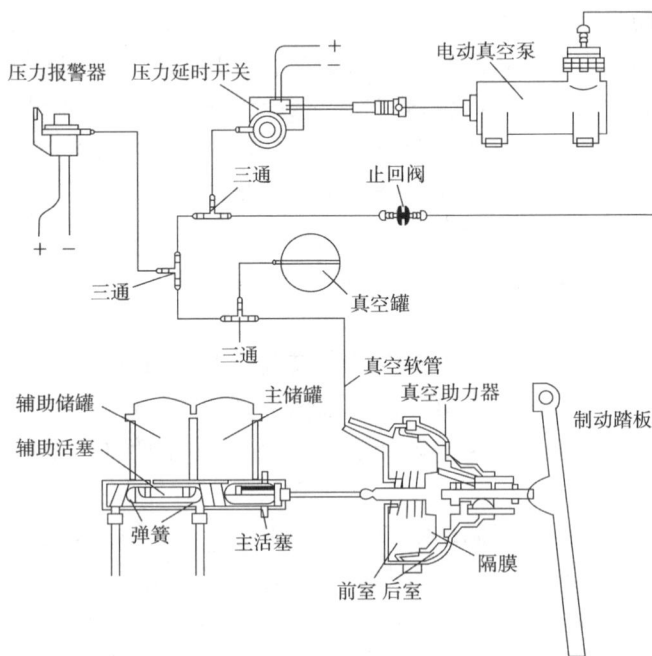

图10-29　电动真空助力制动系统的基本构成

电动真空泵也可采用电控单元控制，只要把压力开关换成绝对压力传感器，由控制单元控制继电器即可。目前，一些纯电动汽车具有由真空助力器真空度传感器、整车控制器ECU、电动真空泵工作继电器和真空泵电动机组成的一个闭环真空度控制系统，可保证制动时真空助力器的正常工作。

真空助力器的工作过程可以分为非工作状态、开始工作状态、平衡状态、充分工作状态和回复状态。

（1）非工作状态是指真空助力器处于静止状态，制动踏板通过复位弹簧将控制阀与推杆保持在原位置的状态。这时的真空阀处于开启状态，同时空气阀闭合，气室的前部与后部通过气路通道相互连接，并保持相同的真空度，且与空气隔绝。

（2）开始工作状态是指当驾驶员进行制动动作时，踩下踏板的力在放大之后施加在踏板后部的推杆之上,这个时候真空助力器由于气体、机械的滞后性等因素,还没有处于工作状态。在制动动作开始之后,驾驶员的踩踏力推动控制阀向前移动,当助力器中的橡胶塞与橡胶反作用盘之间的空隙变小时,踩踏力就通过橡胶反作用盘传递给制动推杆进行制动。由于踩踏力大于弹簧的复位力,因此推动活塞打开空气阀,同时真空阀关闭,气室的前部与后部通道隔绝。此时,气室的前部与后部的压力差作用在活塞上,对主缸的活塞进行动作,但是后部内的压力还没有达到一个大气压。

(3)平衡状态是指在真空阀和空气阀都关闭的情况下,由助力器中的推杆施加的推力,制动主缸的反作用力,弹簧对活塞的作用力都处于一个平衡的状态。在这个状态下,气室后部的压力依然没有达到一个大气压。

(4)充分工作状态是指当真空助力器处于完全触发的工作状态,此时气室空气阀打开,真空阀关闭,气室前部与后部完全隔绝,制动力最大。

(5)回复状态是指当驾驶员松开制动踏板之后,在弹簧的拉力下,与踏板相连接的推杆动作,在此作用下,空气阀由打开变为关闭,真空阀由关闭变为打开。此时,制动状态完全解除。

二　汽车制动和电机能量回收

1.汽车制动和电机能量回收的结构

制动能量回收是电动汽车所独有的,在减速制动(制动或者下坡)时将车辆的部分动能转化为电能,转化的电能储存在储能装置中,如各种蓄电池、超级电容器和超高速飞轮等,最终增加电动汽车的行驶里程。如果储能装置已经被完全充满,再生制动就不能实现,所需的制动力就只能由常规的制动系统来提供。现在几乎所有的电动汽车都安装了两套制动系统,从而可实现节约制动能、回收部分制动动能,并为驾驶员提供常规制动性能。

一般而言,当电动汽车减速、放松加速踏板巡航或踩下制动踏板停车时,再生制动系统起动。正常减速时,再生制动的力矩通常保持在最大负荷状态;电动汽车高速巡航时,其驱动电机一般是在恒功率状态下运行,驱动力矩与驱动电机的转速或车速成反比。因此,恒功率下驱动电机的转速越高,再生制动的能力就越低。另一方面,当踩下制动踏板时,驱动电机通常运行在低速状态,此时电动汽车的动能不足以为驱动电机提供能量来产生最大的制动力矩,因而再生制动能力也就会随着车速降低而减小。电动汽车的再生制动力矩通常不能像传统燃油汽车中的制动系统一样提供足够的制动加速度,所以在电动汽车中能量回收制动和液压制动系统通常共同存在。不过应该注意,只有当能量回收制动已经达到了最大制动能力而且还不能满足制动要求时,液压制动才起作用。

双制动系统是电动汽车所独有而燃油汽车没有的,能量回收与液压制动之间的协调是问题的关键所在,且应考虑如下特殊要求:

为了使驾驶员在制动时有一种平顺感,液压制动力矩应该可以根据再生制动力矩的变化进行控制,最终使驾驶员获得所希望的总力矩。同时,液压制动的控制不应引起制动踏板的冲击,以免给驾驶员一种不正常的感觉。

利用 ABS 扩展的 ESP 功能实现电动泵油压的提高,这要求 ABS 的 ESP 模块与整车控制系统进行通信,因此可以把再生制动软件写入 ABS 模块驱动油泵、控制摩擦制动和控制制动助力的真空源中。ABS 与整车控制器通信控制再生制动的强度有关。液压制动力矩是电控的,将产生的液压传到制动轮缸上。因此,再生-液压制动系统需要防止制动失效的机构。为了提高系统的可靠性,满足安全标准,一般采用双管路制动,当其中一条管路失效时,另一条管路必须能提供足够的制动力。

为了实现上述要求,再生-液压制动系统的结构设计必须满足相应要求。驾驶员踩下制动踏板后,电动泵使制动液增压产生所需的制动力,制动控制与电动机控制协同工作,确定电动汽车的再生制动力矩和前后轮的液压制动力。再生制动时,再生制动控制回收再生制动能量,并且反充到蓄电池中。电动汽车的 ABS 及其制动比例控制阀[可由 ABS 的扩展功能电子制动力分配代替(EBD)]的作用与传统燃油汽车的相同,其作用是产生最大的制动力。电动泵可以利用 ABS 扩展功能中的电子稳定程序(ESP)的电动供能泵作为压力源。

如前所述,电动汽车上的总制动力矩是再生制动力矩与液压制动力矩之和。它们之间存在设定的分配比例关系,目的是保持最大再生制动力矩的同时为驾驶员提供与燃油汽车相同的制动感。当制动踏板力较小时,只有再生制动力矩施加在驱动轮上,并且与制动踏板力成正比。非驱动轮上的制动力由液压制动提供,液压制动力也与制动踏板力成正比。当制动踏板力超过一定值时,最大再生制动力矩全部加在驱动轮上,同时液压制动力矩也作用在驱动轮上以获得所需的制动力矩。因此,最大再生制动力矩可以保持不变,以便能完全回收车辆的动能。

制动系统因制动造成的管路压力(或制动踏板踏下深度越深)越大,说明经驾驶员判断需要的总制动力矩越大,非驱动轮的制动力矩一直增加。驱动轮的制动力矩也在增加,但摩擦力矩增加得更多,再生制动转矩不增加,甚至还有减小,这就要求再生制动和 ABS 要协同工作。两前轮独立、后轮低选的轿车制动系统,制动压力传感器(液压传感器)监测制动系统管路的制动压力(液压或气压),有 ABS 的汽车采用车速和压力传感器(也可是制动踏板行程开关)采集制动状态信号,根据车速算出的加速度值与设定的加速度值比较后进行控制。

例如,某后轮驱动客车利用加速度值限制再生制动的方法为:加速度小于0.15g(不会出现抱死情况,g为重力加速度)时,后轴进行再生制动能量回收,仅后轴有制动,为纯再生制动工况;加速度介于0.15~0.4g时,后轴进行制动能量回收,同时利用ABS的回油泵加大前轴的液压制动力,能实现制动比例的合理分配;加速度介于0.4~0.7g时,利用ABS的回油泵进一步加大前轴的液压制动力,同时减小后轴的制动能量回收;加速度大于0.7g时的情况很少,此时后轴的制动能量回收电流过大,电池不能吸收,同时电机会剧烈振动,所以取消能量回收制动,完全采用摩擦制动。

在整个再生制动过程中,车辆的动能不能完全转换为储能器的充电电能。制动时所损失的能量包括空气阻力损失、滚动阻力损失、制动系统损失、电动机损失、转换损失及充电损失等。尽管如此,现代电动汽车采用制动能量回收后仍能节省将近20%的能量。

2.汽车制动和电机再生制动的原理

制动能量回收是电动汽车所特有的制动方式,它是指汽车在运行过程中进行制动时,电动机变为发电机,将制动能量回收至蓄电池的过程。其原理是在制动时将汽车行驶的惯性能量通过车轮由传动系统传递给发电机,为动力蓄电池充电,实现制动能量的再生利用。与此同时,发电过程中产生的制动力矩又可通过传动系统对驱动轮施加制动,产生制动力。

根据不同的制动要求,汽车的制动方案有不同的结构,结构的选择直接影响能量的回收效率及利用率。

在进行汽车再生制动分析之前,首先要对汽车的制动能量回收概况进行分析,这里分别以美国的FTP和高速公路HFET、欧洲城市循环ECE-EUDC以及日本Japan 10-15循环工况为例进行分析。据统计数据显示,这4种情况下的制动能量所占比例大约为25%、6%、18%、25.7%。由此可见,无论从哪方面来说,汽车的制动能量在整个汽车的行驶过程中所占的能量比例都是很大的。因此,做好制动能量的回收工作对电动汽车增加行驶里程大有益处。

在研究中发现,汽车回收能量的多少还与制动的方式和回收系统各环节的效率有关。电动汽车的制动方式包括:电气制动、机械制动,以及两者的同时作用,即复合制动。其中,机械制动会导致制动能量以热量的形式散失掉,电气制动则能将一部分的制动能量回收到汽车的动力蓄电池组中。能量回收系统各个环节的效率因数主要包括逆变器的效率、电机的效率和蓄电池的充电效率等参数。制动能量回收要综合考虑汽车动力学特性、电机发电特性、电池安全保证与充电特性等多方面的问题,因此要研制出一种既具有实际效用又符合驾驶员操作习惯的系统存在一定难度。

在电动汽车的行驶中,制动情况大致可以分为3种情况。电动汽车制动模式的划分对能量的回收工作有很大的帮助,下面简单介绍这3种模式。

(1)纯能量回收制动模式。这种模式目前主要应用在电动汽车缓慢下行的情况,大多是应用于矿山或高山地区的工况,需要的制动力不大,因此可以由电气制动来试验。此外,这种模式的充电电流较小,充电时间长,因此是电动汽车能量回收的最佳模式,限制能量回收的因素主要是电池的 SOC 与当时的电池充电能力。若需要的制动力比较大,电气制动无法满足制动要求时,则需要机械制动与电气制动同时使用,避免发生危险。

(2)紧急制动模式。这种模式一般是在驾驶员发现危险时进行制动动作所采用的。在这种情况下,汽车加速度非常大,制动距离要求越短越好。因此,这时电气制动不能满足要求,很大一部分是依靠机械制动在作用。由于在这种模式下汽车的制动时间短,制动力矩大,因此汽车能回收的能量非常少,不过这种情况发生的频率还是比较大,如果能在这种情况下尽可能多地应用电气制动,并且电池同时也能接收大功率的充电电流,能量回收将有很大的提升空间。

(3)一般制动模式。这种模式的使用工况是典型的城市驾驶。由于汽车在行驶过程中,需要频繁地起停,并且制动力矩也不是非常大,因此这种模式是最适合进行能量回收的模式。采用这种模式进行制动时,驾驶员一般是以比较小的力度踩下踏板,因此电气制动就能满足制动的要求,同时制动的距离也比较长,这两个因素对于能量回收都是非常有利的因素。因此,这种模式作为汽车能量回收的主要模式具有很高的研究价值。

3. 制动能量回收过程的能量分析

电动汽车的制动能量回收系统是与电池管理系统、车辆行驶系统密切相关的。当驾驶员踩下制动踏板后,由制动踏板将制动行程信号输送到汽车制动 ECU 中,制动 ECU 根据传送过来的信号计算出驾驶员的制动力大小和当时车辆的制动强度。同时,制动 ECU 根据电池充电状态信号、电机输出转矩信号和车轮转速信号等,按预先设定的控制策略进行逻辑判断,决定驱动轮能量回收制动力和前后轮摩擦制动力的大小,并将命令信号传递给电机 ECU 和制动系统执行。电机 ECU 根据制动 ECU 发送出的控制信号,通过控制电机输出电流的大小来使电机的回收制动力矩工作,并与摩擦制动力协调配合以满足驾驶员的制动需求,从而使能量回收制动力矩能按照制动踏板行程的变化而变化。

在这一过程中,汽车的能量首先是从车轮传送到发电机,最后回馈到动力蓄电池组中进行储存。为使制动能量回收系统出色地完成安全制动与回收制动能量的双重任务,对其有如下要求。

(1)平滑性要求。要使驾驶员在制动时的感觉与在驾驶传统燃油汽车时一样,制动装置所产生的制动力矩应该可以根据驾驶员的制动需求力矩的变化进行变化,最终使驾驶员获得其所希望的总力矩。同时,对电机制动力矩的控制不应引起踏板的冲击,避免给驾驶员一种生硬的制动感觉。

(2)稳定性要求。要使车辆能够稳定地制动,前后车轮上的制动力必须进行正确的分配。首先,要防止电动汽车制动时出现先抱死的危险情况;其次,要尽量避免前轮停转,从而保证车辆对方向的控制能力;最后,在进行制动时前、后轮均要有足够的制动力矩,以保证充足的制动效能,这就要求在电动汽车中要尽量安装 ABS。

(3)能量回收率要求。为了满足制动平顺性与稳定性的要求,依据现有的科技水平,要尽量提高能量反馈环节的效率,同时改进制动能量回收的方式,从而保证能量的回收率。

第7节 悬架系统能量回收

传统汽车在良好路面上行驶时会消耗 20% 左右的能量用于克服空气阻力和路面阻力,而悬架在减振方面损耗掉的能量,是除内燃机自身热损耗和制动能耗之外的另一个重要能耗。在车辆技术电动化、智能化的背景下,悬架技术也发生着改变。馈能悬架是悬架技术发展的重要方向之一,通过馈能悬架技术可以提高汽车的能量利用率,解决部分能耗问题。

传统阻尼器将汽车的振动转化为热能耗散,油液温度的变化会影响阻尼器的工作性能,还会造成资源浪费。如果将这些耗散能量回收利用,则可以降低车辆的能量消耗,有助于提高续驶里程。馈能减振器与传统减振器在工作原理上有较大的区别,其可以实现节约能源和满足降低排放的目的。馈能减振器的零部件较多,结构较为复杂,技术方面涉及的学科较多,实现产品化具有一定的困难。但随着各种新技术的应用,馈能减振器工程应用逐渐得到保障。

安装馈能减振器的目的是通过相应的能量回收装置,将悬架的垂向动能转化为可存储的能量,主要能量储存形式是电能,也有液压能和气压能。但从汽车产业发展的角度分析,将能量储存为电能是极具前景的一种能量回收方式。

一 机电式馈能悬架

机电式馈能悬架是将悬架上下往复的直线运动转换成电机的旋转运动,从而将机械能转换成电能储存起来。现阶段研究的机电式馈能悬架主要包括滚珠丝杠式、齿轮齿条式和曲柄连杆式的馈能悬架。

(1)滚珠丝杠式的馈能悬架将电机、电池和滚珠丝杠机构制成一体,将车体与轮胎的相对直线运动转化为旋转运动带动电机旋转,并将产生的电能储存起来,其结构如图10-30所示。车辆在路面行驶过程中,滚珠螺母沿轴做上下移动,带动螺杆和电机正反转,实现能量回收。

(2)齿轮齿条式馈能悬架用齿轮齿条机构代替传统悬架的油液减振器,其结构如图10-31所示。馈能减振器将电动机/发电机固定在簧载质量上,齿条固定在非簧载质量上,齿轮与电动机/发电机的转子相连,齿条的直线运动将带动发电机发电,并将电能储存起来,实现能量回收。

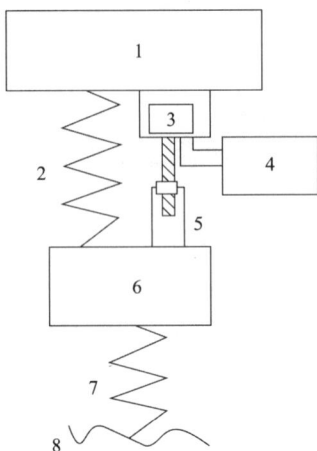

图 10-30　滚珠丝杠式馈能悬架结构

1-簧载质量;2-弹簧;3-电动机;4-充电电路及电池;5-滚珠丝杠机构;6-非簧载质量;7-轮胎;8-路面

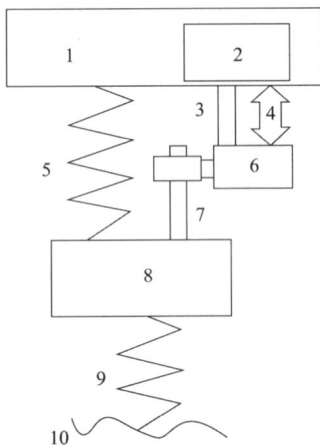

图 10-31　齿轮齿条式馈能悬架结构

1-簧载质量;2-充电电路及动力总线;3-连接机构;4-能量;5-弹簧;6-电动机/发电机;7-齿轮齿条机构;8-非簧载质量;9-轮胎;10-路面

当车辆在路面行驶时,路面不平度会造成悬架的上下振动,从而引起连接车身和车轮的馈能减振器上下端相对位移,馈能减振器提供阻尼力衰减汽车悬架的振动,这时馈能悬架起到作动器的作用。

(3)曲柄连杆式馈能悬架是在传统悬架的基础上增加了一套曲柄连杆机构,该机构可将车轮的往复运动转变成曲柄的旋转运动,进而带动电机发电。

曲柄连杆式馈能悬架由于增加了一套曲柄连杆机构,造成馈能悬架过于臃肿,且机构复杂,安装性较差。曲柄连杆式馈能悬架由于没有取消传统减振器,因此能量回收效率较低;且由于曲柄连杆机构响应较慢,因此不能及时、有效地缓解路面不平对车身造成的冲击。

二 电磁式馈能悬架

电磁式馈能悬架主要有 3 种,即电磁线圈感应式馈能悬架、直线电机式馈能悬架和磁流变式馈能悬架。

(1)电磁线圈感应式馈能悬架是利用永磁体和线圈构成的能量回收装置代替传统的液压减振器,其结构如图 10-32 所示。当车轮和车身相对振动时,永磁体会上下移动切割线圈(相当于线圈在磁场中切割磁感线)从而产生电能,并通过整流器总成将交流电转变成直流电,储存在蓄电池当中。

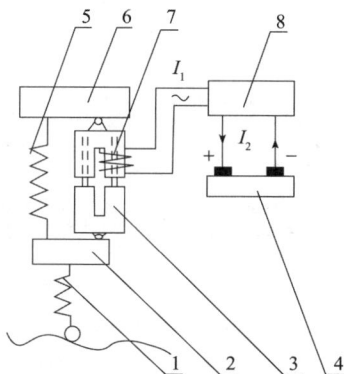

图10-32 电磁线圈感应式馈能悬架结构

1-轮胎等效弹簧;2-非簧载质量;3-励磁永磁体;4-蓄电池;5-悬架弹簧;6-簧载质量;7-馈能线圈;8-整流器总成

电磁线圈感应式馈能悬架的缺点是:受线圈和磁极安装、布置的影响,可提供的阻尼力范围较小;由于磁极和线圈所占空间较大,安装性较差;磁极间气隙较大,进而导致励磁线圈和馈能线圈的铜损很大,馈能效率低;当路面冲击过大时,会造成磁极相互碰撞,导致损坏悬架。

(2)直线电机式馈能悬架是用直线电机代替传统的减振器,其结构如图 10-33 所示。直线电机式馈能悬架相较于电磁感应式馈能悬架少了整流桥、线圈永磁体等中间装置,将车身和车轮之间相对运动的振动能量直接换成电能储存起来。同时,由于直线电机内部的线圈切割磁感线,带电的线圈同时提供给悬架必要的阻尼力,衰减车身振动。

直线电机式馈能悬架相较于电磁线圈式馈能悬架结构更紧凑、安装性更高,但直线电机较旋转电机漏磁通大,阻尼力小,功率因数及效率等电气性能较低,故直线电机式馈能悬架的馈能效率一般,且价格较为昂贵。

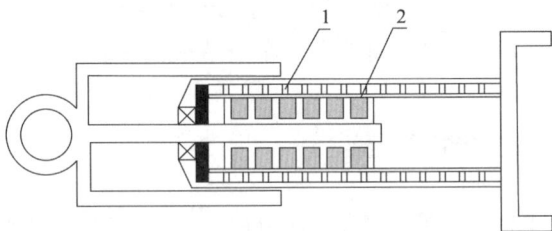

图 10-33　直线电机式馈能悬架结构
1-磁铁；2-内置线圈

（3）磁流变式馈能悬架是采用磁流变液来提供可控阻尼力的半主动悬架，其结构如图 10-34 所示。在外加磁场条件下，磁流变液能够在几毫秒的时间内从自由流动状态转变为半固体状态，这个过程具有快速、可逆和可调的特性。

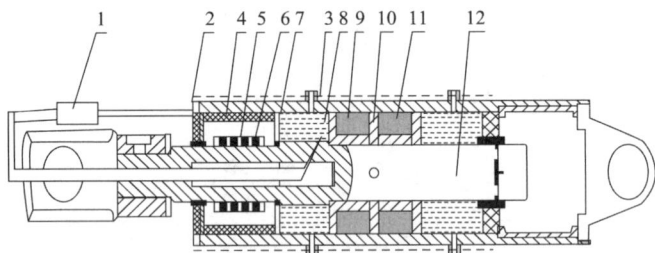

图 10-34　磁流变液式馈能悬架结构
1-电能调理模块；2-磁感应模块；3-磁流变减振模块；4-电磁感应线圈；5-背铁；6-永磁体；7-防漏磁材料；8-磁流变液；9-阻尼通道；10-活塞；11-励磁线圈；12-活塞杆

磁流变液属可控流体，是智能材料研究中较为活跃的一个分支。磁流变液是由高磁导率、低磁滞性的微小软磁性颗粒和非导磁性液体混合而成的悬浮体。这种悬浮体在强磁场作用下呈现出高黏度、低流动性的宾汉体特性；在零磁场条件下呈现出低黏度的牛顿流体特性。磁流变式馈能悬架具有可实现精确的时间控制、可提供连续可逆变化的阻尼力、低电压和低功耗，以及较高的稳定性和耐久性等优点，但其结构较为复杂，且价格昂贵。

三　压电式馈能悬架

压电式馈能悬架是用压电材料将悬架的振动能量转化为电能，由于压电材料构造简单，故布置形式相对灵活，便于安装。目前，研究比较多的压电式馈能悬架主要包括悬臂梁式馈能悬架和滚动压迫式馈能悬架。

（1）悬臂梁式馈能悬架将压电元件一端固定在馈能元件的壳体上，另一端为自由端，且与凸轮接触，其结构如图 10-35 所示。当汽车在不平路面行驶时，车桥相对于车身的振动通过齿轮齿条传动转换为凸轮轴的转动,凸轮轴带动凸轮旋转,从而使凸轮凸角推动压电元件产生弯曲振动。由于压电元件具有正压电效应,因此可将机械能转换为电能,并通过电能储存电路进行储存,同时压电元件产生阻尼力。

笔记区

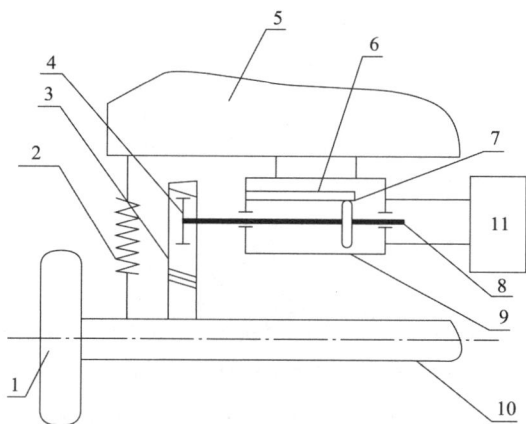

图 10-35　悬臂梁式馈能悬架结构
1-车轮;2-弹性元件;3-齿条;4-齿轮;5-车身;6-压电元件;7-凸轮;8-凸轮轴;9-外壳;10-车桥;11-电能存储电路

(2)滚动压迫式馈能悬架与悬臂梁式馈能悬架的主要区别在于前者在传统减振器的旁边并联了一套馈能装置,其结构如图 10-36 所示。普通的减振器还是起到衰减振动的作用,压电元件起到能量回收的作用。

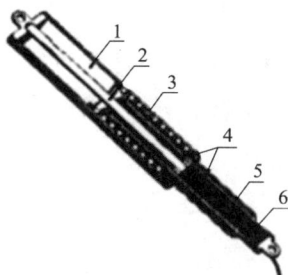

图 10-36　滚动压迫式馈能悬架结构
1-外缸;2-活塞杆;3-滚珠套筒;4-电流变弹性体;5-压电套;6-内缸

滚动压迫式馈能悬架利用滚珠轴套压迫若干压电套组合,将上下的振动转换为单向的压迫,具有机械整流的功能,可以俘获更多的能量且控制方便。而且,这种压电俘能装置占用空间小,可以在结构上与阻尼器并联,减少减振器体积和增加减振器的有效行程。

四　液压式馈能悬架

液压式馈能悬架的减振器是由传统油液减振器改造而成的,其工作原理是将传统悬架系统中阻尼元件耗散的热能转化为供车上液压耗能组件使用的液压能,其结构如图 10-37 所示。

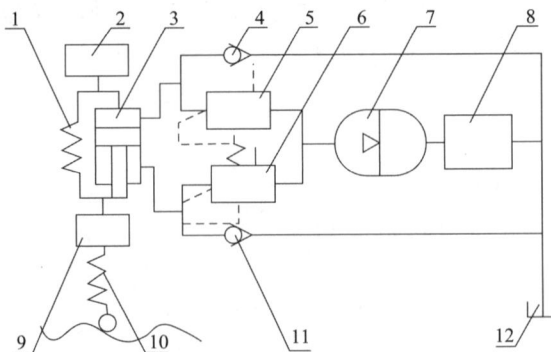

图 10-37　液压式馈能悬架结构

1-悬架弹簧;2-簧载质量;3-液压缸;4-止回阀 A;5-馈能功率调节器 A;6-馈能功率调节器 B;7-蓄能器;8-簧架弹簧;9-非簧载质量;10-轮胎等效弹簧;11-止回阀 B;12-液压油箱

　　与传统油液减振器类似,液压式馈能悬架的减振器由阀系节流产生阻尼力,由于油液在移动中会耗散大部分振动能量,因此能量回收效率较低。液压式馈能悬架虽具有工作可靠等优点,但其需要增加很多附加质量,从而增加油耗,并且对元件的精度要求高,成本相对较高。

五　电液式馈能悬架

　　电液式馈能悬架是在液压式馈能悬架的基础上增加了一套电力转换机构,将蓄能器中的液压能转换成电能储存起来,其结构如图 10-38 所示。

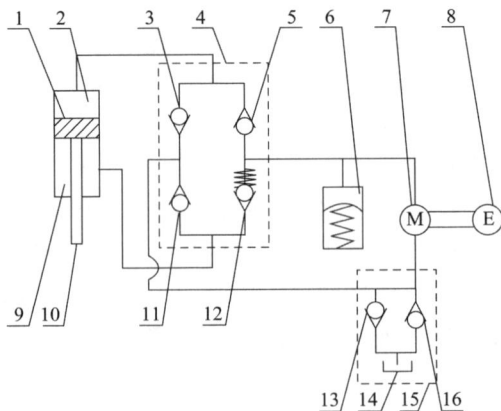

图 10-38　电液式馈能悬架结构

1-活塞;2-无杆腔;3-第二止回阀;4-液压整流桥;5-第一止回阀;6-蓄能器;7-液压电动机;8-直流发电机;9-有杆腔;10-活塞推杆;11-第三止回阀;12-第四止回阀;13-第五止回阀;14-油箱;15-容积变换桥;16-第六止回阀

当汽车在不平路面行驶时,电液式馈能悬架中的减振油通过由 4 个止回阀组成的液压整流桥后,带动电动机做旋转运动,进而带动发电机发电。电液式馈能悬架不仅具有液压式馈能悬架稳定性好的优点,还有电磁式馈能悬架高效的特点,并能使油液单向流动,增大了液压电机的寿命。

六　优缺点分析

前面总共提到 5 类馈能式悬架,其中机电式馈能悬架效率普遍不高,增加的机械结构较大,布置困难,动作响应缓慢且结构复杂,造价较高,实用性不强;液压式馈能悬架虽然稳定性要高于机电式馈能悬架,且提供的阻尼力范围较大且易于调节,但是由于增加了液压管道以及馈能元件,导致其结构复杂,且大部分振动能量转化为热能耗散在空气中,导致其能量回收效率较低;压电式馈能悬架相比于前两种悬架,构造相对简单,易于安装,便于系统模块化、集成化和微型化,但由于其悬架的振动频率远低于压电元件的谐振频率,故馈能效率不高,其尺寸、材料等对压电元件的能量转换也有着很大影响;电磁式馈能悬架更有发展潜力,其用能量转换装置取代了传统液压减振器的位置,结构相对简单、能量回收效率高,并且操作方便,但其发电机会随着车辆在不平路面上行驶时振动方向的变化不断改变旋转方向,这会导致发电效率降低,而且还会大大缩短发电机的使用寿命;电液式馈能悬架结合了液压式馈能悬架和电磁式馈能悬架的优点,其主要特点和优点如下。

(1)通过设置由液压止回阀组成的液压式整流桥,可将车身的上下往复振动转变为液压电动机的单向转动,从而带动发电机进行单向旋转,避免了发电机和液压电动机双向旋转造成的能量损失,并且提高了发电机的使用寿命,降低了馈能悬架的制造成本。

(2)相比于传统的油液式悬架由阻尼小孔提供的阻尼力,电液式馈能悬架的阻尼力由液压电动机、发电机和馈能电路等关键部件来提供,相应地减少了液体与油液管路中元件的摩擦,从而减少摩擦产生的热损失,提高了油液式悬架的使用寿命。

(3)通过调节馈能电路上的负载电阻,可以实现阻尼力的连续无级可调。优先满足悬架的动力学性能,再考虑馈能悬架的能量回收。由于系统中液力蓄能器和液力传递的作用,系统趋于平稳,即使遇到地面激励幅度较大的情况,阻尼力也不会突然变化。

(4)通过在馈能电路上设置负载电阻,可以实现半主动或主动控制,根据路面信息和车身位移信号调节负载电阻,从而实时调节该减振器的阻尼特性,可以显著提高悬架特性,同时改善车辆的行驶平顺性和操纵稳定性。

练习题

10-1 纯电动汽车的驱动形式有哪几种？各有何特点？

10-2 电动线控转向系统的结构包括哪些？工作原理是怎样的？

10-3 馈能悬架系统有哪几种形式？各有何优缺点？

10-4 简述混合动力电动汽车动力驱动的连接方式。

第 11 章

汽车计算机辅助设计与结构轻量化

目前,计算机辅助设计在汽车、电子、航空航天、土木工程、石油等行业得到广泛应用,相应的软件类型主要包括通用前/后处理软件、通用有限元求解软件和行业专用软件。在国外,汽车行业是有限元软件的主要应用行业,它所涉及的专业领域相当广泛,应用成熟度相对较高。初期的计算机辅助设计主要用 CAD(Computer Aided Design)表示,但随着有关 CAD 软件中计算机辅助绘图应用的广泛推广,"CAD"的概念趋向于计算机辅助绘图(Computer Aided Drawing),而用 CAE(Computer Aided Engineering)的概念来表示计算机辅助设计。

第 1 节　CAE　技　术

一　CAE 技术简介

1)基本概念

CAE 是用计算机对复杂工程和产品结构强度、刚度、屈曲稳定性、动力响应、热传导、三维多体接触、弹塑性等力学性能的分析计算以及结构性能的优化设计等问题,进行辅助求解的一种近似数值分析方法。其基本思想是将一个形状复杂的连续体的求解区域分解为有限的形式简单的子区域,即:将一个连续体简化为由有限个单元组合的等效组合体;通过将连续体离散化,把求解连续体的场变量(应力、位移、压力和温度等)问题简化为求解有限的单元节点上场变量值的问题。此时求解的基本方程将是一个代数方程组,而不是原来的描述真实连续体场变量的微分方程组,这样得到的是近似的数值解,求解的近似程度取决于所采用的单元类型、数量以及对单元的插值函数。

CAE 系统的核心思想是结构的离散化,就是将实际结构离散为有限数目的规则单元组合体。实际结构的物理性能可以通过对离散体进行分析,进而用得出的满足工程精度的近似结果来替代对实际结构的分析,这样可以解决很多实际工程需要解决而理论分析又无法解决的复杂问题。

采用 CAD 技术来建立 CAE 的几何模型和物理模型,完成分析数据输入的过程,通常称为 CAE 的前处理。

同样,CAE 的结果呈现也需要用 CAD 技术生成形象的图形进行输出,如生成位移图,以及应力、温度、压力分布的等值线图,表示应力、温度、压力分布的彩色明暗图,凸显机械载荷和温度载荷变化的位移、应力、温度、压力等分布的动态显示图等,此过程通常被称为 CAE 的后处理。

在不同应用层次,同样可用 CAE 模拟零件、部件、装置(整机)乃至生产线、工厂的运动或运行状态,在 CAE 的应用过程中,前、后处理是很重要的工作。

2)CAE 软件主要包含的模块

(1)前处理模块。

对实体建模与参数化建模,包括构件的布尔运算、单元自动剖分、节点自动编号与节点参数自动生成、载荷与材料参数直接输入、节点载荷自动生成、有限元模型信息自动生成等。

(2)有限元分析模块。

包括有限单元库、材料库及相关算法,如约束处理算法,有限元系统组装模块,静力、动力、振动、线性与非线性解法库。将存在的大型通用问题的物理、力学和数学特征,分解成若干个子问题,由不同的有限元分析子系统完成。一般有线性静力分析子系统、动力分析子系统、振动模态分析子系统、热分析子系统等。

(3)后处理模块。

包括有限元分析结果的数据平滑,各种物理量的加工与显示,针对工程或产品设计要求的数据检验与工程规范校核,设计优化与模型修改等。

(4)其他模块。

包括用户界面模块、数据管理系统与数据库、专家系统等。

3)CAE 分析的三个步骤

应用 CAE 软件对工程或产品进行性能分析和模拟时,一般要经历以下三个过程。

(1)前处理:对工程或产品进行建模,建立合理的有限元分析模型。

(2)有限元分析:对有限元模型进行单元特性分析、有限元单元组装、有限元系统求解和有限元结果生成。

(3)后处理:根据工程或产品模型与设计要求,按照客户要求对有限元分析结果进行加工、检查,并以图形方式提供给用户,辅助用户判定计算结果与设计方案的合理性。

二 计算机辅助设计

计算机辅助图形设计或称为计算机辅助绘图（CAD），其最基本的功能是定义所设计产品的二维、三维几何模型。产品的计算机几何模型是产品生命周期中后续各项工作的基础，计算机辅助图形设计主要就是用来创建结构的几何模型。因此，计算机辅助绘图功能是计算机辅助设计中最重要的组成部分。

典型的计算机辅助图形设计系统可以分为两类：一类是二维系统，设计者在二维平面中绘制物体的投影图来表达自己的设计构想，如图 11-1 所示；另一类是三维系统，设计者在三维空间中构造三维形体来表达设计构想，如图 11-2 所示。计算机绘图软件提供了丰富的机械结构图型绘制功能，它们不但操作方便、绘图准确，而且具有强大的图形编辑功能，不仅可对现有图形进行编辑，还有许多辅助绘图功能，使绘图工作变得简单、方便。

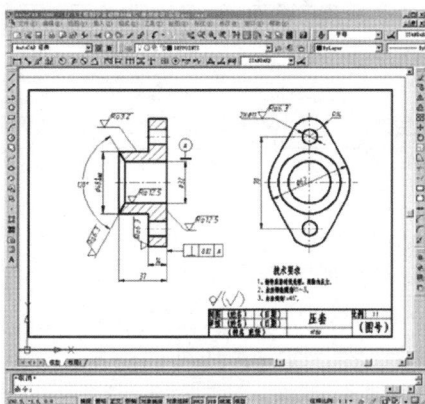

图 11-1　计算机辅助二维绘图

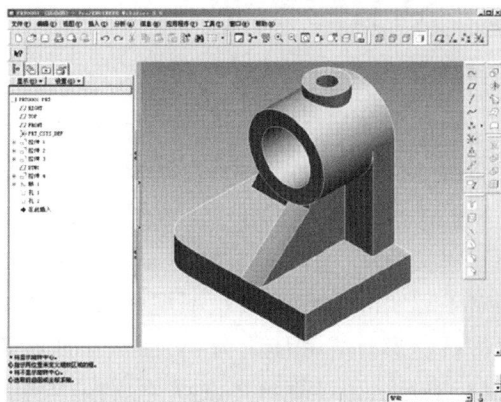

图 11-2　计算机辅助三维建模

实现基于计算机方法的辅助设计过程,需要一定的计算机硬件和软件,而实现交互式图形处理的硬件和软件正是计算机辅助设计系统的重要组成部分。用户以二维或三维的方式实现对产品几何模型进行交互式操作和分析的软件包,是构成计算机辅助设计系统的主要软件部分。

工作中的应用软件通常指一些商业二维、三维的 CAD 系统,有些 CAD 系统作为 CAD/CAE/CAM 集成系统的一个模块提供给用户。表 11-1 列出了一些广泛应用于 CAD/CAE 领域的商业软件。表中右栏列出的是集成系统,这些系统均提供了许多可选模块,以根据用户的选择,配置具有不同功能的 CAD、CAE 系统。

广泛应用于 **CAD/CAE** 领域的一些商业软件　　　　　　表 11-1

应用领域	软件	集成系统
CAD 二维绘图	AutoCAD、CAXA 电子图板、AutoCAD Express Tools	Pro/Engineer、Unigraphics、CATIA、I-DEAS
CAD 三维绘图	SolidEdge、SolidWorks、Inventor、Mechanical Desktop、SolidWorks	
CAE	NASTRAN、ANSYS、PATRAN、ADAMS、HyperWorks	

第 2 节　有限元辅助设计方法

有限元法(Finite Element Method,FEM),也称有限单元法。在 20 世纪 70 年代,美国汽车工程师协会就开展了有限单元法在车辆设计中的应用研究,我国汽车行业的有限元计算工作起步于 20 世纪 70 年代中期。随着计算机条件的改善和大型商业软件的应用,汽车有限元计算技术有了很大进步,极大促进了汽车设计水平的提高。

一　有限元法与有限元分析

有限元法的基本思想是:将求解区域离散为一组有限个且按一定方式相互连接在一起的单元的组合体,即用一组离散化的单元组集来代替连续体结构进行分析,将一个表示机构或连续体的求解域离散为若干个子域(单元),并通过边界上的节点相互结成组合体,同时各个单元通过它们的角节点相互连接。

有限元法能对工程实际中几何形状不规则、载荷支撑情况复杂的各种结构及零部件进行变形计算和应力分析,而汽车底盘不论形状还是载荷都很复杂,所以有限元法是计算汽车底盘,特别是车架结构的一种有效而实用的工具。

1)用有限元求解问题的基本步骤

第一步,定义问题及求解域定义。根据实际问题近似确定求解域的物理性质和几何区域。

第二步,求解域离散化。将求解域近似为具有不同有限大小和形状,且彼此相连的有限个单元组成的离散域,习惯上称为有限元网络划分。显然,单元越小(网络越细),则离散域的近似程度越好,计算结果也越精确,但计算量及误差都将增大。因此,求解域的离散化是有限元法的核心技术之一。

第三步,确定状态变量及控制方法。一个具体的物理问题通常可用一组包含问题状态变量边界条件的微分方程式表示。为适合有限元求解,通常将微分方程转化为等价的泛函形式。

第四步,单元推导。对单元构造一个适合的近似解,即推导有限单元的列式,其中包括选择合理的单元坐标系,建立单元试函数,以某种方法给出单元各状态变量的离散关系,从而形成单元矩阵(结构力学中称刚度阵或柔度阵)。

为保证问题求解的收敛性,单元推导有许多原则要遵循。对工程应用而言,重要的是应注意每一种单元的解题性能与约束。例如,单元形状应以规则为好,畸形时不仅精度低,而且有缺秩的危险,将导致无法求解。

第五步,总装求解。将单元总装形成离散域的总矩阵方程(联合方程组),反映对近似求解域的离散域的要求。即单元函数的连续性要满足一定的连续条件。总装是在相邻单元节点进行,状态变量及其导数(可能的话)连续性建立在节点处。

第六步,联立方程组求解和结果解释。有限元法最终导致联立方程组。联立方程组的求解可用直接法、选代法和随机法。求解结果是单元节点处状态变量的近似值。对于计算结果的质量,将通过与设计准则提供的允许值比较来评价,并确定是否需要重复计算。

简而言之,有限元分析可分成三个阶段:前处理、处理和后处理。前处理是建立有限元模型,完成单元网格划分;后处理则是采集处理分析结果,使用户能简便提取信息,了解计算结果。

2)有限元方法的常用单元类型

在底盘车架的单元类型上,早期的有限元分析模型大多采用梁单元模型,其优点是划分的单元数目和节点数少、计算速度快。但是梁单元模型难以模拟底盘的许多构件,难以反映焊接、铆接等连接形式,而且也无法分析底盘中各个部件的应力集中问题。

薄壳单元也是分析中常常采用的单元。薄壳单元模型的精度高于梁单元,它避免了梁模型连接点的不易确定问题,可以反映连接点位置变化。汽车底盘的各种壳体部件、局部加强板、各种附属支架等情况,可以采用薄壳单元进行分析,实验证明其精度较高。但薄壳单元模型所占的空间要远远大于梁单元,前处理的工作量比较大而且计算时间也比较长。许多学者进行了多种探索,后来将底盘分析建模发展成用梁单元和薄壳单元混合建模。

最能体现实体几何原型的单元是实体单元。实体单元基于几何结构生成。从理论上讲,只要构成的图形足够精确、实体单元尺寸足够小,建成的有限元模型就可无限接近实际模型。但这种有限元模型占用的硬件空间最大,计算时间较长。

(1)壳体单元特性。

板壳单元模型是采用板壳单元进行离散。车架的纵、横梁及连接板,动力总成的壳体是由一系列薄壁件组成的结构,而且形状复杂,比较适合离散成板壳单元的组集,用板壳单元的厚度描述零件的厚度。这种结构单元准确地描述了形状复杂的结构,大大提高了有限元分析的精度,能够处理连接部位的应力问题。但是这种结构的几何形状和变形现象都很复杂,控制方程的求解相当困难,有限元法自然就成为壳体结构分析的有力工具。

壳体单元的基本理论假设是:当薄壳发生微小变形时,忽略沿壳体厚度方向的挤压变形,且认为直法线假设成立,即变形后中面法线保持为直线且仍为中面的法线。与薄板不同的是,壳体变形时中面不但发生弯曲,而且也将产生面内伸缩变形。采用有限元法分析壳体时,主要有三种类型:平板型壳单元、曲面型壳单元和退化型壳单元。图 11-3 所示为平板型矩形壳单元示意图。平板型壳单元是采用平面应力和弯曲应力状态组合而得到的,在平面和垂直方向上都有挠度和膜力特性。该单元每个节点都

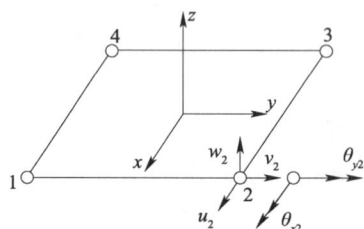

图 11-3　平板型矩形壳单元示意图

有 6 个自由度,即 x、y、z 方向上的位移自由度和绕 x、y、z 轴旋转自由度。

(2)梁单元特性。

梁单元模型是将结构简化为由一组两节点的梁单元组成的框架结构,以梁单元的截面特性来反映实际结构的特性。其优点是划分的单元数目和节点数少,计算速度快,而且模型前处理工作量不大。但是用梁单元模型简化的结构计算精度低,而且不能处理应力集中问题。用梁单元模型简化的构件一般横截面尺寸与长度相比要小得多,它们承受的主要是弯曲和扭转,因此从理论上可以将这些构件看作梁,可以采用空间梁单元来建立有限元计算模型。汽车车架的许多结构可采用空间梁单元。梁单元的每个节点有 6 个位移分量,如图 11-4 所示,即沿 3 个单元坐标方向的线位移 u、v、w 和绕 3 个轴的转角 θ_x、θ_y、θ_z。

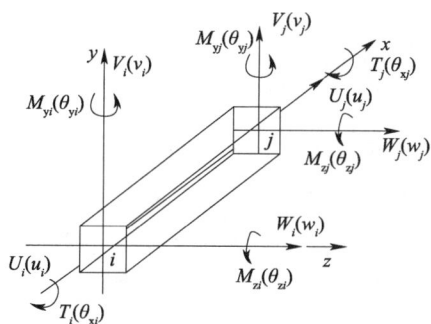

图 11-4　梁单元示意图

（3）实体单元特性。

实体单元是一种最能表达实际零件信息的单元。因为实体单元不但可以表达零件的质量、惯性、材料等特性，而且实体单元可以从空间的角度来真实地逼近实体几何形状，尤其是基于几何的有限元模型，几乎能反映全部的几何变化。其缺点是对计算机硬件要求较高。

实体单元种类很多，一般单元有 8 个结点，每个结点有 6 个自由度，即沿 x、y、z 的平动自由度和沿 x、y、z 轴的转动自由度。其几何描述、节点位置、坐标系等如图 11-5 所示。该单元有各向异性或者正交各向异性材料特性。通过节点 M、N、O 和 P 或 K、L 可以生成四面体单元，同理也可以生成楔形和锥形体。

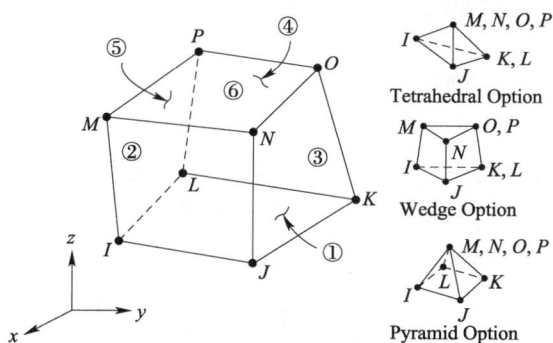

图 11-5　实体单元几何示意图

3）有限元网格的划分

网格数量的多少将影响计算结果的精度和计算规模的大小。一般来讲，网格数量增加，计算精度会有所提高，但同时计算规模也会增加。在选择网格数量时还应考虑到分析数据的类型和特点，遵循一定的原则：

（1）进行静力分析时，如果仅仅是变形的计算，则网格可以取的较少，如果是需要计算应力或应变，在保持相同的精度的前提下，则应取相对较多的网格。

（2）在分析动态特性时，如果仅仅计算少数低阶模态，可以选择较少的网格;如果需要计算高阶模态,由于高阶振型较为复杂,所以应选择较多的网格。此外,选择网格数量时还应考虑质量矩阵的形式,一致质量矩阵的计算精度高于集中质量矩阵,所以在采用一致质量矩阵计算时可以划分较少的网格,而采用集中质量矩阵计算时则应选择较多的网格。

(3)在结构的响应分析中,如果仅仅是计算某些位置的位移响应,则网格数量可以少一些;如果需要计算应力响应,则应选择相对多的网格。

(4)很多单元都有低阶和高阶形式,在保证相同精度的前提下,需要的高阶单元数要远远小于低阶单元的单元数。

有限元网格生成方法有拓扑分解法、节点连元法、网格模板法、映射法和几何分解法等。目前,往往将上述方法混合使用并综合应用现代技术。如在有限元网格的自动生成方面,前期的研究提供了自适应网格划分、智能划分等网格自动生成方法,对于形状比较规则的结构还可通过映射和扫掠的方法生成比较规则的网格。另外还可通过控制单元边长或网格数量等方法进行局部细化。

网格质量是指网格几何形状的合理性。网格质量的好坏直接影响结果精度,质量太差的网格甚至会中止计算过程。因此网格划分以后,还需要对模型进行必要的检查和处理。一方面提高网格质量,消除畸形单元;另一方面检查重合节点,在计算前予以消除。

二 汽车底盘有限元建模方法

1)结构有限元模型的建立过程

建好有限元模型是进行有限元分析的基础,也是前处理部分的主要任务,有限元模型的精度对问题的求解规模和准确性有很大影响。建立有限元模型的过程主要包括:模型的简化、几何模型的建立、建模的单元的选择、网格划分等。图 11-6 所示为汽车底盘零、部件有限元模型的建立过程框图。建模的关键是选择合适的单元来模拟零、部件结构,使计算模型的各个单元的力学特性近似等于真实结构在这个区域的力学特性。

2)结构有限元模型的简化原则

模型简化的正确与否直接关系到有限元计算结果的正确性。通常,建立有限元模型必须遵循的总原则有两点。

(1)计算模型必须具有足够的准确性。

所建计算模型的几何特征应能反映对象的实际结构,它的物理性质必须具备对象的材料特性和能够最大限度地保留对象的主要力学特性,即必须考虑实际结构与所建模型的一致性、支撑情况和边界约束条件的一致性、载荷和实际情况的一致性。

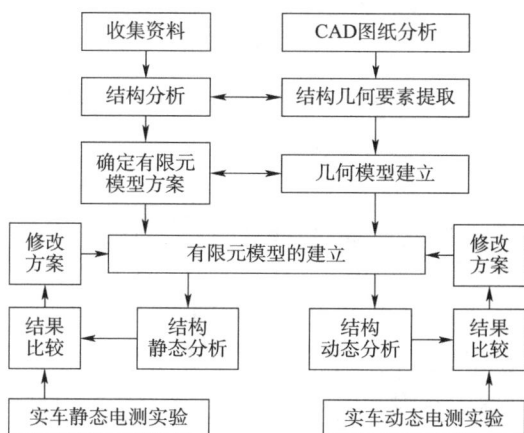

图 11-6　结构有限元模型的建立和分析过程

（2）计算模型要具有良好的经济性。

建立过分精确的计算模型，会相应地花费更多的时间、人力、物力进行前处理的数据准备、求解计算以及后处理的数据分析，并使计算周期加长，费用大大增加。计算模型的精度应该根据工程要求决定。因此，计算模型不总是越精确就越好。

根据上述总原则，在建立汽车底盘车架的有限元模型时，所遵循的简化原则有如下几个方面：

①功能件和非承载件的应力水平对计算结果影响小，忽略不计。

②构件表面光顺化——构件表面上的孔、凸台、凹部和翻边尽量给予光顺，包括通线路的小孔、流水槽，连接处翻边、凹槽等；若干非连接工艺孔都可以忽略。

③过渡圆弧及大圆弧以直代曲处理，小过渡圆弧以直角代替。

④车架纵、横梁是交叉连接的，按主承载性能等效原则简化为一个节点；对两个靠得很近但并不重合的交叉连接点，将其合并到一起，简化成一个节点。

⑤微曲梁，将其简化成直梁来处理。

⑥对于两同向焊接梁，因其焊接处强度近似于材料内部强度，故可将其视为一根梁来简化，但相应地加大其截面积。

⑦取约束、载荷作用点，以及两根梁之间的交点作为梁单元的节点。

⑧约束处理方面，一方面需要足够的约束以消除对象的刚体位移，从而消除刚度矩阵的奇异性，获得位移的确定解；另一方面，不得有多余的约束，多余约束会使结构产生实际不存在的附加约束力。

3）结构材料的物理参数及承受载荷

分析车型的底盘零、部件所用材料及相应的材料特性，主要包括如下几个方面：材料牌号、弹性模量、泊松比、密度、屈服极限、强度极限等。

底盘零、部件的承载包括传递发动机转矩所需要的各个弯曲载荷、扭转载荷、轴向载荷等。车架除承受载质量以外,作为主要的连接件,还承受驾驶室、发动机、油箱、蓄电池箱等附件的重力所带来的载荷。底盘结构所承受的载荷大多数是动态载荷。

三 车架的有限元模型建立

汽车底盘零、部件中,有关齿轮、杆、轴、板及其构成的箱体、轴承、螺旋弹簧等零件,在相应的教科书中都有介绍,这里仅给出车架的有限元模型(车桥、钢板弹簧等有限元模型建立及计算分析可通过本章结尾二维码查看)。

选用具有一般意义的梯形载货车车架(又称边梁式车架)进行研究。图 11-7 所示为一个车架的三维(3D)模型。

这种车架由两根相互平行的纵梁和若干根横梁组成。纵梁是车架的主要承载元件,也是车架中最大的加工件,其形状相对简单。这种车架纵梁的断面形状一般为开口朝内的槽型或焊接成方管型,如图 11-8 所示。为保证车架强度和刚度要求,这种车架采用主副梁结构。主纵梁和副纵梁通过铆钉和螺栓相互连接;横梁将左右纵梁连在一起,构成一个完整的车架,保证车架主要的扭转刚度,限制其变形和降低某些部位的应力。

图 11-7 车架几何模型

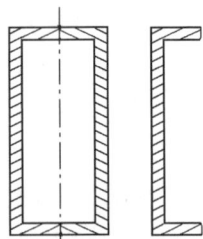

图 11-8 主副车架纵梁截面图

该车架由设计长为 8.5m 的左右分开的两个纵梁和 8 根横梁组成,第 1、2、6、7 根横梁均为槽形横梁,第 3、4、5 根横梁为 K 形横梁,第 8 根横梁是由槽形横梁和角撑横梁组合组成,前后端宽为 0.865m。纵梁断面为槽型,有两层,外层厚度 8mm,内层厚度为 5mm,通过螺栓连接在一起。横梁与纵梁之间也是用螺栓连接。

车架有限元模型的建立应该保持原车的主要结构特征,同时需要在此基础上进行忽略或简化处理一些对车架影响微小的细部几何特征,例如:对分析影响不大的螺栓孔、焊接螺母等可忽略不计,对结构变形影响很小的部件也可略去等。

用 ANSYS 软件建立以六面体为基本单元的主车架有限元模型。采用软件中的 solid45 体单元对模型进行分网。划分网格要避免畸形,保证长宽高的比例。同时要保证三棱柱的网格单元比例小于整个的 10%。网格划分要细,但是过密的计算网格会导致计算效率的下降,要合理控制单元尺寸,以提高计算效率。纵梁和横梁之间采用铆接,铆接处刚性连接,在铆钉连接处将节点连接。有限元建模中,整个车架共划分 77610 个单元、127551 个节点。三棱柱单元所占的比例为 1.2%。依实际结构确定钢材的杨氏模量、泊松比及材质密度分别为 207GPa、0.3 及 7850kg/m。图 11-9 所示为车架有限元模型。

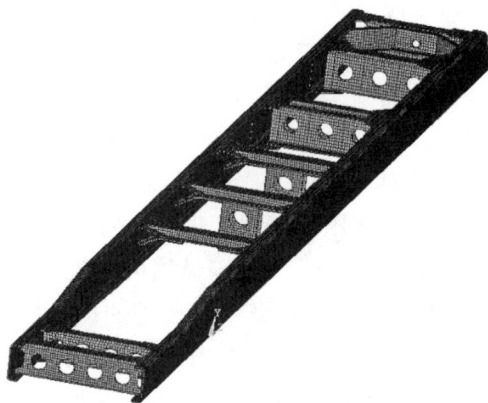

图 11-9　车架有限元模型

第3节　计算机辅助车架静力设计

静力分析是用来计算结构在固定不变载荷(如反力、位移、应变、应力等)作用下的响应,也就是探讨结构受到外力后变形、应力、应变的大小。所谓固定不变的载荷作用,指结构受到的外力大小、方向均不随时间变化,与固定不变的载荷对应,结构静力分析中结构的响应也是固定不变的。静力分析中固定不变的载荷和响应是一种假定,即假定载荷和结构的响应随时间的变化非常缓慢。一般来讲,静力分析所施加的载荷包括外部施加的作用力和压力、稳态的惯性力(如重力和离心力等)、位移载荷(如支座位移等)、温度载荷等。这是汽车设计中最常用的设计方法。

在各种分析类型中,静力分析是最简单的形式。静力分析主要从静力学(静力平衡条件)、几何学(位移协调条件)、物理学(胡克定理)三方面对结构进行分析。对应的力学知识主要是材料力学、结构力学、弹性力学等。

静力分析既可以是线性的也可以是非线性的。常见的非线性静力分析包括大变形、塑变、蠕变、应力刚化、接触(间隙)分析等。这里主要介绍用计算机分析底盘构件的线性静力学问题,即常载荷、小变形、弹性变形、常应力、常位移所对应的问题。

一　典型工况的确定与评价指标

1)典型工况的确定

车架作为整个汽车的基体,主要有两个功用:一是支承连接汽车的各零部件,如发动机、驾驶室、传动系统、悬架、转向系统等;二是承受来自汽车行驶工况下的内、外的各种载荷。

汽车行驶状况按工况分类可为静弯曲、弯扭、加速、紧急制动、急速转弯。与车架强度密切相关的是弯曲工况和弯扭联合工况。静弯曲工况和弯扭工况是车架分析的典型工况。

2)强度评价指标

汽车底盘的车架材料一般采用碳素钢,结构的破坏形式一般为塑性屈服。因而在强度设计中采用第三强度理论或者第四强度理论。但是第三强度理论未考虑主应力 σ_2 的影响,它虽然可以较好地表现塑性材料塑性屈服现象,但只适用于拉伸屈服极限和压缩屈服极限相同的材料。第四强度理论考虑了主应力 σ_2 的影响,与第三强度理论相比更接近实际情况,因而在强度评价中通常采用第四强度理论导出的等效应力 σ_e(又称 VonMises 应力)来评价。

3)刚度评价指标

车架刚性是车架结构的基本特性之一,车架不但要有足够的强度,也要有足够的刚度。如果车架整体刚度低,将使整车的承载能力降低;局部刚度低,将使车架的局部变形增大,导致各部件之间相互干涉以及车身的振动和噪声(振动的相关介绍见第 6 章)。另外,车身各结构件和连接件的刚性不足时,会导致应力集中,产生裂纹,降低车身的耐久性等。通过对汽车车架刚度的分析,可以改进车身结构的设计。在现代汽车的设计中,在尽可能降低其质量的前提下,应最大限度地提高汽车的刚度。

4)各工况计算

对结构进行静力分析的目的,在于计算结构在最大载荷下的应力与变形,以便进行强度与刚度的检验。因此,应对车架可能承受的最大载荷进行分析。直接关系车架强度的主要是弯曲和扭转两种工况及它们的组合。

(1)弯曲工况。

水平弯曲工况下,车架承受的载荷主要是由车身、动力总成、随机附件、货物等的重量。该工况模拟汽车在平坦路面上以匀速行驶时产生的对称垂直载荷。它是汽车在公路上行驶的主要工况,能代表车架的一般运行情况。进行有限元计算时,在与悬架连接处施加约束。在多悬架支撑的车架上,如要避免超静定支撑,则可只在前面一个铰支端加三个方向位移约束。

(2)扭转工况。

整车满足水平放置,后轮固定,左前轮约束释放,并加一个向上的强制位移,相当于载货车单轮悬空的极限受力情况,用于模拟汽车在崎岖不平道路上低速行驶时产生的斜对称垂直载荷。扭转工况下的动载荷,在实践上变化得很慢,因此惯性载荷也较小。所以,车身的扭转特性可近似地看作是静态的。因此,可以用静态扭转时骨架上的大应力点来评定动载荷的大应力点。

(3)弯扭组合工况。

弯扭组合工况是由于汽车在崎岖不平的路面上行驶,汽车四个车轮不在一个平面内,即会因某车轮抬起或经过洼坑产生扭转。因此,该工况是考虑弯曲工况和扭转工况的组合情况。

(4)制动工况。

制动工况主要考虑货车以最大制动减速度制动时,地面制动力对骨架的影响。载荷处理除了同弯曲工况外,因最大制动减速度与地面附着系数成正比,还要考虑最大附着系数和惯性力。制动工况的约束处理与弯曲工况相同,作用在货物重心上的纵向惯性力简化为纵向载荷和转矩,纵向载荷作用在纵梁上,转矩用作用在纵梁上相反方向的拉力作用来等效表达。需要强调的是,还有一种加速工况,其与制动工况的分析方法相同,只是载荷方向相反,在此不再赘述了。

(5)转弯工况。

转弯工况主要考虑当汽车以最大转向速度转弯时,惯性力对车架的影响。载荷处理除了同弯曲工况外,还要考虑水平方向的离心力。约束处理同弯曲工况,只是作用在水平方向上。作用在车架上的横向惯性力简化为水平力和转矩。转矩利用作用在左右纵梁上相反方向的拉力作用来等效表达。

二 弹性元件和约束的处理

汽车的车架是连同悬架系统一起工作的,不同的悬架系统对车架的强度、刚度影响很大。为了使计算更符合实际工况,在汽车设计中,常把悬架元件与车架组合起来一起计算,因此可将路面的参数直接作为工况处理。汽车悬架系统的主要部件为钢板弹簧。仅就悬架和车架之间的力而言,悬架传递到车架的垂直力是影响车架结构强度的主要因素,纵向力和横向力则是次要因素,所以在建立车架有限元计算模型时,把钢板弹簧理想化为两根垂直的弹簧和一根刚度大的平衡梁,如图11-10所示。

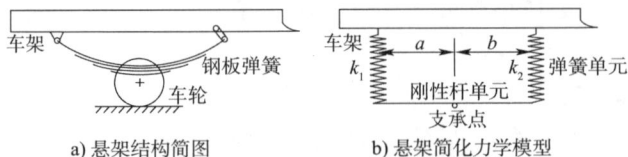

a) 悬架结构简图　　　　b) 悬架简化力学模型

图11-10　钢板弹簧悬架简化示意图

两弹簧的轴向刚度分别为 $k_1 = bk/(a+b)$ 和 $k_2 = ak/(a+b)$,则 $k_1 + k_2 = k$,其中 k 为钢板弹簧的垂直刚度。前、后弹簧由具有极大抗弯刚度的水平刚性梁相连。

对于水平刚性梁,其截面形状可取矩形,则截面面积 $A = bh$,如取 $b = h/2$,则水平刚梁截面高度 h 应用下式计算:

$$h = \sqrt[4]{\frac{k(a+b)^3}{2E}} \tag{11-1}$$

式中:k——钢板弹簧的垂直刚度;

E——材料弹性模量。

对于双后桥的汽车,通常采用平衡悬架。平衡悬架是将两个车桥装在平衡杆的两端,而将平衡杆中部与车架作铰链式的连接,则一个车桥抬高将使另一个车桥下降,而且平衡臂等长、两个车桥的垂直载荷在任何情况下都相等。图11-11a)所示为一般情况下平衡悬架的结构简图。图中钢板弹簧为等长臂的平衡杆,中部借助毂与车架连接,毂可以绕轴转动。

在有限元分析中,可以将其力学模型进行简化,如图11-11b)所示。图中钢板弹簧的减振作用采用弹簧单元来模拟,平衡杆用刚性杆单元来模拟,毂和弹簧单元的连接用耦合自由度的方法处理,即节点1和节点2重合,其中1为毂上的节点,2为刚性杆上的节点。

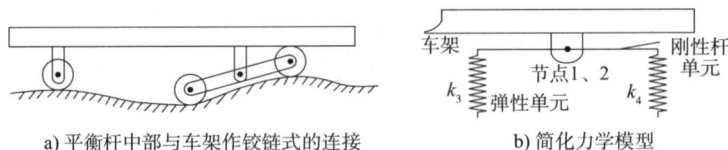

a) 平衡杆中部与车架作铰链式的连接　　　　b) 简化力学模型

图11-11　双后桥的汽车悬架简化示意图

三　静态分析理论基础

结构静力分析用于计算由那些不包括惯性和阻尼效应的载荷作用于结构或部件上引起的位移、应力、应变。固定不变的载荷和响应是一种假定,即假定载荷和结构的响应随时间变化得非常缓慢。静力分析所施加的载荷包括外部施加的作用力和压力、稳态的惯性力(如重力和离心力)、位移载荷等。通过结构强度和刚度的有限元静力分析,可以找到车架在各种工况下各零部件变形和应力的最大值以及分布情况。以此为依据,通过改变结构的形状尺寸或者改变材料的特性来调整质量和刚度分布,使车架各部位的变形和受力情况尽量均衡。同时可以在保证结构强度和刚度满足使用要求的前提下,最大限度地降低材料用量,使车架的自重减轻,从而节省材料和降低油耗,提高整车性能。

在有限元分析程序中,静力分析的控制方程表示为:

$$[K]\{U\} = \{F\} \tag{11-2}$$

式中:$[K]$——结构刚度矩阵;

$\quad\{U\}$——位移向量;

$\quad\{F\}$——载荷向量。

将单元位移函数代入应变分量与位移分量之间的关系式:

$$\varepsilon_x = \frac{\partial u}{\partial x}, \varepsilon_y = \frac{\partial u}{\partial y}, \varepsilon_z = \frac{\partial u}{\partial x} + \frac{\partial u}{\partial y} \tag{11-3}$$

即可用单元节点位移表示单元应变。将单元节点位移和单元应变之间的关系式代入材料的本构方程:

$$\sigma = D\varepsilon \tag{11-4}$$

由此可得出单元节点位移和单元应力之间的关系。

再用有限元法进行车架结构的静态分析,其基本原理是一样的,即求解用矩阵形式表示的整个结构的平衡方程,得出:

$$[K]\{\delta\} = \{R\} \tag{11-5}$$

式中:$[K]$——整体刚度矩阵,由单元刚度阵组集而成;

$\quad\{\delta\}$——整体物体的节点位移列阵,由单元节点位移列阵组集而成;

$\quad\{R\}$——载荷列阵,由作用于单元上的节点力列阵组集而成。

利用上式解出节点位移$\{\delta\}$,然后根据虚位移原理和已求出的节点位移来计算各单元的力,并加以整理得出所要求的结果:

$$\{\delta\} = [D]\{\varepsilon\}[\delta]^e \tag{11-6}$$

式中:$[D]$——与材料有关的弹性矩阵;

$\quad\{\varepsilon\}$——单元应变矩阵;

$\quad[\delta]^e$——单元节点位移矩阵。

经过计算得到车架应力和变形的结果,变形可通过后处理中模型的变形图直观地反映出来,应力的分布则以应力云图或在应力图中以等高线的形式表示。节点处的应力是与之相连的单元应力在节点位置的算术平均。根据强度要求和材料的特性可以选择最大拉应力、最大剪应力或综合应力作为强度校核基准,材料的失效以材料发生塑性变形为标志,因此对车架的静态强度校核可以根据第四强度理论来判断车架结构的强度:

$$\sigma_e = \sqrt{\frac{1}{2}\left[(\sigma_1 - \sigma_2)^2 + (\sigma_2 - \sigma_3)^2 + (\sigma_3 - \sigma_1)^2\right]} \qquad (11\text{-}7)$$

强度条件为: $\qquad\qquad\qquad \sigma_e < [\sigma] \qquad\qquad\qquad (11\text{-}8)$

式中: $[\sigma]$ ——材料的许用应力。

四 静力分析在 ANSYS 上的实现

基于 ANSYS 进行静力分析的基本步骤可以采用下面的 3 个步骤描述。

1)第一步:建模

(1)确定工作文件名(jobname)、分析标题(title)。

实际分析中,这一步可以酌情省略或者在分析结束后根据需要添加。

(2)进入前处理器(/PREP7),定义单元类型、实常数、材料属性。

(3)构建结构模型,划分网络。

对于杆系结构、组合梁结构,也就是利用材料力学、结构力学知识求解的问题,多采用直接法(通过连接节点形成单元构建有限元模型);对实体结构,如板、壳等,多采用间接法(先构建结构实体模型,再调用 AN-SYS 的内置程序自动划分网格形成有限元模型)。

2)第二步:施加载荷并求解

静力所施加的载荷包括最常见的外力作用、稳态的惯性力(如重力等)、位移载荷(如支座的初始位移等)、温度载荷(温度的变化引起结构响应的变化)等。

3)第三步:评价和分析结果

首先检查计算结果的完善性;其次分析结果的准确性,对认为可疑的计算结果要用一个信得过的可靠结构(甚至是 ANSYS 帮助文件中的算例)进行计算调试;然后对 ANSYS 计算结果进行误差分析,例如百分比误差、单元应力偏差、上下限偏差等,要满足误差范围的要求。

第 4 节 车架的静态计算分析

该节以图 11-9 的车架有限元模型为例进行分析与计算。

1)约束情况

车架是通过三个悬架支撑在车桥上,因此要在与悬架连接处施加约束。把车架的悬架简化成一端铰支、一端滑槽,因此要在铰支端加三向位移约束,在滑槽端只释放车架纵向位移约束。为了避免车架的超静定,只在前面一个铰支端加三个方向位移约束,在另外两个铰支端施加纵向和左右方向的位移约束。图 11-12 所示为约束后车架的有限元模型。

图 11-12　车架约束有限元模型

2)计算载荷的选择

在对车架进行实际计算时,按如下两种载荷工况进行:

(1)额定载荷工况下,汽车的载货质量 $20 \times 10^3 \text{kg}$。

(2)使用载荷工况下,汽车的载货质量 $40 \times 10^3 \text{kg}$。

使用 Hyperworks 和 ANSYS 软件对上述两种载荷工况进行了计算并对比分析,以考察车架的材料与载荷之间的线性关系。

3)计算结果分析

(1)在额定载荷下(加载质量 $20 \times 10^3 \text{kg}$)的弯曲工况,车架变形量为 5.3mm,最大变形位置在车架的尾部,这是由于加载主要区域在车架纵梁后部。图 11-13 所示为车架变形的位移云图。最大静应力为 82.9MPa,位置在加强板与后悬架平衡轴连接处,最大静应力位置如图 11-14 所示。强度校核满足车架设计的要求,并有很大的裕量。考虑由于板簧的约束位置在这一区域,而且载荷主要加载在纵梁后部,这一区域的应力相对其他部分都比较大。

图 11-13　车架在水平弯曲工况下的位移云图

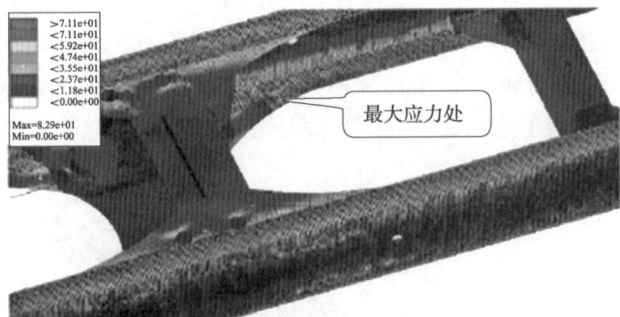

图 11-14　车架在水平弯曲工况下的应力云图

（2）在载质量为 $40 \times 10^3 \mathrm{kg}$ 时静态弯曲工况下，车架最大应力为 160.236MPa，位于车架后悬架的主纵梁和横梁的连接处。水平弯曲的高应力区域集中在车厢与纵梁接触的纵梁上，其余部位的应力相对较小，如图 11-15 所示。其主要原因是：整车后部载荷比较大，总体重量通过纵梁传递给后悬架系统，因此纵梁承受的力量很大（造成普遍的应力偏大是符合正常现象的）。同时可以看到，整车除个别高应力区外，车架的应力水平大部分在 50MPa 以下，这说明车架有充分的轻量化空间（其概念见第 11 章第 5 节内容）。

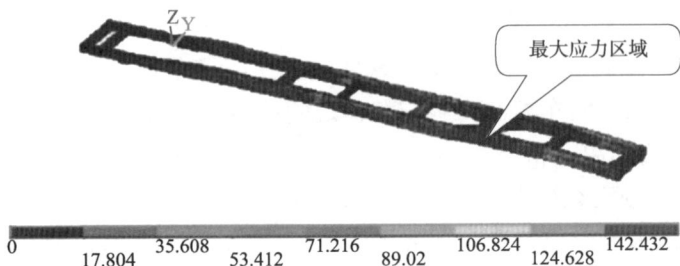

图 11-15　水平弯曲工况下的应力云图

图 11-16 所示为车架结构在水平弯曲工况下的变形云图。由图可以看出，水平弯曲工况下车架最大的垂直位移产生于车架最后部。这是由于整车大部分载荷施加在纵梁的后部，车架位移的最大部分自然产生在车架的最后端，其位移为 9.259mm，满足载货汽车车架设计要求，并有充分的刚度裕量。

由以上两种载荷工况下的静态水平弯曲计算结果表明：在两种载荷工况下，车架的应力和位移之间的变化情况与载荷情况基本呈线性变化关系，说明车架的材料特性在弹性力学的范畴之内，符合有限元分析的基本思想。

（3）通过验证之后，对车架的其他工况在额定载荷下进行计算。

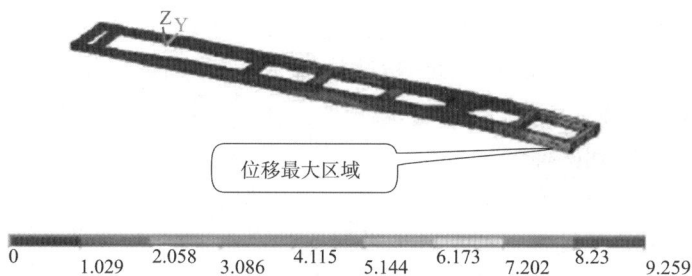

图 11-16　水平弯曲工况下的位移云图

第5节　汽车结构轻量化的途径

　　汽车轻量化的内涵,是在保持汽车原有的性能不受影响的前提下,有目标地减轻汽车自身的质量,同时避免汽车本身造价的提高。汽车结构的轻量化对汽车节能和环保具有重要意义。减轻汽车自身的质量,一方面节约了原材料,降低了汽车的生产成本;另一方面也降低了燃油消耗,有利于环保。通常汽车结构的轻量化主要有两种途径:

　　(1)应用轻金属、现代复合材料等低密度材料,达到减重目标。

　　(2)对结构进行优化,设计更合理的车身结构,使零部件薄壁化、中空化、小型化、复合化以及对车身零部件进行结构和工艺改进等,在保证承载能力的前提下减轻质量。

　　其中第一种途径减重效果尤其明显,但存在材料成本高、研发时间长、工艺不成熟等问题,目前在汽车的主要大型承载结构上使用还比较困难。后一种途径能够在现有材料(主要是钢材)、工艺条件基本不变的条件下或新工艺技术易于获得的情况下有效地减轻质量,因而更具有实际意义。

一　结构优化设计

　　在现代汽车工业中 CAD/CAE 一体化技术有着非常重要的作用,涵盖了汽车结构设计和分析的各个环节。利用 CAD/CAE 技术进行结构优化设计,在确保结构性能的前提下,消除多余或无用材料,寻求各部件壁厚的减薄、数量的精简和结构的整体化、合理化,可以达到结构最轻的目的。

　　利用 CAD/CAE 技术,可以准确实现车架实体结构设计和布局设计,对各构件的布置位置、板材厚度进行分析,并可从数据库中提取由系统直接生成的有关该车的相关数据进行工程分析和刚度、强度计算。还可以进行布局分析和运动干涉分析等,使不同材料的结构能够满足车身设计的各项要求。此外,利用 CAD/CAE 技术可以用仿真模拟的方法对轻量化设计的汽车底盘进行振动、疲劳和碰撞分析。

现代计算机辅助工程在汽车生产上的运用,大大缩短了汽车开发周期,同时显著提高了轻量化汽车的开发效率和制造水平。

汽车结构轻量化研究主要可分为四类。

第一类:提出先进的设计理念,发展先进的制造工艺并通过尺寸参数优化而得到新的轻量结构。

第二类:将拓扑优化和形状优化引入结构轻量化过程中。

第三类:利用硬件优势,大量考虑动态过程(如碰撞、振动过程)中的各种约束,对尺寸参数进行优化而得到轻量结构,主要强调安全性。

第四类:提出和应用新的现代优化算法,并引入结构轻量化过程中。

二　选用轻质材料

采用轻质材料取代传统的钢铁材料是汽车轻量化的重要手段。表 11-2 列举了可供选择的主要轻质材料及其性能参数。

轻量化材料的性能参数　　　　　　表 11-2

材料性能	铝合金	镁合金	钛合金	陶瓷	复合材料
比重(g/m^3)	2.7	1.8	4.4	3.2	1.8
拉伸/弯曲强度(MPa)	246	280	1000	899	240
杨氏模量(MPa)	70500	45000	108500	230000	51020
硬度(HB)	106	84	313(HV)	1530(HK)	—
比强度	9.1	15.5	22.7	27.2	13.3

(1)汽车工业运用最多的轻质材料是铝合金。运用形变铝材制造车身面板的技术已经比较成熟,包括发动机机体、缸盖、行李舱盖、车门、翼子板等。保险杠、轮毂和汽车底盘结构零件也广泛使用铝合金材料。铝合金比重约为钢铁的 1/3,用铝合金代替钢铁大约可减重 50%。但运用铝合金也面临不少问题,铝合金加工难度比钢材高,成型性还需继续改善。另外,铝合金零部件成本比传统钢材零部件成本要高很多,这大大减小了铝合金零部件的市场竞争力。分别以铸铁和软钢作为比较基准的常用轻量化材料减重效果见表 11-3。

常用轻量化材料减重效果　　　　　　　表 11-3

减重幅度（%）			减重幅度（%）		
铸件	铸铁	比较基准	车身	软钢	比较基准
			结构	高强度钢	10～12
零部件	铝铸件	50～60	零部件	铝合金	40～50
	镁铸件	65～75		复合材料	25～35

（2）镁合金具有与铝合金相似的性能，但是镁的密度更低，比重只有 $1.8g/cm^3$，其尺寸稳定性、机加工性、铸造性、吸振性都很好。用镁合金取代钢铁制造某些汽车零部件，可获得 60% 的减重效果。目前镁合金在汽车上一般用于发动机的部分汽缸体、曲轴箱、汽油和空气滤清器壳体、进气歧管、油泵、配电器、风扇等。汽车底盘上离合器和变速器的壳体、车架，以及转向盘和转向器、轮毂、座椅等也可以应用，但是镁合金面临的最大问题还是成本太高。

（3）高强度钢板机械性能优越，在汽车轻量化中运用也越来越多。高强度钢板与其他材料相比，价格低，具有优越的经济性。采用高强度钢板在等强度设计条件下可以减少板厚，但是车身零件选定钢板厚度大多以元件刚度为基准，且由于板厚减小可能带来稳定性降低，因此实际板厚减少率不一定能达到钢板强度的增加率，不可能大幅度地减轻车重。

（4）塑料具有密度小、成型性好、耐腐蚀、防振、隔音隔热等性能，同时又具有金属钢板不具备的外观色泽和触感，因此塑料在汽车上的运用也越来越多。

目前，塑料大多使用在汽车的内外饰件上，如仪表板、侧围内衬板、车门防撞条、扶手、车窗、挡泥板、行李舱盖等，推动汽车饰件向软饰化、高档化、舒适化方向发展。另外塑料在汽车功能件和车身覆盖件的运用也逐渐增多。

（5）复合材料作为新型轻质材料，也越来越多地运用于汽车生产。复合材料作为汽车材料具有很多优点：密度小、设计灵活美观、易设计成整体结构、耐腐蚀、隔热隔电、耐冲击、抗振等。但是也存在生产效率偏低、可靠性差、耐热耐燃性差等缺点。目前复合材料在汽车上运用的比例很低，范围很小。在汽车轻量化研究中，新型材料还包括精细陶瓷、蜂窝夹层材料等其他轻量化材料。

三　提高制造工艺

在优化设计和更换材料实现汽车减重时，常常需要革新制造工艺，而新工艺的开发也为优化设计和更换材料创造了条件。

铝合金的加工方法有铸造、压铸、轧制、挤压、锻造等。其中80%~90%由压铸法生产,普通压铸法的一个重大弊病是当金属液在高压下以5~50m/s的高速注入型腔时,型腔内的气体很难排除,必然被压缩并卷入制品内部,形成小气孔,致使制品强度波动大、可靠性差,在热处理加热或高温下使用时,因气体膨胀常使制品表面不平或变形。所以制品不能进行热处理,不能用在温度较高的部位。这些缺点严重限制了铝合金在汽车中的应用。

镁合金以前用作汽车零部件一直不多,主要是因为镁合金存在着耐蚀性差、蠕变强度不足、废旧材料循环利用困难等问题。近年来,随着镁合金制造工艺的进步,高强度、高屈服极限、高延伸率和高疲劳强度镁合金被生产出,镁合金也更多地运用于汽车生产。

当前与轻量化结构相适应的制造工艺主要有如下几个方面:

(1)开发推广内高压成型技术(图11-17)。内高压成型件具有重量轻、刚度好等优点,而且碳钢、不锈钢、铝合金、钛合金、铜合金及镍合金等都可用该技术成形。原则上适用于冷成形的材料均适用于内高压成形工艺。目前,在汽车上应用有排气系统异型管件及副车架总成等。

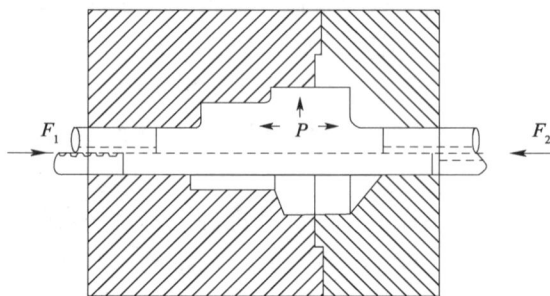

图11-17 内高压成型技术原理图

(2)发展管件液压成形技术来制造空心轻体构件的制造技术。目前,发动机系统零件如进气歧管、齿轮轴等,悬架系统零件如传动轴组件等,车身结构件如底盘、侧门横梁等,其他类如散热器支架等汽车零件,都可以应用液压成形技术。

(3)金属材料的激光拼焊、半固态金属铸造、喷射铸造,以及不同种类材料的焊接、粘接与铆接技术等新技术也将推动汽车轻量化发展。在塑料和复合材料方面,推广塑料/金属复合材料工艺、低压注射成形、气体辅助注射成形技术等,也在不断完善满足汽车轻量化的新工艺。

利用新技术可使新型材料的生产量得到极大的提高,同时也能够降低新型材料的成本和价格,使它们在汽车轻量化中的应用越来越广泛和普遍,从而推动汽车轻量化的发展。

第6节　汽车结构优化设计的概念与方法

结构的优化设计是相对于传统的结构设计而言的。传统的结构设计首先是凭借经验和判断做出结构的初始方案,包括总体布置、材料选择、结构尺寸和制造工艺等,然后进行结构分析,最后在力学分析的基础上检验其可行或不可行,必要时则进行 1~2 次修改。在这样的结构设计中,结构分析只起到一种求其安全可行的校核作用。因而,传统的结构设计方法只是被动地重复分析产品的性能,而不是主动地设计产品的参数。从这个意义上讲它没有真正体现"设计"的含义。作为一项设计,不仅要求方案可行、合理,而且应该是某些指标达到最优的方案。对于一般工程优化问题的求解,需要采用数学规划理论并借助于电子计算机才能完成。电子计算机和计算技术的迅速发展为优化设计的发展创造了条件。

一　优化设计的数学模型

结构优化设计是 20 世纪 70 年代初发展起来的一门新学科,也是一项新的设计技术。它将数学规划理论与计算机技术应用于设计领域,按照预定的设计目标,以电子计算机及计算程序作为设计手段,寻求最优设计方案的有关参数,从而获得较好的技术经济效果。

对机械结构进行优化设计,首先要将机械结构的设计问题转化成数学模型,即用优化设计的数学表达式描述机械结构设计问题;按照数学模型的特点选择合适的优化方法和计算程序,运用计算机求解,获得最优设计方案。

一个优化问题必须要用一个数学模型进行描述,这种描述必须能够把该问题的基本目标及其所受的各种限制和约束列举清楚、表示明确。数学模型一般由三个要素构成:设计变量、目标函数、约束条件,一般可以描述为:

$$求 \qquad X = \{x_1, x_2, \cdots, x_n\}^T$$

$$使 \qquad \min F(X)$$

$$满足 \qquad g_i(X) \leqslant 0 \qquad (i = 1, 2, \cdots, m)$$

$$h_j(X) = 0 \qquad (j = 1, 2, \cdots, i)$$

式中:$X = \{x_1, x_2, \cdots x_n\}^T$——设计变量;

$\qquad g_i(X)$——不等式约束函数;

$\qquad h_j(X)$——等式约束函数;

$\qquad F(X)$——目标函数。

1）设计变量

（1）设计变量的概念。

在优化设计过程中进行选择并最终必须确定的各项独立参数，称为设计变量。在选择过程中它们是变量，但这些变量一旦确定后，设计对象也就完全确定。

在结构优化设计中，常采用元件的几何尺寸作为设计变量，如杆元件的长度、横截面积，抗弯元件的惯性矩，板元件的厚度等。

设计变量的全体可以用一个列向量 $X = \{x_1, x_2, \cdots, x_n\}^T$ 来表示，称作设计变量向量。在优化设计时，一旦定义了向量的物理意义，其中任意改变一个或几个参数构成的一个特定向量都为一个"设计"。由 n 个设计变量为坐标所组成的实空间称作设计空间。

（2）设计变量的选取。

选取设计变量时，要选择可以实现优化设计的变量，变量要能明显影响系统状态的变化，从而影响目标函数。要使用尽可能少的设计变量并对每个设计变量定义一个合理的范围，以降低迭代次数，提高设计效率。

（3）设计变量个数的选取。

一般来讲，设计的变量数目越多，优化的效果可能更好、更明显。但同时设计向量及设计空间的维数也就越多，目标函数的元数也越多，可能的设计方案也就越多，因而可变、可选择的余地也就越大，求解运算的复杂程度也越高，计算量随之相应增大。因此，应当慎重地、认真地加以研究和推敲，尽量减少设计变量的总数，把那些变化不大的、影响较小的变量作为给定条件或转化为约束条件予以必要的限制和保证。但是，对于设计方案有重大影响，关系到系统和过程全局的参数，则无论多少均应以恰当的方式和关系列入函数的表达式，以便真实地反映事物和系统的本质和特点。

2）目标函数

（1）目标函数的建立。

设计者总是希望所设计的产品或工程设施具有最好的使用性能、最小的质量或最紧凑的体积、最低的制造成本及最大的经济效益。在优化设计中，可将所追求的设计目标用设计变量的函数形式表达出来，这一过程称为建立目标函数。即目标函数是设计中预期要达到的目标。

（2）目标函数表达式。

表达为各设计变量的函数表达式为 $F(X) = F(x_1, x_2, \cdots, x_n)$。它代表设计的某项最重要的特征。最常见的情况是以质量作为目标函数，因为质量大小最易进行定量描述和量度。

（3）目标函数个数的选择。

目标函数是设计变量的标量函数。最优化设计的过程就是优选设计变量使目标函数达到最优值,或找出目标函数最小值的过程。在优化设计时,可以只有一个目标函数,也可以在同一设计中提出多个目标函数。

目标函数越多,设计的综合效果越好,但问题的求解也越复杂,所需的计算时间越长。在探索和解决实际工程问题时,应尽量把要解决的目标集中,不要同时设定几个目标。这是优化获得成功与否的重要战略,必须慎重考虑。

3)约束条件

(1)约束条件的概念。

在优化设计过程中,设计变量不断改变其取值,使其趋向目标函数的最小值,但设计变量在该设计中的取值范围、上下边界都必须有一定限制。问题本身对于设计变量的一些限制条件,构成对设计变量的约束条件。

(2)约束条件的分类。

①按照物理特点及其作用,可将约束条件分为两种:性能约束;边界约束,即区域约束。

②在机械设计中性能约束多表现为强度、稳定性、振动频率,对机构设计则表现为存在运动、运动条件和运动参数间的关系。

③按照数学形式的不同,约束可以分为等式约束和不等式约束,分别表示为:

$$g_i(\boldsymbol{X}) \leqslant 0 \qquad (i = 1, 2, \cdots, m)$$
$$h_j(\boldsymbol{X}) = 0 \qquad (j = 1, 2, \cdots, i)$$

(3)约束条件的辩证设置。

在解决实际工程问题时,对于约束条件的研究极为重要。必要的约束条件是要严格遵守的,否则不能得出正确的设计方案来。但不必要的过严的约束,会使得寻找可行点非常困难,往往在设计变量较多时,在众多的设计约束条件下寻找优化解很困难,消耗很长的计算机计算时间也得不到理想的结果。

二　结构优化设计的分类

结构优化的目的是以最少的材料和最低的造价实现结构性能的最优,包括强度和刚度等目标。实践表明,将优化方法应用于设计,不仅可以大大缩短设计周期,显著地提高设计质量,而且还可以解决传统设计方法无法解决的复杂设计问题,具有明显的经济效益和社会效益。按照设计变量类型和优化层次,结构优化可以分为尺寸优化、形状优化和拓扑优化。

1)结构尺寸优化

(1)尺寸优化的概念。

尺寸参数优化设计是在给定结构类型、材料、拓扑布局和几何外形的情况下,通过具体优化算法确定结构的截面尺寸参数,使结构质量、体积或造价最小。尺寸优化是结构优化设计中最基本的优化方法,已广泛应用于各种结构的设计过程中。

(2)尺寸优化中设计变量的选取。

尺寸优化中的设计变量可以是杆的横截面积、惯性积、板的厚度,或是复合材料的分层厚度和材料方向角度等。因此,应用有限元计算结构的位移和应力时,尺寸优化过程既不改变单元的形状,也不改变结构的拓扑关系,只改变截面尺寸,利用合适的优化算法就能完成尺寸优化。

(3)尺寸优化的约束条件。

可以是应力约束、位移约束、局部稳定、频率约束、动响应约束等。常用的尺寸参数优化算法有准则法和数学规划法两种,优化的对象已涵盖杆系结构和板壳结构。

尺寸参数优化不仅可对拓扑优化后的结构确定具体的构件尺寸参数,更重要的作用是对现有已知结构进行轻量化设计。选择最优的尺寸参数使结构在满足技术要求的情况下达到质量最轻。

2)结构形状优化

(1)结构形状优化的概念与分类。

在形状优化过程中既可改变结构单元的尺寸,又可改变结构的形状。

常用的形状优化设计有两类:一类是通过设计边界控制点来改变结构的形状,在优化过程中,设计变量是控制点的坐标;另一类是用某种函数描述结构的边界,常常采用一组适当的基函数并附加一些可以自由变化的参数来描述,此时,形状优化的设计变量就可以选择这些自由参数为设计变量。

优化过程中,在满足工程设计要求的前提下,通过修改设计边界控制点或者基函数的参数可以改变结构的边界形状,从而改善结构性能和达到节省材料的目的。

(2)杆系结构形状优化。

一般选择杆件边界处的节点坐标位置作为设计变量。

(3)连续体结构形状优化。

结构的边界形状常采用适当的曲线、曲面方程描述,也可用一组基函数再附加可以自由变化的参数来描述,此时形状优化就可以选择这些自由参数作为设计变量。

连续体结构形状优化方法大体可归纳为两类:解析法和数值法。亦有二者结合,先用解析法将优化问题公式化,再用数值法对简化了的问题搜索寻优。

(4)组合优化。

由于单独进行形状优化对结构的优化效果有限,通常要同时考虑截面尺寸与结构形状的组合优化。这时存在结构尺寸与结构几何形状两类设计变量,它们的解空间存在着尺度上的差异。对于这类问题,一般有两种处理方法:

①一种是同时处理两类变量。这类方法的优点是可以同时考虑两类变量的耦合效应,缺点是设计变量数量多、计算量大。另外形状优化的设计空间可能是非连通的,构造同时优化两类变量的近似问题,求解时有可能无法寻找到全局最优解。

②另一种方法是把尺寸变量与几何变量分成两个设计空间,分别对两类变量交替优化。优点是避免两类不同的变量可能产生的数值病态,每步计算规模小,易于求解。缺点是该方法对两类变量的耦合关系考虑不足,对优化结果有一定影响。

3)结构拓扑优化

(1)结构拓扑优化的概念。

结构拓扑优化是探讨结构构件的拓扑形式及各构件间的拓扑关系,使结构在满足有关强度、刚度和稳定性等约束条件下,某种性能指标如刚度、重量达到最优。

结构拓扑优化设计可在给定材料品质和设计域内,通过优化设计方法得到满足约束条件又使目标函数最优的结构布局形式。拓扑设计的初始约束条件更少,设计者只需要提出设计域而不需要知道具体的结构拓扑形态。拓扑设计方法是一种创新性的设计方法,能提供一些新颖的结构拓扑。

(2)结构拓扑优化的分类。

拓扑优化可分为连续拓扑优化设计和离散拓扑优化设计两大类。

①连续拓扑优化设计过程中,首先建立结构的拓扑优化设计空间,即确定哪些结构区域参与优化,哪些结构区域不参与优化,并施加上相应的载荷和边界条件,接着选择一种有效的拓扑优化算法进行优化设计,优化设计过程中通过采取某种措施将无效或低效的材料逐渐去掉,剩下的结构将逐渐趋于最优结构。

②离散拓扑优化设计过程中,通常首先选择一个基结构,然后通过优化搜索方法确定基结构中构件的最佳布置位置,或确定哪些构件是需要保留的,哪些构件是可以去掉的。在此基础上还可以利用尺寸优化方法对其进行进一步优化。与连续拓扑优化设计相比,此方法有一定的局限性。

(3)拓扑优化的应用。

拓扑优化初始计算结果一般不能直接拿来进行生产制造,还需要技术人员对初始计算结果进行整理,以使其接近可制造的方案。

结构拓扑优化方法比较灵活,效果比较好,但相对于结构尺寸优化和结构形状优化计算规模比较大,而且在对初始的拓扑优化结果进行整理过程中,需要工程师具有较丰富的设计经验。另外,为了得到更好的设计结果,需要对整理后的结果进一步进行形状优化和尺寸优化。该方法一般用于结构的研发过程,不适用于对现有结构进行改进设计。

三　优化设计的常用方法

前面介绍的结构优化方法属于求解思路与策略,它们最后往往要与具体的优化算法相结合来进行优化计算。优化设计根据讨论问题的不同方面,有不同的分类方法。如根据是否存在约束条件,可分为有约束优化和无约束优化;根据目标函数和约束条件的性质,可分为线性规划和非线性规划;根据优化目标的多寡,可分为单目标优化和多目标优化等。

最常用的搜索最优解的方法大致可以归纳为三类:最优准则法、数学规划法和仿生学方法。

1)最优准则法

最优准则法是根据工程经验、力学概念以及数学规划的最优性条件,预先建立某种准则,通过迭代获得满足这一准则的设计方案,作为问题的最优解或近似最优解。

(1)满应力准则法。

满应力准则法是常见的最优准则法方法之一。所谓满应力就是构件中应力达到了材料的容许应力,材料能够得到充分利用。如果结构承受了多个独立载荷的作用,则简称为多个工况,满应力设计的任务就是要使结构中每一个构件至少在一种工况下达到满应力。

以桁架为例,取各杆件截面面积 $X = \{x_1, x_2, \cdots, x_n\}^T = \{A_1, A_2, \cdots, A_n\}^T$ 为设计变量,则结构重量和满应力准则可表示为

$$f(X) = \sum_{i=1}^{n} x_i l_i \rho_i \qquad (11\text{-}9)$$

$$f_i(A) = -A_i + \overline{F}_i / [\sigma] = 0 \qquad (i = 1, 2, \cdots, n) \qquad (11\text{-}10)$$

式中:A_i、l_i、ρ_i——杆件的截面积、长度和比重;

　　　　n——杆件数;

　　　　$\overline{F}_i$、$[\sigma]$——第 i 根杆件最大的轴向力和材料的容许应力。

满应力法迭代步骤如下。

①试选初始截面:

$$X^0 = \{x_1^0, x_2^0, \cdots, x_n^0\}^T = \{A_1^0, A_2^0, \cdots, A_n^0\}^T \qquad (11\text{-}11)$$

②按下式求出第 $k+1$ 次迭代时各杆件截面:

$$A_i^{k+1} = A_i^k \frac{\sigma_i^k}{[\sigma_i]} \qquad (11\text{-}12)$$

式中：σ_i^k——第 i 杆在第 k 次的计算应力，$i=1,2,\cdots,n$。

③当 X^{k+1} 和 X^k 充分靠近时便停止迭代。

（2）最优准则法应用。

除满应力法外，还有以能量为准则的其他方法。

最优准则法利用了结构优化问题的物理特性，聚焦于最优解处的已知或假设的状态。最优准则法的优点是收敛快、计算量小，要求重分析的次数一般与设计变量的数目没多大关系，适合于大型结构的优化设计。但由于不同性质的约束有不同的准则，而且最优准则法往往缺乏严格的数学理论依据，得到的解并不一定是最优解，所以最优准则法在应用上局限性较大。

2）数学规划法

（1）数学规划法的概念。

数学规划法就是采用一定的数值分析方法搜索下降最迅速的方向和最优极值点。数学规划法又可分为两类，即搜索型方法和序列规划方法。

（2）搜索型方法。

搜索型方法包括直接搜索法和解析搜索法。

①直接搜索法不需要计算目标函数和约束的导数值，如可行方向法，适合于函数导数难以计算的问题，但其收敛速度慢，不适用于设计变量较多的场合。

②解析搜索法需要敏度信息，如简约梯度法，该方法收敛快、效率高，但对隐函数的分析困难，限制了其使用。因此搜索型方法一般不适用于拓扑优化问题的求解。

（3）序列规划方法。

序列规划方法是用一系列简单的优化问题来逐步逼近复杂的优化问题，把一个非线性程度较高的优化问题通过变换或近似，转换为一个较低阶次线性或两次函数构成的优化问题来渐进求解，适用于复杂结构的优化计算。这类方法主要有序列线性规划法、基于约束变尺度法和广义简约梯度法的序列二次规划法，以及序列凸规划算法等。用传统的序列规划方法求解拓扑优化问题时，由于变量多、计算量大，计算效率不如优化准则方法。

3）仿生学方法

（1）仿生学方法的概念。

近年来，一些特别适用于并行计算并且对于函数性态要求较低的全局搜索算法开始越来越多地被用来进行结构优化设计，这些算法大多模拟自然界过程和自然界结构，主要有遗传算法、模拟退火算法和神经网络算法等。

（2）遗传算法。

遗传算法模拟自然生物种群的进化过程，将设计变量经过编码构成称为染色体的数串,以一批设计点作为设计种群,将优化目标定义为种群的适应性,通过遗传算子有组织地、随机地交换信息来重新结合得到适应性更好的数串,进而取得适应性最好的个体,即最优解。遗传算法同时对多个计算点进行操作,优化后的结果是作为对象系统或全局的最优解,具有很强的通用化能力,不需要梯度信息,也不需要函数的凸性和连续性。但这种方法存在结构重分析的次数很多、收敛速度慢等问题,不利于大型结构的应用。

(3)模拟退火法。

模拟退火法是一种启发式算法,模拟固体退火过程,用一组称为冷却速度进度表的参数控制算法的进程,它不断地在当前点附近随机生成新的试探点,如果新的点不满足约束就抛弃,如新点的目标函数值高于当前的最优值,则计算其可接受的概率,若概率高于某个随机数,就将该点作为新的设计点,否则就予以抛弃。模拟退火法不要求函数的连续性和可微性,适用于离散变量优化设计问题,也很适合求解组合优化问题。模拟退火法在搜索过程中需要确定目标值的下降比率,但如何降低没有一定的标准。另外试探数达到多少开始降低目标限值也难以确定,通常是靠经验确定,这是该法的两个难点。

(4)人工神经网络法。

人工神经网络是由大量简单的神经元按各种不同的拓扑结构相互连接而形成的复杂网络系统,尽管每个神经元的结构和功能十分简单,但由大量神经元构成的网络系统可以实现各种复杂功能。基于神经网络的结构优化方法可分为两类:

①将优化问题的目标函数与神经网络中某种能量函数对应起来,神经网络系统的初始状态对应着优化问题的初始解,稳定状态对应着结构优化问题的最优解,求得网络的稳定状态即求得原优化问题的最优解。

②充分利用神经网络的非线性映射函数逼近能力,对设计变量和目标函数之间的非线性关系进行拟合,再结合其他优化算法进行优化设计。

具体到优化过程的数学计算方法有若干种,如一维搜索法(0.618法、分数法、二次插值法)、坐标轮换法(又称降维法)、单纯形法、罚函数法、鲍威尔(Powell)法、梯度法(又称一阶导数法)等。这些算法适用于不同结构的优化中,可根据具体设计内容选用。考虑到优化的速度、精度等因素,还有一些新的计算方法出现,如模糊算法、小波变换法、分形几何法等。

第7节 车架结构优化设计

本节将在前述数学模型和优化方法的基础上,对车架结构的优化设计进行阐述分析(汽车底盘其他主要结构优化案例可通过本章结尾二维码查看)。

以往对车架结构进行的静力分析表明,许多没有进行优化设计的车架,除个别构件应力水平较高外,大多数车架构件的应力水平较低,强度有富余,且各个构件的应力水平相差较大,很不均匀,因此很有必要对该车架结构进行优化设计。

1)纵梁截面优化

汽车车架由横梁和纵梁组成,用分部优化法进行优化。首先对车架的各种工况进行整体分析,得到它的内力分布,再根据各部分的受力状态进行分部优化,修改各部分的设计变量,然后将各部分重新组合成新的结构方案,这样就完成了一次循环或迭代。接着继续进行下一次循环或迭代,直到前后进行的两次结构方案的变化在预定的误差范围内为止。最后还应进行一次结构分析,检验这个收敛的方案是否可行。

图11-18为根据某车架尺寸建立的梁单元有限元计算模型。

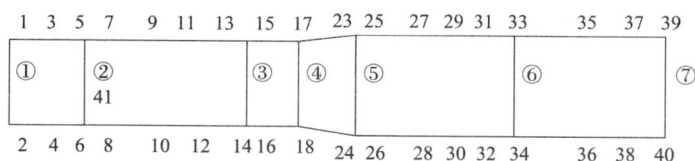

图11-18 某车架梁单元有限元计算模型

(1)设计变量的选取。

目前国产汽车的车架,车架纵梁的剖面大多数为槽形截面和矩形截面,也有个别用圆环形截面的(图11-19),故设计变量 X 选为截面各部分尺寸,用 x_1、x_2 分别表示 H、B 或 D,图中,T 为钢板或圆形钢管壁厚度,可按国家标准 GB/T 3273—2015 选取。

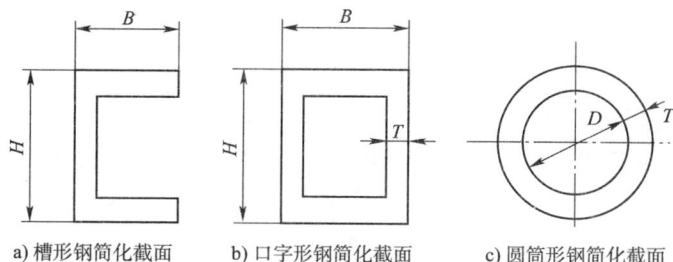

a) 槽形钢简化截面   b) 口字形钢简化截面   c) 圆筒形钢简化截面

图11-19 汽车车架截面简化形状及参数

(2)目标函数。

传统的设计方法是以对一侧纵梁进行强度和刚度校核。有限元计算结果表明,纵梁强度富余很多,因而自重较大。如果取车架纵梁的质量为目标函数,就能达到减轻汽车自重、节省金属材料,从而改善汽车综合性能的目的。

由此槽形截面纵梁的目标函数可取为：

$$F(X) = L\rho T(x_1 + 2x_2) \tag{11-13}$$

式中：L——有限元计算时单元长度，mm；

    ρ——材料密度，对于钢材 $\rho = 7.85 \times 10^{-6}$ kg/mm³；

    T——钢板厚度，mm。

（3）约束条件。

①强度约束。

应确保在使用中的各种工况下，车架的最大应力小于许用应力，即：

$$\sigma_{\max} < [\sigma_i] \qquad (i = 1, 2, 3) \tag{11-14}$$

式中：$i = 1$ 为纯弯工况；$i = 2$ 为纯扭工况；$i = 3$ 为弯扭联合工况。

$$\sigma = \frac{6dM_{\max}}{(H + 6B)TH} = \frac{6 \times 6.58 \times M_{\max}}{(x_1 + 6x_2)Tx_1} \leqslant [\sigma_{-1}] \tag{11-15}$$

式中：$M_{\max}$——有限元计算出的最大弯矩，N·mm；

    $[\sigma_{-1}]$——车架材料的疲劳极限（常用的 16Mn 钢 $[\sigma_{-1}] = 220 \sim$

        226N/mm²）；

    T——钢板厚度，取为 5mm。

经计算整理得：

$$g_1(X) = 1 - \frac{610}{x_1(x_1 + 6x_2)} \tag{11-16}$$

②临界弯曲应力。

当纵梁变形时，翼缘可能因受力而破裂，因此应按薄板理论进行校核。此时临界弯曲应力 σ_{cr} 为：

$$\sigma_{cr} = 0.4 \frac{E}{1 - \mu^2} \left(\frac{T}{B}\right)^2 < 350N/mm^2 \tag{11-17}$$

式中：E、μ——材料的弹性模量和泊松比。可推算得 $B < 16T$。

经计算整理得：

$$g_2(X) = 8 - x_2 \tag{11-18}$$

③刚度约束。

为了保证整车和其他装配件的正常工作，对纵梁的最大弯曲挠度应加以限制。根据经验，车架纵梁中点受力为 1.0kN 集中载荷时变形量不能超过 0.85mm。由材料力学关于简支梁的挠度公式可求得：$J_x/L^3 > 12$，即抗弯刚度。J_x 必须大于 $12L^3$，L 为轴距（m），所以得到：

$$g_3(X) = 0.002x_1^2(x_1 - 6x_2) - 12 \tag{11-19}$$

④变量的边界条件。

从汽车车架的设计和工艺出发，各设计变量应遵循一定的设计规范，即边界条件：

$$g_4(x) = x_1 - 12 \tag{11-20}$$

$$g_5(x) = x_2 - 4.5 \tag{11-21}$$

$$g_6(x) = 15 - x_1 \tag{11-22}$$

$$g_7(x) = 5.5 - x_2 \tag{11-23}$$

（4）纵梁优化方法。

将汽车车架结构的优化问题转化为非线性规划问题,用复合形法进行优化。复合形法的基本思路是在 p 维空间中的可行域上,选取 k 个可行点($p+1 < k < 2p$)作为顶点构成 p 维空间的超多面体,即复合形;然后比较复合形各顶点处的函数值,不断去掉目标函数中最大的点(最坏点),代以目标函数值较小的可行点,构成新复合形,使其顶点处的函数值逐步下降,顶点逐步逼近问题的最优解。

2）横梁截面优化

（1）设计变量。

设计变量与优化纵梁的变量相同。

（2）目标函数。

在车架有限元结构分析中采用薄壁梁单元,对于开口截面的梁单元,其抗扭惯性矩为 $J_k = ST^3/3$,其中 S 是截面周长,T 是薄壁厚度,当单元长度、截面周长和厚度一定时,J_k 为常数。约束扭转刚度系数随截面的扇性惯性矩 J_ω 变化,调节 H 和 B 的值,使 J_ω 加大,则可提高扭转刚度系数。扇性惯性矩 $J_\omega = \int F \omega^2 \mathrm{d}F = \sum F_i \omega_i T_i$。其中,$\omega$ 和 ω_i 表示单元坐标,F 代表总面积,F_i 代表单元面积,T_i 代表单元壁厚。

取目标函数为:

$$F(\boldsymbol{X}) = \frac{1}{J_\omega} = \frac{12(x_1 + 6x_2)}{T x_1^2 x_2^3 (2x_1 - 3x_2)} \tag{11-24}$$

对于闭口截面,分别以抗扭断面模量为目标函数,使其达到最大值。

矩形截面:

$$F(\boldsymbol{X}) = 1/x_1 x_2 \tag{11-25}$$

圆环形截面:

$$F(\boldsymbol{X}) = 5.1 x_1 / [x_1^4 - (x_1 - 2x_2)^4] \tag{11-26}$$

（3）约束条件。

①不等式约束条件。

对于开口槽形截面:

$$g_1(\boldsymbol{X}) = x_1 - 1 \geqslant 0 \tag{11-27}$$

$$g_2(\boldsymbol{X}) = x_2 - 1 \geqslant 0 \tag{11-28}$$

式(11-27)和式(11-28)的值表示槽形截面的 H 和 B 值都不得小于 1,这既考虑了实际情况,又避免了变量 x_1 和 x_2 出现零值。

②等式约束条件。

对于开口槽形截面:

$$g_3(\boldsymbol{X}) = x_1 + x_2 - F/T \qquad (11\text{-}29)$$

上式表示 H, B 和 T 值与截面积 F 的关系,即表示横梁长度一定时,横梁质量不变。

闭口截面的等式约束条件分别如下。

矩形:

$$g_3(\boldsymbol{X}) = 2(x_1 + x_2) - F/T \qquad (11\text{-}30)$$

圆环形:

$$g_3(\boldsymbol{X}) = 0.685\left[x_1^2 - (x_1 - 2x_2^2)\right] - F \qquad (11\text{-}31)$$

(4)横梁优化方法。

在横梁优化问题中,约束条件既有等式约束又有不等式约束,可以采用不用求导的非线性规划方法(即混合惩罚函数法)进行优化。

3)车架结构轻量化设计一般流程

车架结构优化设计方案流程如图 11-20 所示。

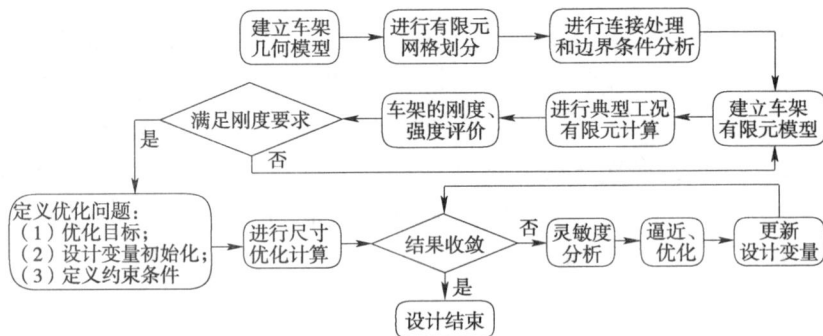

图 11-20　汽车车架结构优化设计方案流程

首先利用三维建模软件建立车架的几何模型,然后再对车架进行有限元网格划分,根据车架的实际工况进行连接处理和边界条件分析,接着建立车架有限元模型,进行典型工况的有限元计算,通过分析结果评价车架是否满足刚度要求,如果满足刚度要求就可以对车架进行优化,如果不满足刚度要求则需要重新建立有限元车架模型进行有限元计算,直到满足刚度要求为止。进行车架轻量化时首先要定义优化问题:定义目标、定义设计约束、设计变量初始化,接着进行尺寸优化计算,若结果收敛则优化结束,若结果不收敛则要经过灵敏度分析、逼近、优化、更新设计变量后重新进行尺寸优化计算,直到结果收敛,轻量化设计结束。根据轻量化的设计要求,应保证结构的强度和刚度要求,因而选取满载弯曲工况和满载扭转工况作为分析工况,选取两种工况下的应力和变形位移作为组合约束函数。

综上所述,可以得到车架结构轻量化的数学模型如下。

目标函数:

$$\min M = \rho \sum_{i=1}^{n} v_i \qquad (11\text{-}32)$$

应力约束：

$$\sigma_{\max} \leqslant \sigma_e \qquad (11\text{-}33)$$

位移约束：

$$\delta_{\max} \leqslant \delta_e \qquad (11\text{-}34)$$

设计变量约束：

$$X_i^L \leqslant X_i \leqslant X_i^U \qquad (11\text{-}35)$$

式中：M——车架总质量；

ρ——材料密度；

v_i——单元体积；

n——单元的个数；

$\sigma_{\max}$——有限元分析中单元节点的最大 Von Mises 应力值；

σ_e——材料的屈服极限；

$\delta_{\max}$——有限元分析中单元节点的最大位移；

δ_e——许用最大位移；

X_i——设计变量；

X_i^L——取值下限；

X_i^U——取值上限。

（1）设计灵敏度分析。

在整个优化设计计算过程中,把结构的优化设计转化成数学优化过程的最重要一环是设计变量结构响应的灵敏度分析。

灵敏度分析是研究与分析一个系统(或模型)的状态或输出变化对系统参数或周围条件变化敏感程度的方法。在最优化方法中经常利用灵敏度分析来研究原始数据不准确或发生变化时最优解的稳定性。通过灵敏度分析还可以决定哪些参数对系统或模型有较大的影响。

设计灵敏度是目标函数和约束条件对设计变量的偏导数以至二阶偏导数的计算,即结构响应对设计变量的变化率,也可以称为结构响应的梯度。

对于有限元方程：

$$KU = P \qquad (11\text{-}36)$$

式中：K——刚度矩阵；

U——单元节点的位移矢量；

P——单元节点的载荷矢量。

两边对设计变量 X 求偏导数得：

$$\frac{\partial K}{\partial X} U + K \frac{\partial U}{\partial X} = \frac{\partial P}{\partial X} \qquad (11\text{-}37)$$

则：

$$\frac{\partial U}{\partial X} = K^{-1}\left(\frac{\partial P}{\partial X} - \frac{\partial K}{\partial X}U\right) \tag{11-38}$$

一般情况下,结构响应(如约束函数 g)能用位移矢量 U 的函数来描述：

$$g = Q^T U \tag{11-39}$$

因此,结构响应得灵敏度可以表示为：

$$\frac{\partial g}{\partial X} = \frac{\partial Q^T}{\partial X}U + Q^T\frac{\partial U}{\partial X} \tag{11-40}$$

(2)近似模型拟合。

直接对有限元模型进行优化求解时,每一次迭代都需要很多次有限元计算,工作量巨大,同时为了方便后续的优化计算,必须将隐式的有限元模型通过显式近似建立起显式近似模型。

对结构响应应用灵敏度信息进行泰勒展开,以得到显式近似模型。近似方法包括线性近似：

$$\tilde{g}_j(X) = g_{j0} - \sum_{i=0}^{N}\frac{\partial g_j}{\partial X_i}(X_i - X_{i0}) \tag{11-41}$$

倒近似：

$$\tilde{g}_j(X) = g_{j0} - \sum_{i=0}^{N}\frac{\partial g_j}{\partial X_i}X_{i0}^2\left(\frac{1}{X_i} - \frac{1}{X_{i0}}\right) \tag{11-42}$$

凸近似：

$$\tilde{g}_j(X) = g_{j0} + \sum_{i=0}^{N}\frac{\partial g_j}{\partial X_i}c_{ji}(X_i - X_{i0}) \tag{11-43}$$

式中：若 $\frac{\partial g_j}{\partial X_i} \geq 0$, $c_{ji=1} = 1$；若 $\frac{\partial g_j}{\partial X_i} < 0$, $c_{ji} = \frac{X_{i0}}{X_i}$。

第8节　新型材料的选择设计

一　高强度钢的设计运用

1)应用情况

目前,钢材仍是汽车工业的主要原材料。平均来看,在一辆汽车中约占 65% 左右。专家认为,作为用于制造汽车的传统材料的钢,在汽车轻量化方面还具有相当大的潜力。以前,车身材料采用的多是普通碳钢板,虽然其价格低廉、能吸收撞击能量,但是其质量大,增加了燃油消耗。最近几年来,高强度钢和超高强度钢逐渐成为汽车工业中发展最快的金属轻质材料之一,在汽车上的应用比例不断增加。

目前,世界多家大型汽车公司均已掌握了应用超轻高强度钢板制造汽车部件的相关工艺技术,使超轻高强度钢板的应用范围向制造附件(车门、发动机舱盖、行李舱盖等)延伸。

2)高强度钢的优势

高强度钢最小抗屈服强度≥240MPa,最小抗拉强度≤690MPa,超高强度钢最小抗拉强度≥690MPa。利用材料厚度小的高强度钢及超高强度钢钢板代替普通钢钢板可减轻汽车质量约20%。以德国保时捷公司为首的国际小组研究出用超高强度钢钢板来制造轿车超轻钢车身(UL-SAB)的工艺技术。ULSAB使用电镀锌高强度钢和超高强度钢钢板制造,材料厚度范围从0.65~2.00mm。其与普通类型车身相比,质量减轻25%,而抗扭刚度则提高80%、抗弯刚度提高52%。

用于汽车制造的高强度钢主要有无间隙原子钢(IF钢)、烘烤硬化钢(BH钢)以及相变诱异塑性钢(TRIP钢)。尤其是TRIP钢具有较好的成形性、极高的屈服和抗拉强度而备受汽车制造商的青睐。目前世界上用于制造汽车所用高强度钢薄钢板的比例在60%以上。

3)高强度钢在车用弹簧中的应用

为了满足汽车的轻量化要求,汽车制造商还力求减轻车用螺旋弹簧或钢板弹簧的质量。

(1)汽车螺旋弹簧轻量化主要靠提高研制簧钢丝的强度,以提高弹簧的设计应力。德国雷特曼杰克公司生产出的新型高性能弹簧钢,其强度比目前弹簧钢丝强度提高200~400MPa,使悬架减轻20%。美国、日本等发达国家为了使轿车用弹簧轻量化,也研究开发出新的高强度弹簧钢并取得了很大成效。

(2)车用钢板弹簧轻量化采取的方法主要有两种:一是开发高性能新型弹簧钢,使之能提高板簧的设计应力;二是采用少片变截面代替多片等截面板簧。

汽车板簧主要用于客车和货车上,国外客车凡使用板簧的,几乎全部采用变截面板簧,我国客车采用这种板簧的也越来越多。我国载货汽车板簧使用弹簧钢的数量约占汽车使用总量的80%左右。

二 铝的应用

铝合金具有高强度、耐侵蚀、热稳定性好、易成型、再生性好和可简化结构等一系列优点。这使得铝合金在汽车上被大量应用,现代轿车使用铝材日益广泛,已经成为一种趋势。美国福特、德国奥迪、日本本田等20家著名的汽车公司在汽车生产中扩大了铝的使用量。其中美国2017年铝用量为 186kg/辆,2020 年增长为 211kg/辆,预计到 2025 年将达到 235kg/辆。据美国埃克斯科公司(EXCO)的测算,2025 年美国汽车工业的用铝量可比 2012 年增加 40%。2019 年汽车研究机构 Duckerfrontier 发布欧洲乘用车用铝量报告,样本车型覆盖了欧盟 28 个国家的近 95% 产量的车型。报告中提到,2019 年欧洲乘用车单车用铝量 179.2kg/辆,2019 年欧盟地区乘用车总用铝量将接近 300 万 t,预计到 2025 年,平均单车用铝量将增加约 20 ~ 200kg/辆。欧洲乘用车铝的总用量将达到 363.5 万 t,增长 21%,年均增长率为 3.3%。预计 2028 年乘用车消费铝将达到 416 万 t,年均增长率为 4.62%。在 20 款铝密集型车型中,有 8 款属于捷豹路虎集团。单车用铝量最高的车型是奥迪 e-tron,用铝量为 804kg/辆。我国主要是在新红旗等品牌的中、高档乘用车和大型客车的车身设计上采用铝合金,我国国产发动机的若干部件也采用了铝合金。这些使用量不够多,还有巨大的发展空间。目前我们正在设计商用货车的钢铝混合底盘。

当然铝合金材料在汽车应用上还存在一些难题。首先,铝合金的加工难度比钢材要大得多。轿车车身大部分的工件是靠冲压成形,由于铝合金不是很平直,如采用冲压钢板的方法去冲压铝合金板,会出现裂缝和褶皱。其次,轿车车身大部分的工件是用焊接组装,由于铝是热的良导体,在焊接时需要用相当于钢板焊接时 5 倍的电流消耗量才能熔化它。另外,在防腐处理和喷漆工艺上铝合金材料也有自己的特殊要求。尽管如此,铝合金材料在汽车上的应用范围仍在不断扩大。据预测,随着汽车技术的发展,汽车的主要制造材料将由钢材转为铝合金材料,轿车的平均质量将会减轻 35%。铝合金材料在汽车上的应用主要有以下几个方面。

1)车身

汽车车身质量约占汽车总质量的 30%,车身的质量减轻,对于汽车轻量化具有很大的帮助。奥迪公司 A8 型高级轿车的整个车身均用铝合金材料制造,框架采用立体构架式结构,覆盖件为铝板冲压而成。这种车身与钢车身相比,质量轻 30% ~ 50%。德国宝马汽车公司在一份研究报告中指出,现代无骨架车身,可使汽车的质量降低 20%。近年来各国制造商推出的概念车,在车体结构上大多采用无骨架式结构和空间框架式结构,而且大多数以铝型材料为主。这种结构适用多品种小批量生产,改型容易,车型、车身多样化;不需要大型冲压设备,可节省投资;减少部件数量,可选任意断面铝材;减少工时,缩短生产时间;大幅度减轻质量,节约燃料。例如,奥迪 A8 是全铝合金车身。

2)底盘

目前汽车底盘也广泛使用铝合金材料,如高位控制臂、低位控制臂、转向节、定位臂、上置臂、垂直连杆、悬吊臂等。特别是铝合金制动盘的使用,虽然费用较高,但寿命却是铸铁盘的 3 倍,质量是铸铁盘的 1/3。奔驰汽车公司新一代 S 系列轿车有多种底盘部件都是使用铝合金材料制造的。例如其前桥拉杆和横向导臂等就是铝合金材料通过触变铸造法制成,前桥整体支承结构也是铝合金材料,其工艺为真空压力铸造,这种部件的质量只有 10.5kg,与钢件相比减轻 35%。奔驰 S 系列轿车的后桥支承结构也是铝合金制造的,原材料为铝板,通过相应的工艺成形,需要连接的部件则通过焊接而实现。

3)发动机

很多汽车制造商在发动机的活塞、散热器、油底壳、缸体和缸盖等部件上采用铝合金材料。现在西欧各轿车厂家只使用铝合金缸盖。日本、美国分别有 100%、85% 的轿车缸体已经采用铝合金。全铝发动机一度被大量的车型采用,国外有罗孚 K 系列发动机、宝马 M52 直列 6 缸发动机、德国大众的路波 TDI 涡轮增压直喷式柴油机等。国内采用铝合金制造的多为小排量发动机,例如国产铃木系列 G13、K14 等。由于具有质量轻、散热好、高性能和低耗能等特点,高强度轻结构铝合金主要应用在汽缸体、汽缸盖、进气歧管、摇臂、部件底座等复杂构件,以及冷却系统散热器、中冷器。汽车空调器在日本、美国已全部采用铝合金材料。欧洲散热器几乎都使用铝合金材料,美国已达到 60% ~ 70%,日本则只有 25% ~35%。

4)车轮

占车轮质量 70% 的轮毂质量减少,将有助于增加有效载重,而且铝制轮毂散热性能较好,可延长车轮的使用寿命。在车轮制造业中,已有越来越多的厂家采用铝制轮毂,目前铝合金车轮的安装达到 65% 左右,铝制轮毂正朝厚度更薄、形状更复杂、质量更轻、安全性更高的方向发展。

三　镁的应用

镁合金由于比铝合金轻而在汽车上的应用呈上升趋势。

在性能上,镁合金零件的尺寸稳定性高于铝合金零件,减振性能也好于铝合金和钢。20 世纪 90 年代初汽车上的镁合金主要用于生产离合器,手动变速器壳及支架等部件。预计不久,座椅架、油泵外壳及门把手等也将使用镁合金。

菲亚特汽车公司在其 Bravo 和 Marea 轿车上使用镁合金仪表板横梁,AlfraRomeo156 车型中使用 4 种镁合金部件(仪表板横梁、转向杆构架、座椅架、转向柱支架),与原先使用的钢部件相比,质量减轻了 30% ~50%。并且具备较好的刚性、尺寸精确以及具有减噪性能。大众公司的帕萨特轿车变速器壳体、奥迪公司的 A8 型轿车仪表盘外壳、奔驰公司的 SLK 系列轿车燃油箱盖和保时捷公司的高档轿车车轮都改用镁合金制造。大众公司的路波牌 3L 行李舱盖,其内板材为高纯度镁合金,外板材为铝合金。近几年北美汽车制造商大大增加了镁在汽车上的应用。大众、奥迪及其他欧洲汽车制造商目前也都致力于开发镁合金内门框、镁合金发动机缸体、镁合金发动机舱盖以及镁合金车身立柱以减轻汽车质量。

四　钛的应用

在汽车用轻质金属材料中,钛的强度大大高于其他材料,同时钛合金可以达到与合金钢相当的高强度,因此历来受到汽车工业的极大关注。特别是在一些恶劣的工作条件下,铝、镁合金材料无法满足汽车的性能要求,钛合金将是取代钢铁的最佳轻量化材料,其主要优点有:密度小,钛的密度为 $4.5g/cm$,仅为钢的 58%;储量大,钛资源丰富,地壳中金属蕴藏量仅次于铝、铁和镁,居第四位;强度高,与钢相当;密度较低,因而比强度很高;耐腐蚀、抗氧化性强,高、低温性能好。

但在另一方面,我们必须认识到钛合金材料成本高,加工条件复杂,同钢相比,对钛的材料特性和加工工艺还没有很好掌握,也没有一个很好的回收体系,极大限制了钛合金在汽车上的应用和推广。汽车行业一直在寻找适合的廉价合金元素,以获得经济型钛合金,并通过改进加工工艺降低钛合金零件的制造成本。

汽车中使用钛的部件主要包括如下几个部分。

(1)排气系统。

传统的尾喷管/回气管组件是采用不锈钢制备的,而钛具有良好的耐含盐和含硫排放废气的性能,在 Chevrolet Corvette Z206 车型中使用。其排气系统避免了点蚀,在焊接处也不会出现锈蚀,同时质量是传统材料的60%,可提高加速能力,并具备较短的制动距离。美国最大的钛材制造商 Timet 一直与北美排气系统制造商 ArvinMcritor 合作制造和开发排气系统部件。日本富士重工株式会社采用钛材生产车用排气管。

(2)发动机部分。

在日本,1998 年丰田一种轿车上采用 Ti6AI4V/TiB 材料利用粉末冶金法制得的进气阀,采用 Ti-Al-Zr-Sn-Nb-Mo-Si/TiB 材料制得的排气阀,在质量上减少了 50%。这类材料在加入 Nb 和 Si 后提高了抗氧化性和抗蠕变性能,并且密度小、导热性能良好,强度高于常用合金、有良好的耐磨性。与钢相比,钛的弹性模量低、密度小,适用于制作弹簧,美国与德国大众公司合作开发制作发动机用钛制阀簧。意大利的新型法拉利315LV8发动机首次使用了钛合金连杆,比钢制连杆轻 15% ~ 20%,0~100km/h 加速时间为 2.9s。

（3）传动与减振部分。

国际上钛制造商们与汽车制造商联合对汽车中的传动与减振部件使用钛的可行性进行了研究并投入批量生产，先后在减振缓冲器用弹簧和中心杆、从动轴、驱动齿轮配件和传动连杆上使用钛合金。

（4）车体框架部分。

钛具有高的比强度、良好的耐蚀性以及低的密度，是制作车体框架的良好材料。在日本，一些汽车制造商采用纯钛级的焊接管制作框架。本田 V6 NSX 运动型车使用钛合金制造发动机的连杆部件。

此外，钛合金板材和管材还可用作制造消声器及车轮。虽然钛合金具有可以减轻往复式发动机质量，提高发动机转速，减少曲轴应力、噪声、振动及活塞侧向推力等优点，但仅使其在赛车上得到广泛的应用，随着材料技术的进步，钛合金材料的生产和加工成本将不断降低，钛合金有望在汽车领域得到更大的应用。

五　塑料的应用

塑料质量轻，耐腐蚀，成型工艺简单，而其低廉的价格更具有显著的优势。

当前在汽车工业领域已大量使用塑料以代替各种昂贵的有色金属和合金钢材料，提高了汽车造型的美观与设计的灵活性，减轻了零部件加工、装配与维修的费用，同时减轻了汽车质量，减少了汽车的使用能耗。汽车的塑料化程度已成为衡量汽车工业发展水平的标志之一。

汽车的轻量化趋势加快了塑料在汽车领域的应用，在内饰、外装、结构件和功能件中都有应用，例如油箱、水箱、发动机舱盖等组件越来越多地使用塑料，此外，汽车防撞系统、导航系统、安全气囊等的应用使塑料在汽车上的应用范围日益广阔，甚至我国某企业生产了出了全塑车身。

在汽车用塑料中，聚丙烯（PP）逐渐成为用量最大的品种，在欧洲、美国和日本的汽车用塑料中都居首位。聚丙烯（PP）材料密度小、易成型、耐热性和耐化学腐蚀性强，在汽车上的应用越来越广泛。此外，出于对环保和便于回收循环使用的考虑，汽车工业更强调使用互相兼容的塑料，车用塑料的种类趋向统一化，而 PP 利于回收再利用，而且综合性价比高，逐渐成为汽车用塑料的主导产品。汽车用 PP 零部件主要有保险杠、仪表板、门内饰板、空调系统部件、蓄电池外壳等，这 5 种应用占全车 PP 用量的一半以上，其他应用还包括冷却风扇、转向盘、各种壳体等。

根据计算可知，每辆汽车可以用 100kg PP 材料替代 200～300kg 其他材料，相应地，在 15 万 km 的平均寿命里程中可以减少燃料消耗 750L。

目前，美国、德国、日本等国家的汽车行业塑料用量基本为 10%～

笔记区

15%,最多达到20%左右。一般塑料包括聚氯乙烯、尼龙制品、聚乙烯、聚丙烯,汽车上使用这些材料占总数的65%以上,并且数量还在继续增加。在汽车上使用聚氨酯材质所制成的零件也正在变得越来越多,一般占15%的汽车用量,平均质量约15kg。聚酰胺(PA,即尼龙)材料主要应用于动力、底盘零部件及结构件,约占整车塑料用量的20%;聚碳酸酯、聚甲醛、改性聚苯醚和热塑性聚酯等材料主要应用于电子电器零部件及结构件,约占整车塑料用量的15%左右。改性聚苯醚(PP)和ABS工程塑料及其合金材料主要应用于内外饰零部件,随着车型档次提高,工程塑料应用增加,ABS及其合金应用比例增加。2011年,发达国家汽车上的塑料用量平均达到300kg/辆以上,占整车整备质量的20%;到2020年,发达国家在某些汽车上的塑料用量平均达到了500kg/辆以上。

六 轻量化材料应用的发展

虽然采用轻质材料可以减轻汽车整体质量,但只有在优化结构的基础上才能最大限度地发挥轻质材料的优良性能,同时保证汽车结构和功能的合理性,安全性和舒适性。

钢在汽车中的含量会越来越少,但由于人们使用钢的时间最长,钢的材料特性及加工工艺了解最多,同时钢具有很多十分优异的结构和工程性能,而且,钢铁的生产、使用、回收已经形成了一个很成熟的网络,对钢铁的回收率已经能达到95%以上,与此同时,对于铝、镁、钛等轻质材料还不具有一个比较完善的循环利用体系,因此在一定时期内,钢在汽车中仍然会占有主要地位。

随着对各种材料的不断了解,以及加工工艺的不断改善,铝、镁、钛、塑料等轻质材料在汽车生产设计中的使用必将越来越多,进一步促进汽车的轻量化发展,减少能源消耗。

练习题

11-1 什么是CAE技术?简述CAE分析的主要步骤。

11-2 简述有限元法的基本思想及其求解问题的基本步骤。

11-3 何谓拓扑优化?简述拓扑优化在汽车轻量化设计中的应用。

11-4 简述汽车结构轻量化的意义。列举实现汽车轻量化的主要途径。

11-5 在汽车制造过程中,有哪些与轻量化结构相适应的制造工艺?

参 考 文 献

[1] 王望予.汽车设计[M].4 版.北京:机械工业出版社,2004.

[2] 汽车工程手册编辑委员会编.汽车工程手册·设计篇[M].北京:人民交通出版社,2001.

[3] 刘惟信.汽车设计[M].北京:清华大学出版社,2001.

[4] 闵海涛.汽车设计[M].北京:机械工业出版社,2022.

[5] 李舜酩.汽车底盘现代设计[M].北京:机械工业出版社,2021.

[6] 武志斐.纯电动汽车原理与结构[M].北京:北京理工大学出版社,2021.

[7] 孙逢春.电动汽车工程手册[M].北京:机械工业出版社,2019.

[8] 李舜酩.机械疲劳与可靠性设计[M].北京:科学出版社,2006.

[9] 李舜酩,等.钢铝结合商用车车架轻量化技术综述[J].重庆理工大学学报(自然科学),2019,33(10):1-8.

[10] 李舜酩,等.智能车辆发展及其关键技术研究现状[J].传感器与微系统,2009,28(1):1-3,9.